Talita Kumi

Greg Violi

Talita Kumi

Original: Talitha Cumi

Verlag: Der ÜBERWINDER Verlag, Astrid-Lindgren-Str. 8, 32107 Bad Salzuflen, Deutschland

Übersetzung: Ruth Schubert
Cover: Jemima Gassmann Büro für Grafik

ISBN: 978-3-944038-28-5

Weitere Informationen über den Autor und den Inhalt, sowie die Möglichkeit Greg Violi zu kontaktieren oder einzuladen, finden Sie auf der Webseite: www.greg-violi. com.

Besuchen Sie Greg Violi Ministries auf Youtube oder Facebook, um Videos und Predigten des Autors in verschiedenen Sprachen zu erhalten.

DER ÜBERWINDER
VERLAG

Widmung

An den wunderbarsten himmlischen Vater, der mir immer wieder Sein Herz des Mitgefühls und der Liebe offenbart. Seine Liebe ist erstaunlich! An den Sohn und den Heiligen Geist für alles, was Sie in meinem Leben sind. An meine besondere ezer kenegdo, Marie, die ich heute mehr denn je liebe und schätze. An all die besonderen Kinder und Enkel, die Gott mir geschenkt hat; ihr alle seid ein Segen für mich. Für den Leib Christi in der Hütte Davids – was für eine wunderbare Ehre und ein Segen es ist euer Pastor zu sein. An all die vielen geistlichen Kinder auf der ganzen Welt: Danke, dass ihr einen Vater glücklich gemacht habt!

Ich möchte einigen Menschen besonderen Dank und Anerkennung aussprechen; zuerst drei besonderen geistlichen Töchtern: Jenny, Ruth und Nikita, die viel Zeit damit verbracht haben, beim Tippen zu helfen und das Buch für mich und mit mir durchzugehen. Ich danke euch. Eure Hilfe war wunderbar und wichtig.

An alle, die finanziell geholfen und unterstützt haben, dieses Buch zu veröffentlichen – vielen Dank!

An all die vielen Menschen auf der ganzen Welt, die für mich gebetet haben, dieses Buch zu schreiben und es zu vollenden: Ich bin sicher, dass es ohne eure Hilfe nicht möglich gewesen wäre dieses Buch zu schreiben.

Und nicht zuletzt schätze ich all die Menschen zutiefst, die mich lieben, mich akzeptieren und an meinem Leben teilhaben wollen. Danke, dass ihr mir helft, Familie zu verstehen und gemeinsam eine Familie zu sein!

Ich möchte eine letzte Bemerkung zu diesem Buch und der Widmung machen. Als Akt der Ehre habe ich mich dafür entschieden Hinweise auf Gott (und verwandte Pronomen) groß zu schreiben, aber die Kleinschreibung in Bezug auf Satan zu verwenden. Mir ist klar, dass dies nicht der Standard ist. Ich danke dir lieber Leser, dass du mein Herz in dieser Angelegenheit verstehst.

Inhaltsverzeichnis

Vorwort 7

Einleitung 13

Eine offizielle Entschuldigung und Einführung 15

Kapitel 1 Ehemänner zuerst 19

Kapitel 2 Ehre – Die Atmosphäre des Himmels Teil 1 ... 33

Kapitel 3 Ehre – Die Atmosphäre des Himmels Teil 2 ... 49

Kapitel 4 Wie wurden Frauen in der Gesellschaft gesehen? 79

Kapitel 5 Ein genauerer Blick auf die Schrift: Was sagt 1. Mose 3,16 wirklich aus? 97

Kapitel 6 Ein genauerer Blick auf die Schrift: Was sagt 1. Korinther 11 wirklich aus? 115

Kapitel 7 Ein genauerer Blick auf die Schrift: Was sagt 1. Korinther 14 wirklich aus? 129

Kapitel 8 Ein genauerer Blick auf die Schrift: Was sagen Paulus Schriften wirklich? 149

Kapitel 9 Die zwei verborgenen Übel hinter der Einschränkung von Frauen – Teil 1 163

Kapitel 10 Das zweite verborgene Übel hinter der Einschränkung von Frauen – Teil 2 181

Kapitel 11 Das zweite verborgene Übel hinter der Einschränkung von Frauen (Fortsetzung) – Teil 3 199

Kapitel 12 Paulus wirkliche Sicht der Frauen 211

Kapitel 13 Jesus und Frauen 229

Kapitel 14 Vater Gottes Sicht der Frauen 243

Kapitel 15 Verschiedene Arten von Missbrauch 255

Kapitel 16 War Paulus ein Misogynist? 285

Kapitel 17 Das wahre Bild Gottes 305

Kapitel 18 Fünf besondere Worte aus dem Mund Gottes.. 329

Kapitel 19 Die neue Art 355

Kapitel 20 Herrschaft in Seinem Königreich 393

Kapitel 21 Erdbeben und Erd-Seufzen 421

Zusammenfassung................ 455

Endnoten 464

Bibliografie 470

Empfohlene Lektüre................ 473

Vorwort

WIR sind in Erweckung.

Wir wurden nicht nur viele, viele Male gelehrt, einander mit der Liebe Gottes zu lieben, sondern auch dass dies zu Hause beginnen muss. Weiter haben wir etwas über Stolz und Demut gelernt, darüber, dass man sich demütigt, wenn man Sünde statt vollkommener Liebe offenbart, und dass wir reine Gefäße werden müssen, damit der Vater durch uns leben kann.

Unser Leben, obwohl es früher als christlich bezeichnet wurde, zeigt nun die Realität der biblischen Wahrheiten, und täglich gehen wir von Herrlichkeit zu Herrlichkeit – diesmal in der Realität, und nicht nur in der Theorie.

WIR lieben einander jetzt wirklich in unseren Ehen, in unseren Familien, mit unseren Kindern und mit der Gemeinde, die in Realität die Familie des Vaters mit Brüdern, Schwestern, Müttern und Vätern in aller Reinheit ist.

Wir sind in Erweckung wegen dieses Gefäßes, Greg Violi. Er ist ein fantastischer Bibellehrer, aber auch der erste Mann Gottes, den wir kennen, der diese Lehren im täglichen Leben mit seiner Frau, seiner Familie, der Gemeinde und wo immer er hingeht, auslebt. Also anstatt zu versuchen wie Jesus zu leben, werden wir nun gemeinsam zu Seinem Leib. Nun hat es dem Vater gefallen, sich mit dem Frauenhass in unseren Männern und ihrer gesamten Blutlinie, gemäß den in diesem Buch Talita Kumi offenbarten Wahrheiten, auseinanderzusetzen; und die Frauen beginnen, in Schönheit und Würde aufzustehen. Sie erhalten Geschäftsideen, öffnen ihren Mund mit Weisheit und werden in der Fülle zu dem Teil, zu dem sie geschaffen wurden:

Eine Helferin, die die Fülle des wahren Gottesbildes in Seinem Leib möglich macht.

Seitdem wir begonnen haben, in die Realität der in diesem Buch gelehrten Wahrheiten einzutauchen, erleben wir einen ständigen Wandel der Frauen – und der Männer – hin zu einer Freiheit und Freude die vorher kaum vorstellbar war. Unser Vater ist herrlich unter uns, Seinen Kindern, und wir beginnen Ihm ähnlich zu werden. Du wirst verändert werden, wenn du dieses Buch liest!

Drei geistliche Töchter: *Ruth Schubert*, *Inna Löwen*, und *Lilli Löwen*, Deutschland

Ich fühle mich geehrt und freue mich sehr, für meinen geistlichen Vater Greg Violi eine Empfehlung für dieses Buch zu schreiben.

Aufgewachsen als Tochter eines Evangelisten und in einer Familie mit viel Religion und Unordnung, hatte ich viel Misstrauen gegenüber Leitern, Pastoren und ganz bestimmt auch gegenüber Vaterfiguren! Ich hatte nie wahre Ehre, bedingungslose Liebe oder das, was bedeckt sein bedeutet, gesehen – bis ich Teil dieses Dienstes wurde.

Ich werde nie vergessen, als ich Papa Greg Violi zum ersten Mal traf. Die Gemeinde, der ich angehört hatte, sprach viel über „GREG VIOLI" und seine Lehren; es war fast ein bisschen zu viel für mich ständig seinen Namen zu hören, denn nach meinem Verständnis war ein Mann immer noch nur ein Mann, und ich wollte nicht die Namen der Prediger hören, sondern Gott kennen lernen. Wenn ich das sage, bedenke bitte, dass meine Kindheit mit einem Vater war, der in der ganzen Welt predigte – zu Hause aber gab es kein Leben, keine Liebe, keine Realität und keinen Frieden! Da er also mein Beispiel für einen „Mann Gottes" war, hatte ich kein Vertrauen in die Gefäße, die Gott benutzte.

Als ich ihn am ersten Abend sprechen hörte, hatten wir ein Treffen in unserer Hauskirche, und sobald Papa Greg Violi zu sprechen begann, begann mein Herz etwas zu empfangen, was ich noch nie zuvor erlebt hatte! Tief in meinem Herzen wusste ich, dass jedes Wort, das er sprach, direkt aus dem Mund Gottes kam, ohne Arglist, ohne versteckte Motive und ohne die Absicht sich selbst zu fördern oder zu präsentieren. Außerdem waren die Themen, über die er sprach, etwas, über das ich noch nie jemanden sprechen gehört hatte, außer dem Pastor unserer kleinen Hauskirche, die unter Papa Greg Violi stand. Alles, was ich bis zu diesem Zeitpunkt über das christliche Leben wusste, waren äußere Dinge. Dann aber hörte ich diese völlig andere

Botschaft. Papa Greg spricht über das Herz, den Stolz und die Demut, die Liebe und das Herz des Lammes, sowie über die Heilung von den tiefen Schmerzen in den Herzen der Menschen und die Befreiung von Traumata. Ich dachte, ich wüsste über Gott und das Christentum Bescheid, aber als ich in diesen Dienst kam traf ich Jesus persönlich und wusste, dass ich Ihn noch nie zuvor gekannt hatte.

Bei dieser Empfehlung geht es nicht um mich, aber ich möchte mitteilen, wie tief Papa Greg mein Leben beeinflusst hat. Ich kann dir in aller Wahrheit, aus meinem Herzen sagen, dass er dieselbe Person auf der Kanzel wie für den Rest der Woche ist. Er legt sein Leben nieder um zu sehen, wie Menschen geheilt und befreit werden und in ein Leben von Fülle und Freude hineinkommen, durch eine tiefe Beziehung zu unserem Vater im Himmel. Er ist durch die Gnade Gottes verpflichtet, ein Gefäß für vollkommene Liebe zu sein.

Im Wort Gottes heißt es: „An ihren Früchten werdet ihr sie erkennen“ (Matthäus 7,16a), und ich habe persönlich gesehen, wie die Leben vieler Menschen radikal verändert, Familien wiederhergestellt, Herzen geheilt und Schmerzen weggenommen wurden. Dieses Buch wird euer Leben verändern! Ich kann dich nur zutiefst ermutigen, den Heiligen Geist zu bitten, zu dir zu sprechen und nicht zu urteilen. Dann wirst du beim Lesen dieses Buches für immer verändert.

***Sarah B.*, Wisconsin, USA**

Es ist eine Ehre für mich diese Empfehlung für meinen geistlichen Vater im Herrn und das Buch Talita Kumi zu schreiben. Ich hatte das Privileg, durch den Dienst und das persönliche Leben von Pastor Greg Violi so viel Wahrheit, Heilung, Freiheit und Liebe zu erfahren. Ich selbst stamme aus einer wirklich zerbrochenen und religiösen Familie, in der ich jeden Tag das Wort Gottes hörte, aber in meinem Alltag zu Hause Hass erlebte. Ich war sehr verwundet, untröstlich und hatte Selbstmordgedanken.

Oft dachte ich als Frau, ich wünschte, ich wäre ein Mann, denn als Frau schien es mir, wenn man dieser Welt nichts zu bieten hat, ist man die Schuldige und alles was man sagt und macht, ist falsch. Aber durch die Botschaften und das Leben von Pastor Greg begann sich mein Leben auf radikale Weise zu verändern, indem der Herr mich von unzähligen Lügen und Bindungen befreite. Ich erfuhr die reine und wahre Liebe Gottes, die mein zerschlagenes Herz zu heilen und meine Seele auf so tiefe Weise wiederherzustellen begann. Die Wahrheit begann in mein Herz einzudringen.

Was mein Herz wirklich tief berührt hat, ist die Ehre und Liebe, die Pastor Greg seiner natürlichen und seiner geistlichen Familie entgegenbringt. Als ich ihn zum ersten Mal sah und hörte, war ich tief berührt von der Haltung seiner Familie ihm gegenüber; alle vier seiner Töchter und seine Frau saßen in der ersten Reihe und hörten wirklich aufmerksam zu, was ihr Vater und Mann predigte. Sie sahen alle so heil aus, und es schien, als wüssten sie, wer sie sind, nämlich geliebte Menschen.

Die Liebe und Ehre, die die Kinder ihrem Vater entgegenbrachten, hat mich wirklich erstaunt, denn ich selbst stamme aus einer Pastorenfamilie und weiß, was Kinder von Pastoren durchmachen. Sie wollen oft nicht einmal hören, was ihr Vater zu sagen hat, weil sie die Realität in der Privatsphäre ihres Zuhauses nicht sehen. Man konnte erkennen, dass Pastor Greg das, was er gesagt hat, auch gelebt hat – schon allein beim Betrachten seiner Familie. Die Ehre, die er den Kindern, den Frauen – und den Männern – entgegenbringt, hat mein Denken und mein Leben gewaltig verändert. Diese Gegenwart der Ehre lässt dich besonders und willkommen fühlen und heilt alle Entehrung und Traumata, die du in dieser Welt erlebst. Es ist eine Ehre die nicht davon abhängt, was du machst oder erreichst oder wie du aussiehst, sondern einfach Ehre, weil du ein ewiges Wesen bist und für Gott den Vater, der dich geschaffen hat, wertvoll bist.

Lieber Leser, ich weiß, wenn du dieses Buch liest, wirst du von der reinen Liebe und Wahrheit, die du erfahren wirst, tief berührt sein. Du wirst eine Reinigung von aller Verunreinigung und dem Gefühl der Schuld und der Angst erleben, das die Welt und die Kirche dir auferlegt haben. Dieses Buch wird dir die Augen dafür öffnen, was Gott der Vater wirklich in Seinem Wort über Frauen sagt, und wie viel Ehre Gott den Frauen zuteilwerden lässt! Mögest du durch die Lektüre dieses Buches zutiefst gesegnet, verändert und befreit werden.

***Jenny K.*, Bielefeld, Deutschland**

Einleitung

Während der Zeit, in der Talita Kumi geschrieben wurde, zeigte sich, dass es für dich den Leser weder förderlich noch vorteilhaft wäre, alle Forschungen, Informationen und das linguistische Verständnis der Originalwörter aufzulisten, die an der Vorbereitung dieses Buches beteiligt waren. Es wurde auch klar, dass der Vater nicht wollte, dass ich ein technisches, intellektuelles Buch schreibe um die Gedanken der Leser mit umfangreichen Worten zu füllen, mit der Absicht eine bestimmte Schlussfolgerung zu beweisen. Aus diesem Grund verzichtete ich auf den Versuch, einen Band mit Informationen über Gottes ursprünglichen Plan für Frauen zu erstellen. Stattdessen entschied ich mich dafür, mit der Hilfe des Schöpfers, ein Buch voll Offenbarungen zu schaffen, das Menschen, insbesondere Frauen, verändern, heilen, segnen und in die Erfüllung ihrer ewigen Bestimmung entlassen wird.

Dieses Buch wird einen großen Einfluss auf jeden Mann haben, der es mit einem offenen und hungrigen Herzen liest. Er wird auch viel besser darauf vorbereitet sein, seine ewige Bestimmung zu erfüllen. Indem er die Rolle der Frau versteht, wird er seine eigene Rolle als Mann tiefer und freudiger verstehen!

Ein letztes Wort: Da ich nicht aus allen Recherchen zitieren werde, die ich in der Vorbereitung durchgeführt habe (außer direkten Zitaten aus den Schriften der Autoren), habe ich am Ende alle Bücher als Liste bereitgestellt, die ich bei meinen Recherchen für Talita Kumi verwendet habe. Darin eingeschlossen sind einige, die ich dem Leser zum Studium empfehle, wenn er ein tieferes Verständnis von dem Thema wünscht.

Eine offizielle Entschuldigung und Einführung

Ich bin jetzt seit über 35 Jahren im vollzeitlichen Dienst und hatte nie den Wunsch die Schriftstellen zu predigen, die den Anschein haben gegenüber Frauen negativ zu sein. Ich habe mich all die Jahre dafür verteidigt, in dem Denken, dass ich Recht hatte. Die immense Bedeutung dessen, was der Heilige Geist mir in Bezug auf Seine kostbaren Frauen und über Weiblichkeit in diesem Universum und im ewigen Vorhaben des Schöpfers offenbaren wollte, war mir nicht klar. Ich war völlig schockiert von dem, was der Heilige Geist mir beim Schreiben dieses Buches offenbart hat. Ich kann jetzt den Schaden sehen, den man hätte vermeiden können, wenn ich diese Schriftstellen früher durchsucht hätte! Er hat mir buchstäblich die Bedeutung all jener schwer verständlichen Schriften offenbart, die Frauen betreffen. **Deshalb bitte ich jede Frau um Vergebung, dass ich nicht genug um dich bekümmert war – genug, um wirklich die Schriften über Gottes Herz für dich zu durchforschen.**

Der Grund dafür, dass ich mich nie dazu bewegt fühlte diese Schriftstellen zu predigen war, dass ich tief in meinem Herzen wusste, dass sie nicht die Demut offenbaren, die ich so deutlich im Herzen des dreieinigen Gottes sah, und Stolz stößt mich jedes Mal ab. Leider hatte ich keine Ahnung, dass meine totaler Mangel an Besorgnis meine Schwestern in der Welt stark beeinträchtigt hat.

Nachdem ich mit Tausenden von Frauen in vielen Nationen gebetet und den ungeheuren Schmerz den sie tragen gesehen habe, und wie der Vater so viel in ihnen heilt, ist es an der Zeit: Ich möchte einige der Einsichten weitergeben, die der Heilige Geist mir gegeben hat, um damit große Heilung für all Seine kostbaren Geschenke an diese Welt und an den Leib Christi zu bringen: Das Geschenk einer Frau!

Wenn du eine Frau in einer typischen Gemeinde in fast jedem Land der Welt bist, dann fühlst du dich wahrscheinlich etwas unbehaglich mit den Männern in deiner Kirche, vielleicht sogar gegenüber deinen eigenen Brüdern, deinem Vater und deinem Pastor. Vielleicht hast du das Gefühl, dass dein Platz in der Familie und in der Kirche sehr begrenzt ist, auf einen bestimmten Bereich, wie z.B. die Arbeit im Kinderdienst, in der Küche oder im Kindergarten. Du könntest also sehr wohl das tiefe innere Gefühl haben, dass die Männer denken, du seist nicht so wichtig wie sie selbst und dass es ein Irrtum wäre, dich selbst überhaupt als wichtig zu betrachten.

Liebe Schwester, wisse dies: Du bist eine ganz besondere Bereicherung für die Menschheit und die Gemeinde Jesu Christi.

Es ist der Wunsch des Herrn jeden inneren Schmerz, jede Angst oder jedes Minderwertigkeitsgefühl zu heilen, das du vielleicht so lange mit dir herumgetragen hast. Der Vater wünscht, dass du deine Ehre, die dir vielleicht weggenommen wurde, zurückerhältst, und dass du deine Position als Seine Tochter, direkt neben Jesus (deinem großen Bruder), auf Seinem Thron wiedererlangst!

Und ihr meine lieben Brüder in Christus werdet auch viele Antworten auf verborgene Fragen in euren Herzen finden, was den wahren Platz einer Frau im Leben und in der Gemeinde betrifft. Der Vater wird in euch eine neue Liebe, eine neue Ehre und eine neue Wertschätzung für eure Schwestern in Christus entfachen. Möge jede Person, die dieses Buch liest, dem Herzen Gottes am Ende der Lektüre viel näher gekommen sein!

Dieses Buch war ein Abenteuer, das jeden Augenblick des Kampfes, der Mühe und des Hineindrängens durch und durch wert war.

Reicher Segen und Liebe in Christus Jesus!

Pastor Greg Violi

Kapitel 1

Ehemänner zuerst

Und Gott, der Herr, sagte: Es ist nicht gut,
dass der Mensch allein ist; ich will ihm eine
Gehilfin machen, die ihm entspricht!
(1. Mose 2,18)

Die Amplified Bible übersetzt 1. Mose 2,18: „*Gott der Herr aber sprach: Es ist nicht gut (segensreich), dass der Mann allein sei; ich werde ihm einen Helfer machen [einen, der ihn ausgleicht – ein Gegenüber, der für ihn geeignet ist und ihn ergänzt].*"

In Young's Literal Version heißt es: „*Und Jehova Gott sagt: „Nicht gut für den Mann allein zu sein, ich mache zu ihm einen Helfer – als sein Gegenstück.*"

In der Complete Jewish Bible heißt es: ADONAI, Gott, sagte: „*Es ist nicht gut, dass die Person allein ist. Ich werde ihm einen Gefährten machen, der geeignet ist ihm zu helfen.*"

Einige Übersetzer interpretieren diesen Vers mit der Bedeutung, dass Eva die andere Hälfte Adams sein sollte, wie er, aber mit entgegengesetzten Eigenschaften.

An unserem nächsten Hochzeitstag werden Marie und ich 40 Jahre lang verheiratet sein. Es ist schon erstaunlich, wie viele Paare wir kennen, die, wie wir selbst, völlig gegensätzlich sind. Es scheint, dass wir Männer dringend die Beiträge, die Weisheit und die Fähigkeit unserer Frauen brauchen, um uns zu ergänzen und als unser Gegenüber eine Ganzheit in uns hinein zu bringen. Ohne dies würden wir fragmentiert, unvollkommen und unvollständig bleiben. Es war der Mund von Gott dem Herrn, der diese sehr wichtigen und völlig wahren Worte sagte: „Es ist NICHT GUT, dass ein Mann allein ist!“ (1. Mose 2,18; Betonung von mir)

Warum bestätigen so viele Menschen, dass sich Gegensätze anziehen? Könnte es sein, dass sie im Geiste ihre andere Hälfte betrachten, die sie vollständig und ganz machen würde?

Als Marie und ich gerade geheiratet hatten, dachte ich tief in meinem Innersten: *„Es ist so gut, dass wir zusammen sind. Wir brauchen und lieben uns wirklich. Aber ich liebe sie ein bisschen mehr, als sie mich liebt, und sie braucht mich ein bisschen mehr, als ich sie brauche. Ist sie denn nicht das schwächere Gefäß?“* In meinem Herzen war dieses tödliche Element des Stolzes verborgen, das mich über meine Frau stellen wollte. Wenn wir ein Gespräch führten, sprach ich sofort an, was immer ich auf dem Herzen hatte (ich glaube, mein italienisches Blut hatte etwas damit zu tun). Dann fragte ich mein kostbares Gegenüber: „Was denkst du?“ Ich erwartete eine sofortige Antwort von ihr. Die Antwort, die ich erhielt, war entweder Schweigen oder andere Ausdrücke, die ich schnell zu hassen lernte: „Ich weiß nicht“ oder „es spielt keine Rolle“, waren die

Antworten. Nun, für MICH selbst (und zu dieser Zeit in meinem Leben war das sehr wichtig) dachte ich: „Ich habe dir eine Frage gestellt.“ Wenn jemand eine Frage stellt, hat er eine Antwort verdient! RICHTIG? Mit der Zeit begann ich also (tief in meinem Innersten) zu denken: *„Was ist ihr Problem?“*

Nun, nachdem ich ein Buch über die gottgegebenen Temperamente gelesen hatte, wurde mir endlich klar, was Maries Problem war! Ich erfuhr, dass jeder von uns ein anderes Temperament hat – von unserem himmlischen Vater gegeben – das perfekt zu unserer Persönlichkeit passt. So etwas wie ein schlechtes Temperament gibt es gar nicht!

Ihr Problem war derjenige, der davon ausging, dass sie wie er sein sollte, anstatt so zu sein, wie Gott sie geschaffen hatte! Ganz einfach gesagt: Ihr Problem war ICH! Meine Frau Marie ist ein ganz besonderer Mensch, mit einzigartigen und besonderen Qualitäten, die mich in so vielerlei Hinsicht spezifisch und in der Tiefe ergänzen. Nach 40 Jahren des Zusammenseins kann ich wirklich sagen, dass es für einen Mann namens Greg nicht gut ist allein zu sein! Nun gab es viele Male, in denen mein verborgener Stolz nicht wollte, dass meine andere Hälfte ihre gegensätzlichen Meinungen, Gedanken und Gefühle zum Ausdruck bringt. Inzwischen habe ich aber gelernt, sie zutiefst zu schätzen. Vielleicht – nur vielleicht – liegt es daran, dass mein verborgener Stolz so viel innere Kraft in mir verloren hat und die schöne Demut Jesu Christi so viel Kraft in mir gewonnen hat!

In seinem Buch *„The Flight from Woman"* (Die Flucht weg von der Frau) zeigt Dr. Karl Stern auf, dass sich die Gesellschaft in ihrer Intuition und ihrem Gefühl immer mehr von der Rolle des Weiblichen entfernt hat und sich mehr und mehr in die männliche und rationale Denkweise verlagert hat.

In 35 Jahren Arbeit mit Tausenden von Männern und Frauen habe ich die Folgen dieses „Entfernens vom Weiblichen" miterlebt und bin zu dem Schluss gekommen, dass wir einander brauchen. Wenn wir zu irgendeinem Zeitpunkt die eine Hälfte zum Ganzen machen, verpassen wir so Vieles von dem, was unser Vater Gott für uns, in uns und durch uns in dieser Welt tun wollte. Wir werden zu gebrochenen, blockierten und unvollständigen Menschen.

Ein Auszug aus der Einleitung von Dr. Sterns Buch „The Flight from Woman" (Die Flucht weg von der Frau) ist erleuchtend:

„Das Problem des Aktivismus – ein mangelndes Gleichgewicht zwischen Aktion und Reflexion – gilt als charakteristisch für unsere Zeit. Der Mann mit unruhiger Energie, der Macher und Draufgänger, ist eine Figur, die der allgemeinen Vorstellung vertraut ist; man assoziiert diese Art von Leben mit „Herr der Organisation", „Manager" und „Führungskraft".

Wann immer wir Psychiater die Gelegenheit haben, solche Menschen als Patienten zu beobachten, finden wir schlussendlich einen mütterlichen Konflikt und eine Ablehnung des Weiblichen."[1]

Das hohe Privileg der Männer auf der Erde

Männer sind geschaffen worden, um durch ihre Leiterschaft das Herz und die Absichten von Gott dem Vater zu demonstrieren und sein Königreich und seinen Willen auf Erden zu errichten.

„Und ein Mann wird sein wie ein Bergungsort vor dem Wind und ein Schutz vor dem Unwetter; wie Wasserbäche in einer dürren Gegend, wie der Schatten eines mächtigen Felsens in einem erschöpften Land." (Jes. 32,2)

Gemäß dieser Schriftstelle ist ein Mann dazu aufgerufen, in sein Zuhause, seinen Arbeitsplatz und seine Welt vier große Segnungen zu bringen. Die Anwesenheit eines Mannes soll folgendes sein:

1. Ein Bergungsort vor dem Wind.
2. Ein Schutz vor dem Sturm.
3. Wasserbäche in einer dürren Gegend.
4. Der Schatten eines mächtigen Felsens in einem erschöpften Land.

Ein Mann ist in diese Welt gesetzt worden, um ein Gefäß für den lebendigen Gott zu werden, der in ihm wohnen soll. Wenn der Vater in einem Mann wohnt (siehe Epheser 4,6), wird er diese vier Segnungen für seine Frau und seine Kinder werden. Schauen wir uns die geistliche Bedeutung dieser Segnungen an:

1. Ein Bergungsort vor dem Wind

Der Wind kann Staubpartikel in das Auge blasen, es kann sich infizieren, und eine Person kann möglicherweise ihr Auge verlieren. Die Anwesenheit eines gottesfürchtigen Mannes wird seiner Familie Schutz und Deckung bringen.

2. Schutz vor dem Sturm

Der Feind wird versuchen, wie eine Flut hereinzukommen. Die Gegenwart eines gottesfürchtigen Mannes wird ein Schutzraum sein, sodass der Böse zuerst seine Schutzmauer durchbrechen muss. Aber einfach die Gegenwart eines Mannes voll von Gott, wird der Schutz im Sturm sein.

3. Wasserbäche in einer dürren Gegend

Die Anwesenheit eines Mannes sollte Erfrischung bringen. Familienmitglieder (insbesondere die Ehefrau, als das schwächere Gefäß) können erfrischendes Wasser brauchen, und die Gegenwart eines gottesfürchtigen Mannes wird es ihrer durstigen Seele bringen.

4. Schatten eines mächtigen Felsens in einem erschöpften Land

Eine schützende, kühle Hecke vor der Hitze des Lebens.

Zusammenfassend kann man sagen, dass ein gottesfürchtiger Mann seiner Familie Folgendes bringen sollte: Deckung, Schutz, Sicherheit, Erfrischung und Geborgenheit. Ein Mann wird wahres Glück erfahren, wenn er lernt in die Freude des Herrn einzutreten. Freude wird vor jeden Mann gesetzt, der Leid als einen Weg zur Offenbarung der Herrlichkeit des Kreuzes seines Meisters annimmt.

„indem wir hinschauen auf Jesus, den Anfänger und Vollender des Glaubens, der um der vor ihm liegenden Freude willen das Kreuz erduldete und dabei die Schande für nichts achtete, und der sich zur Rechten des Thrones Gottes gesetzt hat." (Heb. 12,2)

Eines Tages sagte Jesus zu seinen Jüngern, dass sie wirklich glücklich sein würden, wenn sie das täten, was er tat. Was tat Jesus Christus zu dieser Zeit? Der König der Herrlichkeit und der Schöpfer des Universums wusch ihnen die Füße.

„Nachdem er nun ihre Füße gewaschen und sein Obergewand angezogen hatte, setzte er sich wieder zu Tisch und sprach zu ihnen: Versteht ihr, was ich euch getan habe? Ihr nennt mich Meister und Herr und sagt es mit Recht; denn ich bin es auch. Wenn nun ich, der Herr und Meister, euch die Füße gewaschen habe, so sollt auch ihr einander die Füße waschen; denn ein Vorbild habe ich euch gegeben, damit auch ihr so handelt, wie ich an euch gehandelt habe. Wahrlich, wahrlich, ich sage euch: Der Knecht ist nicht größer als sein Herr, noch der Gesandte größer als der ihn gesandt hat. Wenn ihr dies wisst, glückselig seid ihr, wenn ihr es tut!" (Joh. 13,12-17)

Glücklich und durch und durch gesegnet bist du, wenn du diese Dinge tust. In der Passion Translation heißt es: *„Ich spreche zu euch die zeitlose Wahrheit: Ein Diener ist seinem Herrn nicht überlegen, und ein Apostel ist nie größer als der, der ihn gesandt hat. Setzt ihr nun in die Praxis um, was ich für euch getan habe, und ihr werdet* *ein glückliches Leben erleben, das mit unermesslichen Segnungen bereichert ist!"* (Joh. 13,16-17 übersetzt)

Was auch immer die Bibel über Frauen sagt, eines ist sicher: Die Bibel sagt eindeutig, dass Männer dazu aufgerufen sind Frauen mit Demut, Wertschätzung und einem tiefen Gefühl der Verantwortung und Ehre zu behandeln. Petrus sagte, wenn ein Ehemann seiner Frau gegenüber keine Ehre erweist, dann werden seine Gebete behindert oder blockiert: *„Ihr Männer sollt gleichermaßen einsichtig mit eurer Frau als dem schwächeren Gefäß zusammenleben und ihr Ehre erweisen, weil ihr ja gemeinsam Erben der Gnade des Lebens seid, damit eure Gebete nicht verhindert werden."* (1. Petr. 3,7)

Das Hauptergebnis der Ehrerbietung durch eine andere Person ist, dass wir uns besonders fühlen, wenn wir mit dieser anderen Person zusammen sind. Ehre bedeutet: *„Jemandem oder etwas einen großen Wert zu zeigen."* Darum werden andere um uns herum das Gefühl haben, dass sie sehr wertvoll und besonders sind, wenn wir sie ehren. Eine Frau, die einen Mann hat, der ihr Ehre zeigt, wird ein echtes Lächeln auf ihrem Gesicht haben. Eine Frau, deren Mann ihr keine Ehre zeigt, könnte leicht unter Depressionen, Trauer oder Wut leiden. Natürlich können bei Depressionen, Trauer und Wut auch viele andere Faktoren eine Rolle spielen, z.B. nicht geheilte Probleme aus der Kindheit oder negative Erfahrungen aus der Vergangenheit, sowie Hormonschwankungen.

Brüder, ich glaube fest daran, dass Gott der Vater euch zum Leiten ausgerüstet hat. Es ist aber nicht die wichtigste

Frage, ob ihr ein Leiter seid. Die wichtigste Frage ist: Für wen werdet ihr euch einsetzten? Werdet ihr für euch selbst oder für den Herrn einstehen?

„Wer steht mir bei gegen die Bösen, wer tritt für mich ein gegen die Übeltäter?“ (Ps. 94,16)

„Und so wandte ich mich um und sah alle Bedrückungen, die verübt werden unter der Sonne; und siehe, da flossen Tränen von Unterdrückten, die keinen Tröster hatten; und weil die Hand ihrer Unterdrücker so stark war, konnte sie niemand trösten.“ (Pred. 4,1)

„Und ich hörte die Stimme des Herrn fragen: Wen soll ich senden, und wer wird für uns gehen? Da sprach ich: Hier bin ich, sende mich!“ (Jes. 6,8)

Männer, stehen wir als Leiter – zu Hause, am Arbeitsplatz oder in der Kirche – für uns selbst ein, oder stehen wir als Leiter für den Herrn ein? Wenn ich für den Herrn stehe, dann muss Sein Herz durch mein Herz geoffenbart werden, Seine Gedanken müssen in meinem Verstand wirksam sein, und Seine Zuneigung muss durch meine Seele gefühlt werden. Meine Frau und meine Kinder müssen erleben, wie der Vater in mir aufsteht, um sie zu berühren, zu lieben und zu bedecken. Die Bedeckung ist ein sehr wichtiges Merkmal von einem gottesfürchtigen Vater oder Ehemann. Luzifer wurde als der bedeckende Cherubim geschaffen, aber nachdem sein Stolz entdeckt wurde, wurde er zu denjenigen, der es liebt aufzudecken.

„Hass erregt Streit, aber die Liebe deckt alle Verfehlungen zu.“ (Spr. 10,12)

„Mein Sohn, weise die Zucht des Herrn nicht zurück und verabscheue seine Zurechtweisung nicht; denn der Herr diszipliniert die, die er liebt, wie ein Vater den Sohn, an dem er Freude hat." (Spr. 3,11-12 BSB übersetzt)

„Denn der Herr diszipliniert den, den er liebt, und züchtigt jeden Sohn, den er empfängt." (Heb. 12,6 BSB übersetzt)

Reine Liebe, Disziplin und Züchtigung gehören zusammen. Aber die reine Liebe Gottes ist in jeder Hinsicht rein, und es sollte die gleiche reine Liebe des Vaters sein, die in einem Papa steckt, der seine Tochter oder seinen Sohn diszipliniert. Diese Liebe ist gütig, weil sie voller Barmherzigkeit und Geduld ist. Sie würde niemals in irgendeiner Weise missbrauchen! Sie würde eine Tochter nie in Verlegenheit bringen oder erniedrigen, besonders nicht, weil sie das schwächere Gefäß ist.

So viele christliche Kinder wurden in Familien aufgezogen, in denen Disziplin mit Hass, Stolz und einem kalten, steinigen Herzen voller Egoismus ausgeübt wurde. Das ist sehr schmerzlich für den himmlischen Vater, weil diese Kleinen für ihn so wertvoll sind. Jesus sagte, dass jedes Kind einen Engel hat, der ständig das Angesicht des Vaters betrachtet.

„Seht zu, dass ihr keinen dieser Kleinen verachtet! Denn ich sage euch: Ihre Engel im Himmel schauen allezeit das Angesicht meines Vaters im Himmel." (Mt. 18,10)

Wenn die irdischen Väter verstehen würden, dass die Engel dieser Kleinen immer das Gesicht des himmlischen Vaters sehen, dann bin ich sicher, dass eine Menge an hartem, zornigem Verhalten zwischen Vater und Kind aufhören würde!

David sagte über den Herrn: *„Du hast mich gesehen, bevor ich geboren wurde. Jeder Tag meines Lebens wurde in deinem Buch festgehalten. Jeder Augenblick war angelegt, bevor ein einziger Tag vergangen war.“* (Ps. 139,16 NLT übersetzt)

Ich glaube, dass jedes Kind ein ewiges Schicksal hat, das von Vater Gott in sein Buch geschrieben wurde. Die Eltern sollen ihm voller Freude helfen, das zu erfüllen, was für ihn vor Anbeginn der Welt bestimmt wurde.

Das Unterscheiden zwischen der Persönlichkeit/Identität eines Kindes und seinem Verhalten, ist eine Weise, auf die ein Vater das tun kann. Schlechtes Verhalten ist nicht gleichbedeutend mit einem schlechten Kind. Es ist die Aufgabe eines Vaters, mit seiner Stimme Leben und Bestimmung in seine Kinder hinein zu sprechen. Paulus sagte in Römer 7: *„Wenn ich tue, was ich nicht tun will, so bin nicht ich es, sondern die Sünde, die in mir wohnt.“* Paulus machte einen Unterschied zwischen der Sünde, die in ihm wohnt und seinem wahren Selbst, durch die Vereinigung mit Christus. Die männliche (Vater-) Stimme repräsentiert das ewige WORT und sie hat die Macht Leben in eine Situation hinein zu sprechen, wie es kein anderer Mensch kann. In der Zunge liegt die Macht des Todes oder des Lebens! (Sprüche 18,21)

Wenn ein Elternteil keinen Unterschied zwischen dem Verhalten seines Kindes und seiner Identität/Persönlichkeit macht, dann wird es sein Kind kennzeichnen, was böse

Verunreinigung, wie z.B. Scham, über das Kind bringen wird. Dieses kostbare Kind könnte dadurch beginnen, die Bestimmung des Bösen für sein Leben zu erfüllen! Sowohl Gott als auch Satan haben eine Bestimmung für uns und unsere Kinder. *Satan streift umher wie ein brüllender Löwe und sucht, wen er verschlingen kann* (1. Petr. 5,8), *und die Augen des Herrn gehen auf der ganzen Erde hin und her, um sich im Namen dessen, der ihm vollkommen vertraut, stark zu zeigen* (2. Chr. 16,9).

Ich schließe dieses Kapitel mit einem sehr entscheidenden Gedanken.

Jede Tochter ist mit einer tiefen und besonderen Liebe für ihren Vater geschaffen worden. Sie wird sich also nach nur einem freundlichen Wort ihres Papas sehnen. Sie wird beobachten und warten, bis diese besondere Person in ihrem Leben – ihr Papa – ihr Aufmerksamkeit, Zuneigung und Liebe zeigt. Da Gott Töchter auf diese Weise geschaffen hat, wird dies zu einer sehr wertvollen Ehre und einem Privileg, das jedem irdischen Vater von Gott geschenkt wurde. Werden diese Ehre und dieses Privileg missbraucht, manchmal sogar im Namen Christi, lässt das einen Samen des Todes in dieser kostbaren Tochter wachsen. Etwas in ihrem kleinen Herzen stirbt und die Hoffnungen, Träume und Lebensfreude beginnen zu verschwinden und sich im Inneren zu verflüchtigen. Vielleicht wird sie nie verstehen, dass der Mangel an Aufmerksamkeit, Zuneigung und Liebe in ihrem Leben in all diesen Jahren den Tod bedeutete. Stattdessen könnte sie einfach denken: „Ich liebe meinen Papa". Ja, liebes Kind, und das ist der Grund warum es dir innerlich so wehtut.

Gebet: Lieber Vater, ich bringe diesen Mann jetzt zu Dir. Heile, stelle wieder her und reinige alle Dinge, die er erlebt hat und die Niederlagen, Entmutigung und Wut in sein Herz gebracht haben. Vergib ihm und erfülle ihn, lieber Herr, mit Deiner Barmherzigkeit, Liebe und Hoffnung. Und offenbare dieser lieben Tochter, die die Liebe, Zuneigung und Aufmerksamkeit ihres Vaters vermisst hat, wie außerordentlich besonders sie für DICH ist. Zeige ihr, wie Du mit geweint hast, wenn sie geweint hat, und wie Du jedes Mal gelacht hast, wenn sie gelacht hat. Lieber Vater, bitte heile jede Verletzung in ihrem Gedächtnis und beseitige ihren Schmerz im Namen Jesu!

Kapitel 2

Ehre – Die Atmosphäre des Himmels Teil 1

Im ersten Kapitel haben wir das Thema Ehemänner und Männer diskutiert. Ich glaube, dass dies Gottes vorgegebener Weg ist, um sein Muster und seine Absicht in dieser Welt zu offenbaren: Durch gottesfürchtige Männer, die zu Hause, in der Kirche und in der Gesellschaft führend sind. Gott wird Frauen gebrauchen, wenn Männer sich weigern ihre Rolle als Führungskraft zu übernehmen. Dies bedeutet keineswegs, dass eine Frau nicht in der Lage wäre eine Führungsrolle zu übernehmen. Männer werden in der Welt als diejenigen wahrgenommen, die mehr Autorität tragen und daher von Natur aus besser für Leitung geeignet sind.

Angesichts dieser gottgefälligen Rolle als Leiter liegt es nahe, dass ein Mann in jeder Lebensweise, die er sich von seinen Kindern wünscht, führen sollte. Wenn ich als Vater will, dass meine Kinder lieben und gütig sind, dann muss ich mit gutem Beispiel vorangehen und meinen Kindern zeigen, wie Liebe und Güte aussehen. Als seine Jünger Jesus fragten, wie der Vater aussehe, sagte er: „Schaut mich an.“ (Johannes 14,9) Mit anderen Worten sagte Jesus: Wenn ihr den Vater sehen wollt, werdet ihr Ihn in Mir sehen. Mein Leben ist ein perfektes

Beispiel dafür, was der Vater von einem Mann wünscht und erwartet.

Jeder irdische Vater sollte ebenfalls sagen: Wenn du, mein Kind, sehen willst, was ich von dir erwarte, dann sieh mir zu und beobachte mein Verhalten.

Der Ehemann sollte mit gutem Beispiel vorangehen, wenn es darum geht seine Frau und Kinder zu ehren. Dann werden sie sein Beispiel sehen und sich gegenseitig ehren wollen. Wenn ich als Vater will, dass meine Kinder pünktlich sind, dann sollte ich als ihr Vorbild immer versuchen pünktlich zu sein. Ich sollte so leiten, dass ich meiner Familie ein Beispiel dafür bin, wie ich sehen möchte, dass sie leben. Jesus sagte zu seinen Jüngern: *„Ihr nennt mich Meister und Herr und sagt es mit Recht; denn ich bin es auch. Wenn nun ich, der Herr und Meister, euch die Füße gewaschen habe, so sollt auch ihr einander die Füße waschen;“* (Joh. 13,13-14).

Eine der am stärksten verwandelnden Haltungen die eine Person nur haben kann, ist die Haltung der Ehre. Sie hat die Macht andere zu verändern. Ehre ist die Atmosphäre des Himmels selbst. Ehre ist die Kultur des Himmels, und es wird niemals eine Person im Himmel geben, die nicht alle anderen ehrt. Unehre ist die Kultur der Hölle.

Wenn ich will, dass der Himmel herabkommt und mein Haus erfüllt, dann muss ich in Ehre leben. Meine ehrenhafte Haltung wird den Himmel in meinen Einflussbereich hineinziehen. Ehre hat die mächtige Fähigkeit den Himmel und andere anzuziehen. Sie funktioniert wie ein unsichtbarer Magnet, der andere einfach nur anzieht! Was ist also die

Bedeutung von Ehre? Es bedeutet großen Respekt oder Achtung vor einem anderen zu haben. Es gibt verschiedene Arten von Ehre in der Heiligen Schrift. Einige verlangen, dass eine Person sie sich durch Leistung, Rang, Position oder Status verdient. Petrus beschreibt in seinem Brief eine Art von Ehre, die besagt, dass jeder Mensch Ehre verdient, weil er ein ewiges Geschöpf ist, das von einem ewigen Vater geschaffen wurde. *„Erweist jedermann Achtung, liebt die Bruderschaft, fürchtet Gott, ehrt den König“* (1. Petr. 2,17). Jeder Mensch sollte so behandelt werden, als sei der Vater ihr besonderer Beschützer, Schöpfer und liebender Papa. Jedes Kind hat einen Engel, der ständig das Gesicht des Vaters betrachtet.

Viele Jahre lang war ich nicht der Meinung, dass jedem Menschen Ehre zukommen sollte, weil Gott alle Ehre und Herrlichkeit verdient hat. Dann las ich eines Tages in den Psalmen 8,5-6 folgende Stelle: *„Was ist der Mensch, dass du an ihn gedenkst, und der Sohn des Menschen, dass du auf ihn achtest? Du hast ihn ein wenig niedriger gemacht als die Engel; mit Herrlichkeit und Ehre hast du ihn gekrönt“*. Gott selbst hat die Menschheit mit Ruhm und Ehre gekrönt, und das hat David sehr beeindruckt und ihn veranlasst zu sagen: *„Was ist der Mensch, dass du an ihn denkst?“*

Meine Ansichten über Gottes tiefen Wunsch Menschen zu ehren, begannen sich zu ändern, als ich die Liebe und das Mitgefühl unseres Vaters und Schöpfers für uns, Seine Schöpfung, erblickte. Zu dieser Zeit begann ich die ungeheure, reine Liebe und Güte zu begreifen, die der Vater für Seine Kinder hat.

Vor der Gründung der Welt hatte der Vater einen Plan für eine Familie, die mit Ihm zusammen sein und Sein Reich als Seine bevorzugten Kinder teilen sollte. *„Gepriesen sei der Gott und Vater unseres Herrn Jesus Christus, der uns gesegnet hat mit jedem geistlichen Segen in den himmlischen [Regionen] in Christus, wie er uns in ihm auserwählt hat vor Grundlegung der Welt, damit wir heilig und tadellos vor ihm seien in Liebe. Er hat uns vorherbestimmt zur Sohnschaft für sich selbst durch Jesus Christus, nach dem Wohlgefallen seines Willens,“* (Eph. 1,3-5).

Es ist das sanfte und zarte Herz Gottes, dem David seine Größe zuschrieb (siehe Psalm 18,35).

Eines Tages, zu Beginn unserer Ehe, schaute ich gerade meine Frau an, und plötzlich sah sie anders aus. Ihre Schönheit war auf einmal viel größer. Sie sah für mich so lieblich aus und mir wurde klar, dass ich sie aus einem ganz anderen Blickwinkel sah. Dann sah ich meine Kinder auf die gleiche Weise. Ich erinnere mich, wie ich eine meiner Töchter im Zorn ansah, weil sie mir nicht gehorcht hatte, und plötzlich, als ich sie aus einem anderen Blickwinkel sah, ging der Zorn weg, und nur Liebe und Mitgefühl erfüllten mein Herz. Dies geschah noch viele Male und viele Jahre später wurde mir klar, dass es der Vater war, der durch meine Augen auf meine Familie schaute.

Eines Tages verriet er mir, warum er so viel Mitgefühl für so viele Menschen haben konnte. *„Gnädig und barmherzig ist der Herr, geduldig und von großer Güte“* (Ps. 145,8). Er sagte, wenn wir Menschen anschauen, können wir sie nur in der unmittelbaren Gegenwart sehen oder nur wahrnehmen, was sie in diesem Moment gerade tun. Ein rebellisches Kind zum Beispiel zeigt Rebellion, Frustration und Egoismus. Ein betrunkener Mann zeigt Trunkenheit und hat einen schlechten Geruch. Eine Prostituierte offenbart Unreinheit und Unsittlichkeit und sieht lustvoll aus. Ein wütender Ehemann sieht wütend aus, spricht hart und offenbart seine Wut.

Wir sehen jeden Menschen in der Gegenwart genauso, wie er sich in diesem Moment gerade zeigt. Aber wenn Gott ein und dieselbe Person erblickt, sieht Er alles, was in dem Augenblick geschieht UND Er sieht auch alles, was in ihre Geschichte und in ihre Blutlinie mit hineingewirkt hat. Dazu gehören alle Schmerzen, alles Böse, jedes Trauma und jede Misshandlung. Wissenschaftler glauben, dass sich in jeder Zelle jedes Menschen mindestens 500 Jahre Erinnerung befinden. Ich fragte einen Freund von mir, der drei Doktortitel in Naturwissenschaften hat und ebenfalls ein engagierter Christ ist, ob das wahr sei, und er sagte: „Eigentlich glaube ich, dass es mehr als 500 Jahre sind." Unser Vater sieht all den Missbrauch, den Schmerz, den Mord und das Böse, das jeder Mensch und seine Generationsblutlinie erlitten hat, und deshalb hat Er nicht so ein Problem wie wir, wenn wir ihr gegenwärtiges Übel betrachten.

Das Wort *Mitleid* kommt von zwei Worten: *mit* und *leiden*. Der Vater leidet mit jedem von uns, und so ist Er voller Mitleid für uns, in jedem Augenblick eines jeden Tages! Nach dieser Enthüllung begann meine Haltung der

Ehre meiner Familie, meinen Freunden, Feinden und meiner Welt gegenüber sehr zu wachsen. Gott ist ein Vater, der voller Liebe und Mitgefühl ist, und da Er voller Mitgefühl ist, ist Er überall und jederzeit von einer ehrenhaften Haltung gegenüber Seinen Kindern erfüllt. Ein Herz, das voller Mitgefühl ist, ist ein Herz, das voller Ehre ist.

Die Auswirkungen von Traumata auf die Wahrnehmung

Im Folgenden finden Sie einen Auszug aus dem Buch *„The Body Keeps The Score"* (Verkörperter Schrecken):

> *„Die Kinderklinik des Massachusetts Mental Health Center (Zentrum für psychische Gesundheit) war mit gestörten und störenden Kindern gefüllt. Es waren wilde Kreaturen, die nicht stillsitzen konnten und die andere Kinder und manchmal sogar das Personal schlugen und bissen. Sie rannten auf Sie zu, hielten sich einen Moment an Ihnen fest und rannten im nächsten Moment verängstigt weg. Einige masturbierten zwanghaft, wieder andere schlugen auf Objekte, Haustiere und sich selbst ein. Sie dürsteten nach Zuneigung und waren gleichzeitig wütend und trotzig. Insbesondere die Mädchen konnten schmerzhaft gefügig sein. Ob oppositionell oder anhänglich, keines von ihnen schien in der Lage zu sein, auf die für Kinder ihres Alters typische Weise zu erkunden oder zu spielen. Einige von ihnen hatten kaum ein Selbstgefühl*

entwickelt – sie konnten sich nicht einmal in einem Spiegel erkennen. Damals wusste ich sehr wenig über Kinder, abgesehen von dem, was meine beiden Vorschulkinder mir beibrachten. Aber ich hatte das Glück, dass meine Kollegin Nina Fish-Murray bei Jean Piaget in Genf studiert hatte. Nina und ich beschlossen eine Reihe von Testkarten speziell für Kinder zu erstellen, die auf Bildern basierten, die wir im Wartezimmer der Klinik aus Zeitschriften ausgeschnitten haben. Unsere erste Studie verglich zwölf Sechs- bis Elfjährige in der Kinderklinik mit einer Gruppe von Kindern von einer nahe gelegenen Schule, die in Alter, Rasse, Intelligenz und Familienkonstellation möglichst gut zu ihnen passten. Was unsere Patienten unterschied, war der Missbrauch, den sie in ihren Familien erlitten. Dazu gehörten ein Junge, der von seiner Mutter durch wiederholte Schläge schwer verletzt wurde; ein Mädchen, dessen Vater sie im Alter von vier Jahren missbraucht hatte; zwei Jungen, die wiederholt an einen Stuhl gefesselt und ausgepeitscht worden waren; und ein Mädchen, das im Alter von fünf Jahren gesehen hatte, wie ihre Mutter (eine Prostituierte) vergewaltigt, zerstückelt, verbrannt und in den Kofferraum eines Autos gesteckt wurde. Der Zuhälter der Mutter wurde verdächtigt, das Mädchen sexuell missbraucht zu haben.

Die Kinder in unserer Kontrollgruppe lebten ebenfalls in Armut in einer Notstandsgegend von

Boston, wo sie regelmäßig schockierende Gewalt erlebten. Während der Durchführung der Studie schüttete ein Junge an ihrer Schule Benzin auf einen Klassenkameraden und zündete ihn an. Ein weiterer Junge geriet auf dem Weg zur Schule mit seinem Vater und einem Freund ins Kreuzfeuer. Er wurde in der Leistengegend verwundet. Sein Freund wurde getötet. Würden sich ihre Reaktionen auf die Karten, angesichts eines so hohen Ausgangsniveaus an Gewalt, von denen der hospitalisierten Kinder unterscheiden?

Eine unserer Karten zeigte eine Familienszene: zwei lächelnde Kinder, die Papa beim Reparieren eines Autos zusehen. Jedes Kind, das es sich ansah, kommentierte die Gefahr für den Mann, der unter dem Fahrzeug liegt. Während die Kontrollkinder Geschichten mit wohlwollendem Ende erzählten – das Auto würde repariert werden und vielleicht würden Papa und die Kinder zu McDonalds fahren – kamen die traumatisierten Kinder mit grausigen Geschichten an. Ein Mädchen sagte, dass das kleine Mädchen auf dem Bild im Begriff war, ihrem Vater mit einem Hammer den Schädel einzuschlagen. Ein neunjähriger Junge, der schwer misshandelt worden war, erzählte eine ausführliche Geschichte darüber, wie der Junge auf dem Bild den Wagenheber wegtrat, so dass das Auto den Körper seines Vaters zerfetzte und sein Blut über die ganze Garage spritzte. Als sie uns diese Geschichten erzählten, wurden unsere

Patienten sehr aufgeregt und durcheinander. Wir mussten eine beträchtliche Zeit am Wasserkühler verbringen und spazieren gehen, bevor wir ihnen die nächste Karte zeigen konnten.

Es war nicht verwunderlich, dass bei fast allen von ihnen ADHS diagnostiziert wurde und die meisten von ihnen Ritalin erhielten – obwohl das Medikament ihre Erregung in dieser Situation sicher nicht zu dämpfen schien. Die misshandelten Kinder reagierten ähnlich auf ein scheinbar harmloses Bild einer schwangeren Frau, die sich als Silhouette an einem Fenster abspielte. Als wir das dem siebenjährigen Mädchen zeigten, das im Alter von vier Jahren sexuell missbraucht worden war, sprach sie über Penisse und Vaginen und stellte Nina wiederholt Fragen wie: „Wie viele Leute haben Sie gebumst?" Wie mehrere der anderen sexuell missbrauchten Mädchen in der Studie wurde sie so aufgeregt, dass wir aufhören mussten.

Ein siebenjähriges Mädchen aus der Kontrollgruppe nahm die wehmütige Stimmung des Bildes auf. Ihre Geschichte handelte von einer verwitweten Frau, die traurig aus dem Fenster schaute und ihren Mann vermisste. Aber am Ende fand die Frau einen liebevollen Mann, der ihrem Baby ein guter Vater war. In Karte nach Karte sahen wir, dass die Kinder, die nicht missbraucht worden waren, trotz ihrer Wachsamkeit gegenüber Schwierigkeiten, immer noch Vertrauen in ein im Wesentlichen gutartiges Universum hatten; sie konnten sich Auswege aus schlechten Situationen vorstellen. Sie schienen in ihren eigenen Familien geschützt und sicher zu sein. Sie fühlten sich auch von mindestens einem ihrer Eltern geliebt, was ihren Eifer, sich in der Schule zu engagieren und zu lernen, wesentlich zu beeinflussen schien. Die Reaktionen der Klinikkinder waren alarmierend. Die unschuldigsten Bilder schürten intensive Gefühle von Gefahr, Aggression, sexueller Erregung und Terror. Wir hatten diese Fotos nicht ausgewählt, weil sie eine versteckte Bedeutung hatten, die empfindliche Menschen aufdecken konnten; es waren gewöhnliche Bilder des Alltagslebens. Wir konnten nur den Schluss ziehen, dass für missbrauchte Kinder die ganze Welt mit Auslösern gefüllt ist. Solange sie sich ausschließlich katastrophale Folgen für relativ harmlose Situationen vorstellen können, konnte jeder, der einen Raum betritt, jeder Fremde und jedes Bild auf einem Bildschirm oder auf einer Plakatwand als Vorbote einer Katastrophe wahrgenommen werden. In diesem Licht machte das bizarre Verhalten der Kinder in der Kinderklinik durchaus Sinn".[1]

Menschen sind geschaffen worden, um Liebe zu empfangen und zu geben. Da Gott der Schöpfer Liebe ist, hat Er uns mit dem Bedürfnis geschaffen das zu empfangen was Er ist, nämlich Liebe. Sein ursprünglicher Plan war es, dass Seine Schöpfung einander lieben und eine Familie sein sollte, die Seine Gegenwart beherbergt.

Leider kam ein böses Wesen ins Spiel. Dieses böse Wesen, satan, war von Stolz und Hass erfüllt. Der erste erschaffene menschliche Sohn Gottes, Adam (Lukas 3,38), hörte auf den ersten Waisen (satan), verlor so die Sohnschaft und trat damit auch ein Leben als Waise an. Wir leben in einer Welt voller Waisenkinder die versuchen akzeptiert zu werden, und die sich gegenseitig ihren Wert beweisen müssen. Der Herr Jesus kam in die Welt, um die Menschheit an ihren ursprünglichen Platz als Söhne und Töchter zurückzubringen und das verwaiste Herz und die verwaiste Denkweise zu erlösen. Wenn ein Baby oder Kind zum ersten Mal in seinem Leben Hass erlebt (auch wenn es im Mutterleib ist), dann bekommt sein kleines Herz einen sehr feinen Riss. Kein Mensch wurde dafür erschaffen Hass zu erfahren. Wenn aber Hass erlebt wird, beginnt das Herz zu brechen; und je mehr Hass es erfährt, desto mehr zersplittert, reißt und zerbricht es. Es könnte in kürzester Zeit geschehen, dass ein Kind ein gebrochenes und zerschlagenes Herz hat! Einer der Hauptaspekte des Dienstes von Jesus Christus ist es die zerbrochenen Herzen der Menschen zu heilen.

„Der Geist des Herrn ist auf mir, weil er mich gesalbt hat, den Armen das Evangelium zu predigen; er hat mich gesandt, die Zerbrochenen zu heilen, den Gefangenen Befreiung zu predigen und den Blinden das Augenlicht wiederzuerlangen, um die Zerschlagenen in Freiheit zu setzen“ (Jes. 61,1).

Das Wort *„zerschlagen“* bedeutet *„äußerst zerbrochen“*. Jesus kam, um die Millionen gebrochener, zerschlagener und zerrissener Herzen zu heilen und zu reparieren! Unser wunderbarer Christus wird nicht nur alle zerschlagenen, zerbrochenen Stücke im Herzen eines Menschen heilen und zusammenflicken, sondern, während sie sich im Heilungsprozess befinden, wird er sie auch sehr zart behandeln, damit sie nicht noch mehr zerbrechen. *„das zerstoßene Rohr wird er nicht zerbrechen, und den glimmenden Docht wird er nicht auslöschen, bis daß er ausführe das Gericht zum Sieg;* (Mt. 12,20 LUTH 1912). Ein zerstoßenes Schilfrohr ist kurz davor zu brechen, aber unser Vater wird niemals teilhaben am Bruch dieses zerstoßenen Schilfrohrs. So viele dieser Geliebten werden von dem Ankläger verurteilt und haben das Gefühl, dass SIE UNTER DEM GERICHT stehen, aber Jesus wird dieses Urteil wegtun und sie mit Seinem eigenen Sieg erfüllen (Offenbarung 12,10)!

Alles, was der Ankläger benutzt hat, um diese Geliebten zu verurteilen, ist an das Kreuz Jesu Christi genagelt worden, und Er ist dazu gesalbt, die Wahrheit Seines vollständigen und endgültigen Sieges hervorzubringen. Deshalb zitiert Matthäus Jesaja, ändert aber das Wort *Wahrheit* in *Sieg*!

„Siehe, mein Knecht, den ich hochhalte, mein Auserwählter, an dem meine Seele sich erfreut: Ich habe meinen Geist auf ihn gelegt: Er wird das Gericht zu den Heiden bringen. Er wird nicht schreien, sich nicht erheben und seine Stimme auf der Straße nicht hören lassen. Ein zerschlagenes Schilf wird er nicht zerbrechen, und den glimmenden Flachs wird er nicht auslöschen; er wird das

Gerichtsurteil zur Wahrheit bringen“ (Jes. 42,1-3 KJV übersetzt).

„Ein zerschlagenes Schilfrohr wird er nicht zerbrechen, und rauchenden Flachs wird er nicht auslöschen, bis er das Gerichtsurteil zum Sieg bringt“ (Mt. 12,20 KJV übersetzt).

Die Wahrheit ist, dass der Fürst dieser Welt von Gott verstoßen und vollständig gerichtet wurde. *„Jetzt ergeht ein Gericht über diese Welt. Nun wird der Fürst dieser Welt hinausgeworfen werden“* (Joh. 12,31). Alles, von dem satan behauptet hat, dass es gegen uns angeordnet sei, ist nun durch den absoluten und endgültigen Triumph des Herrn Jesus Christus beseitigt worden! *„Er hat jeden Rechtsverstoß, den wir in unseren Akten hatten und den alten Haftbefehl, der uns anklagen sollte, aufgehoben. Er hat alles ausradiert – unsere Sünden, die Befleckung unserer Seele – er hat alles gelöscht, und es kann nicht wiedergefunden werden! Alles, was wir einmal in Adam waren, wurde auf Sein Kreuz gelegt und dort als öffentliche Anzeige der Stornierung dauerhaft festgenagelt. Dann machte Jesus ein öffentliches Schauspiel aus allen Mächten und Fürstentümern der Finsternis, indem er ihnen jede Waffe und ihre gesamte geistliche Autorität und Macht uns anzuklagen, wegnahm. Und durch die Kraft des Kreuzes führte Jesus sie als Gefangene in einem Triumphzug umher. Er war nicht ihr Gefangener; sie waren Seine”* (Kol. 2,14,15 TPT übersetzt)!

Liebe Brüder und Schwestern, es gab so viele kostbare, kleine Unschuldige, die fast unheilbar zerbrochen sind –

viele von ihnen im Namen Gottes! Das Herz unseres Vaters ist so zart und voller reiner Liebe und tiefem Mitgefühl für all diese Kleinen! Eine der schwerwiegendsten Aussagen in der Bibel wurde gegen jede Person ausgesprochen, die einem Seiner Kleinen schaden würde: *„Wer aber ärgert dieser Geringsten einen, die an mich glauben, dem wäre es besser, dass ein Mühlstein an seinen Hals gehängt und er ersäuft werde im Meer, da es am tiefsten ist“* (Mt. 18,6 LUTH 1545).

Unser Vater sucht auf der ganzen Erde nach einer Königreich-Familie, die Seinen ewigen und vollkommenen Willen jetzt auf der Erde demonstriert. Er sieht ständig so viel Terror, Missbrauch, Trauma und Unterdrückung und Er sucht nach einem Volk, das auf der Erde lebt, um Seinen Willen zu erfüllen, und das Sein Königreich zu dieser Zeit manifestiert.

„Deshalb sollt ihr auf diese Weise beten: Unser Vater, der du bist im Himmel! Geheiligt werde dein Name. Dein Reich komme. Dein Wille geschehe, wie im Himmel, so auch auf Erden“ (Mt. 6,9-10).

„Und so wandte ich mich um und sah alle Bedrückungen, die verübt werden unter der Sonne; und siehe, da flossen Tränen von Unterdrückten, die keinen Tröster hatten; und weil die Hand ihrer Unterdrücker so stark war, konnte sie niemand trösten“ (Pred. 4,1).

Wo sind all die Gläubigen und Fürbitter in Christus, die das Herz des Lammes für sich selbst empfangen und die Unterdrückungen bemerken werden, die sich ständig unter der Sonne ereignen?

Wo ist die herrschaftliche Königsfamilie der Tröster? Wirst du einer sein?

Gebet: Lieber Vater, zeige uns Menschen durch Deine Augen und erfülle uns mit Deinem Herzen der Liebe und des Mitgefühls. Lass Ehre unsere ständige Haltung gegenüber der gesamten Menschheit sein. Ohne Dich können wir nichts tun, aber mit Dir, in Dir und durch Dich können wir alles tun! Danke, Heiliger Geist.

Kapitel 3

Ehre – Die Atmosphäre des Himmels Teil 2

Ihr Männer sollt gleichermaßen einsichtig mit eurer Frau als dem schwächeren Gefäß zusammenleben und ihr Ehre erweisen, weil ihr ja gemeinsam Erben der Gnade des Lebens seid, damit eure Gebete nicht verhindert werden.

1. Petrus 3,7

Das Wort *verhindert* wird in der King James Version von dem griechischen Wort *ekkoptō* (Strong's G1581) übersetzt; es bedeutet immer: „abschneiden, schneiden oder beschneiden". Dasselbe Wort, ekkoptō, wird in den folgenden Schriften verwendet:

Matthäus 3,10; 5,30; 7,19; 18,8
Lukas 3,9; 13,7; 13,9
Römer 11,22; 11,24
2. Korinther 11,12 und
1. Petrus 3,7

Aus diesem Vers wird das Verlangen des Vaters sichtbar, dass alle Ehemänner eines wissen sollen: Seine ewige Liebe für Seine kostbaren Töchter ist so groß, dass, wenn ein Ehemann seiner Frau keine Ehre erweist, Vater Gott das Gebet dieses Mannes abschneiden wird. Einfach ausgedrückt: Gott wird seine Gebete nicht beantworten. Die KJV (King James Version) verwendet in diesem Vers das Wort *verhindert*, aber an allen anderen Stellen bedeutet dasselbe Wort abschneiden, schneiden oder beschneiden.

Das Wort, das in 1. Petrus 3,7 für Ehre, in Bezug der Haltung von Ehemännern gegenüber ihren Frauen, verwendet wird, lautet *timē* (Strong's G5092). Es bedeutet:

I. Eine Bewertung, durch die ein Preis festgelegt wird
   A. des Preises selbst,
   B. des für eine Person oder Sache gezahlten oder erhaltenen Preises bei deren Kauf oder Verkauf.
II. Ehre, die einem gebührt oder erwiesen wird
   A. Ehre, die einem aufgrund seines Ranges und seines Amtes zukommt,
   B. Ehrerbietung, Respekt.

Diese Ehre basiert auf dem Festpreis für etwas. 1. Petrus 2,17 fordert uns auf alle Menschen zu ehren. Warum? Weil der Sohn Gottes den höchsten Preis für die ganze Schöpfung bezahlt hat, nämlich Sein eigenes kostbares Blut! Deshalb hat die ganze Menschheit einen unbezahlbaren Wert, weil der größte Preis von Jesus Christus bezahlt wurde! Jede Person soll, unabhängig von ihrem Leben, ihrer Position, ihrem Status oder ihren

Leistungen, geehrt werden. Es gibt viele verschiedene Arten von Ehre in der Bibel, z.B.:

Ehre aufgrund des Alters („*Vor einem grauen Haupt sollst du aufstehen und die Person eines Alten ehren; und du sollst dich fürchten vor deinem Gott! Ich bin der Herr.*“ 3. Mose 19,32)

Ehre für die schwächeren Gefäße („*Ihr Männer sollt gleichermaßen einsichtig mit eurer Frau als dem schwächeren Gefäß zusammenleben und ihr Ehre erweisen, weil ihr ja gemeinsam Erben der Gnade des Lebens seid, damit eure Gebete nicht verhindert werden.*“ 1. Pet. 3,7)

Ehre aufgrund von Leistungen („*So gebt nun jedermann, was ihr schuldig seid: Steuer, dem die Steuer, Zoll, dem der Zoll, Furcht, dem die Furcht, Ehre, dem die Ehre gebührt.*“ Röm. 13,7) In der Welt machen wird das ständig so. Wenn ein Team die Weltmeisterschaft gewinnt, empfangen sie Ehre von Millionen von Menschen. Am Ende eines jeden Schuljahres erhalten außergewöhnlich gute Schüler eine Auszeichnung.

Doppelte Ehre soll denen zuteilwerden, die das Wort gut lehren („*Die Ältesten, die gut vorstehen, sollen doppelter Ehre wertgeachtet werden, besonders die, welche im Wort und in der Lehre arbeiten.*“ 1. Tim. 5,17)

All diese verschiedenen Arten von Ehre werden in der Bibel erwähnt. Eine Art von Ehre aber ist einfach deshalb erforderlich, weil jedes Individuum von einem ewigen Vater mit einer ewigen Bestimmung erschaffen wurde und ein ewiges Geschöpf ist. Viele Menschen könnten eine Begegnung mit Gott verpassen, weil sie von niemandem geehrt wurden.

Zurück zu 1. Petrus 3,7: Ehemänner werden von Gott aufgefordert ihre Frauen zu ehren, weil sie Schwestern im Herrn sind, und weil die Frau das schwächere Gefäß ist.

Liebe Töchter des Königs, bevor ihr einen charmanten Prinzen heiratet, achtet doch darauf wie er seine Mutter, seine Schwestern und andere Frauen behandelt. Erweist er ihnen Ehre? Ein Mann, der in Arroganz lebt, wird seine eigenen Leistungen betrachten und sich selbst als denjenigen ansehen, der Ehre verdient hat, anstatt seine Frau zu ehren. Wir sollten Menschen nicht nach ihrer Passion, Begeisterung und Leistung bewerten, sondern stattdessen die Art und Weise beobachten, wie sie den Geringsten Ehre erweisen. Jesus sagte, dass die Geringsten in seinem Reich die Größten sein werden. Wenn eine Person nett, höflich, fürsorglich und besorgt um Leute ist, die von anderen hochangesehen werden, jedoch nicht die gleiche Besorgnis für Menschen zeigt, die von anderen als sehr unbedeutend angesehen werden, so weist dies ein ernstes geistliches Problem in ihrem Herzen auf.

Ein Herz, das Ehre erweist, wird andere anziehen, weil die ganze Welt das Bedürfnis hat sich besonders zu fühlen. Ehre setzt bei anderen innerlich ein Gefühl frei, das sagt: „Du bist etwas Besonderes“. Warum sind andere etwas Besonderes? Weil sie von einem ewigen

Vater geschaffen wurden und ewige Geschöpfe sind, die ein ewiges Schicksal zu erfüllen haben, egal wie sehr sie versagen! Der Himmel ist voller Ehre und die Hölle ist voller Unehre. Welche Kultur wünsche ich mir in meinem Haus und in meiner Gemeinde?

Jeder Gläubige sollte als die edelste Person auf Erden leben, einfach weil er der königlichen Familie mit dem meisten Reichtum, Adel, Wohlstand und dem elitärsten Ruf im Universum angehört! Jeder einzelne Christ hat den höchsten Rang in der Welt, weil seinem Vater alles gehört! Viele der kostbaren Töchter des Vaters wurden von vielen Söhnen des Vaters entehrt. Jetzt ist es an der Zeit diesen geliebten Töchtern ihre Ehre wiederzugeben. Ehre sollte von der Person, die sie empfängt, gespürt werden; und wenn der Gebende die Liebe und das Mitgefühl des Vaters in seinem Herzen hat, wird Ehre für andere einfach aus ihm herausfließen.

Demut und Ehre sind unzertrennliche Zwillinge, so wie Stolz und Entehrung auch Zwillinge sind. Wenn Demut in meinem Herzen ist, dann werde ich andere mit den Augen des himmlischen Vaters betrachten, und ich werde sie als ein besonderes Kind Gottes sehen. Wenn ich Stolz in meinem Herzen zulasse, dann werde ich mich höher ansehen als andere.

Der Apostel Paulus sagte: *„In der Bruderliebe seid herzlich gegeneinander; in der Ehrerbietung komme einer dem anderen zuvor“* (Röm. 12,10)! Das Herz Jesu wird andere für wichtiger halten als sich selbst und anderen als Zeichen der Ehre den Vorzug geben. Der Vater hat eine sehr große Fürsorge und Liebe für alle schwächeren Gefäße. Deshalb sagt Er: *„Wer aber einem von diesen Kleinen, die an mich glauben, Anstoß [zur Sünde] gibt, für den wäre es besser, dass ein großer Mühlstein an seinen Hals gehängt und er in die Tiefe des Meeres versenkt würde“* (Mt. 18,6).

Wir leben in einer Zeit, in der ständig enorme Entehrung und Missbrauch stattfinden. Ich habe persönlich vielen Menschen gedient, die in einem christlichen Elternhaus aufgewachsen sind und unvorstellbaren Missbrauch erlitten haben. Wenn ein Mensch Ehre in seinem Herzen hat, wird er niemanden missbrauchen. Das wäre einfach unmöglich. Ein Herz voller Ehre kann nicht zusehen, wie ein anderer Mensch leidet. Ein gefühlloses Herz ist ein unempfindliches, hartes Herz, das lange Zeit in einer Atmosphäre ohne Ehre gelebt hat. Luzifer war das allererste Geschöpf das sündigte. Es war sein Untergang, dass sich sein Herz im Stolz erhob! Sein aufgeblasenes Herz war sein Untergang und so ist es bei jedem von uns. Wenn unser Herz vor Stolz aufgeblasen ist, werden wir in das gleiche Gericht wie der Teufel fallen. *„kein Neubekehrter, damit er nicht aufgeblasen wird und in das Gericht des Teufels fällt“* (1. Tim. 3,6). Wann immer ich es mir erlaube mein Herz zu erheben, werde ich unweigerlich auf andere herabsehen und sie als niedriger und minderwertiger als mich selbst einschätzen. Jeder Missbrauch wird irgendwo versteckten Stolz haben! Wenn ich lange genug in einem Umfeld des Stolzes lebe, werde ich immer unempfindlicher und härter gegenüber dem Schmerz der Menschen.

Tränen der Unterdrückten

In Prediger 4,1 wird Gott beschrieben, wie Er die Unterdrückung auf der ganzen Welt und die Tränen der Unterdrückten betrachtet.

Es gibt täglich Milliarden von Tränen, die von den unterdrückten und schwächeren Gefäßen geweint werden. Liebes unterdrücktes Gotteskind, verzweifle nicht, der Vater hat dich nicht vergessen. Seine Tröster kommen!

Stolze Männer haben sich dazu entschlossen unschuldige Kinder um des Mammons willen zu missbrauchen, zu quälen, zu verletzen und schwer zu schädigen. Ein Beispiel dafür ist die Pornografie, die weltweit zu einer Multimilliarden-Dollar-Industrie geworden ist. Die Sexhandelsbranche und die Vielzahl pornografischer Filme haben so viele Leben geraubt und so viele unschuldige Seelen ruiniert – gefangen im Laster der Sünden anderer. Der Herr weint vom Himmel, wenn Er all die Übel sieht, die unter der Sonne geschehen. Einer der Hauptgründe für die Vielzahl an Macht, die das Böse in der Welt hat, ist die Vielzahl an Unehre, die die Gemeinde in ihren eigenen Herzen erlaubt hat – zueinander und besonders zu den schwächeren Gefäßen, die Gott so sehr liebt! Vater Gott sieht die Frauen als etwas ganz Besonderes und Kostbares an, und Er hat das Verlangen, dass sie sich im Leib Christi und unter den Leitern und Brüdern besonders fühlen.

Jede Tochter schaut zu ihrem Vater, ihrem älteren Bruder und ihrem Großvater auf. So hat Gott Mädchen erschaffen und wenn Väter, Brüder und Großväter als geliebte Vertreter Gottes diese Geschenke des Herrn (die Mädchen) bloßstellen, missbrauchen und kontrollieren, werden als Folge daraus Angst, Qual und Verwirrung in den Herzen dieser kleinen Mädchen Wurzeln schlagen. Der Leib Christi wird seine Macht und Autorität in der Herrschaft über diese Übel verlieren, wenn er selbst unter dem Einfluss dieser dämonischen Hochburgen steht. Liebe Brüder in Christus, unsere Schwestern brauchen uns, um sie als Vaters liebe, geliebte und geschätzte Töchter zu bedecken, zu ehren und zu schätzen! Die Schlüssel zum Königreich sind uns gegeben worden, damit wir die Gefängnistüren öffnen, und ebenso die vom Feind geöffneten Türen schließen können!

Jetzt ist die Zeit für Männer der Ehre gekommen, mit der Ehre von Vater Gott in ihrem Inneren aufzustehen. Es ist an der Zeit Ehre als Königreich-Haltung des Himmels zu demonstrieren. Die Herzenshaltung, die aus dem himmlischen Bereich kommt, ist Ehre. Damit die Gemeinde das Reich Gottes auf Erden demonstrieren kann, muss sie die Haltung des Reiches Gottes freisetzen, welche Ehre ist. Die wahre Botschaft des Reiches Gottes muss auf der Erde mit Ehre offenbart werden, denn die Botschaft des Reiches der Finsternis auf der Erde ist voller Stolz und Ehrlosigkeit.

In diesem Buch wird deutlich gezeigt, dass aufgrund der falschen Auslegung der Heiligen Schrift und den verborgenen Wurzeln des Bösen, die in den Herzen der Männer vergraben sind, große Unterdrückung und Schande über die Frauen Gottes gekommen ist. Dieses Buch ist ein

Wort des Vaters an alle kostbaren Frauen in der Welt, damit sie in ihre wahre Berufung und Bestimmung kommen, nämlich als Töchter des lebendigen Gottes auf Erden zu wandeln!

Eingesperrte Entwicklung

Die emotionale Deprivationsstörung wurde erstmals in den 1950er Jahren von der niederländischen Psychiaterin Dr. Anna A. Terruwe entdeckt. Sie nannte es „Frustrationsneurose" oder „Deprivationsneurose", da es sich um die Frustration aufgrund des Nicht-Erhaltens bedingungsloser Liebe handelt. Dies ist eine Störung, die aus einem Mangel an authentischer Bestätigung resultiert und emotionalen Schmerz und Angst in einer Person verursacht. Eine eingesperrte Entwicklung findet in der Seele eines Menschen statt. Dies geschieht durch Erfahrungen von Kritik, Verlassenheit, Missbrauch, Vernachlässigung und Mangel an Berührung in einer freundlichen, liebevollen Weise. Eine vernachlässigte Person kann daher im emotionalen Alter von zehn bis zwölf Jahren bleiben, obwohl ihr physisches Alter 50 Jahre beträgt. Wir wurden alle mit dem Bedürfnis geschaffen berührt zu werden. Psychiater sehen jeden Tag Patienten, die in ihrer Kindheit und Jugend nie liebevoll berührt wurden. Eine Möglichkeit Kinder zu bestätigen ist durch liebevolle Berührung. Auf diese Weise hat Gott die Kleinen geschaffen. Er wünscht sich zutiefst, dass jeder seiner kostbaren Kleinen durch liebevolle Stimmen und Hände anderer bestätigt wird.

Das Berührungsempfinden beginnt bereits im Mutterleib. Unsere Haut, die aus den gleichen Zellen wie das Nervensystem stammt, ist ein perfektes Instrument, um Informationen über unsere Umgebung zu sammeln, lange bevor die Geburt stattfindet. Ein Fötus wird sich nach weniger als acht Wochen der Schwangerschaft vor der Berührung einer Sonde zurückziehen, was zeigt, dass die Verbindung zwischen Berührung und Überleben einer der ersten und wichtigsten Schutzmechanismen ist, die sich entwickeln. Während der gesamten frühen Jugendzeit werden durch das Hautgewebe Botschaften über die eigene Bedeutung oder das eigene Wohlbefinden empfangen, die für den Rest des Lebens anhaltende Auswirkungen haben. Es gibt viele Studien, die das emotionale und mentale Trauma offenbaren, das bei Babys auftritt, die in einer Umgebung ohne liebevolle Berührungen aufgewachsen sind. Da Berührung ein großer Faktor im Bereich des Wohlbefindens ist, kann sie auch vom Bösen dazu benutzt werden, um ein sehr negatives und verletzendes Gefühl zu vermitteln, das dem Selbstwert entgegenwirkt. Eine positive und liebevolle Berührung bestätigt, ehrt und segnet den Einzelnen. Eine negative und böse Berührung aber wird ein großes Bedürfnis nach Heilung in der Seele eines Menschen hervorrufen. Im Folgenden finden Sie einige wichtige Fragen, die Sie sich im Hinblick auf Ihre Kindheitserfahrung stellen sollten:

Wie war die Atmosphäre in meinem Haus?

Wie war die Atmosphäre in meiner Gemeinde?

Welches innerliche Gefühl hatte ich als Kind und als Teenager?

Um die Fragen zu beantworten, beschreiben Sie die Atmosphäre, indem Sie ein oder zwei der folgenden Wörter verwenden:

1. Angespannt – gekennzeichnet durch eine Belastung der Nerven und Gefühle.
2. Hart – harte Worte; eine schwierige Atmosphäre, der es an Frieden fehlt.
3. Ängstlich – Angst auslösend oder tendenziell Angst verursachend; erschreckend; Furcht und Besorgnis.
4. Freudig – glücklich, erfreulich; Freude durch Blicke und Handlungen zeigen oder ausdrücken.
5. Liebevoll – Liebe und warme Zuneigung fühlen oder zeigen.
6. Verwirrt – perplex oder verwundert sein; etwas unklar oder undeutlich machen; Unordnung schaffen. Dieser Zustand resultiert, wenn das Zuhause aus der Ordnung ist.
7. Friedlich – friedfertig, nicht argumentativ oder streitsüchtig, geprägt von Frieden; frei von Streit und Spannungen.
8. Einsam – betroffen von und gekennzeichnet durch eine depressive Haltung des Alleinseins und der Einsamkeit. Es mangelt an mitfühlender oder freundlicher Gesellschaft oder Unterstützung.

Würdest du sagen, dass du in deinem Zuhause und deiner Gemeinde insgesamt am ehesten ein reines oder eher ein unreines Gefühl hattest? Liebe Schwestern, wie war eure Erziehung und was war eure wahre Erfahrung als Frau, zu Hause, in der Gemeinde und in der Schule? Wie war eure Erfahrung mit Männern – mit eurem Vater, Bruder oder Großvater?

Wir lesen in Sprüche 17,6: *„Kindeskinder sind eine Krone der Alten, und die Ehre der Kinder sind ihre Väter.*" In den Augen Gottes sind es die Enkelkinder, die den Großvätern das Symbol der Königlichkeit, Würde und Majestät geben. Salomo, der in einem Palast aufwuchs, verstand die Bedeutung einer Krone. Herrlichkeit ist ein sehr mächtiges und wunderbares Wort und jeder Vater sollte seinen Kindern ein Gefühl der Herrlichkeit in ihren Herzen vermitteln (siehe Buch des Autors „Vater finden, Ganzheit finden").[2]

Kindeskinder sind eine Krone der Alten, und der Kinder Ehre sind ihre Väter.
Sprüche 17:6 SCH51

1. Herrlichkeit-Schönheit, Ehre, Pracht

1. Schönheit, Putz (an Kleidung oder Schmuck)
2. Herrlichkeit
   1 in Rank oder
   2 als Eigenschaft Gottes
3. Ehre (oder die Nation Israel)
4. sich rühmen, angeben (als Individuum)

Väter sind das, was Kinder besitzen um ihren Ruhm zu zeigen, Schönheit wie ein junges Mädchen, das seinen glänzenden Schmuck trägt und die so stolz darauf ist, so schöne, besondere Juwelen tragen zu dürfen.

Die extreme Bedeutung von Vätern und Großvätern ist dermaßen groß, dass es zu einem Leben voller Schmerz und Angst führen kann, wenn sie diese Kleinen bloßstellen, misshandeln und körperlich oder emotional verletzen – solange bis Heilung eintritt. Meine lieben Schwestern, habt ihr euch als heranwachsendes Mädchen behütet und besonders gefühlt? Habt ihr euch als Frau Gottes im Leib Christi als besonders gefühlt? Fühltet ihr euch sicher und von den männlichen Leitern bedeckt? Im Laufe der Geschichte wurden Frauen immer wieder als minderwertig und geringer als Männer behandelt. Ich habe persönlich miterlebt, wie Tausende von Mädchen und Frauen von tiefen Wunden geheilt wurden und die meisten dieser Wunden waren auf die Behandlung durch Männer zurückzuführen.

Wie sieht die Herrlichkeit eines Kindes aus?

10 Zeichen, dass ein Kind seine Herrlichkeit/Ehre bei sich trägt:

1. Es fühlt sich besonders, wenn es mit seinem Vater ist.
2. Es fühlt sich wichtig, weil sein Vater an seiner Seite ist.
3. Es fühlt sich, als wenn sein Papa einfach alles kann.
4. Es fühlt, dass niemand so stark und speziell ist, wie sein Papa.
5. Es fühlt sich sicher bei seinem Papa.
6. Es hat keine Angst, wenn sein Papa in der Nähe ist.
7. Es weiß, sein Papa wir es nicht enttäuschen. Er ist da, um dem Kind zu helfen.
8. Es wird gern zu einer eigenen Person und lernt, sich selbst als Junge oder als Mädchen zu genießen.
9. Es wird zu seinem Papa sprechen, wenn andere Kinder Dinge über es sagen.
10. Es wird vom Segen seines Vater ermächtigt sein. Durch seine Worte, Gedanken, Gebete, Handlungen und manchmal einfach durch besondere Unternehmungen als besonderer Sohn oder besondere Tochter.

Mein Team und ich dienten einmal in einem Frauengefängnis zu dem Thema "Vatersegen" und während der Ansprache begannen mein ganzes Team und ich unkontrolliert zu weinen. Vater Gott offenbarte mir, dass er uns allen erlaubt hatte, ein wenig an Seinem eigenen Schmerz für diese Frauen teilzuhaben. Tatsache war, dass die meisten dieser Frauen aufgrund des extremen Mangels an Liebe und Ehre durch die Männer in ihrem Leben inhaftiert waren. Ich habe persönlich gesehen, wie Tausende von Frauen reichlich Tränen vergossen haben, als der Herr ihre tiefen inneren Wunden aus ihrer Vergangenheit heilte. Viele der traumatisierten Frauen, mit denen ich gebetet habe, hatten ihr Leben einfach deshalb als normal akzeptiert, weil sie keine andere Lebensweise kannten. Vater Gott sehnt sich danach Ehre, Liebe und Wertschätzung für das weibliche Geschlecht wiederherzustellen. Viele Frauen betrachten sich selbst aus der Perspektive der anderen oder aus ihrer eigenen Perspektive, die in der Regel Selbsthass und Ablehnung beinhaltet.

Welches Bild beschreibt Dich am Besten in deiner Kindheit?
Ein kleines Mädchen mit einem dreckigen, heruntergekommenen alten Kleid, das ein schmutziges kleines Handtuch hält
oder
Ein kleines Mädchen mit einem wunderschönen und ganz neuen Kleid mit einem Armband aus glänzenden Gold und einer Kette aus glänzenden Gold und zwei großen Ohrringen aus glänzendem Gold.

Ich habe so viele Frauen gesehen, die sich selbst zutiefst abgelehnt haben, weil sie eine Frau waren – so sehr, dass sie sogar versuchten wie ein Mann auszusehen und zu leben, um ihren Vätern zu gefallen. Im Folgenden finden wir einige Zitate von frühen Kirchenvätern:

Origenes: *„Männer sollten nicht sitzen und einer Frau zuhören... selbst wenn sie bewundernswerte oder gar heilige Dinge sagt, ist das wenig von Bedeutung, da es aus dem Mund einer Frau kommt."*

Tertullian: *„Und weißt du nicht, dass ihr (jede) eine Eva seid? Das Urteil Gottes über eurem Geschlecht lebt in diesem Zeitalter: Die Schuld muss zwangsläufig auch leben. Du bist das Tor des Teufels: Du bist die Entsiegelung dieses (verbotenen) Baumes; du bist die erste Deserteurin des göttlichen Gesetzes; du bist diejenige, die denjenigen überredet hat, den der Teufel nicht tapfer genug war anzugreifen. Du hast Gottes Bild so leicht zerstört."*

Chrysostomos: *„Gott hielt die Ordnung jedes Geschlechts aufrecht, indem er das Geschäft des Lebens in zwei Teile teilte und die notwendigeren und nützlicheren Aspekte dem Mann und die weniger wichtigen, minderwertigen Angelegenheiten der Frau zuwies."*

Augustinus: *„Ich sehe nicht, als welche Art von Hilfe die Frau geschaffen wurde, um dem Mann zu helfen, wenn man die Fortpflanzung ausschließt. Wenn die Frau nicht dem Mann für die Hilfe bei der Geburt von Kindern gegeben wird, welche Hilfe könnte sie dann sein? Um die Erde gemeinsam zu bestellen? Wenn dafür Hilfe nötig gewesen wäre, wäre der Mann eine bessere Hilfe für* *den Mann gewesen. Dasselbe gilt für den Trost in der Einsamkeit. Wie viel mehr Freude macht das Leben und die Unterhaltung, wenn zwei Freunde zusammenleben, als wenn ein Mann und eine Frau zusammenleben?"*

Thomas von Aquin: *„Aber die Frau ist naturgemäß von geringerer Stärke und Würde als der Mann."*

Martin Luther: *„Denn die Frau scheint ein etwas anderes Geschöpf zu sein als der Mann, da sie ungleiche Glieder hat, eine unterschiedliche Form und einen schwächeren Geist als der Mann. Obwohl Eva ein hervorragendes und schönes Geschöpf war, wie Adam in Bezug auf das Bild Gottes, d.h. in Bezug auf Gerechtigkeit, Weisheit und Erlösung, war sie doch eine Frau. Denn wie die Sonne herrlicher ist als der Mond, obwohl der Mond ein herrlicher Körper ist, so war die Frau, obwohl sie ein schönstes Werk Gottes war, der Herrlichkeit der männlichen Kreatur nicht ebenbürtig."*

Johannes Calvin: *„Über die erste Erscheinung Jesu nach der Auferstehung vor Frauen statt vor Männern. Ich denke, dies geschah als Vorwurf, weil sie (die Männer) so langsam und träge waren zu glauben. Und in der Tat verdienen sie nicht nur Frauen als Lehrer, sondern auch Ochsen und Esel. Doch es gefiel dem Herrn, durch diese schwachen und verachtenswerten Gefäße Macht zu geben."*

John Knox: *„Die Frau in ihrer größten Vollkommenheit wurde geschaffen, um dem Mann zu dienen und ihm zu gehorchen."*

Die obigen Zitate stammen von geistlichen Leitern innerhalb der Kirche. Dies sind die Männer, deren Schriften Bibelschüler studieren und von denen sie lernen. Dies könnte ein Grund dafür sein, dass es so viel inneren Schmerz, Angst und Abneigung unter den Frauen gibt, in einem kirchlichen Umfeld die Gefäße zu sein, zu denen sie Gott erwählt hat. In den kommenden Kapiteln werden wir uns noch viel mehr mit den Gründen befassen, die eine solche Haltung im Herzen eines Mannes gegenüber seinen Schwestern im Herrn verursachten.

Die verborgenen Schrecken der Prostitution

Filme wie „Pretty Woman" lassen uns glauben, dass die Geschichte der Prostitution glamourös ist. Es gibt nicht im Entferntesten etwas Glamouröses an einem 13-jährigen Mädchen, das als Prostituierte arbeitet. Dabei ist das nur das Durchschnittsalter, was bedeutet, dass viele viel jünger sind, wenn sie anfangen. Prostituierte erhalten nicht nur den Großteil ihres Einkommens gar nicht, sondern arbeiten auch unter einigen der gefährlichsten Bedingungen, in denen Missbrauch und Vergewaltigung viel zu häufig vorkommen.[3]

Susan Kay Hunter und K.C. Reed erklärten dies am besten: *„Etwa 80% der Frauen in Prostitution sind Opfer einer Vergewaltigung geworden. Es ist schwer darüber zu sprechen, weil die Erfahrung der Prostitution genauso wie eine Vergewaltigung ist. Prostituierte werden im Durchschnitt acht- bis zehnmal pro Jahr vergewaltigt. Sie* *sind die am meisten vergewaltigte Klasse von Frauen in der Geschichte unseres Planeten.*"[4] Das ist einer der Gründe, warum es so wichtig ist, dass wir einen Weg finden die Kultur der Prostitution zu verändern.

Aus Forschung und Bildung über Prostitution

Was ist Prostitution?

„Ich hatte mit zehn Jahren angefangen Sex zu haben; ich wusste, wie man Männern gefallen kann, auch wenn es mich umbringt. Aber nachts, wenn ich nach Hause kam, duschte ich, schrubbte mich und schäumte ich mich ein, um zu versuchen die Straßen von mir abzuwaschen. Ich hasste es von Zuhältern berührt zu werden. Jedes Mal, wenn ich einen Kundenbesuch machte, hatte ich das Gefühl wieder vergewaltigt zu werden. Bei der Arbeit auf Abruf wusste ich nie was mein Tag bringen würde. Meine beste Freundin wurde in dem Raum neben mir vergewaltigt und ich habe nie einen Ton gehört. Der Zuhälter dämpfte ihre Schreie und ging hinaus, als ob nichts passiert wäre. Jeden Tag versuchte ich den Gedanken zu übertönen, dass ich die Nächste sein könnte. Mein Mantra war: Krieg dein Geld und krieg sie raus. Innerlich aber lag ich im Sterben.

Einen großen Teil des Jahres 1992 lebte ich in einer schönen Wohnung. Ich fuhr ein teures Auto. Ich kaufte mir schöne Kleider und reiste viel außer

Landes. Ich fühlte mich unbesiegbar und ich war durch und durch unglücklich. Ich hasste mich selbst, weil ich mein Leben hasste. All die Dinge, in deren Besitz ich gekommen war, bedeuteten mir nichts. Ich konnte mich nicht im Spiegel ansehen. Durch die Arbeit in der Prostitution hatte ich meine Seele verloren.

Noch 1991 schloss die Polizei in einer südkalifornischen Gemeinde alle Vergewaltigungsanzeigen von Prostituierten und Süchtigen ab, indem sie sie in eine Akte mit dem Stempel „NHI" eintrug. Die Buchstaben stehen für die Worte „No Human Involved" (Kein Mensch Involviert).

Psychologisches Trauma

68 Prozent von 827 Personen aus mehreren verschiedenen Arten von Prostitution in 9 Ländern erfüllten die Kriterien für eine posttraumatische Belastungsstörung (PTBS). Der Schweregrad der PTBS-Symptome der Teilnehmer lag in der gleichen Größenordnung wie die PTBS von behandlungsbedürftigen Kriegsveteranen, geschlagenen Frauen die Schutz suchen, Vergewaltigungsüberlebenden und Flüchtlingen vor staatlicher Folter. Die Symptome einer PTBS sind akute Angst, Depression, Schlaflosigkeit, Reizbarkeit, Flashbacks, emotionale Betäubung und ein Zustand höchster emotionaler und körperlicher Wachsamkeit."[5]

Vater Gott sieht die Frauen als kostbare, geliebte Töchter und nicht so wie die Welt sie sieht. Viele Prostituierte wollen solcherart Arbeit nicht machen, aber sie befinden sich in einer Position ohne anderen Ausweg. Der Herr ist voller Mitgefühl. Brüder in Christus, wie seht ihr diese kostbaren Schwestern in der Welt an? Seht ihr sie als schmutzig an? Seht ihr sie als Sexobjekte? Wie siehst du sie, lieber Bruder? Befindest du dich im Leib Christi und beanspruchst du ein Mitglied des Leibes Christi auf Erden zu sein?

Herzlich geliebte Schwestern, ihr seid in den Augen Gottes etwas Besonderes und kostbar, und selbst wenn euer Mann euch nicht schätzt und liebt, will der Herr euch viele Segnungen verleihen! Lea wurde von ihrem Mann Jakob gehasst, und dann rief sie zum Herrn, und der Herr hörte sie und segnete sie.

Liebe Schwestern, fühlt ihr euch von euren Ehemännern abgelehnt, unerwünscht oder verachtet? Fasst Mut und schreit zum Herrn und Er wird euren Schrei nicht verachten. Euer Schrei wird direkt auf Seine offenen Ohren des Mitgefühls und der Fürsorge treffen.

Dies sind nur einige der heutigen Statistiken aus der ganzen Welt, die Unehre gegenüber Frauen belegen:

- *1,4 Millionen Opfer (Frauen und Kinder) sind in der kommerziellen Sexindustrie in Knechtschaft.*
- *Weniger als 2 Prozent dieser Opfer werden gerettet.*

- *Einer von 100.000 Menschenhändlern in Europa wird vor Gericht verurteilt.*
- *Die Vereinten Nationen berichteten 2009, dass bis zu 40 Prozent der Frauen in ganz Lateinamerika Opfer von physischer Gewalt wurden.*
- *In Asien werden 60 Millionen Mädchen aufgrund von pränataler Geschlechtsselektion, Kindermord oder Vernachlässigung „vermisst".*
- *In China dürfen junge Paare nur ein Kind bekommen, wobei Jungen bevorzugt werden. Kleine Mädchen werden verwaist, in Flüsse geworfen, auf Türschwellen liegen gelassen oder in Wäldern ausgesetzt.*
- *In vielen islamischen Ländern sterben Frauen durch Ehrenmorde. Frauen die es wagen ihren Ehemännern zu widersprechen oder einen Hauch von Respektlosigkeit zu zeigen, werden von ihren Ehemännern und anderen männlichen Verwandten bis zur Taille begraben und dann öffentlich gesteinigt. Diese Praxis ist illegal, aber es wird geschätzt, dass jedes Jahr Tausende solcher Tötungen stattfinden.*
- *Die Genitalverstümmelung von Frauen und Mädchen betrifft schätzungsweise 130 Millionen Frauen und Mädchen, vor allem in Afrika. Jedes Jahr werden 2 Millionen oder mehr Frauen dieser barbarischen Praxis ausgesetzt.*
- *Der Autor George Glider in „Sexual Suicide" (Sexueller Selbstmord) berichtet, dass Männer*

mehr als 90 Prozent der großen Gewaltverbrechen, 100 Prozent der Vergewaltigungen und 95 Prozent der Einbrüche begehen. Männer machen 94 Prozent unserer betrunkenen Fahrer aus, 70 Prozent der Selbstmorde, 91 Prozent der Täter gegen Familie und Kinder.[6]

Vom Vater gegebene Gesetze zum Schutze der Frauen in der Gesellschaft

„Und der HERR redete zu Mose: Rede zu den Söhnen Israel und sage zu ihnen: Ich bin der HERR, euer Gott. Nach der Weise des Landes Ägypten, in dem ihr gewohnt habt, sollt ihr nicht tun; und nach der Weise des Landes Kanaan, wohin ich euch bringe, sollt ihr nicht tun; und in ihren Ordnungen sollt ihr nicht leben. Meine Rechtsbestimmungen sollt ihr tun, und meine Ordnungen sollt ihr halten, um in ihnen zu leben. Ich bin der HERR, euer Gott. Und meine Ordnungen und meine Rechtsbestimmungen sollt ihr halten. Durch sie wird der Mensch, der sie tut, Leben haben. Ich bin der HERR. Niemand von euch soll sich irgendeinem seiner Blutsverwandten nähern, um die Blöße aufzudecken. Ich bin der HERR. Die Blöße deines Vaters und die Blöße deiner Mutter sollst du nicht aufdecken; sie ist deine Mutter, du sollst ihre Blöße nicht aufdecken. Die Blöße der Frau deines Vaters sollst du nicht aufdecken; es ist die Blöße deines Vaters. Die Blöße deiner Schwester,

der Tochter deines Vaters oder der Tochter deiner Mutter, im Haus geboren oder draußen geboren – ihre Blöße sollst du nicht aufdecken. Die Blöße der Tochter deines Sohnes oder der Tochter deiner Tochter – ihre Blöße sollst du nicht aufdecken, denn es ist deine Blöße. Die Blöße der Tochter der Frau deines Vaters, von deinem Vater gezeugt – sie ist deine Schwester, ihre Blöße sollst du nicht aufdecken. Die Blöße der Schwester deines Vaters sollst du nicht aufdecken; sie ist die Blutsverwandte deines Vaters. Die Blöße der Schwester deiner Mutter sollst du nicht aufdecken, denn sie ist die Blutsverwandte deiner Mutter. Die Blöße des Bruders deines Vaters sollst du nicht aufdecken; seiner Frau sollst du dich nicht nähern, sie ist deine Tante. Die Blöße deiner Schwiegertochter sollst du nicht aufdecken; sie ist die Frau deines Sohnes, ihre Blöße sollst du nicht aufdecken. Die Blöße der Frau deines Bruders sollst du nicht aufdecken; es ist die Blöße deines Bruders. Die Blöße einer Frau und ihrer Tochter sollst du nicht aufdecken; die Tochter ihres Sohnes und die Tochter ihrer Tochter sollst du nicht nehmen, um ihre Blöße aufzudecken; sie sind deine Blutsverwandten: Es ist eine Schandtat. Und du sollst nicht eine Frau zu ihrer Schwester nehmen, sie eifersüchtig zu machen, indem du ihre Blöße neben ihr aufdeckst bei ihrem Leben. Und einer Frau in der Absonderung ihrer Unreinheit sollst du nicht nahen, um ihre Blöße aufzudecken. Und bei der Frau deines Nächsten sollst du nicht zur Begattung liegen, dass du durch sie unrein wirst. Und von deinen Nachkommen sollst du nicht einen hingeben, um sie dem Moloch durch das Feuer gehen zu lassen. Und du sollst den Namen des HERRN, deines Gottes, nicht entweihen. Ich bin der HERR" (3. Mose 18,1-21).

Diese Abscheulichkeiten wurden von den bösen Nationen praktiziert, die das Land besetzten, in das das Volk Gottes hineinkam. Der Herr wollte sicherstellen, dass sein Volk wusste, es soll an den bösen Taten dieser Nationen nicht teilhaben. Die Weise in der die Welt die Frauen behandelt, ist nicht wie Gott sie behandelt und der Vater möchte, dass Seine Söhne Seinen Töchtern Sein Herz offenbaren.

In diesen Schriften aus dem 3. Buch Mose entdecken wir fünfzehn Fälle, in denen Gott eine Frau in ihren verschiedenen Rollen besonders erwähnt: Mutter, Ehefrau, Schwester, Tochter, Tante, Enkelin, Schwiegertochter, Schwägerin usw. Jede Frau und jede Rolle soll respektiert und geehrt werden, und sie soll in ihrer Würde als Frau geschützt werden. Keine Frau und kein Mädchen darf in irgendeiner Weise verachtet oder ausgebeutet werden. Jeglicher sexuelle Missbrauch, wie Vergewaltigung oder extrem erschreckende Eingriffe, wie Genitalverstümmelung, ist streng und absolut verboten.

„Weltweit sind täglich schätzungsweise 6000 Mädchen der Praxis der weiblichen Genitalverstümmelung (FGM) ausgesetzt. Über Jahrhunderte hinweg

haben Frauen FGM an ihren Familienmitgliedern oder Nachbarn durchgeführt, vom Säuglingsalter bis zur Pubertät. Diese Praxis ist in Teilen Afrikas und des Nahen Ostens am häufigsten anzutreffen. Viele Mädchen überleben die Tortur aufgrund von Blutungen und Infektionen nicht, und diejenigen, die es überleben, sind sowohl physisch als auch emotional ein Leben lang geschädigt. Unter weiblicher Genitalverstümmelung versteht man das Abschneiden oder, in weniger Fällen, die Verstümmelung der äußeren weiblichen Genitalien. Dieses Verfahren wird oft ohne Betäubung mit stumpfen und schmutzigen Rasierklingen oder Scheren durchgeführt. FGM ist unsagbar schmerzhaft für die jungen Opfer. Erschwerend kommt hinzu, dass die Vagina bis zur Ehe oft verschlossen wird. Und manchmal werden die Beine eines Mädchens für eine Zeitspanne zusammengebunden, während das Narbengewebe über die Vaginalöffnung wächst. In beiden Fällen bleiben nur noch winzige Löcher für das Wasserlassen und die Menstruation, was eine Reihe von Gesundheitsproblemen verursacht, wie z.B. ständige Schmerzen, Harnwegs- und Blasenentzündungen, Nierenprobleme einschließlich Nierenversagen, unregelmäßige Perioden, Zysten und Unfruchtbarkeit. Darüber hinaus kann die Geburt sowohl für die Mutter, als auch für das Kind lebensbedrohlich sein, und der Geschlechtsverkehr ist oft qualvoll.

Weibliche Genitalverstümmelung wird normalerweise auf eine von 3 Arten durchgeführt:

1. *Klitoridektomie: Entfernung eines Teils oder der gesamten Klitoris.*
2. *Vulvektomie: Entfernung eines Teils oder der gesamten Klitoris und der inneren Schamlippen (die Lippen, die die Vagina umgeben), mit oder ohne Entfernung der großen Schamlippen (die größeren Außenlippen)*
3. *Infibulation: Verengung der Vaginalöffnung durch Schaffung eines Verschlusses, der durch Schneiden und Repositionieren der Schamlippen gebildet wird.*

FGM wird allgemein als weibliche Beschneidung bezeichnet, aber ein genauerer Begriff ist die weibliche Kastration, weil die Opfer die Fähigkeit verlieren sexuell erregt zu werden!"[7]

Diese Praktiken haben ihren Ursprung in zwei Hauptschuldigen, wie der Heilige Geist mich seit über 35 Jahren eindeutig gelehrt hat. Diese zwei bösen Übeltäter werden in späteren Kapiteln noch ausführlich besprochen!

In 3. Mose 18 sehen wir, wie oben zitiert, dass die meisten Gesetze sich auf den Schutz und das Ehren einer Frau beziehen, anstatt sie auszubeuten und zu missbrauchen. Es ist eine detaillierte Liste der richtigen Behandlung von Frauen, indem sie die sexuelle Verunreinigung, die die Nationen der Welt regelmäßig praktizieren, nicht zulassen.

Mögen wir als Leib Christi lernen, uns im Namen Jesu Christi in Liebe und Ehre allen Frauen gegenüber zu bewegen, besonders gegenüber den Mädchen und hilflosen Kindern, die jederzeit der männlichen Liebe und des Schutzes bedürfen.

Gebet: Vater Gott, vergib uns die vielen Weisen, auf die wir uns gegenseitig entehrt haben, indem wir unsere Schwestern nicht beschützt und mit Herzen voller mitfühlender Liebe bedeckt haben. Reinige uns, so dass das Licht Deiner Herrlichkeit und Güte in unseren Augen gesehen wird, wenn wir einander so ansehen, wie eine Familie im Königreich es tun sollte. Lass in dieser Stunde Väter und Mütter aufstehen, um Söhne und Töchter zu heilen, zu ehren und zu segnen und um Brüder aufzuziehen, die ihre Schwestern in der Familie Gottes und in der Welt versorgen, lieben und beschützen werden.

Kapitel 4

Wie wurden Frauen in der Gesellschaft gesehen?

Der zentralste Aspekt dieses Buches ist, die Wahrheit über Gottes Haltung gegenüber Frauen in der Kirche und im Dienst zu bestimmen. Dazu müssen wir uns mehrere Bibelstellen ansehen. Ich glaube, ein guter Ausgangspunkt ist folgende Frage: Hat Paulus wirklich gelehrt, dass Frauen in Versammlungen nicht sprechen dürfen? War dies sein theologischer Standpunkt für alle Gläubigen des neuen Bundes? Wir werden diese Dinge und vieles mehr gründlich untersuchen.

Erstens muss man verstehen, dass die richtige Auslegung jeder Bibelstelle auf einem richtigen Verständnis der übrigen Schrift aufbauen muss. Zweitens ist eine genaue Einschätzung des Charakters Gottes erforderlich. Wenn meine Interpretation einer Bibelstelle nicht mit dem Rest der Schrift übereinstimmt, wird sie anderen vermitteln, dass Gott unbeständig und verwirrt ist, und dass man seinen Worten nicht trauen kann, weil er seine Meinung ändert und hier das eine und dort das andere sagt. Wenn Gott seinen Charakter und sein Wesen den Lesern der Bibel klar offenbart und meine Interpretation bestimmter Schriften im Widerspruch zu dem steht, was viele andere Schriften über Gottes Natur lehren, wird diese Schlussfolgerung der Welt erneut vermitteln, dass Gott veränderliche Züge in seinem Charakter hat und man ihm nicht vertrauen kann. Das wäre so, als ob man Gott in seiner Vollkommenheit mit einem launischen alten Mann vergleichen würde: An einem Tag lächelt er und ist glücklich, und am nächsten Tag ist er ohne ersichtlichen Grund wütend und verärgert.

Machen wir also deutlich – die richtige biblische Interpretation beruht darauf, dass sie keinen Widerspruch zu den Schriftstellen und keinen Widerspruch zum Wesen und Charakter Gottes hat. Indem man dem einzigen Lehrer vertraut – der die Bibel auch geschrieben hat – dass er derjenige ist der sie auslegt, wenn man ihn darum bittet, beschreitet man den einzigen Weg auf dem die Bibel verstanden werden kann. Dies ist offensichtlich der Heilige Geist, von dem Jesus sagte, er sei der Lehrer, der uns in alle Wahrheit führen würde. *„denn er wird nicht aus sich selbst reden, sondern was er hören wird, das wird er reden, und was zukünftig ist, wird er euch verkündigen“* (Joh. 16,13).

Auch ein Blick auf einige historische Ansichten wird uns helfen, die Wahrheit zu erfahren. Wir werden daher die griechische, römische und hebräische Sichtweise über Frauen studieren. Darüber hinaus werden wir untersuchen, wie die Kirchenväter über die Frauen dachten. Schließlich werden wir den Apostel Paulus studieren und vor allem die Sicht des Vaters auf die Frauen entdecken, die sich in Jesus Christus, seinem Sohn, offenbart hat.

Historische Einstellungen Gegenüber Frauen

Die historische griechische Sichtweise gegenüber Frauen

„Die Verachtung, mit der Frauen in der Antike allgemein betrachtet wurden, ist für uns heute schwer zu ergründen. Platon, der an die Reinkarnation glaubte, war der Ansicht, dass das Schicksal eines schlechten Mannes die Reinkarnation als Frau sein würde. Aristoteles betrachtete eine Frau als eine Art verstümmelten Mann: „Frauen sind unvollkommene Männer, die zufällig durch die Unzulänglichkeit des Vaters oder durch den bösartigen Einfluss eines feuchten Südwindes erzeugt werden." Es wäre zu erwarten gewesen, dass die Juden mit ihrem religiösen Hintergrund dem Einfluss Griechenlands und Roms widerstanden hätten – aber nicht nur die nicht-christlichen Juden waren betroffen, auch die Kirchenväter wurden beeinflusst. Von den zuvor genannten schrieb Josephus, ein Zeitgenosse des Paulus: „Die Frau ist dem Mann in jeder Hinsicht unterlegen". Ein Rabbiner, Jose ben Jochanan (ca. 150 v. Chr.), wurde mit den Worten zitiert: „Wer viel mit Frauen redet, bringt Böses über sich selbst... und wird endlich die Gehenna erben." Die Mischna diskutierte Situationen, in denen Frauen ohne Entschädigung geschieden werden konnten. Darunter fielen u.a.: mit ungebundenem Haar ausgehen, sich auf der Straße drehen und mit einem Mann sprechen."[1]

Griechische Geschichte

„In der Ilias waren die Frauen die Ursache aller Konflikte und des Leidens. Doch sie spielten keine aktive Rolle; sie waren lediglich zu erobernde Besitztümer und Spielfiguren in den Machtspielen der Männer. Sie hatten keinen Wert. Eine von Homers Figuren höhnte: ‚Du bist nicht besser als eine Frau!'

Homer zeigte die Frauen in der Enge, in der jeder in seiner Welt glaubte, dass sie gehalten werden sollten – im Haus, beschränkt auf bestimmte akzeptable Aufgaben, den Männern untergeordnet. Nirgendwo erzählte er von einer Frau mit einer eigenen Identität. Eine Frau war immer ‚die Tochter' oder ‚die Frau' oder ‚die Konkubine' von...

Ein Gott, der seine Frau schlägt

Es wurde gezeigt, dass griechische Göttinnen aktiver beteiligt waren, aber wenn wir ihren Charakter und die Art und Weise wie sie mit den Göttern interagierten betrachten, sehen wir die tragische Quelle des griechischen Glaubens an Frauen. Hera war hasserfüllt und ihre Ehe mit Zeus, dem höchsten Gott, war von Täuschung, Manipulation, Beleidigungen und Angst erfüllt. Hören Sie, was Zeus seiner Frau erzählte, wie er mit ihr umgehen würde: ‚Ich werde dich mit Stricken geißeln. Weißt du nicht mehr, wie du an der Höhe aufgehängt wurdest, und an deine Füße hing ich zwei Ambosse, und um deine Handgelenke warf ich ein Band aus Gold, das gebrochen werden konnte. Und in der Luft, inmitten der Wolken hingst du.' Er schlug sie nicht nur, sondern Zeus war auch untreu, indem er Hera mit seinen sexuellen Heldentaten verspottete. Außer seinen Kindern mit ihr, hatte er Nachkommen mit mindestens sieben anderen Göttinnen. Ist es ein Wunder, dass die Alten den Missbrauch der Frau und den schamlosen Ehebruch als normal akzeptierten, wenn Zeus ihr göttliches Ideal war

Griechische Geschichte

Platon gab eine weitere Version der Entstehung der Frauen. In Timaios sagte er: ‚All jene Geschöpfe, die als Männer erzeugt wurden, die sich als feige erwiesen und ihr Leben mit Fehlverhalten verbrachten, wurden bei ihrer zweiten Inkarnation in Frauen verwandelt...'. Auf diese Weise sind also Frauen und das ganze weibliche Geschlecht entstanden.

Es ist schwer vorstellbar, aber was Platon über Frauen sagte, verblasste im Vergleich zu dem was sein Schüler Aristoteles lehrte. Aristoteles schrieb, dass die Frau eine ‚Ungeheuerlichkeit', ein ‚deformierter Mann' und ‚eine Missbildung ..., die im gewöhnlichen Lauf der Natur auftritt', ist.“[2]

Griechische Geschichte

Platon (griechischer Philosoph, viertes Jahrhundert v. Chr.)

„‚Gerechtigkeit existiert, wenn die am besten geborenen und am besten ausgebildeten Männer die Autorität über die 'unteren Klassen' (Kinder, Frauen und Bedienstete) ausüben:'

‚Lassen Sie mich weiter feststellen, dass die vielfältigen und komplexen Freuden und Wünsche und Schmerzen im Allgemeinen bei Kindern und Frauen und Dienern zu finden sind... Die einfachen und gemäßigten Wünsche, die der Vernunft folgen und unter der Führung des Verstandes und der wahren Meinung stehen, sind nur bei einigen wenigen zu finden, und zwar bei den am besten Geborenen und am besten Erzogenen.'

‚Sehr wahr. Diese beiden haben, wie Sie vielleicht erkennen, einen Platz in unserem Staat; und die gemeineren Wünsche oder die [vielen], werden durch die tugendhaften Wünsche und die Weisheit der wenigen niedergehalten.

Wenn man also sieht, dass es drei verschiedene Klassen gibt, so ist jede Einmischung in eine andere oder die Verwandlung von einer in eine andere die größte Schädigung des Staates und vielleicht diejenige, die man am gerechtesten als Übeltat bezeichnen kann. Dies ist dann also Ungerechtigkeit.'

‚Sie haben völlig Recht, antwortete er, indem ihr die allgemeine Unterlegenheit des weiblichen Geschlechts aufrechterhält...'“[3]

Der historische römische Blick auf die Frauen

Nicht genug Wert, um einen Namen zu haben

„Weil die Frauen minderwertig waren, behandelten die Römer sie, als wären sie nicht wirklich Menschen. Dies zeigte sich in der Art und Weise, wie sie ihre Kinder nannten: Römische Bürger hatten drei Namen... Frauen hatten jedoch nur den [Clan-]Namen und den Familiennamen. Sie hatten keine individuellen Namen.

Stellen Sie sich vor, so wenig wert zu sein, dass Sie bei Ihrer Geburt nicht einmal einen Vornamen hatten! Anstatt ihren eigenen Namen zu erhalten, wurde eine römische Frau mit der weiblichen Form des Familiennamens ihres Vaters bezeichnet.“[4]

Die historische hebräische und rabbinische Sichtweise auf Frauen

Jüdisches Gebet

„Jüdische Männer beteten täglich ein Dankgebet. Dieses Gebet zeigt, als wie schlecht die Juden die Frauen angesehen haben. Es geht so:

Gelobt sei Gott. Er hat mich nicht als Heide erschaffen.

Gelobt sei Gott. Er hat mich nicht als Frau erschaffen.

Gelobt sei Gott. Er hat mich nicht als unwissenden Mann erschaffen.

Das war die Ansicht eines Mannes über eine Frau im Israel des ersten Jahrhunderts.“[5]

„Im Gegensatz zur Lehre der Heiligen Schrift sagten die Rabbiner, dass die Frau anfälliger für Sünde sei als der Mann. Denn das Böse sind die Frauen, meine Kinder... Der Engel des Herrn sagte mir und lehrte mich, dass Frauen mehr als Männer vom Geist der Unzucht überwältigt werden. Deshalb konzentrierten sich so viele der Gesetze der Rabbiner darauf, die vermeintlich natürlich gebeugte Lust der Frauen zu kontrollieren. Alles, was den weiblichen Körper betraf, wurde als sexuell betrachtet. Die Rabbiner sagten: ‚Wenn jemand auf den kleinen Finger einer Frau blickt, ist es, als ob er auf ihren geheimen Ort blickt!‘ Die Frauen wurden nicht nur für ihre eigenen Sünden zur Rechenschaft gezogen, sondern auch für die Lust, die sie in den Männern weckten. Wie die Griechen glaubten auch die Rabbiner, dass Frauen Besitz sind, der benutzt werden sollte, oder besser noch, ganz vermieden.

Jüdische Frauen wurden von der Anbetung Gottes ausgegrenzt. Sie konnten an vielen der wichtigsten Rituale nicht teilnehmen. Sie wurden in einem separaten Hof im Tempel des Herodes ausgesondert, obwohl dies weder Teil von Gottes ursprünglichem Entwurf für die Stiftshütte war, noch der Fall im Tempel Salomos war, noch im Tempel, der von den aus Babylon zurückgekehrten Exilanten wieder aufgebaut wurde.

Die Rabbiner verfügten, dass eine Synagoge überall dort errichtet werden konnte, wo ein Quorum von zehn Männern anwesend war. Obwohl es dafür keine Grundlage in der Schrift gab, sandten sie eine klare Botschaft an ihre Frauen: ‚Ihr zählt (ganz wörtlich!) nicht.‘

Die Rabbiner sagten, dass die Lektüre der Thora durch eine Frau die Gemeinschaft entehren würde. Frauen wurden auch vom privaten Studium der Thora abgehalten, obwohl dies ihre engste Verbindung zu Gott war, ihre höchste Form der Anbetung. Die Rabbiner sagten: ‚Glücklich [ist] derjenige, der im Studium der Thora erzogen wurde!‘

Die meisten Rabbiner kämen nicht auf die Idee, einer Frau die Thora zu lehren. Rabbiner wie Gamaliel, Paulus Mentor, der seine Tochter unterrichtete, waren die seltene Ausnahme. Jeder kleine Junge musste das Gesetz studieren. Es war ein primärer Weg, um Verdienste vor Gott zu erlangen, aber der Tosefta sagte, dass Frauen ‚nicht verpflichtet‘ seien. Damit wurde den Frauen klar vermittelt, dass sie keinen wirklichen Wert haben. Die Rabbiner lehrten, dass man, um in einer richtigen Beziehung zu Gott zu sein, das Gesetz beachten müsse, das Er Moses auf Sinai gab. Doch dieses Gesetz war nur für freie erwachsene Männer verbindlich. Daher konnten keine Kinder, keine Sklaven und keine Frauen Gott voll und ganz dienen.

Mit den Worten von Hillel: ‚Ein Unwissender kann kein Heiliger sein.' Einem Mädchen die Gesetze Gottes zu lehren wurde als Zeitverschwendung angesehen – oder noch schlimmer. Rabbiner Elieser sagte: ‚Wenn ein Mann seiner Tochter die Kenntnis der Gesetze vermittelt, ist es, als ob er sie die Lüsternheit lehrte.' In ähnlicher Weise heißt es im Talmud von Jerusalem: ‚Die Worte der Thora sollen verbrannt werden, aber sie sollen den Frauen nicht überliefert werden.'" [6]

Der historische Blick der Kirchenväter auf die Frauen

„Es ist die natürliche Ordnung unter den Menschen, dass Frauen ihren Männern und Kindern ihren Eltern dienen, denn die Gerechtigkeit dieser Ordnung liegt in (dem Prinzip, dass) das Geringere dem Größeren dient... Das ist die natürliche Gerechtigkeit, dass das schwächere Gehirn dem Stärkeren dient. Dies ist also die offensichtliche Gerechtigkeit in den Beziehungen zwischen Sklaven und ihren Herren, dass sie, die sich durch Vernunft auszeichnen, sich durch Macht auszeichnen."[7]

„Augustinus ist so ganz bei mir, dass ich, wenn ich ein Bekenntnis meines Glaubens schreiben wollte, dies mit aller Fülle und Genugtuung aus seinen Schriften für mich selbst tun könnte.

Lasst die Frau mit ihrem Zustand der Unterwerfung zufrieden sein und nehmt es ihr nicht übel, dass sie dem vornehmeren Geschlecht unterlegen ist."[8]

Kirchengeschichte

„Für Frauen muss das Bewusstsein ihrer eigenen Natur Schamgefühle hervorrufen" (Clemens von Alexandria; christlicher Theologe ca. 150-215; Paedagogus II; 33,2).

„Die Frau war lediglich die Gehilfin des Mannes, eine Funktion, die nur sie allein betrifft. Sie ist nicht das Ebenbild Gottes, aber was den Mann betrifft, so ist er selbst das Ebenbild Gottes" (St. Augustinus, Bischof von Hippo Regius ca. 354-430).

In Kapitel drei finden sich noch viele weitere Zitate über die Ansichten der Kirchenväter gegenüber Frauen. Viele dieser oben zitierten Männer waren Brüder im Herrn. Sie liebten Jesus wirklich, und sie wollten dem Herrn gefallen. Ihre Schriften beeinflussten Millionen von Männern, die in den Dienst Gottes traten. Ihre Ansichten gegenüber Frauen sind daher sehr wichtig. Sie werden immer noch von vielen hoch geschätzt.

Jede Tochter schaut zuerst zu ihrem Vater und dann zu ihren älteren Geschwistern auf. Ich glaube, dass der Vater eine besondere Freude in Seine Töchter hingelegt hat, die Zustimmung der Männer in ihren Familien zu suchen. Jede Tochter wird mit einer besonderen weiblichen Liebe zu ihrem Vater gemacht, und sie wird diese suchen, vielleicht sogar bis zu ihrem Tod. Bei diesen Haltungen der Männer, sowohl in der Kirche als auch in der Welt, ist es leicht zu erkennen wie die wahre Bedeutung der Schrift falsch interpretiert werden konnte.

Wir werden versuchen einige schwierige Schriften zu interpretieren. Es ist daher hilfreich die Sprache der Zeit, die Kulturen und die unterschiedliche Bedeutung der Worte zu berücksichtigen. Aber an erster Stelle müssen wir uns auf den verlassen, der die Bibel geschrieben hat – den Heiligen Geist. Wenn die einzige Voraussetzung für die Auslegung der Bibel darin bestünde ein Meister im Hebräischen, Griechischen, Aramäischen usw. zu sein, dann wären die größten Deuter der Heiligen Schrift die intelligentesten und weisesten Menschen auf der Erde. Brüder und Schwestern, das wäre ein großer Fehler, denn Jesus erklärt eindeutig, dass es Gott gefällt, die geistliche Bedeutung hinter der Heiligen Schrift vor eben diesen Menschen zu verbergen. *„Zu jener Zeit begann Jesus und sprach: Ich preise dich, Vater, Herr des Himmels und der Erde,* ***dass du dies vor den Weisen und Klugen verborgen*** *und es den Unmündigen geoffenbart hast! Ja, Vater, denn so ist es wohlgefällig gewesen vor dir“* (Mt. 11,25-26; Betonung von mir).

Sowohl der Vater als auch der Sohn freuen sich, die Wahrheit vor selbstherrlichen Gemütern zu verbergen und die Wahrheit eher den niedriger Gesinnten unter den Menschen zu offenbaren. Paulus verstand dies als er sagte, dass Wissen aufbläht, Liebe aber erbaut (siehe 1. Korinther 8,1b). Wenn ein Mensch die Abscheulichkeit seines intellektuellen Stolzes vor Gott sieht, dann wird er klar den Wert und die Bedeutung von dem Denken verstehen, dass man gar nichts weiß – außer durch göttliche Offenbarung. *„Wenn aber jemand meint, etwas zu wissen, der hat noch nichts so erkannt, wie man erkennen soll“* (1. Kor. 8,2). Geistliches Wissen kann leicht den Stolz einer Person nähren und sie dazu bringen von einer anderen Quelle als dem Geist Christi zu lernen. Wir lernen geistliche Wahrheiten nicht vom natürlichen Verstand. Wir lernen geistliche Wahrheiten nur vom Verstand Gottes – und zwar durch Offenbarung.

Wenn wir uns in einige schwer zu verstehende Schriften vertiefen, sollten wir uns sehr klar machen, dass wir die Wahrheit, die von Gott vermittelt werden soll, nur dann erkennen werden, wenn wir wirklich den Wunsch haben die Wahrheit zu erkennen, und uns dabei auch für eine Herzensveränderung öffnen. Das ist es, was Paulus meinte, als er sagte: Wissen bläht auf, aber Liebe baut auf. Wenn mein biblisches Wissen durch die Liebe in meinem täglichen Leben offenbart und manifestiert wird, dann wird sie zur Erkenntnis von dem Heiligen.

Es gibt zwei Arten von Weisheit in der Welt. Satan wurde voll von Gottes Weisheit erschaffen.

„Menschensohn, stimme ein Klagelied an über den König von Tyrus und sprich zu ihm: So spricht Gott, der Herr: O du Siegel der Vollendung, voller Weisheit und vollkommener Schönheit“ (Hes. 28,12)! Aber als er in seinem Herzen erhoben wurde, nahm die Weisheit Satans eine ganz andere Form an; das Buch der Sprüche nennt es Torheit. *„Dein Herz hat sich überhoben wegen deiner Schönheit; du hast deine Weisheit um deines Glanzes willen verderbt“* (Hes. 28,17a).

Stolz und Egozentrik haben ihren Ursprung im Herzen Luzifers, und das setzt eine dämonische, weltliche, sinnliche Art von Weisheit frei. Christen werden von Jakobus vor dieser Art von Weisheit gewarnt. *„Wer ist weise und verständnisvoll unter euch? Sie sollen es durch ihr gutes Leben zeigen, durch Taten, die in der Demut, welche aus der Weisheit kommt, getan werden. Aber wenn ihr bitteren Neid oder egoistischen Ehrgeiz in euren Herzen tragt, dann rühmt euch nicht damit und verleugnet nicht die Wahrheit. Solche Weisheit kommt nicht vom Himmel, sondern ist irdisch, ungeistlich und dämonisch. Denn wo ihr Neid und selbstsüchtigen Ehrgeiz habt, dort findet ihr Unordnung und jede böse Praxis“* (Jak. 3,13-17 NIV übersetzt).

Jesus sagte, dass er sanftmütig und demütig ist, und dass wir von ihm lernen müssen. Es ist die Demut Christi, die von himmlischer Weisheit erfüllt ist. Wenn ein Bibelwissenschaftler im Stolz wandelt, wird er weder durch sein Leben noch durch seine Schriften Gottes Weisheit vermitteln. Wenn wir also beginnen die Lehren des Paulus zu studieren, müssen wir verstehen, dass die

Wahrheit nicht nur in Form von Lehren, sondern in einer Person dargestellt wird; und Er ist sanftmütig und demütig in Seinem Herzen. Jesus sagte, Er ist der Weg, die Wahrheit und das Leben (Johannes 14,6).

Wenn meine Interpretation der Bibel den Charakter Gottes als stolz, egoistisch und kontrollierend offenbart, dann ist dies eindeutig nicht die richtige Interpretation. Jede Interpretation der biblischen Wahrheit muss das sanfte und niedere Herz des allmächtigen Gottes offenbaren. Dieses Missverständnis über den Charakter Gottes hat Jesus eines Tages zutiefst betrübt, wie sich in Seinem Gebet zum Vater zeigt. *„Gerechter Vater, die Welt erkennt dich nicht; ich aber erkenne dich,“* (Joh. 17,25a).

Viele Kinder, die in christlichen Zuhausen aufwuchsen, wurden schwer verwundet, und sie dachten, es sei der Vater, der ihnen wehtat. Ich habe persönlich mit Tausenden aus der ganzen Welt gebetet, die in ihrem Leben viel Heilung und Veränderung erfahren haben, als der wahre Vater ihre gebrochenen Herzen gnädig und liebevoll heilte. Der wahre Gott und Vater im Himmel freut sich, allen seinen Kindern auf der Erde sein demütiges und liebevolles Herz zu offenbaren. Er freut sich nicht über den Tod eines bösen, schlechten Menschen. Er sehnt sich danach, dass dieser böse Mensch Barmherzigkeit und Mitgefühl findet. *„Sprich zu ihnen: So wahr ich lebe, spricht Gott, der Herr: Ich habe kein Gefallen am Tod des Gottlosen, sondern daran, dass der Gottlose umkehre von seinem Weg und lebe! Kehrt um, kehrt um von euren bösen Wegen! Warum wollt ihr sterben, o Haus Israel“* (Hes. 33,11)?

Das Menschen in irgendeiner Weise leiden, ist eine weitere Sache an der Gott keine Freude hat. Der Böse kommt um zu stehlen, zu töten und zu zerstören, und liebt es, wenn Menschen leiden und Schmerzen haben (Johannes 10,10).

Wenn ein Elternteil denkt, *„Das hast du verdient"*, während es sein Kind schlägt, dann müssen wir verstehen, dass dieser Gedanke niemals von Vater Gott stammen kann. So viele unschuldige Menschen haben durch die Hand eines zornigen Vaters oder Ehemannes schrecklich gelitten und dachten es sei von Gott – besonders wenn die Person, die ihnen Schmerzen bereitet hat, ein christlicher Pastor war. Die Geschichte ist voll von vielen Beispielen von Menschen, die die Bibel aufgrund eines selbstsüchtigen Herzens falsch interpretierten. Dieser böse Stolz, der in ihrem Herzen verborgen ist, führte dazu, dass sie andere gnadenlos verletzten. Das ist die dämonische Art von Weisheit, vor der Jakobus die Christen warnt.

Zu der Zeit, als Jakobus seinen Brief schrieb, schrieb er nur an Christen und nicht an Menschen außerhalb von Christus. Die Gefahr des verborgenen Stolzes ist so groß, dass der Apostel Paulus seinen wahren Sohn Timotheus davor warnte einen Neubekehrten für eine Führungsposition zu wählen, weil sein Herz im Stolz erhoben werden könnte und er dann in dasselbe Gericht wie der Teufel fallen würde (1. Timotheus 3,6). Es ging dem Apostel nicht darum, ob jemand eine Frau war, sondern seine Hauptsorge lag darin, dass ein Neubekehrter verborgenen Stolz hat.

Die Kreuzritter der Vergangenheit, die viele unschuldige Leben zerstörten, benutzten ihre Schriftauslegung als Rechtfertigung für ihre Morde. Es waren nicht die weiblichen Kreuzritter, die all diese unschuldigen Leben zerstörten, sondern der Stolz im Herzen der männlichen Kreuzritter. Millionen unschuldiger Menschen wurden von Menschen, die sich zu Christus bekannten, brutal missbraucht und getötet.

Brutalität gibt es seit Tausenden von Jahren im Namen „korrekter Lehren“. Sehr selten werden die Träger dieser Lehren Frauen sein, und fast immer wird man feststellen, dass die Täter ein großes Problem hatten, nämlich den Stolz in ihrem Herzen. In der Vorbereitung zum Schreiben dieses Buches habe ich durch die Lektüre von Hunderten von Seiten an Dokumentationen so viel gelernt. Ich finde einige Fakten sehr entmutigend. Ich spreche jetzt in Bezug auf die ursprüngliche Schrift, die in verschiedene Bibelversionen übersetzt wurde. Ich glaube, dass das Wort Gottes absolut rein und unfehlbar ist. Aber ich glaube nicht, dass die Übersetzungen absolut rein und unfehlbar sind!

Die folgenden Schriftstellen der Bibel sind im Betreff auf Frauen die wichtigsten:

1) 1. Mose 3,15-16
2) Epheser 5,22-24
3) 1. Korinther 11,3-16
4) 1. Korinther 14,34-35
5) 1. Timotheus 2,11-15

Wir werden uns in den folgenden Kapiteln eingehender mit diesen Schriftstellen befassen.

Zusammenfassend lässt sich sagen, dass Frauen als Ganzes in der Gesellschaft als minderwertig und in der Schöpfung als weniger wichtig angesehen werden. Ich glaube, diese Haltung gegenüber Frauen spiegelt in keiner Weise Gottes Haltung ihnen gegenüber wieder. Diese negative Haltung gegenüber der Weiblichkeit begann im Garten durch die Schlange und hat sich bis in die Gegenwart, in der wir leben, fortgesetzt. Während du, lieber Leser, den Rest dieses Buches liest, ist es mein Gebet, dass du klar und deutlich den wahren Platz der Heilkraft siehst, den die Weiblichkeit in der Gesellschaft hat.

Kapitel 5

Ein genauerer Blick auf die Schrift: Was sagt 1. Mose 3,16 wirklich aus?

„Und ich will Feindschaft setzen zwischen dich und das Weib und zwischen deinen Samen und ihren Samen; sie soll dir den Kopf zerschlagen, und du sollst ihm die Ferse zerschlagen“

(1. Mose 3,15 KJV übersetzt).

„Zu dem Weib sagte er: ‚Ich will deinen Kummer in deiner Empfängnis stark vervielfältigen; in der Trauer sollst du Kinder gebären, und dein Verlangen soll deinem Mann gelten, und er soll über dich herrschen‘“

(1. Mose 3,16 KJV übersetzt).

Gott sagte satan, dass er die Frau zur Vorfahrin des Einen gemacht habe, der kommen würde, um ihn und seine Macht zu zerstören. Diese Frau war in ihrem Inneren eine echte Bedrohung für den Teufel, und sie war daher seine Feindin. Wie würde der Böse auf die Frau reagieren, die seine Feindin sein sollte, die ihm den Kopf zerschlägt? Satan würde versuchen ihr ungeheures Leid zuzufügen, um sie daran zu hindern ihre hohe Berufung als Feindin und Zerstörerin seiner Macht zu erfüllen. Er würde auch versuchen diejenige zu vernichten, die mit seiner Vernichtung beauftragt wurde – und welche bessere Möglichkeit gäbe es dafür, als dies durch ihren Ehemann zu tun, der doch dazu berufen ist sie zu ehren und zu beschützen? Er würde dann versuchen ihr als Mutter und Ehefrau schwere Schmerzen und Qualen zuzufügen.

All diese Dinge sind das Werk von dem, welchen Jesus den Zerstörer nannte (Johannes 10,10). Die meisten Ausleger der Heiligen Schrift aber sagen, dass Gott für dies alles verantwortlich war. Stimmt es, dass Eva für ihre Täuschung und ihren Sturz im Garten schwer bestraft wurde, dass Adam aber für seinen Akt der Rebellion gegen seinen Schöpfer stark belohnt und mit der höchsten Macht und Regierungsgewalt ausgestattet wurde? Die meisten Kommentatoren scheinen der Meinung zu sein, dass 1.Mose 3,16 ein schwerer Fluch ist, der für alle Zeiten über allen Frauen ausgesprochen wurde. Aber ist das die Wahrheit? Ist dies ein Fluch, der von Gott über Eva und ihre Nachkommen ausgesprochen wurde? Viele gehen davon aus, dass Frauen, wegen einem von Gott gegebenen Fluch, eine intensive Sinneslust und Begierde für den Mann haben.

Calvin sagt: *„Diese Form der Rede ist so, als ob er (Gott) sagen würde: „Du sollst nichts anderes begehren, als das was dein Mann wünscht.“*

Dr. Adam Clark sagt: *„Es ist ein Teil ihrer Bestrafung und ein Teil, aus dem selbst die Barmherzigkeit Gottes sie* *nicht befreien wird. Du sollst den großen Schmerz und die Anstrengung des Gebärens meiden, dein Verlangen soll deinem Mann gelten"*. Viele andere Bibelwissenschaftler lehren, dass Frauen dazu verflucht sind, erstens nur den Willen ihres Mannes zu tun, und zweitens bei der Geburt große Trauer zu empfinden.

Es folgt ein Auszug aus Katharine Bushnells *God's Word to Women*, ***„THE FALSE INTERPRETATION"*** (übersetzt: Gottes Wort an die Frauen, **DIE FALSCHE AUSLEGUNG**):

> *„Aber die Notwendigkeit einer anderen Übersetzung und Auslegung von 1. Mose 3,16 wird kaum von denen erkannt werden, die nicht mit den üblichen Lehren unserer Bibelkommentare vertraut sind, die sich über die Prinzipien von Moral und Gerechtigkeit hinwegsetzen und sich empörten über den Sinn der ursprünglichen Worte – wie die alten Versionen beweisen.*
>
> *Abgesehen davon, dass es zum Beweis unseres Standpunktes und zur Sicherstellung der Revision notwendig erscheint, konnten wir uns nicht dazu durchringen Beispiele dessen wiederzugeben, was in dieser Richtung von Gelehrten gelehrt wird, die von den biblischen Auslegern der Kirche hoch geschätzt werden. Browne sagt: ‚Verlangen drückt hier jene ehrfürchtige Sehnsucht aus, mit der die Schwächere [die Frau] zum Stärkeren aufschaut.'*

Calvin wollte uns glauben machen, Gott habe die Ehe zuerst zwar verordnet, sie danach aber durch die „Leibeigenschaft“ ersetzt. Poole arbeitet diese Verordnung folgendermaßen aus: ‚Deine Wünsche sollen dem Willen und Vergnügen deines Mannes unterzogen werden, damit er sie nach eigenem Ermessen gewähren oder verweigern kann.‘ Du wirst den großen Schmerz und die Gefahr des Gebärens nicht scheuen können, ‚dein Verlangen soll deinem Mann gelten.‘ Die Unterwerfung unter den Willen ihres Mannes ist ein Teil ihres Fluches; und dieser Wille ist oft so launisch, dass er eine solch schmerzliche Strafe darstellt, wie sie kaum ein anderer Mensch aushalten könnte. Aber das Erstaunliche an dieser Lehre ist, dass diese Männer Folgendes nicht erkennen: Wenn eine Frau unter einem ‚Fluch‘ stehen muss, weil sie einem Ehemann untersteht, der die Grausamkeiten ausübt, die diesen Fluch ausmachen, dies gleichbedeutend damit ist, dass Gott bestimmt hat, dass der Mann und die Ehe ein Fluch für die Frau sein sollen. Aber stimmt diese Lehre mit dem allgemeinen Tenor der biblischen Moral überein? Ganz und gar nicht. Abraham wollte einst einen polygamen Haushalt führen, und Sara erhob Einspruch. Sprach Gott zu ihr über die Angelegenheit und sagte: ‚Gedenkt an Eva und die Strafe: Dein Verlangen soll das deines Mannes sein?‘ Er sprach mit Abraham und sagte: ‚In allem, was Sara zu dir sagt, gehorche ihrer Stimme‘

(1. Mose 21,12). Das Wort, das in diesem Abschnitt im Englischen mit ‚harken unto' wiedergegeben wird, bedeutet ‚gehorchen', und wird in sehr vielen anderen Passagen mit ‚gehorchen' übersetzt, – wie z.B. in 1. Mose 22,18.

Unser Verstand muss also den Eindruck erhalten, dass die Auslegung von 1. Mose 3,16 eine ähnliche Geschichte hat: Männer von damals fanden hier einen Ausdruck, der mit der Beziehung der Frau zu ihrem Mann zu tun zu haben schien, aber es war außerhalb ihres Verständnisses. Unbewusst haben diese Männer der alten Zeit ihre eigenen Vorstellungen davon, was eine Frau in ihrer Beziehung zu ihrem Mann sein sollte, konsultiert und diese Vorstellungen in ihre Interpretation eingefügt. Die Interpretation wurde von anderen Männern ohne jede Herausforderung akzeptiert, weil sie ihren unheiligen Wünschen entsprach und von Generation zu Generation weitergegeben wurde, bis sie durch die ‚Tradition' an Gewicht gewann. Es wurden kaum Anstrengungen unternommen, solche Lehren mit dem Geist Jesu Christi zu versöhnen."[1]

Die folgende Wahrheit wird zeigen, dass es keine Stelle in der Bibel gibt die besagt, dass die Frau verflucht ist. Die wesentliche Lehre, die dem Leib Christi überliefert wurde, findet sich in Traditionen wie den mündlichen und schriftlichen Gesetzen, die in Schriften wie dem babylonischen Talmud zu finden sind. „Die zehn Flüche der Eva“ sind in Dr. Hershons *Genesis* zu finden: *mit dem talmudischen Kommentar*.

„DIE ZEHN FLÜCHE WURDEN GEGEN EVA AUSGESPROCHEN

1. *‚stark vervielfältigen‘ bezieht sich auf das Menstruationsblut und/oder anderen Ausfluss.*
2. *Dein Kummer ‚bei der Kindererziehung.‘*
3. *‚Deine Empfängnis.‘*
4. *‚In Trauer sollst du Kinder gebären.‘*
5. *‚Dein Verlangen soll deinem Mann gelten‘, [gefolgt von einer Sprache, zu derb für die Wiedergabe. Diese lässt keinen Zweifel an der rabbinischen Interpretation von ‚Verlangen‘ aufkommen.]*
6. *‚Er wird über dich herrschen‘ [mehr und schmutzigere Ausdrücke]*
7. *Sie ist eingehüllt wie eine Trauernde.*
8. *Wagt es nicht, mit unbedecktem Kopf in der Öffentlichkeit zu erscheinen.*
9. *Ist auf einen Ehemann beschränkt, während er viele Ehefrauen haben kann.*
10. *Und ist im Haus wie in einem Gefängnis eingesperrt.“*[2]

Gott der Herr sagt zur Schlange in 1. Mose 3,15 (AMP übersetzt): *„Ich will Feindschaft zwischen dich und die Frau setzen. Und zwischen deinen Samen (Nachkommen) und ihren Samen; Er wird dir den Kopf zerschlagen, und du wirst (nur) seine Ferse zerschlagen.“*

Welch ein wunderbares, starkes, kraftvolles, erlösendes und heilendes Wort, das Gott in seinem Bezug auf die Frau gibt! Wenn er dann sofort einen großen Fluch auf dieselbe Frau ausspricht, scheint das nicht nur unfreundlich zu sein, sondern für ihn auch ein unpassender Zeitpunkt zu sein, um ein solch negatives Wort auszusprechen. Ein genauer Blick auf die hebräischen Worte, die in 1. Mose 3,16 verwendet werden, offenbart eine andere Bedeutung der Worte des Herrn an Eva.

Das hebräische Wort für Empfängnis ist HRJWN, aber das Wort in 1.Mose 3,16 wird HRN buchstabiert. Dieses Wort im 1. Mose ist zwei Buchstaben kürzer als das hebräische Wort für Empfängnis. Bushnell sagt: *„Alle hebräischen Gelehrten wissen das. Spurrell sagt zum Beispiel: ‚Es ist eine anormale Wortbildung, die im Alten Testament nirgendwo sonst vorkommt. Unsere höchsten lexikalischen Autoritäten (Brown, Briggs und Driver) nennen es eine ‚Kontraktion oder fehlerhaft'. In der Tat! Ist die eine Hälfte der Menschheitsfamilie nun der anderen Hälfte ausgeliefert, aufgrund einer so fadenscheinigen Behauptung wie dieser? Es ist zwar möglich, dass das W dieses Wortes in dieser speziellen Formation ausgelassen wird, aber das J ist ein Konsonant des Wortstamms und kann nicht verloren gehen oder ausgelassen werden. Insbesondere am Ende eines Satzes, wo die Stimme eine Zeitlang auf ihm ruht oder innehält – so lautet die hebräische Regel in einem solchen Fall. Die Septuaginta gibt hier die richtige Lesart an, nämlich ‚Dein Seufzen' – der ganze Satz bedeutet dann: ‚Eine Schlinge hat deinen*

Kummer und dein Seufzen verstärkt'. Viele alte Autoritäten stimmen mit der Septuaginta überein."[3]

Der Herr spricht zu Eva über ihre Neigung, sich von Ihm ab- und zu ihrem Ehemann hin zu wenden. Dies würde dann ihren Mann dazu veranlassen, über sie zu herrschen. Die korrekte Wiedergabe des nächsten Satzes in 1. Mose 3,16 lautet also: *Du wendest dich ab, hin zu deinem Ehemann, und er wird über dich herrschen.*

> *„Das ursprüngliche Wort, das hier verwendet wird, ist ‚teshuqa', und da es in der hebräischen Sprache nur dreimal vorkommt, muss sein Sinn festgelegt werden: (1) Indem man seine Beziehung zu anderen Wörtern in den Sätzen, in denen es vorkommt, studiert: (2) Indem man seine Ableitung und Struktur studiert: (3) Und durch das Studium der Art und Weise, wie er in den Versionen der Schrift wiedergegeben wird. Um seine Beziehung zu anderen Wörtern zu studieren, lassen wir das Wort unübersetzt, schreiben es aber in seinen richtigen Sätzen und fügen die entsprechenden Substantive für die verwendeten Pronomen ein.*
>
> *1.Mose 3,16 ‚-und-zum-Teshuqa von Adam Eva.'*
>
> *1.Mose 4,7 ‚-und zu Kain Abels Teshuqa'.*
>
> *(Oder vielleicht das Teshuqa der Sünde, Hohelied 7,10 „-und der Kirche das Teshuqa Christi" [wie gewöhnlich interpretiert]).*
>
> *Vergleichen Sie jetzt. Es werden keine Verben ausgedrückt. Die Konjunktion ist eine für alle und*

genauso die Präposition. Dies gilt auch für das hebräische Original. Tatsächlich gibt es keine Unterschiede in den drei Sätzen, außer in den Eigennamen, die in den verwendeten Pronomen impliziert sind. Der Sinn der drei Passagen muss ähnlich sein.

Die ganze Betonung, der angeblichen Verpflichtungen der Frau gegenüber dem Mann, liegt in dem ‚soll sein', das von den Übersetzern geliefert wird. Die Kraft der obligatorischen Lehre beruht also auf einer Lücke im Satz. Wenn behauptet wird, dass der Kontext beweist, dass dies ein Imperativ ist, dann müssen die vorhergehenden Sätze imperativ sein, oder die folgenden. Muss eine Frau in Trauer Kinder gebären, ob sie sich nun freuen will oder nicht? Muss die Schlange die Ferse des Samens der Frau zerdrücken, ob er es tut oder nicht? Was die folgende Klausel betrifft: Muss der Mann die Frau beherrschen, ob er es tut oder nicht? Wir glauben, dass Frauen in christlichen Ländern mehr Freiheit haben als Heiden, weil der Mann die Bereitschaft verliert seine Frau zu beherrschen, wenn er Christ ist. Wenn dies ein Gebot Gottes ist und der Mann über die Frau herrschen muss, dann gilt: Je fleischlicher ein Mann ist, desto besser hält er diese Art von ‚Gesetz' ein! Aber der Apostel Paulus sagt: ‚Der fleischliche Verstand ... ist nicht dem Gesetz Gottes unterworfen und kann es auch nicht sein' (Römer 8,7). Wir sehen also, dass der Kontext nicht beweist, dass dieses ‚soll‘ des übersetzten Satzes, ‚dein Verlangen soll deinem Mann gelten‘, zwingend ist. Wir können positiv behaupten, dass dieser Satz eine einfache Zukunft oder Gegenwart ist, die die Frau vor den Folgen ihres Handelns warnt. Er wird also in allen alten Versionen wiedergegeben; niemals als Imperativ.“[4]

DIE ALTEN WIEDERGABEN VON TESHUQA

„Die SEPTUAGINTA-GRIECHISCHE Version des Alten Testaments ist die wichtigste aller Versionen. Sie ist auch die älteste. Die Tradition sagt, dass sie das Werk von zweiundsiebzig jüdischen Gelehrten war, und ihr Name bedeutet ‚siebzig‘. Erstellt in Alexandria etwa 285 v. Chr., war damals sicherlich mehr über die Hebräische Sprache bekannt, als zu irgendeiner anderen Zeit seitdem. Diese Version war bei den Juden sehr beliebt, bis die Christen ihre Übersetzung der Prophezeiungen benutzten, um zu beweisen, dass Jesus der Messias war – dann geriet sie unter das Missfallen der Juden. Fast jedes Zitat aus dem Alten Testament, das im Neuen Testament zu finden ist, ist eine exakte Wiedergabe der Lesart der Septuaginta. Dies erklärt, dass N.T.-Zitate nicht immer korrekt zu sein scheinen. Dean Stanley sagt: ‚Wenn es jemals eine Übersetzung gab, die durch ihre Bedeutung mit dem Original gleichgezogen hat, dann diese. Es ist nicht das hebräische Original, sondern

die Septuaginta, die die Bibel der Evangelisten und Apostel des ersten Jahrhunderts und der christlichen Kirche im ersten Zeitalter ihres Bestehens darstellt... Was auch immer der Wert des hebräischen Textes selbst oder sein Wert in der gegenwärtigen jüdischen Kirche oder der gegenwärtigen Kirche Westeuropas sein mag, die Septuaginta war der Text, der wahrscheinlich von unserem Herrn selbst, sicherlich von den Aposteln, abgesegnet wurde.' Der Pentateuch der Septuaginta wird besonders wegen seiner Genauigkeit geschätzt. Diese Version macht ‚teshuqa' in beiden Passagen im 1. Mose zum griechischen Wort Apostrophe – und im Hohelied zum Wort Epistrophe. Das erste Wort – Apostrophe – ist uns allen vertraut: es bedeutet ‚sich abwenden' und das zweite ‚sich zuwenden'. Gelehrt wird hier, dass Eva sich von Gott abwendet und sich ihrem Mann zuwendet, und als Folge dieser Abwendung wird Adam über sie herrschen.

Als nächstes in der Reihenfolge der Vortrefflichkeit folgt der SYRIACISCHE PESHITTO des zweiten oder vielleicht ersten Jahrhunderts nach Christus. Diese Version drückt den gleichen Sinn aus, indem sie ‚Du wirst dich wenden' (1. Mose 3,16), ‚wirst dich wenden' (1. Mose 4,7) und ‚wenden' für den dritten Abschnitt wiedergibt. Wir haben nur den Pentateuch in der SAMARITANISCHEN-Fassung. Er übersetzt beide Passagen im ersten Mose mit ‚Wenden'. Die alte lateinische Version gibt an allen drei Stellen

‚Drehen' an. Wir haben eine KOPTIK (sahidische), die nicht sehr wertvoll ist und die erste und die dritte Passage gleich wiedergibt; und die wertvollere BOHARISCHE KOPTIK, die die Passage in den ersten beiden genauso wiedergibt. Diese beiden Kopien sind keine vollständigen Bibeln, sondern Fragmente. Die AETHIOPISCHE Version von etwa 500 n. Chr. gibt alle drei Passagen mit Worten wieder, die „Drehen" bedeuten. Was den dritten Abschnitt betrifft, so geben alle alten Versionen ohne jede Ausnahme keinen anderen Sinn für teshuqa, als sich zu ‚wenden'."[5]

Geschichte der Übersetzung von Teshuqa

„Wäre die Lehre wahr, dass alle Frauen für die Sünde Evas Schmerz und Knechtschaft erleiden müssen, dann wäre es angebracht zu fragen: Warum müssen sie so leiden – weil sie Evas Nachkommen sind? Sind nicht auch die Männer die Nachkommen Evas? Die einzige Antwort lautet: ‚Weil sie weibliche Nachkommen sind'. Aber wer hat sie zu weiblichen Nachkommen gemacht – die Frauen selbst oder Gott? GOTT. Dann wird uns gelehrt, dass Gott die Frauen bestraft, nicht für ihre eigene Schuld oder weil sie Sünder sind, nicht einmal weil Eva gesündigt hat; Gott bestraft die Frauen für das, wozu Er selbst sie gemacht hat, dass sie Frauen sind, nicht Männer. Weg mit einem solchen Angriff auf Gottes Ruf als gerecht!

Und außerdem ist die Vorstellung, dass ‚Leid' in diesem Vers Geburtswehen oder periodisches Leiden bei Frauen bedeutet, weit hergeholt; dasselbe Wort wird von Adam im nächsten Vers verwendet. Dieses Wort wird nirgendwo in der ganzen Heiligen Schrift für eine solche Art von Leiden verwendet.

Nachdem dieser Abschnitt im ersten Mose, ‚Dein Verlangen soll deinem Mann gelten', die Ursache für viel Unmoral unter den Männern war und sie ihren Frauen viel Grausamkeit und Unterdrückung zugefügt haben; und seit diese falsche Übersetzung die Ursache für viel Erniedrigung, Traurigkeit und Leid unter den Frauen ist; und nachdem diese Übersetzung zum eigentlichen Schlussstein eines Lehrbogens gemacht wurde, der die Frau dem Mann unterordnet, ohne den der Bogen selbst in Stücke fällt; und weil die Äußerungen des Apostels Paulus zur „Frauenfrage" immer so interpretiert werden, als ob diese Pervertierung von 1. Mose 3,16 sein anerkanntes Fundament war, auf dem er seinen Überbau aufbaut, gehört es sich gerade zu, die Geschichte der alten Übersetzung des Wortes „teshuqa" noch einmal zu überprüfen, und das werden wir mit Hilfe der beigefügten Tabelle tun:

DARSTELLUNG VON „TESHUQA“ IN ALTEN VERSIONEN					
Name der antiken Version		Ungefähres Datum	Übersetzung der Teshuqa 1.Mose 3,16; 1.Mose 4,17; Cant (SS). 7,10		
1.	SEPTUAGINTA GRIECHISCH	285 v.Chr.	Wenden Wird sich wenden	Wenden Wird sich wenden	Wenden Wenden
2.	Der Syrische Peshitta	100 n. Chr. bis	Wenden	Wenden	Mangel haben
3.	Der Samaritanische Pentateuch	200 n. Chr.	Wenden Wenden	Wenden unbekannt	Wenden Wenden
4.	Alt- Lateinisch	. 300 n. Chr.	Wenden	Wenden	Unbekannt
5.	Sahidisch	350 n.Chr	Wenden	Wenden	Wenden
6.	Bohairisch	bis	Richtung	Moderation	Wenden
7.	Äthiopisch	500 n. Chr.			
8.	Arabisch	unsicher			
VERSIONEN, DIE UNTER RABBINISCHEM EINFLUSS ENTSTANDEN SIND:					
9.	Der Aquila Text	140 n. Chr.	Allianz	Unbekannt	Unbekannt
10.	Symmachus griechischer Text	160 n. Chr.	Allianz	Implus	Unbekannt
11.	griechischer Text Theodotion	185 n. Chr.	Unbekannt	Wenden	Unbekannt
12.	LATEINISCHE VULGATA	382. n. Chr.	Macht	Appetit	Wenden
Reine Rabbinische Lehre					
13.	BABYLON-Targum		Lust	Wenden	Mangel
14.	Nur Pentateuch				
15.	Babylonischer Talmud	800 n.Chr.	Lust		

In dieser Tabelle sehen wir problemlos, dass 10 von den zwölf alten Versionen in mindestens einer Passage die Darstellung ‚Wenden' liefern.

Von den 28 bekannten Darstellungen von Teshuqa wird das Wort in der obigen Tabelle 21 Mal mit ‚wenden' wiedergegeben. In den 7 verbleibenden Darstellungen scheinen nur 2 davon zuzustimmen; alle anderen stimmen nicht zu. Bei einem solchen Zeugnis (und wir haben alle alten Versionen zitiert, die wir finden konnten, und keine von Bedeutung, die die Bedeutung dieses Wortes auch nur im Geringsten erhellen könnte, wird in der Liste ausgelassen) können wir keine Rechtfertigung für die Wiedergabe des Wortes ‚Wunsch' sehen. Sogar das babylonische Targum ergibt ‚wenden' im zweiten Abschnitt (1. Mose 4,7) und verleiht somit dieser Bedeutung seine Autorität. Nichts als diese rabbinische Perversion und Hinzufügung zur Heiligen Schrift, die lehrt, dass Gott zehn Flüche auf Eva ausgesprochen hat (etwas, was die Schrift nirgendwo lehrt), scheint der Grund dieser außergewöhnlichen Leseart zu sein. Ein Hinweis auf eine derartige Bedeutung von Teshuqa wie ‚Lust' scheint sich durch die lateinische Vulgata des Hieronymus in die Bibel eingeschlichen zu haben. Aber selbst er gab dem Wort nicht den Sinn ‚Appetit' in Bezug auf Eva, sondern in Bezug auf Abel; und außerdem fügt selbst Hieronymus in seiner Übersetzung des dritten Abschnitts seine

Autorität dem Sinn ‚wenden‘ und für 3,16 in seinen Schriften hinzu.

Aber lasst uns nun die Übernahme des Begriffs ‚Verlangen‘ in die englischen Versionen nachzeichnen. Im Jahr 1380 erschien die erste englische Version von Wycliffe. Sie wurde nicht nach dem hebräischen Original, sondern nach der lateinischen Vulgata erstellt und folgt ihren Lesarten an allen drei Stellen. Die Douay-Bibel, der römisch-katholischen Kirche, von 1609, ist ebenfalls eine Reproduktion der lateinischen Vulgata. Während wir diese beiden auf die eine Seite als bloße Übersetzungen der Vulgata stellen, wenden wir uns den anderen zu.

Nach der Version von Wycliffe und bevor irgendeine andere englische Bibel erschien, übersetzte ein italienischer Dominikanermönch namens Pagnino die hebräische Bibel. Die Biographie Universelle zitiert in der Sprache von Richard Simon folgende Kritik an seinem Werk: ‚Pagnino hat die alten Versionen der Heiligen Schrift sehr vernachlässigt, um sich an die Lehren der Rabbiner zu binden.‘ Was würden wir also natürlich erwarten? Dass er sein Wort mit ‚Lust‘ wiedergibt – und genau das tut er im ersten und dritten; im zweiten Fall übersetzt er ‚Appetit‘.

Pagninos Version wurde 1528 in Lyon veröffentlicht. Sieben Jahre später, 1535, erschien die englische Bibel von Coverdale, die wahrscheinlich in Zürich veröffentlicht wurde. Tyndale's Version erschien in Abschnitten in der Zeit zwischen Pagnino's und Coverdale's, veröffentlicht in Köln und in Worms. Es ist zu beachten, dass dies Tage der Verfolgung waren, als man keine englische Bibel in England veröffentlichen konnte, und dies könnte zum Teil erklären, wie diese Versionen von Pagnino beeinflusst wurden. Jedenfalls ist seit dem Erscheinen von Pagninos Version bis zum heutigen Tag jede englische Version der Darstellung von Pagnino für den ersten Abschnitt gefolgt, mit Ausnahme der beiden Vulgate-Übersetzungen, die wir auf der einen Seite haben. Was die zweite Passage betrifft, so führte Cranmers Bibel (1539) zuerst „Lust" an dieser Stelle ein, später folgten die Genfer Bibel und die autorisierte und überarbeitete Version. Aber Tyndale, Coverdale, Matthew (John Rogers) und Cranmer behielten alle das Wort „wenden" im dritten Abschnitt bei. Aber die drei jüngsten protestantischen Bibeln, die Genfer, die autorisierte und die revidierte Fassung, haben alle Spuren eines anderen Sinnes als ‚Lust' verwischt. In den älteren englischen Bibeln, die auf Pagnino folgen, heißt es: ‚Deine Lust (oder Begierde) soll deinem Mann gelten.'

Wenden Sie sich nun bitte dem Titelblatt ihrer Bibel zu. Wenn Sie eine autorisierte Version haben, werden Sie die dem Leser gegebene Zusicherung lesen, dass das Buch ‚aus den Originalsprachen übersetzt und mit den früheren Übersetzungen sorgfältig verglichen und überarbeitet wurde.' Wenn

Sie eine revidierte Version von 1884 haben, wird sie behaupten, ‚die Version von 1611 n. Chr. ist mit den ältesten Autoritäten verglichen und revidiert worden.‘ Diese Zusicherungen sind unhaltbar, obwohl der Status und das Wohlergehen der einen Hälfte der Menschheit direkt und lebensnotwendig betroffen sind; und das höchste Gut der anderen Hälfte ist ebenso lebensnotwendig betroffen, wenn auch etwas entfernter und weniger sichtbar. Pagninos Wort wurde entgegen der überwältigenden Autorität der alten Versionen aufrechterhalten.“[6]

Ich entschuldige mich für die langen Zitate auf den vielen Seiten, die wir gerade studiert haben. Wenn man aber bedenkt, dass diese Schriftstelle in 1. Mose 3,16 einer der wichtigsten Verse ist, die zur Rechtfertigung der Verfluchung von Frauen durch Gott verwendet werden, hielt ich es für notwendig alle oben genannten Ausführungen zu verwenden!

Nach all den vielen wissenschaftlichen Untersuchungen scheint es also sehr klar zu sein, dass unsere englische Version von 1. Mose 3,16 keine genaue Wiedergabe des ursprünglichen Wortlauts vermittelt. *Eine genauere Übersetzung wäre: Eine Schlinge (Falle) hat deinen Kummer und dein Seufzen verstärkt. Du wendest dich an deinen Mann, und er wird über dich herrschen.*

Kapitel 6

Ein genauerer Blick auf die Schrift: Was sagt 1. Korinther 11 wirklich aus?

Es ist von entscheidender Bedeutung zu verstehen, dass Paulus die Last hatte Christus in seinem Leib geformt zu sehen (Galater 4,19; Kolosser 1,27-29; 3,3-4,11; Römer 16,25).

Während dieser geistliche Vater sich danach sehnte, Christus in der Kirche geformt zu sehen, war er sich auch des Wettstreits, der Streitigkeiten, der Fleischeslust und der sexuellen Sünde (1. Korinther 1,11; 3,1-3; 5,1-5; 6,1-3) in ihr bewusst. Paulus Schlussfolgerung, die jeden Streit schlichtet, kann in Kapitel 10 seines Briefes an die Korinther zusammengefasst werden. *„Ob ihr nun esst oder trinkt oder sonst etwas tut – tut alles zur Ehre Gottes! Gebt weder den Juden noch den Griechen noch der Gemeinde Gottes einen Anstoß, so wie auch ich in allen Stücken allen zu Gefallen lebe und nicht meinen Nutzen suche, sondern den der vielen, damit sie gerettet werden“* (1. Kor. 10,31-33). Paulus war auch bereit, sich allen Menschen gleich zu machen, um einige für Christus zu gewinnen (1. Korinther 9,19-24).

So sagt Paulus nun – beginnend in Kapitel 11 – zu den Korinthern, ihm nachzufolgen und sich an ihn in all ihren Wegen und Dingen zu erinnern – so wie er sie gelehrt hatte (siehe Kapitel 11, Verse 1 und 2). Es ist wichtig darauf hinzuweisen, dass das, was er ab Vers 3 beschreiben wird, völlig mit der Herzenshaltung der reinen Liebe und Ehre übereinstimmen muss. Wir werden jeden Vers ab Vers 3 untersuchen.

„Ich möchte aber, dass ihr wisst, dass das Haupt eines jeden Mannes Christus ist und das Haupt der Frau der Mann und das Haupt Christi Gott. Paulus verwendet das Wort *Kephalē* für Kopf. Dieses Wort wurde fast immer für Quelle oder Ursprung verwendet, was viele zuverlässige Quellen bestätigen. Paulus hätte ein anderes Wort verwenden können – *ARCHĒ*, dass der Anfang, Chef, Häuptling oder Herrscher bedeutet – aber er benutzte *Kephalē*.

In seinem Buch *What Paul REALLY Said About Women (Was Paulus wirklich über Frauen sagte)* schreibt John Bristow:

> *„‚Bedeckt' ist das Verb katakalypto, das nirgendwo sonst im Neuen Testament verwendet wird. An anderer Stelle wird kalupto verwendet, das ‚bedecken', ‚verstecken' oder ‚verbergen' bedeutet. Als Paulus dem Verb die Präposition kata hinzufügte, änderte er absichtlich die Bedeutung des Verbs von nur ‚bedecken' zu ‚darüber liegend zu bedecken'. Wenn Paulus in Vers 4 von einem Mann sprach, der mit etwas über seinem Kopf herab betete oder prophezeite, benutzte er dieselbe Präposition, kata, ‚darüber liegend'. Nun wurde jedes andere Mal im Neuen Testament, einschließlich der Schriften des Paulus, wenn es heißt, dass etwas ‚auf' dem Kopf von jemandem liegt, die Präposition epi verwendet.*

Nur hier schrieb Paulus von etwas, das kata – über jemandes Kopf herab liegt. Einige Übersetzer geben katakalupto als ‚einen Schleier tragend' wieder. Wenn Schleier eine Gesichtsbedeckung impliziert, dann ist eine solche Übersetzung irreführend.

‚Haar' ist im Griechischen das Wort thrix. Paulus aber wählte in diesem Abschnitt ein anderes Wort, komē. Auch dieses Wort wird nirgendwo sonst im Neuen Testament verwendet. Es bedeutet nicht einfach ‚Haar'. Vielmehr bezeichnet es langes und dekoratives Haar.[1]

Dr. Lightfoot sagt, der eigentliche Zweck dieses Abschnitts sei es gewesen, die Praxis der Verschleierung jüdischer Männer in der Anbetung zu stoppen.

Die jüdischen Männer verhüllten sich als Zeichen der Ehrfurcht vor Gott und der Verurteilung zur Sünde. Der Schleier wurde der ‚Tallith' genannt."[2]

Verse 5 und 6: *„Jede Frau aber, die mit unbedecktem Haupt betet oder weissagt, schändet ihr Haupt; es ist ein und dasselbe, wie wenn sie geschoren wäre! Denn wenn sich eine Frau nicht bedecken will, so soll ihr auch das Haar abgeschnitten werden! Wenn es aber für eine Frau schändlich ist, sich das Haar abschneiden oder abscheren zu lassen, so soll sie sich bedecken."*

Vers 7: *„Denn der Mann darf das Haupt nicht bedecken, weil er Gottes Bild und Ehre ist; die Frau aber ist die Ehre des Mannes."*

Was für eine unglaubliche Art, Frauen als die Herrlichkeit des Mannes zu beschreiben! Gott sagte auch: *„Es ist nicht gut für einen Mann, allein zu sein“* (1. Mose 2,18). So wie Kinder ihren irdischen Vater verzweifelt brauchen, weil er ihre Ehre ist (siehe Sprüche 17,6), so braucht auch ein Ehemann verzweifelt seine Frau, die ihm Ehre gibt.

Verse 8-10: *„Denn der Mann kommt nicht von der Frau, sondern die Frau vom Mann; auch wurde der Mann nicht um der Frau willen erschaffen, sondern die Frau um des Mannes willen. Darum soll die Frau [ein Zeichen der] Macht auf dem Haupt haben, um der Engel willen.“*

Paulus sagte, dass die Frau geschaffen wurde, um dem Mann zu helfen (Verse 9). Der folgende Auszug wird uns helfen die richtige Bedeutung von Vers 10 zu verstehen.

Aus *God's Word to Woman (Gottes Wort an die Frauen):*

> *„Der arme, gefallene, sündige Mann trägt nicht Gottes Bild und Gleichnis, nur weil er ein Mann ist! Gott ist weder männlich noch weiblich, sodass kein Geschlecht Sein Bild mehr trägt als das andere. Es ist der verherrlichte Jesus Christus, der dieses Bild trägt und diese Herrlichkeit offenbart (Heb. 1,3). Nur in ihm nimmt die Menschheit dieses Ansehen vor Gott ein. Er ist unser Vertreter, unser Haupt. Weil Christus das Haupt des erlösten Menschen im Himmel ist, um ‚vor Gott für uns zu erscheinen‘ (Heb. 9,24), ist es dem Menschen erlaubt alle Zeichen der Schuld und*

Verurteilung auf der Erde abzulegen. Was uns betrifft, so ‚haben alle gesündigt und sind der Herrlichkeit Gottes nicht gerecht geworden.‘ ‚Aber die Frau ist der Ruhm des Mannes‘, denn sie macht ihm Ehre. Das ist es, was der Apostel meinte, als er von den Thessalonichern sagte: ‚Ihr seid unsere Herrlichkeit‘ (1. Thess. 2,19.20); ‚Herrlichkeit‘ bedeutet ‚ein Überstrahlen‘ – der genau entgegengesetzte Zustand einer verschleierten Person. Lesen Sie die Bedeutung der Schrift in Spr. 17,6; 20,29; Psa. 3,3; Jes. 13,19; 20,5; 60,19; Hes., 20; Luk. 2,32; usw.“[3]

Vers 10 sagt in seiner ursprünglichen Bedeutung aus: „Aus diesem zusätzlichen Grund sollte die Frau die Autorität über ihren Kopf haben, dass sie ihn enthüllen kann wegen ihrer Engel.“

Aus *What Paul REALLY said about Women (Was Paul WIRKLICH über Frauen sagte):*

„Was ist mit den Engeln? Mitten in diesem Abschnitt machte Paulus eine starke Behauptung, die viele Leserinnen und Leser verwirrt hatte. Er schrieb: ‚Darum soll die Frau Autorität auf dem Kopf haben, um der Engel willen.‘ (1. Kor. 11,10) Einige Übersetzer gehen davon aus, dass Paulus metaphorisch sprach, als er von der Autorität für Frauen schrieb, und übersetzen daher diesen Satz: ‚Darum soll die Frau einen Schleier tragen um der Engel willen.‘ Was hätte das Tragen eines Schleiers mit Engeln zu tun? Tertullian machte einen Vorschlag.

Er glaubte, wenn Engel herabblicken und Frauen ohne Schleier sehen, könnten sie sich in sie verlieben. Das Wort, das Paulus benutzte, ist jedoch nicht das Wort für Schleier. Es ist exousia, ein Wort, das von Königen und Magistraten verwendet wird. Es wurde von Christus verwendet, als er sagte, dass er die Vollmacht zur Vergebung von Sünden habe, (Mt. 9,6) und dass ihm alle Macht im Himmel und auf der Erde gegeben sei (Mt. 28,18). Es wird im Neuen Testament oft verwendet und bedeutet genau das, was das englische Äquivalent sagt – ‚power' (Macht), ‚right' (Recht), ‚strength' (Stärke), ‚authority' (Autorität). Es wird nie metaphorisch verwendet, um für ein Kleidungsstück zu stehen.

Es ist unmöglich der Ausdruck ‚auf dem Kopf' mit Sicherheit zu erklären. Das ‚darum' am Anfang des Satzes bezieht sich auf den Satz von Paulus ‚Die Frau ist die Herrlichkeit des Mannes' – ‚darum' sollte eine Frau die Autorität ‚auf dem Kopf' haben. Bezeichnet ‚Kopf' ihren eigenen physischen Kopf oder bedeutet es ihren Ehemann? Der Gebrauch von epi mit Exusia deutet stark auf Letzteres hin, denn anderswo bedeutet Exusia epi ‚Autorität über' jemanden oder etwas (z.B. in Matt. 9,6 und 28,18 werden diese Worte in dem Ausdruck ‚Autorität auf Erden' und in Luk. 9,1 in dem Ausdruck (‚Autorität über Dämonen') verwendet).

Wenn es das ist, was Paulus gemeint hat, hat er nicht näher ausgeführt, wie viel oder welche Art von Autorität eine Frau über ihren Mann ausüben soll. Eines ist jedoch sicher: Paulus bekräftigte, dass Frauen in der Kirche Autorität gegeben ist.“[4]

Vers 11 und 12: *„Dennoch ist weder der Mann ohne die Frau, noch die Frau ohne den Mann im Herrn. Denn wie die Frau vom Mann ist, so ist auch der Mann von der Frau, aber alle Dinge sind von Gott“.* Paulus betont erneut die Bedeutung der geistlichen Realität Christi als der Lebensquelle und des Alles in Allem in seinem mystischen Leib.

„Es ist weder Jude noch Grieche, es ist weder gebunden noch frei, es ist weder Mann noch Frau; denn ihr seid alle eins in Christus Jesus“ (Galater 3,29).

Vers 13: *„Richtet in euch selbst; ist es schön, dass eine Frau unbedeckt zu Gott betet?“* Dies sollte lauten: Es ist angemessen, dass eine Frau unbedeckt zu Gott betet. Dies ist Paulus einfache Erklärung der Tatsache und keine Frage. Das Griechische ändert nicht die Reihenfolge der Worte eines Satzes, um eine Frage von einer einfachen Aussage zu unterscheiden, wie wir es im Englischen tun. Wir brauchen nur die Zeichensetzung ändern *„...von uninspirierten und neueren Erfindungen, um von dem einen zum anderen zu wechseln, da es kein Fragewort im Satz gibt“* (*God's Word to Women* [Gottes Wort an die Frauen], S. 171).

Für den Fall, der Leser könnte denken, dass eine solche, falsche Übersetzung der Heiligen Schrift nie passieren könnte, möchte ich das Beispiel von Jesaja 3,12 anführen.

Hier sind zwei verschiedene englische Versionen:

Die New English Translation (NET) übersetzt: *„Die Unterdrücker behandeln mein Volk grausam, die Gläubiger herrschen über sie. Die Führer meines Volkes führen sie in die Irre; sie geben verwirrende Anweisungen."*

English Standard Version (ESV) übersetzt: *„Die Kinder meines Volkes sind ihre Unterdrücker, und Frauen herrschen über sie. O mein Volk, deine Führer führen dich in die Irre, und sie haben den Verlauf deiner Wege verschlungen."*

Die NET-Version warnt vor Gläubigern die unterdrücken. In der ESV wird uns gesagt, dass die Führung durch Frauen das Hauptproblem ist.

In *Lifting the Veil of Patriarchal Bias in Bible Translation* (Den Schleier über patriarchalischer Parteilichkeit in den Bibel Übersetzungen lüften) schreibt Bob Edwards:

> *„Das hebräische Original von Jesaja 3,12 wurde nur in Konsonanten geschrieben. Ohne das Vorhandensein von Vokalen ist es schwierig, die genaue Bedeutung des Verses zu bestimmen. Eine der 1947 gefundenen Schriftrollen vom Toten Meer war eine Kopie des Buches Jesaja. Archäologen glauben, dass sie höchstwahrscheinlich um das 2. Jahrhundert v. Chr. geschrieben wurde, wobei nur Konsonanten verwendet wurden. Im gleichen Zeitraum der Geschichte wurden die hebräischen Schriften von 70 jüdischen Gelehrten in die damalige gemeinsame Sprache, das Griechische, übersetzt. Diese griechische Übersetzung, die als Septuaginta*

bekannt ist, sagt uns, wie diese 70 Gelehrten den Abschnitt interpretierten. Sie glaubten nicht, dass dieser etwas über ‚Frauen' aussagt. In der griechischen Septuaginta enthält Jesaja 3,12 eine Warnung vor Gottes Gericht gegen ‚Erpresser', Führer, die Gottes Volk finanziell unterdrückten.

Im 1. Jahrhundert v. Chr. wurde Jesaja 3,12 auch ins Aramäische übersetzt. Diese Übersetzung ist als Targum des Jonathan bekannt. Das Aramäische war eine der Sprachen, die das jüdische Volk in dieser Periode der Geschichte benutzte. Noch einmal: Genau wie im Griechischen, sagt auch die aramäische Version dieses Abschnitts nichts über ‚Frauen' aus. Stattdessen spricht sie eine Warnung vor Gottes Gericht gegen unterdrückende ‚Gläubiger' aus.

Einfach ausgedrückt: Zwei der ältesten uns vorliegenden Bibelmanuskripte sagen in Jesaja 3,12 nichts über Frauen aus. Gott warnt nicht vor weiblicher Führung. Stattdessen enthält der Abschnitt eine Warnung, dass die Führer des Volkes Gottes sie nicht finanziell ausnutzen dürfen. Diese Warnung setzt sich im gesamten Kontext von Jesaja Kapitel 3 fort. In den Versen 14-15 lesen wir zum Beispiel: „Der Herr kommt, um über die Führer seines Volkes und ihre Beamten zu richten. Er sagt: ‚Du bist es, der den Weinberg ruiniert hat! Ihr habt in euren Häusern verwahrt, was ihr den Armen gestohlen habt. Warum zerquetscht ihr mein Volk und zermalmt die Gesichter der Armen?'" (NET)

Zur gleichen Zeit wie Jesaja predigte der Prophet Micha ein ähnliches Urteil gegen die Führer Israels:

„Hört her, ihr Führer der Familie Jakobs, ihr Herrscher der Nation Israel! Ihr hasst die Gerechtigkeit und pervertiert alles was richtig ist. Ihr habt Zion durch blutige Verbrechen aufgebaut, Jerusalem durch ungerechte Gewalt. Ihre Führer nehmen Bestechungsgelder an, wenn sie über Rechtsfälle entscheiden, ihre Priester verkünden Urteile für Profit, und ihre Propheten lesen Omen gegen Bezahlung. Dennoch behaupten sie dem Herrn zu vertrauen und sagen: ‚Der Herr ist unter uns'" (3, 9-11, NET).

Wie Jesaja ist Micha nicht um ‚Frauen in Führungspositionen' besorgt. Vielmehr warnt er scharf vor Führern, Herrschern, Propheten und Priestern, die Gottes Volk finanziell ausnutzen.

Wenn Jesaja 3,12 wirklich eine Warnung vor finanziellem Missbrauch ist, woher kommt dann die Idee, dass Frauen keine Leiter sein sollten? Wie kam das Wort ‚Frauen' in diesen Abschnitt hinein? Einer der ersten Fälle dieses Übersetzungsfehlers findet sich in der lateinischen Vulgata des heiligen Hieronymus aus dem 4. Jahrhundert.

Als Bibelübersetzer und Kommentator war der heilige Hieronymus stark von einer Weltanschauung geprägt, die ihren Ursprung nicht in der Bibel hat. Er vertrat eine asketische Philosophie, die den Körper und die menschlichen Gefühle als grundsätzlich böse ansah. Seine Ansichten wurden stark durch das Werk eines Mannes namens Origenes beeinflusst, der sagte: ‚Gott bückt sich nicht, um das Weibliche und das Fleischliche anzuschauen‘. Origenes Vorurteile gegen Frauen kamen nicht von Gott oder der Bibel, sondern er lernte sie durch das Studium einer sehr männlich dominierten, hierarchischen Philosophie, die als ‚Neoplatonismus‘ bekannt ist. Neoplatoniker verglichen Frauen mit der Pandora aus der griechischen Mythologie – einer Frau, die die ‚Büchse der Pandora‘ öffnete und alles Böse in die Welt entfesselte. Viele einflussreiche Theologen des 3. und 4. Jahrhunderts n. Chr. (Origenes, St. Hieronymus, St. Augustinus) begannen diese vorurteilsbehaftete und patriarchalische Philosophie als einen interpretativen Leitfaden für die Bibel zu verwenden.“[5]

Vers 14: *„Lehrt denn nicht die Natur selbst, dass es eine Schande für den Mann ist, wenn er lange Haare hat?“* Eine weitere Wiedergabe dieses Verses wird von Dr. Bushnell nach vielen Nachforschungen in den Originalsprachen gegeben. *„Auch die Natur selbst (des Haares) lehrt sie nicht usw. Idiomatisches Englisch würde, um die gleiche Idee auszudrücken, sagen, dass es nichts in der Natur der Haare selbst gibt, wodurch sie eine einfache Aussage lehren könnten, die den gesunden Menschenverstand aller anspricht. Als Frage ist dies jedoch eine Absurdität. Die* *gesamte chinesische Nation der Männer widerlegt die Aussage von Theologen, dass die Natur Frauen lange und Männern kurze Haare gibt. Kein Künstler würde es wagen ein Porträt von Jesus Christus mit kurzen Haaren zu malen. Ist sein Haar eine Schande für ihn?"*[6]

Vers 15: *„Wenn aber eine Frau lange Haare hat, so ist es ihr eine Ehre; denn ihr Haar wird ihr zur Bedeckung gegeben."* Der Grund, warum Paulus das Thema Haare diskutierte, lag in den unterschiedlichen Bräuchen dieser Zeit. Für die Juden war das Aufdecken ihrer Haare in der Öffentlichkeit gleichbedeutend mit dem Beweis des Ehebruchs, und es würde ihnen viel abverlangen die ganze Scham zu überwinden, die mit diesem Aufdecken verbunden war. Die unterschiedlichsten Frauen begannen gemeinsam in Christus anzubeten; und Paulus hatte die unglaubliche Aufgabe den jungen Gemeinden zu helfen reife Gläubige in Christus zu werden.

So schließt Paulus schließlich das Thema Verschleierung mit **Vers 16** ab: *„Wenn aber jemand streitsüchtig zu sein scheint, so haben wir keinen solchen Brauch, auch nicht die Kirchen Gottes."* Ich schließe mit einer weiteren Bemerkung von Dr. Bushnell: *„Dann kommt Paulus abschließende Erklärung, dass, wenn jemand für die Verschleierung eines bestimmten Geschlechts – für die Anbetung – kämpft oder für die der Frau als Ausdruck ihrer Sittsamkeit, dass wir – wo wir keinen solchen Verschleierungs-Brauch haben – das vielleicht aus Rücksicht auf das Wohlergehen der Frauen berücksichtigen* *müssen, um sie vor Schande zu bewahren.“* John Stuart Mill bemerkte klugerweise: *„So zu tun, als sei das Christentum dafür gedacht bestehende Staats- und Gesellschaftsformen zu stereotypisieren und vor Veränderungen zu schützen, bedeutet, es auf das Niveau des Islamismus oder des Brahminismus zu reduzieren.“*[7]

Um diesen Abschnitt über Bedeckungen zusammenzufassen, wollen wir einige biblische Präzedenzfälle betrachten. Erstens: Die höchste Priorität war es, den Herrn deinen Gott von ganzem Herzen, mit allem Verstand, ganzer Seele und aller Kraft zu lieben und deinen Nächsten wie dich selbst. Wenn also das Tragen eines Schleiers buchstäblich ein universelles und dauerhaftes Gebot für alle christlichen Ehefrauen und/oder Frauen sein sollte, dann würde die Betonung, die auf das Herz gelegt wird, ihre Bedeutung verlieren. Der äußere Akt hätte Vorrang vor der inneren Realität des Herzens. Die Welt würde beginnen, die Ekklesia (den Leib Christi) durch unsere äußere Erscheinung zu erkennen, anstatt uns durch unsere Liebe zu erkennen.

Jesus machte deutlich, dass die Welt nur dann wissen würde, dass wir Sein sind, wenn sie Zeugen Seiner Liebe in uns sein würden. Gemäß 1.Timotheus 3,15 ist die Kirche dazu berufen, der Grund und die Säule der Wahrheit in der Gesellschaft zu sein; und wenn wir, die Kirche, die äußere Erscheinung über die Liebe stellen würden, würden wir der Welt mitteilen, dass das Erlösungswerk Christi nicht ausreicht. Mit anderen Worten: Es gibt andere Gesetze, die erfüllt werden müssen, um für Gott und unsere Ehemänner annehmbar zu sein.

Die Unterordnung, Demut und das niedrige Herz eines Menschen kann niemals durch ein äußeres Gewand bestimmt werden, sondern nur durch die innere Haltung, die immer aus dem Herzen von jemandem kommt.

Eine letzte Frage: Besteht die Gefahr, dass eine Frau glaubt, sie habe Autorität und Macht, weil sie einen Schleier trägt? In Wirklichkeit hat diese Schwester alle Autorität von ihrem Herrn erhalten (Lukas 10,19). Sie hat wegen des Triumphes und der Auferstehung Christi einen Platz neben dem Vater im Himmel erhalten (Epheser 2,5-6). Das kostbare, heilige Blut Jesu Christi hat sie als Tochter des Königs in den Geliebten aufgenommen und geehrt. Sie ist sauber, rein und ihr ist vollständig vergeben, weil sie von einem schlechten Gewissen reingewaschen wurde (Hebräer 10,19-22).

Sie ist mit Gott versöhnt, und ihr ist der Dienst der Versöhnung gegeben worden, weil Jesus sie wieder in das Herz des Vaters gebracht hat (Johannes 14,6; 2. Korinther 5,17-18). Betrachten wir Korinther 11 mit dem Verstand Christi und dem Herzen Gottes, können wir klar erkennen, was für Ihn und die unsichtbare Welt wichtig ist. Die Einstellung des Herzens, echte geistliche Autorität und die geistliche Bedeutung der Frauen im Leib Christi leuchten für alle sichtbar auf. Möge der Leser geistliche Augen haben um zu sehen, was für den Vater wirklich wichtig ist.

Kapitel 7

Ein genauerer Blick auf die Schrift: Was sagt 1. Korinther 14 wirklich aus?

Die alte Schöpfung wurde in Christus gekreuzigt, und die neue Schöpfung wurde in ihm auferweckt. Das Werk des Kreuzes ist vollständig und vollkommen. Es sollte uns darauf hinweisen, was bei der Auferstehung geschah.

Sollten Frauen in der Kirche still sein?

Es ist von entscheidender Bedeutung zu verstehen, dass Paulus eine besondere Sorge und Verantwortung für die Korinther empfand. Er sagte ihnen: *„Denn wenn ihr auch zehntausend Lehrmeister hättet in Christus, so habt ihr doch nicht viele Väter; denn ich habe euch in Christus Jesus gezeugt durch das Evangelium“* (1. Kor. 4,15).

Er war ihr geistlicher Vater im Herrn. Wir können dies in Kapitel 7,1 sehen. Dort sagt Paulus, dass er versuchen wollte die Fragen zu beantworten, die sie ihm in ihrem Brief gestellt hatten. Die Passionsübersetzung bringt dies mit Genauigkeit ans Licht: *„Nun zu meinen Antworten bezüglich der Fragen, die ihr mir gestellt habt. Ihr habt geschrieben, dass es für den Mann angemessen ist im Zölibat zu leben“*. Dies ist das erste Thema im Brief der Korinther an Paulus. Einige der anderen Themen, bei denen die Korinther wollten, dass Paulus sie anspreche, waren:

7,25a: *„Nun zu den Jungfrauen...“*

8,1a: *„Was jetzt die Dinge betrifft, die den Götzen geweiht werden, ...“*

12,1: *„Was nun die geistlichen Gaben betrifft...“*

14,34: *„Eure Frauen sollen in den Kirchen schweigen; denn es ist ihnen nicht erlaubt zu sprechen; aber ihnen ist Gehorsam geboten, wie auch das Gesetz sagt. Und wenn sie etwas lernen sollten, sollen sie ihre eigenen Ehemänner zu Hause fragen; denn es ist eine Schande für Frauen, in der Kirche zu sprechen.“*

16,1a: *„Nun zur Sammlung für die Heiligen...“*

Daraus können wir ersehen, dass es mindestens 6 Themen gibt, bei denen die Korinther Paulus Hilfe brauchten. Für die Zwecke dieses Buches werden wir uns nur Kapitel 14, Verse 34 und 35 ansehen.

Vers 34: *„Eure Frauen sollen in den Gemeinden schweigen, denn es ist ihnen nicht erlaubt zu sprechen: Aber es ist ihnen geboten unter Gehorsam zu sein, wie auch das Gesetz sagt.“*

Viele Gläubige gehen erstens davon aus, dass Paulus hier ein unwiderrufliches, unersetzliches Wort Gottes an die Frauen für alle Zeiten spricht, und zweitens, dass dieses Wort der leitende Faktor in allen Kirchen sein sollte. Diese Annahme ist völlig falsch und äußerst gefährlich für die Männer, die es lehren und für die Frauen die es annehmen (2. Petrus 2,1-2). Die Annahme, dass Paulus spricht, bedeutet anzunehmen, dass es für Frauen eine Schande ist, in einer kirchlichen Umgebung den Mund aufzumachen. Davon auszugehen, dass Paulus hier spricht, wird auch das

Verständnis einer Peron beeinflussen, darüber wer Gott der Vater ist, und wie sein Herz gegenüber den Frauen im Leib seines Sohnes ist. Das ist sowohl verunreinigend, wie auch gefährlich und, wie sich herausstellen wird, eine falsche Annahme.

Ich möchte dem Leser 10 Gründe nennen, warum ich nicht das Gefühl habe, dass Paulus hier spricht.

Grund 1: Es war eines der Themen, über die die Korinther in ihrem Brief geschrieben haben. In seiner Antwort zitiert Paulus ihre Worte, gefolgt von seiner Antwort.

Grund 2: Paulus gibt seine Antwort in den Versen 36-40. *„Was? Ist das Wort Gottes von Ihnen ausgegangen? Oder kam es nur zu dir? Wenn ein Mann sich für einen Propheten oder Geistlichen hält, dann soll er anerkennen, dass das, was ich euch schreibe, die Gebote des Herrn sind.“* (Wahrscheinlich bezog sich Paulus hier auf die Judaisten, die versuchten die Kirche mit ihren Gesetzen und Worten zu indoktrinieren). *„Aber wenn jemand unwissend ist, dann soll er unwissend sein. Darum, liebe Brüder, begehret zu prophezeien und verbietet nicht in Zungen zu reden. Lasst dies alles anständig und geordnet geschehen.“*

Grund 3: Die Schrift zeigt uns, wenn Paulus sich gegenüber den Korinthern auf das Gesetz bezog, pflegte er genau dazu zu sagen, wo es im Alten Testament zu finden war (1. Korinther 9,7-9; 14,20-21). Dieser Satz, „wie auch das Gesetz sagt“ (14,34b), taucht nirgendwo in der ganzen Bibel auf. Wir haben bereits die richtige Auslegung von 1. Mose 3,16 bewiesen, und sie hat nichts mit dem Gehorsam und dem Schweigen der Frauen zu tun! Das einzige mögliche „Gesetz", auf das sich Vers 34 beziehen könnte, müsste außerhalb der Schrift stehen. Das mündliche Gesetz der Juden wäre eine definitive Möglichkeit. Dies war nur ein Weg, den die Judaisten bei ihrem Versuch benutzten, das Christentum in die Grenzen des Judentums hinein zu bringen. Das mündliche Gesetz und der Talmud waren zwei traditionelle jüdische Bücher. In ihnen stand, dass Frauen still sein sollten, und dass es für sie eine Schande war zu sprechen.

Der große deutsche Lexikograph Schleusner erklärt in seinem griechisch-lateinischen Lexikon, der Ausdruck „wie auch das Gesetz sagt" bezieht sich auf das mündliche Gesetz der Juden. Hier sind seine Worte: *„Die mündlichen Gesetze der Juden stammen aus jüdischen Traditionen. Im Alten Testament gibt es keine Vorschrift in dieser Angelegenheit, und er zitiert Vitringa, um zu zeigen, dass es nach den jüdischen Traditionen für Frauen verboten war in der Synagoge zu sprechen, aber denken Sie noch einmal nach! Es ist unwahrscheinlich, dass der Apostel Paulus die Traditionen der Juden zitieren und sie als Gesetz und als letzte Autorität, in einer, in der Kirche umstrittenen Angelegenheit, bezeichnen würde. Er verbrachte einen großen Teil seiner Energie damit, gegen eben diese Traditionen der Juden zu kämpfen, wie auch sein Meister Jesus Christus."*[1]

Paulus warnt davor, jüdische Fabeln und Gebote von Menschen, die sich von der Wahrheit abwenden, zu beachten. Zu Beginn des Briefes an Korinth sagte Paulus, dass er aus Chloes Haushalt hörte, dass es einige Leute gab, die versuchten Spaltung und Streit unter ihnen zu schüren (1. Korinther 1,11).

Es ist also klar, dass der Apostel Paulus hier zitiert, was die Judaisten in den korinthischen Kirchen lehrten – die selbst sagen, dass Frauen schweigen müssen, weil das jüdische mündliche Gesetz dies lehrte.

Grund 4: Angesichts des Ausmaßes des Missbrauchs, den Frauen zu Paulus Zeiten erlitten, würde er sie nie wieder unter das Gesetz stellen, sondern sie stattdessen in die herrliche Freiheit der Kinder Gottes bringen (siehe Römer 8,21).

Grund 5: In den Versen 26 und 31 sagte Paulus: *„...so hat jeder von euch etwas: einen Psalm, eine Lehre, eine Sprachenrede,"* und *„Denn ihr könnt alle ... weissagen"*, (nicht nur die Männer).

Grund 6: Paulus tadelt die Männer in Vers 36, indem er sagt: *„Was? Ist das Wort Gottes von euch ausgegangen? Oder kam es nur zu euch?"* (KJV übersetzt) Er ist nicht einverstanden mit dem Satz: *„...Frauen sollen schweigen in den Kirchen."*

Grund 7: Paulus hatte sicher Psalm 68,11 auswendig gelernt, der besagt: *„Der Herr gibt das Wort: Die Frauen, die die Botschaft verkünden, sind eine große Schar"* (KJV übersetzt).

Grund 8: Paulus Antwort auf ihr mündliches Gesetz war: *„Wenn jemand sich für einen Propheten oder Geistlichen hält, so soll er anerkennen, dass die Dinge, die ich euch schreibe die Gebote des Herrn sind."* Mit anderen

Worten: Paulus sagt, dass das, was ich euch schreibe, die Gebote Gottes sind und nicht die Worte und Gesetze der Menschen, wie die der Judaisten.

Grund 9: In 1. Korinther 14,4b sagte Paulus: *„Wenn jemand weissagt, baut er die Gemeinde auf.“* Paulus wollte, dass alle Gläubigen prophezeien (14,5a), um die Kirche zu erbauen. Dazu gehörten sicherlich auch die Frauen.

Grund 10: In Vers 14,35b heißt es: *„Es ist eine Schande für die Frauen in der Gemeinde zu sprechen“*. Warum sollte ein geistlicher Vater, der das Herz des Vaters hat, wollen, dass Frauen – oder Männer – das Gefühl haben, es sei eine Schande, wenn eine Frau in der Kirche spricht? Das besagt einfach, dass einer Frau Scham anhaftet, wenn sie in der Kirche spricht. Niemals würde diese Haltung bei einem Apostel vorkommen, der die Bedeutung der reinen Liebe Gottes so stark betont hat. Paulus selbst erklärte, dass wir ohne Liebe nichts sind. Außerdem befahl er den Korinthern alles in Liebe zu tun (1. Korinther 16,14). Dem Leib von Gläubigen zu Korinth, die um die Liebe zueinander rangen, zu sagen, dass es eine Schande für eine Frau sei in der Gemeinde zu sprechen, würde nur eine Haltung der Überlegenheit in die Männer bringen. Ein gottesfürchtiger Mann würde niemals solche Worte an die Familie des Vaters weitergeben. Wenn 1. Korinther 14,34-35 nicht der Apostel Paulus ist, der den Frauen sagt, in der Gemeinde zu schweigen, wie wäre es dann mit 1. Timotheus 2,11-12: *„Eine Frau soll in der Stille lernen, in aller Unterordnung. Ich erlaube aber einer Frau nicht, zu* *lehren, auch nicht, dass sie über den Mann herrscht, sondern sie soll sich still verhalten.“*

Sehen wir uns nun diese Verse in 1. Timotheus 2,7-15 einmal an:

> *„...für das ich eingesetzt wurde als Verkündiger und Apostel – ich sage die Wahrheit in Christus und lüge nicht –, als Lehrer der Heiden im Glauben und in der Wahrheit. So will ich nun, dass die Männer an jedem Ort beten, indem sie heilige Hände aufheben ohne Zorn und Zweifel. Ebenso [will ich] auch, dass sich die Frauen in ehrbarem Anstand mit Schamhaftigkeit und Zucht schmücken, nicht mit Haarflechten oder Gold oder Perlen oder aufwendiger Kleidung, sondern durch gute Werke, wie es sich für Frauen geziemt, die sich zur Gottesfurcht bekennen. Eine Frau soll in der Stille lernen, in aller Unterordnung. Ich erlaube aber einer Frau nicht, zu lehren, auch nicht, dass sie über den Mann herrscht, sondern sie soll sich still verhalten. Denn Adam wurde zuerst gebildet, danach Eva. Und Adam wurde nicht verführt, die Frau aber wurde verführt und geriet in Übertretung; sie soll aber [davor] bewahrt werden durch das Kindergebären, wenn sie bleiben im Glauben und in der Liebe und in der Heiligung samt der Zucht.“*

Bevor wir diesen Abschnitt der Heiligen Schrift studieren, müssen wir eine äußerst wichtige Tatsache anerkennen: Es war Paulus, der den größten Teil des Neuen Testaments an die Gemeinde in Rom (Römer 1,7), an die

Gemeinde in Korinth (1. Korinther 1,2; 2. Korinther 1,1), an die Gemeinde in Galatien (Galater 1,2), der Gemeinde in Ephesus (Epheser 1,1), der Gemeinde in Philippi (Philipper 1,1), der Gemeinde in Kolossä (Kolosser 1,2), der Gemeinde in Thessaloniki (1. Thessalonicher 1,1; 2. Thessalonicher 1,1) und an die Gemeinde in Philemons Haus schrieb. Aber als Paulus seine Briefe an Timotheus und Titus schrieb, richtete er sich nicht an eine Gemeinde, sondern an seine sehr geliebten Söhne (Titus 1,4).

Paulus nannte Timotheus „meinen über alles geliebten und wahren Sohn" (1. Timotheus 1,2; 2. Timotheus 1,2).

Angesichts der extremen Liebe zwischen Paulus und seinem geliebten, geistlichen Sohn Timotheus fällt es mir schwer, die Briefe des Paulus an Timotheus als ein pastorales Handbuch zu betrachten, das Pastoren heute verwenden sollten, um ihnen bei der Erfüllung ihres Dienstes als Pastor zu helfen. Geliebte, dies ist kein Brief um Pastoren auszubilden, sondern ein persönlicher Brief an einen sehr geliebten Sohn. Paulus liebte Timotheus zutiefst, und er liebte auch den Leib der Gläubigen in Ephesus zutiefst. Wir sehen die Beweise dafür, als er sagte: *„Darum wacht und denkt daran, dass ich drei Jahre lang Tag und Nacht nicht aufgehört habe, jeden Einzelnen unter Tränen zu ermahnen"* (Apg. 20,31). Dann sagte er ihnen, sie alle sollen *„acht auf euch selbst und auf die ganze Herde, in welcher der Heilige Geist euch zu Aufsehern gesetzt hat, um die Gemeinde Gottes zu hüten, die er durch sein eigenes Blut erworben hat!"* haben (Apg. 20,28).

Paulus war beunruhigt, weil er durch den Geist wusste, dass, nachdem er sie verlassen hatte, reißende Wölfe unter sie kommen würden, die die Herde nicht verschonen würden (Apostelgeschichte 20,29).

„und aus eurer eigenen Mitte werden Männer aufstehen, die verkehrte Dinge reden, um die Jünger abzuziehen in ihre Gefolgschaft“ (Apg. 20,30). Paulus verbrachte drei Jahre seines Lebens mit dem Leib in Ephesus. Als Paulus also Ephesus verließ, um nach Mazedonien zu gehen, ließ er Timotheus dort, um die Arbeit zu beaufsichtigen und alles in Ordnung zu bringen was der Korrektur und Belehrung bedurfte (1. Timotheus 1,3-4). Während Paulus in Ephesus diente, öffnete sich für ihn eine große Tür der Gelegenheit (1. Korinther 16,9) mit vielen Gegnern. Er sagte sogar, dass er in Ephesus mit wilden Tieren kämpfte (1. Korinther 15,32). Durch das Leben des Paulus geschahen so viele Wunder, dass es heißt: *„...alle, die in [der Provinz] Asia wohnten, das Wort des Herrn Jesus hörten, ...“* (Apg. 19,10). Paulus sprach das Wort des Herrn mit so viel Kraft, dass sogar das Silberschmiedehandwerk in Gefahr war. Ephesus war ein wichtiges Zentrum für die weltweite Verehrung der griechischen Göttin Artemis und der römischen Göttin Diana. Viele Menschen zerstörten nach der Predigt des Paulus ihre Götzen und Bücher usw. (Apostelgeschichte 19,17-20)

Paulus sorgte in ganz Asien für große Aufregung, und dann hob er den jungen, süßen, unreifen Timotheus in Ephesus in eine Führungsrolle (1. Korinther 16,10-11; 2. Timotheus 1-2+4). Wir müssen wiederholen, dass im Mittelpunkt dieser beiden Briefe an Timotheus ein besorgter, liebevoller Vater stand, der an seinen geliebten geistlichen Sohn schrieb. Wir lesen solche Dinge wie: *„mein wahrer Sohn“* (1,2), *„nach den prophetischen Worten über dich, kämpfe einen guten Kampf und halte den Glauben fest“* (1,18-19). Wir sehen auch persönliche Dinge wie: *„Ich habe Alexander und Hymenäus wegen ihrer Reden an Satan ausgeliefert“* (1,20). *„Wählt keinen Neubekehrten zum Leiter, damit er nicht im Stolz erhoben wird und dem Gericht des Teufels verfallen kann“* (3,6). *„Ich hoffe, bald zu dir zu kommen“* (3,14). *„Weise profane und Altweibergeschichten zurück“* (4,7). *„...lass keinen Mann deine Jugend verachten“* (4,12), *„sondern seid stattdessen einfach ein Beispiel für alle“*. *„Vernachlässige nicht die Gabe, die durch das Handauflegen in dir ist“* (4,14).

„Behandele ältere Männer wie Väter“ (5,1). *„Behandele ältere Frauen wie Mütter“* (5,2). *„Hilf den Witwen, die echte Witwen sind“* (5,3-5). *„...weise jüngere Witwen ab“* (5,11).

„Nimm keine Anklage gegen einen Ältesten an – es sei denn, es gibt mindestens zwei oder drei Zeugen“ (5,19).

„Weihe niemanden zu plötzlich zum Ältesten“ (5,22). *„Nimm ein wenig Wein für deinen Magen und deine häufigen Gebrechen“* (5,23). (Alles KJV übersetzt)

„Denn die Geldgier ist eine Wurzel alles Bösen; etliche, die sich ihr hingegeben haben, sind vom Glauben abgeirrt und haben sich selbst viel Schmerzen verursacht. Du aber, o Mensch Gottes, fliehe diese Dinge, jage aber nach Gerechtigkeit, Gottesfurcht, Glauben, Liebe, Geduld, Sanftmut! Kämpfe den guten Kampf des Glaubens; ergreife

das ewige Leben, zu dem du auch berufen bist und worüber du das gute Bekenntnis vor vielen Zeugen abgelegt hast.“ (6,10-12)

„O Timotheus, bewahre das anvertraute Gut, meide das unheilige, nichtige Geschwätz und die Widersprüche der fälschlich so genannten »Erkenntnis«. Zu dieser haben sich etliche bekannt und haben darüber das Glaubensziel verfehlt.“ (6,20-21)

Ein weiterer Beweis für ihre Nähe findet sich in 1. Korinther 5,1-5. Dort weist Paulus auf jemanden hin, der Sex mit der Frau seines Vaters hatte. Er erwähnte aber nie seinen Namen, er nennt ihn nur *„denjenigen“*. Paulus war mit der Situation, in der sich sein Sohn Timotheus befand, völlig vertraut, und er brauchte keine Namen zu nennen, denn Timotheus hätte genau gewusst wen Paulus meinte. Auch in 1. Korinther 7,7 sagt Paulus: *„Denn ich wollte, alle Menschen wären wie ich“*. Dies ist eine Meinung oder ein Wunsch des Apostels. Ist es eine Sünde zu heiraten? Paulus sagt in Vers 28: *„Wenn du aber auch heiratest, so sündigst du nicht;“* Paulus befiehlt oder ermahnt Timotheus nicht, in Bezug auf Frauen so zu sein wie er. Er sagt nur: *„Sohn, ich wünschte, du würdest bleiben, wie ich bin (unverheiratet), aber das musst du nicht.“*

Ein weiteres Beispiel für den Ton dieses Briefes findet sich in 2.Timotheus 4,13, als Paulus Timotheus auffordert den Mantel, den er mit Carpus in Troas hinterlassen hat, mitzubringen. Auch hier sagte Paulus einfach: *„Den Reisemantel, den ich in Troas bei Karpus ließ, bringe mit.“* Zusammenfassend stellt Paulus in diesem Brief seine eigene Lebenspraxis mit Gründen und Ratschlägen für seinen Sohn Timotheus dar. Dennoch haben viele Kommentatoren Paulus persönlichen Rat zu einem Rechtsdokument für jede Kirche und für alle Frauen gemacht – für alle Zeiten. Es ist ganz offensichtlich, dass es sich um einen Brief eines fürsorglichen Vaters an seinen sehr nahen Sohn handelt. Wenn wir die Idee in Betracht ziehen, dass dieser Brief ein Handbuch für alle Pastoren ist, den sie in ihrem Dienst verwenden können, dann müssten wir wahrscheinlich jedem Pastor mit einem Magenleiden raten Wein zu trinken. Nochmal, dies ist ein ganz besonderer, persönlicher Brief, der nicht an die Kirche, sondern an Timotheus geschrieben wurde!

Nachdem wir den Kern des Paulus-Briefes an Timotheus ans Licht gebracht haben, wollen wir nun einen Blick auf 1. Timotheus 2,11-12 werfen: *„Eine Frau soll in der Stille lernen, in aller Unterordnung. Ich erlaube aber einer Frau nicht, zu lehren, auch nicht, dass sie über den Mann herrscht, sondern sie soll sich still verhalten.“*

Erklärte Paulus gegenüber Ephesus und der gesamten christlichen Gemeinde, dass Frauen niemals in einer Versammlung sprechen sollten? Genau in dieser Gemeinde hat Priscilla zusammen mit ihrem Mann Aquila viel Unterricht erteilt. Es ist interessant, dass in den meisten Fällen, in denen Priscilla erwähnt wird, ihr Name vor Aquilas Namen steht, was uns verrät, dass sie die Hauptkommunikatorin war. Es war dieses Ehepaar, das Apollos den Weg Gottes genauer lehrte (Apostelgeschichte 18,26). Paulus lobte auch mehrere Frauen als gute Mitarbeiterinnen, Arbeiterinnen,

Amtsträgerinnen oder sogar als Apostelinnen, wie Junia (Anm. d. Ü. Viele Quellen deuten hier entgegen der deutschen Bibelübersetzung auf die weibliche Form Junia hin – nicht auf Junius).

Timotheus musste eine Gruppe von Menschen in einer Stadt voller Sünde, Stolz und Unmoral leiten. Zu der Zeit, als Paulus seinen Brief an Timotheus schrieb, war Ephesus eine lustvolle, unmoralische Stadt. Perlen waren die wertvollsten Juwelen der damaligen Zeit, und das Tragen von Perlen galt als die auffälligste äußerliche Zurschaustellung von Eitelkeit. Paulus wollte, dass die christlichen Frauen den göttlichen Charakter Christi in ihrem Leben offenbaren, deshalb zieht er in den Versen 8-10 einen Vergleich, wie ein Mann beten sollte und ebenso wie eine Frau beten sollte. *„Ebenso [will ich] auch, dass sich die Frauen in ehrbarem Anstand mit Schamhaftigkeit und Zucht schmücken, nicht mit Haarflechten oder Gold oder Perlen oder aufwendiger Kleidung, sondern durch gute Werke, wie es sich für Frauen geziemt, die sich zur Gottesfurcht bekennen."*

Um uns einen Einblick in Vers 10 zu geben, folgt hier ein Auszug aus *Why not Women (Wieso nicht Frauen)?*

> *„Dieses Wort ‚bekennen' ist der Schlüssel in diesem Abschnitt. Im Original vermittelt es ein Gefühl von Verkündigung, Beruf und Expertise. Tatsächlich ist es eines der acht griechischen Verben im Neuen Testament, die durch das Hinzufügen einer Vorsilbe zum Wort für Bote gebildet werden. Alle diese Verben haben mit Kommunikation zu tun. Paulus verwendete sieben der acht in seinen Briefen:*

- *zu sagen*
- *anzukündigen*
- *zu verkünden*
- *zu bekennen*
- *zu evangelisieren*
- *auszurufen*
- *zu erklären*

Sie sehen, dass das Wort ‚BEKENNEN' und seine sprachlichen Vetter mit dem Herzen und der Seele des christlichen Dienstes verbunden sind. Man kann nicht im Stillen etwas bekennen, und man kann auch nicht im Privaten etwas bekennen. Als Paulus sagte, die Frauen in der Kirche sollten sich angemessen kleiden, weil sie sich zu Gott bekennen, zeigte er, dass sie sich im öffentlichen Dienst engagieren und anderen das Evangelium vermitteln. "[2]

Nun verwendet Paulus ein Substantiv, um „die Frau" in, *„Eine Frau soll in der Stille lernen, in aller Unterordnung.",* *zu beschreiben* (2,11). Vers 8 ist Männer, Vers 9 Frauen, Vers 10 Frauen und Vers 11 ist die Frau (Einzahl). Dann ist Vers 12 die Frau und der Mann (Einzahl). Darüber hinaus endet Paulus in Vers 16 mit einem Plural, sie (der jetzt für den Singular verwendet werden kann, aber damals nur für den Plural verwendet wurde). Ein Auszug aus *Why not Women?* (Wieso nicht Frauen) erklärt dies näher.

„Der Kontext legt nahe, dass Paulus eine bestimmte Person im Sinn hatte. Paulus Worte an Titus auf Kreta sind besonders hilfreich, wenn wir

die namenlose Frau in der Gemeinde in Ephesus betrachten. Wie Timotheus in Ephesus, war Titus auf Kreta zurückgelassen worden, um ‚das Unvollendete zu ordnen' und einer Gruppe von falschen Lehrern entgegenzutreten, die laut Paulus ‚zum Schweigen gebracht werden müssen'. Die ‚spaltende Person' war offenbar der Rädelsführer derjenigen, die ‚Dinge lehrten, die sie nicht lehren sollten'. Paulus brauchte ihn nicht namentlich zu erwähnen, denn sowohl er als auch Titus wussten genau, wer der Kern des Problems auf Kreta war. Vielleicht nannte Paulus diese Personen – die umstrittene Person auf Kreta, den Inzest betreibenden Mann in Korinth und die Frau, die in Ephesus Ketzerei lehrte – nicht namentlich, weil er hoffte, dass sie wiederhergestellt werden würden. Sein pastorales Herz sehnte sich nach der Versöhnung jeder dieser Menschen mit der Gemeinde. Vielleicht vermied er es ihre Namen zu benutzen, um es ihnen nach der Buße leichter zu machen. Das wäre im Einklang mit dem Prozess gewesen, den Jesus uns für die Wiederherstellung von sündigenden Gläubigen gegeben hat.

Es ist nicht überraschend, dass Paulus Timotheus aufforderte diese Frau zum Schweigen zu bringen, ohne sie beim Namen zu nennen. Überraschend, ja schockierend ist die Art und Weise, wie er die an der Ketzerei beteiligten Männer nannte – Hymenäus, Alexander und Philetus. Vielleicht hatte Paulus sie aufgegeben.

Zurück zu Eva

Ein weiterer Hinweis weist auf die Existenz einer getäuschten Frau hin, die in der Kirche von Ephesus Irrlehren verbreitete. Paulus nannte den Grund, warum diese Frau zum Schweigen gebracht werden sollte, indem er sofort auf eine andere getäuschte Frau zeigte – Eva. Paulus erklärte, was Timotheus mit dieser getäuschten Frau zu tun hatte. Dann, nur um es ihm wirklich klar zu machen, benutzte Paulus das Wort, um ihre Situation mit der von Eva im Garten zu vergleichen. Er erinnerte Timotheus daran, dass Adam mit offenen Augen sündigte, aber Eva, weil sie getäuscht wurde. Paulus machte Adam für seine Sünde stärker verantwortlich, weil Adam nicht getäuscht wurde, als er sich entschied Gott ungehorsam zu sein. Evas Sünde war jedoch nicht die Frucht von wissentlichem Ungehorsam, sondern von einer Täuschung. Eines der Hauptthemen dieses ganzen Abschnitts war das Beenden einer Täuschung in der Kirche von Ephesus. Eva wurde getäuscht, ebenso wie diese Frau, die zum Schweigen gebracht werden sollte. Beide handelten auf der Grundlage falscher Überzeugungen.“[3]

Schauen wir uns den Anfang dieses Verses genauer an: *„Eine Frau soll in der Stille lernen, in aller Unterordnung“* (1. Tim 2,11).

„Paulus erstes Wort war, dass ‚eine Frau lernen soll‘. Dieser Satz würde das griechische Original

besser wiedergeben, wenn er mit ‚lernen muss‘ übersetzt würde. Dies ist nicht nur ein Vorschlag, sondern ein Imperativ. Es ist sehr wichtig zu erkennen, dass dies der einzige direkte Befehl ist, den Paulus in diesem ganzen Kapitel gegeben hat. „Paulus sagte nicht einfach, dass die Frau ‚lernen darf‘ oder ‚lernen sollte‘ oder dass es der Frau ‚erlaubt sein sollte zu lernen‘. Die Frau muss lernen. Das bedeutet, dass [diese Frau] unterrichtet werden muss. Von Timotheus wurde erwartet, dass er dafür sorgt, dass diese Frau eine Ausbildung erhält. Was für eine gnädige Antwort auf jemanden, der so viel Schaden angerichtet hat! Paulus erkannte, dass das Problem vor allem darin bestand, dass diese Frau, wie alle Frauen ihrer Zeit, von der Möglichkeit zu lernen ausgeschlossen worden war. Egal ob diese Frau Heidin oder Jüdin war, sie hätte einen Bildungsnachteil gehabt. Das hatte sie anfälliger für falsche Lehre gemacht. Weil Paulus dies verstand, gewährte er ihr mehr Gnade als Hymenäus, Alexander und Philetus. Diese drei Männer hatten wissentlich gesündigt. Deshalb ‚übergab Paulus sie dem Satan‘. Aber er übergab die Frau an einen Lehrer. Was wäre dir lieber? Das Gegenmittel für Täuschung ist das Erlernen der Wahrheit. Deshalb forderte Paulus, dass diese Frau unterrichtet wird, und öffnete damit eine Tür für eine Gelegenheit, die die Gesellschaft verschlossen hatte. Wie wir bereits gesehen haben, war dies eine revolutionäre Haltung für Paulus, der mit der Doppelmoral der Griechen, Römer und Juden völlig brach. Das Evangelium erlaubte nicht nur, sondern forderte auch gleiche Bildungschancen für Frauen.

Paulus sagte weiter, wie diese Frau lernen sollte: ‚in Stille und aller Unterordnung'. Auch diese Einschränkung, wie sie lernen sollte, war kein Vorwurf; er sagte nicht, dass sie sich einfach hinsetzen und den Mund halten sollte. Das Substantiv, das in den Versen 11 und 12 verwendet wird, steht in Beziehung zu dem Wort, das in Vers zwei dieses Kapitels verwendet wird, wo Paulus sagte, dass das Ziel aller Gläubigen darin besteht, ‚ein friedliches und ruhiges Leben' zu führen. „‚Ruhe' bedeutet Einhaltung des Gesetzes statt Widerstand, und Harmonie mit dem Nachbarn statt Streitigkeiten... Frieden statt Argumentation". Paulus verlangte von dieser Frau nichts anderes als das, was er von jedem Kirchenmitglied in Ephesus, während dieses ganzen Abschnitts, verlangte. Es war die gleiche Qualität, die die Männer haben sollten, wenn sie ‚ohne Zorn oder Streit' beteten, und die Frauen sollten sie haben, indem sie sich ‚mit Anstand und Angemessenheit' verhielten.

LERNEN WIE DIE STUDENTEN DER RABBINER

Tatsächlich war der Ausdruck ‚Schweigen und Unterordnung' im Nahen Osten eine häufige Formel für einen Musterschüler. ‚Vor, während und nach der Zeit des Paulus waren sich die Rabbiner einig, dass

Schweigen eine bewundernswerte Eigenschaft für den frommen Gelehrten war.'"[4]

Meine Schlussfolgerung, liebe Leser, ist wieder einmal: Wenn wir mit reinen Augen schauen, werden wir Gottes eigenes Herz gegenüber den Frauen sehen. Sein Herz zeigt deutlich Sympathie, Mitgefühl und den Wunsch, dass jede Frau ihr volles Potenzial in dieser Welt entfalten kann. Wenn wir diese Schriften mit verunreinigten Augen betrachten, werden wir einen zornigen Gott sehen, der die Frauen an den Platz des Schweigens setzt. Möge der Heilige Geist unsere Herzen erweichen und unser Verständnis für Seinen Sinn und Sein Herz öffnen, wenn wir die Schrift studieren.

Kapitel 8

Ein genauerer Blick auf die Schrift: Was sagen Paulus Schriften wirklich?

Schauen wir uns diesen Teil der Schrift an und übersetzen ihn gemäß den frühesten Manuskripten und ihrer Bedeutung durch den Heiligen Geist.

1. Timotheus 2,8-15

„Ich werde deshalb dafür sorgen, dass die Männer überall beten indem sie ohne zu zweifeln heilige Hände erheben. Sie sollten nichts Böses in ihren Herzen haben, wenn sie beten. Und ebenso sollten die Frauen überall in Ehrfurcht mit bescheidener Kleidung beten und nicht die weltlichen, sinnlichen Frauen der Gesellschaft oder die Frauen in den Tempeln nachahmen, sondern mit guten Werken geschmückt werden, wenn sie die Botschaft der Gottesgleichheit verkünden. Und lasst die Frau in Ruhe lernen und nicht falsche Lehren verbreiten, sondern lasst sie als gute Schülerin mit dem tief ergebenen Geist eines Jüngers lernen. Lass diese Frau nicht lehren oder die Herrschaft über den Mann haben, sondern in aller Stille lernen. Denke daran, dass zuerst Adam und dann Eva geformt und gestaltet wurde. Die Frau wurde

gründlich getäuscht, und Adam war ein absichtlicher Sünder, und dies geschah in der Übertretung. Sie wurde also gründlich getäuscht, aber sie wird durch die Kindsgeburt des Messias gerettet werden. Und durch ihren Glauben, ihre Liebe, ihre Heiligkeit und ihre Nüchternheit werden sie geheilt werden. Durch die große Ehre des Gebärens dieses Kind-Samens soll die Frau in ihrer Täuschung und der Mann in seiner Rebellion vollständig gerettet und ganz werden. Aufgrund des Privilegs dieses Kind-Samens werden weder die Frauen in der Täuschung, noch die Männer in der absichtlichen Bösartigkeit verbleiben, aber jetzt werden beide die vollständige Erlösung finden."

Epheser 5,21-25

„Sich in der Furcht vor Gott einander unterzuordnen. Ihr Frauen, ordnet euch euren eigenen Männern unter wie auch dem Herrn. Denn der Mann ist das Haupt der Frau, so wie Christus das Haupt der Gemeinde ist; und er ist der Retter des Leibes. Wie die Gemeinde also Christus untertan ist, so sollen auch die Frauen in allem ihren eigenen Männern untertan sein. Ihr Männer, liebt eure Frauen, so wie Christus auch die Gemeinde geliebt und sich für sie hingegeben hat."

Es gab zwei griechische Wörter, die für „Haupt" verwendet wurden. Eines davon ist *archē* und das andere ist *kephalē*. *Archē* bedeutet Ursprungsort und Leiterschaft.

In den vorhergehenden Versen aus dem Epheserbrief benutzte Paulus das zweite Wort, *kephalē*, um Ehemänner als das Haupt ihrer Frauen zu bezeichnen. Es ist daher wichtig zu verstehen, warum Paulus sich dafür entschieden hat *kephalē* zu verwenden. Der folgende Text gibt uns die Klarheit, die wir brauchen.

Ein Auszug aus *What Paul REALLY Said About Women (Was Paulus wirklich über Frauen gesagt hat)*:

> *„Es wurde nie benutzt, um ‚Leiter' oder ‚Chef' oder ‚Häuptling' oder ‚Herrscher' zu auszudrücken. Kephalē ist auch ein militärischer Begriff. Er bedeutet ‚einer, der führt', aber nicht im Sinne von ‚Direktor'. Kephalē bezeichnete nicht ‚General' oder ‚Hauptmann' oder jemanden, der den Truppen aus sicherer Entfernung befiehlt; ganz im Gegenteil, ein Kephalē war einer, der vor den Truppen herging, der Anführer im Sinne von anführend, welcher der erste in der Schlacht war.*
>
> *Daher können zwei Wörter in Griechisch in das eine englische Wort head übersetzt werden. Das eine Wort bedeutet ‚Chef', das andere bedeutet ‚physischer Kopf' (oder manchmal ‚erster Soldat in der Schlacht'). Leider wird eine englischsprachige Person die liest, dass der Ehemann der Kopf seiner Frau ist, normalerweise zu dem Schluss kommen, dass dies bedeutet, dass der Ehemann über seine Frau herrschen soll. Dies ist es, was Aristoteles lehrte und was die meisten hellenisierten Menschen dachten. Der Ehemann sei für seine Frau ein Archē,*

das Oberhaupt des Haushalts und Herrscher über seine ganze Familie. Paulus wählte bewusst das andere Wort. Aber Leute, die sich auf die englische Übersetzung verlassen, können das nicht wissen.

Kann man sicher sein, dass archē und kephalē in ihrer Bedeutung so unterschiedlich waren? Könnte kephalē nicht manchmal ‚Chef' oder ‚Herrscher' bedeuten? Eine Möglichkeit sicher zu sein, ist festzustellen, wie diese beiden Wörter in der Septuaginta verwendet wurden. Das Alte Testament wurde, von einigen wenigen Teilen abgesehen, in Hebräisch geschrieben. Aber im Zeitalter von Paulus konnten nur wenige Personen diese Sprache lesen. Stattdessen waren sie auf eine Übersetzung des Alten Testaments vom Hebräischen ins Griechische angewiesen, die Septuaginta genannt wurde. Paulus war mit dieser Übersetzung vertraut und zitierte aus ihr.

Nun bedeutet im Hebräischen, genau wie im Englischen, ein einziges Wort sowohl ‚physisches Haupt' als auch ‚Herrscher'. Das Wort ist rosh. Wenn archē und kephalē mehr oder weniger synonym wären und austauschbar verwendet werden könnten, dann hätten die siebzig Gelehrten, die die Septuaginta geschrieben haben, wenn sie auf das hebräische Wort ‚rosh' gestoßen wären, entweder das griechische Wort so verwenden können, wie sie es wollten, oder stattdessen die ganze Zeit einfach nur eines der beiden verwenden können. Sie achteten jedoch sehr genau darauf, wie das Wort rosh verwendet wurde, ob rosh ‚physischer Kopf' oder ‚Herrscher' einer Gruppe bedeutete. Wann immer rosh sich auf den ersten Soldaten bezog, der andere mit ihm in die Schlacht führte, übersetzten sie es auch kephalē ... Wenn rosh aber ‚Häuptling' oder ‚Herrscher' meinte, übersetzten sie es mit archē oder irgendeiner Form dieses Wortes. Jedes Mal wurde diese Unterscheidung sorgfältig bewahrt.

Paulus war sicherlich mit beiden Wörtern vertraut. Er kannte die Sprache, er las und zitierte aus der Septuaginta und er benutzte beide Ausdrücke in seinen eigenen Schriften. Der Unterschied zwischen den beiden Wörtern wäre für ihn offensichtlich gewesen. Moderne Leser mögen Paulus jedoch missverstehen, wenn sie annehmen, dass das Wort für Kopf, das Paulus benutzte, auch die bildliche Bedeutung von ‚Chef' oder ‚Herrscher' trug. Tatsächlich hat Paulus sehr darauf geachtet dies nicht zu sagen."[1]

Aus dieser Einsicht heraus haben wir nun die Gelegenheit Epheser 5,23 in seinem wahren Licht zu lesen und zu empfangen.

Weiter wird den Ehefrauen gesagt, dass sie sich ihren Männern unterordnen sollen (Epheser 5,24). In diesem Vers ist die Wurzel des Wortes Unterordnung das griechische Wort *hupotasso*, das Paulus mit der Mittelstimme schrieb. So verwendet bezeichnet *hupotasso* eine Unterordnung die freiwillig ist, eine willige Entscheidung, Unterstützung zu geben und sich der Unterordnung hinzugeben oder sich um die Bedürfnisse des Ehemannes zu kümmern. Einfach ausgedrückt ist dies ein rein freiwilliger Akt der Unterordnung unter einen anderen, ohne Kontrolle oder Knechtschaft aufgrund des Ranges. Eine andere Bedeutung des Wortes „Untergebene“ ist: Unter jemanden kommen als seine Stütze.

Einmal sah ich im Geist eine Ehefrau, die ihren Mann durch ihre untergebene Haltung der Demut und Liebe hochhält. Wenn eine Frau ihren Mann auf diese Weise unterstützt, wird der Böse zu ihr kommen und ihr Gedanken darüber vermitteln wie ihr Mann die Dinge anders machen sollte. Wenn sie diese negativen Gedanken über ihren Mann akzeptiert, wird sie anfangen sich damit zu beschäftigen und ihre Unterstützung für ihren Mann wird anfangen zu bröckeln, besonders wenn sie anfängt an ihm herumzunörgeln. Oftmals sind genau die Dinge, über die eine Frau an ihrem Mann nörgelt oder sich beschwert, genau die Dinge, die ihr Mann selbst in seinem Leben zu überwinden versucht hat. Und deshalb braucht sie diese Dinge auch ihm gegenüber nicht vorbringen, sondern stattdessen beten, seine Sünden erlassen und die Güte Gottes über ihn freisetzen; und dann wird sie die Veränderung in ihm sehen. *„Denn der Mann ist das Haupt der Frau, wie Christus das Haupt der Gemeinde ist, und er ist der Retter des Leibes“* (Eph. 5,23).

Es gibt zwei verschiedene Ordnungen: die Ordnung innerhalb einer natürlichen Familie und die Ordnung innerhalb der Familie Gottes, der Ekklesia. Der Herr baut

Seine Ekklesia, und sie ist ein vielgliedriger Leib. In der Übersetzung aus den frühen Manuskripten wurde das Wort Ekklesia in das Wort Kirche umgewandelt, was Gemeinde bedeutet. Das Wort Kirche ist ein Ort, aber das Wort Ekklesia ist ein Volk, das innerhalb der Gesellschaft steht. Dieses Wort Ekklesia war zur Zeit Jesu ein sehr bekanntes und gebräuchliches Wort.

Es gibt eine Ordnung für die Ekklesia oder den Leib Christi (Familie Gottes) und eine andere Ordnung für die irdische Familie. In der Familie ist der Mann das Oberhaupt der Frau. Innerhalb des Hauses gehört das Oberhaupt dem Mann, und die Frau unterwirft sich ihm bereitwillig, um als Einheit zu funktionieren. Sie entscheidet sich dafür, sich als Unterstützung für ihren Mann in die niedrige Position der Liebe zu begeben – nicht, weil sie verflucht ist und nicht, weil sie es muss – sondern weil sie es will.

In Christus gibt es eine andere göttliche Ordnung. Christus ist das einzige Haupt über den Leib. Ist die Frau ein Teil des Leibes Christi? Ganz und gar! Wer ist dann im Leib ihr Haupt? Wenn es immer noch ihr Mann ist und nicht Christus, dann werden wir zwei Häupter in einem Leib haben.

Wenn sie gläubig ist, dann ist sie definitiv ein Mitglied des Leibes Christi. *„...denn der Mann ist das Haupt der Frau, wie auch der Christus das Haupt der Gemeinde ist“* (Eph. 5,23a).

„...und er hat alles seinen Füßen unterworfen und ihn als ***Haupt*** *über alles der Gemeinde gegeben, die sein Leib ist, die Fülle dessen, der alles in allen erfüllt,...“* (Eph. 1,22-23; Betonung von mir).

„Aber, indem wir die Wahrheit in Liebe sprechen, in allen Dingen zu Ihm hineinwachsen, der das ***Haupt*** *ist, nämlich Christus“* (Eph. 4,15 KJV übersetzt; Betonung von mir).

„Und er ist das ***Haupt*** *des Leibes, der Gemeinde, der der Anfang ist, der Erstgeborene von den Toten, auf dass er in allen Dingen* ***den Vorrang*** *habe“* (Kol. 1,18 KJV übersetzt; Betonung von mir).

Wenn Christus nicht das einzige Haupt seines Leibes ist und es einen anderen gibt, der als der Erste und Wichtigste angesehen werden will, dann ist dort Selbsterhöhung vorhanden. Ich glaube, dass dies auf eine stolze Haltung zurückzuführen ist, dieselbe Haltung, die ein Mann namens Diotrephes in seinem Herzen hatte.

„Ich habe euch schon einmal darüber geschrieben, aber Diotrephes, der es liebt das Sagen zu haben und als Erster unter euch anerkannt zu werden, erkennt unsere Autorität nicht an“ (3. Joh. 9 KJV übersetzt).

Wenn dieser rebellische Geist in einer Person wirkt, wird sie keinen echten apostolischen und prophetischen Dienst im Leib erhalten.

Der Böse hat vielen gottesfürchtigen Frauen das Gefühl gegeben, eine Non-Entität (ein Nichts; eine unwichtige Person) zu sein. Das Ergebnis ist: Sie fühlt sich, als sei sie nicht so wichtig wie der Mann und deshalb kann sie in der Kirche nicht sprechen. Dann wird ihnen aber auch gesagt wie sehr der Vater sie liebt! Der Kampf im Inneren der Frau sieht so aus: Sie hat das Gefühl, dass sie die gewaltige Wahrheit der Liebe des Vaters nicht leugnen kann, aber sie hat auch nicht das Gefühl, dass sie sie verdient oder empfangen sollte. Sie funktioniert und fühlt sich im Grunde wie eine Person die ständig nach Identität, Sinn und Bedeutung im Leib Christi sucht. Die Realität ist, dass sie aus ihrem Platz im Leib verdrängt wurde. Jesus sagte: Ich gehe, um einen Platz für DICH vorzubereiten, liebe Schwester!

„Das Haus meines Vaters hat viele Wohnungen. Wenn es anders wäre, würde ich es euch deutlich sagen, denn ich gehe, um euch einen Platz zum Ruhen vorzubereiten" (Joh. 14,2 TPT übersetzt).

Es gibt einen vorbereiteten Platz im Herzen des Vaters für DICH, meine Liebe. Er ist jetzt schon vorhanden, und er wurde speziell für dich geschaffen, damit du darin wohnen kannst. Steh jetzt auf, Tochter, und nimm deinen Platz im Königreich des Vaters ein! Dein Platz ist reserviert; dein Name steht darauf geschrieben.

„Und zieh den neuen Menschen an, der nach dem Bild dessen, der ihn geschaffen hat, in der Erkenntnis erneuert wird: Wo weder Grieche noch Jude, weder Beschneidung noch Unbeschnittenheit, weder Barbar, Skythe, Knecht noch Freier ist: Aber Christus ist alles und in allen" (Kol. 3,10-11 KJV übersetzt).

In Christus ist die göttliche Ordnung, dass der Sohn Gottes den Leib mit Seinem Leben erfüllt. Der Heilige Geist sagt uns, dass in Christus alles neu geworden ist und alles Alte vergangen ist (siehe 2. Korinther 5,17).

Deshalb sollen wir keinen Menschen mehr nach seinem Fleisch kennen. Wir sollen einander daran erkennen, wer wir im Bereich des Geistes, und nicht im Bereich des Fleisches sind.

„So kennen wir denn von nun an niemand mehr nach dem Fleisch; wenn wir aber auch Christus nach dem Fleisch gekannt haben, so kennen wir ihn doch nicht mehr so. Darum: Ist jemand in Christus, so ist er eine neue Schöpfung; das Alte ist vergangen; siehe, es ist alles neu geworden!“ (2. Kor. 5,16-17)

Wir werden dies in einem späteren Kapitel näher untersuchen.

In Christus gibt es weder Mann noch Frau (Galater 3,28), es gibt keinen Juden oder Heiden, es gibt keinen Sklaven oder Freien, sondern Christus ist alles und in allen (Kolosser 3,11; Galater 2,20).

Das Hohepriesterliche Gebet unseres Herrn und Hauptes war, dass wir EINS sein würden. So wie der Vater und der Sohn EINS sind, so sollen wir EINS sein.

„Und ich bin nicht mehr in der Welt; diese aber sind in der Welt, und ich komme zu dir. Heiliger Vater, bewahre sie in deinem Namen, die du mir gegeben hast, damit sie eins seien, gleichwie wir“ (Joh. 17,11)!

„Ich bitte aber nicht für diese allein, sondern auch für die, welche durch ihr Wort an mich glauben werden, auf dass sie alle eins seien, gleichwie du, Vater, in mir und ich in dir; auf dass auch sie in uns eins seien, damit die Welt glaube, dass du mich gesandt hast. Und ich habe die Herrlichkeit, die du mir gegeben hast, ihnen gegeben, auf dass sie eins seien, gleichwie wir eins sind, ich in ihnen und du in mir, damit sie zu vollendeter Einheit gelangen,

und damit die Welt erkenne, dass du mich gesandt hast und sie liebst, gleichwie du mich liebst" (Joh. 17,20-23).

Mehrere Male betet Jesus zum Vater, dass Sein ganzer Leib EINS sei! Gott, der Vater möchte, dass all die trennenden Mauern fallen, die uns trennen und uns für die Wirklichkeit Christi blind machen, der in unserer Mitte ist. Wenn wir EINS werden, dann wird sich Christus als ALLES in uns manifestieren. Er kann nicht *alles* sein, bis wir EINS werden! Deshalb ist Christus im neuen Menschen (der neuen Schöpfung) alles. Eins zu sein bedeutet, nur eine Person zu sein, in der es keinen Mann, keine Frau, keinen Juden, keinen Heiden, keinen Schwarzen, keinen Weißen, keinen Chinesen, keinen Russen, keinen Armen, keinen Reichen gibt. Das nennt man unser Leben zu verlieren, damit wir unser wahres Leben finden können, das Christus ist.

Wir alle sind aufgerufen unser Leben im Sohn zu leben und durch den Sohn zu lieben – einzig durch den Sohn, mit der reinsten Liebe des Sohnes in der Kraft des Heiligen Geistes.

In dieser Dimension, die Christus genannt wird, ändert sich alles, und Christus nimmt Seinen rechtmäßigen Platz als alles und in allen ein. Ein Ehemann muss sich in diesem Bereich Christi auf seine Frau als seine Schwester beziehen.

„Ebenso sollt ihr Ehemänner nach der Erkenntnis bei ihnen wohnen und die Frau ehren als das schwächere Gefäß und als gemeinsame Erben der Gnade des Lebens, damit eure Gebete nicht behindert werden" (1. Petr. 3,7 KJV übersetzt).

Gemeinsame Erben zu sein bedeutet: In Christus ist deine Frau deine Schwester.

Wenn ich meine Schwestern im Herrn anschaue, was sehe ich dann? Die Herrlichkeit des auferstandenen Christus? Oder eine Frau mit dem Leben Adams (Siehe 2. Korinther 3,18 und 2. Korinther 5,16)? Liebe Brüder und Schwestern in Christus, jetzt ist die Zeit gekommen die Herrlichkeit Christi zu sehen. Paulus offenbarte ein großes Geheimnis – es war ein MYSTERIUM – und er sehnte sich danach, dass die Welt es in der Gemeinde sehen sollte – nämlich Christus in euch allen (Kolosser 1,26-27). Paulus sagte auch, dass ihr nicht im Fleisch, sondern im Geist seid, wenn Christus in euch wohnt.

„...und die im Fleisch sind, können Gott nicht gefallen. Ihr aber seid nicht im Fleisch, sondern im Geist, wenn wirklich Gottes Geist in euch wohnt; wer aber den Geist des Christus nicht hat, der ist nicht sein“ (Röm. 8,8-9).

Ist Christus wirklich das wahre Leben der Kirche?

„...denn ihr seid gestorben, und euer Leben ist verborgen mit dem Christus in Gott. Wenn der Christus, unser Leben, offenbar werden wird, dann werdet auch ihr mit ihm offenbar werden in Herrlichkeit“ (Kol. 3,3-4).

Oder sollten wir durch das Leben Adams leben? Wenn Christus wirklich mein Leben ist, dann ist Er auch das Leben meiner Schwester. Sehe ich sie als ein geringeres, von Gott verfluchtes Wesen an, das in diesem Fluch leben muss, obwohl Christus zum Fluch geworden ist, damit wir in Ihm den Segen Abrahams empfangen können?

„Christus hat uns losgekauft von dem Fluch des Gesetzes, indem er ein Fluch wurde um unsertwillen (denn es steht geschrieben: »Verflucht ist jeder, der am Holz hängt«) damit der Segen Abrahams zu den Heiden komme in Christus Jesus, damit wir durch den Glauben den Geist empfingen, der verheißen worden war“ (Gal. 3,13-14).

Jetzt ist die Zeit für alle Königreich-Bürger der Ekklesia gekommen, sich zu erheben und ihren Platz als Ekklesia in jeder Stadt einzunehmen und die Herrlichkeit Christi in Seinem herrlichen Leib auf Erden zu offenbaren. Eine siegreiche Kirche, die von Seinem göttlichen Leben und Geist erfüllt ist, erhebt sich überall auf der Welt. Die stolze, egozentrische Kirche wird unter das Gericht Gottes kommen, vor allem wegen der einen Sache, die von Gott immer gehasst werden wird, nämlich unser Stolz (Sprüche 16,5; 6,16; 16,18; 15,25a; 1. Timotheus 3,6; 1. Petrus 5,5-6; Jakobus 4,6; Lukas 16,15; 2. Chronik 7,14; 26,15-16; Apostelgeschichte 12,22-23; Daniel 4,37; Hesekiel 28,17 und viele andere!).

Kapitel 9

Die zwei verborgenen Übel hinter der Einschränkung von Frauen

Teil 1

Anmerkung: Für eine gründliche Untersuchung dieser beiden Übel studiere bitte meine Bücher: *Die heilige Schönheit des Königs, Das Herz des Lammes*, und *Vater finden, Ganzheit finden*.

Meine Lieben, diese Kapitel sind die wichtigsten und entscheidendsten aller Kapitel in diesem Buch. Bitte lest sie langsam und im Gebet durch.

Als ich vor über 40 Jahren dem auferstandenen Herrn in einer lebensverändernden Weise begegnete, fragte ich Ihn, ob Er mich zum Jünger machen würde, und Er sagte ja. Gleich nachdem ich dem Herrn begegnet war, bat ich Ihn, mir meine Sünden zu vergeben und bereute alles Böse von dem ich in meinem Herzen wusste. Dann nahm ich Seine Liebe und Kraft in mein Leben auf. Ich würde meine Erfahrung als eine radikale Bekehrung mit einer Taufe im Heiligen Geist und reiner Liebe beschreiben! Innerhalb kürzester Zeit vernahm ich hörbar die Stimme des Vaters, was eine gewaltige Erfahrung war (seitdem habe ich Seine hörbare Stimme nicht mehr vernommen). Aber all diese geistlichen Erfahrungen, die ich in meinem Geist, meiner

Seele und meinem Herzen empfangen und geschmeckt hatte, gingen im Grunde verloren. Dafür gab es nur einen Grund.

„...kein Neubekehrter, damit er nicht aufgeblasen wird und in das Gericht des Teufels fällt“ (1. Tim. 3,6).

Im obigen Bibelvers sagte Paulus, der große Apostel und geistliche Vater, seinem wahren geliebten Sohn, er solle keinen Neubekehrten oder Novizen wählen oder ordinieren, um eine Führungsposition in der Kirche zu übernehmen. Ich halte es für äußerst wichtig zu verstehen, warum Paulus seinen geliebten, geistlichen Sohn davor warnte einen Novizen zu wählen, „damit sein Herz sich nicht im Stolz aufblasen möge“. Stolz, der tief im Herzen eines Gläubigen verborgen ist – selbst wenn er ein Neubekehrter, eine brandneue Schöpfung, ein geisterfüllter Christ (wie ich es war) ist – ist deshalb so gefährlich, da niemand, der diesen Stolz in sich hat, in der Lage ist zu erkennen welche Gefahr und welche Macht er zum Täuschen hat. Laut Obadja war es Stolz, der Esau dazu verführte von Gott gehasst zu werden. Esau war sich der Ursache nicht einmal bewusst.

„Der Hochmut deines Herzens hat dich verführt, weil du an Felshängen wohnst, in der Höhe thronst und in deinem Herzen sprichst: ‚Wer wird mich zur Erde hinunterstoßen‘“ (Obadja 1,3)?

Es war verborgener Stolz, der bei den Pharisäern Blindheit verursachte, so dass sie Gott im Fleisch versäumten; und der sie weiter glauben ließ sie täten Gott einen Dienst, indem sie Jesus töteten.

Warum hatten die religiösen Führer so viel Zorn und Hass auf den Sohn Gottes?

„Es sind aber noch viele andere Dinge, die Jesus getan hat; und wenn sie eines nach dem anderen beschrieben würden, so glaube ich, die Welt würde die Bücher gar nicht fassen, die zu schreiben wären. Amen" (Joh. 21,25).

Jesus tat so viele Wunder und würde man sie aufzeichnen, nicht einmal die Welt hätte sie fassen können. Mit anderen Worten: Wahrscheinlich hatte jedes religiöse Oberhaupt mindestens eine Person in seiner unmittelbaren Familie, die von Jesus geheilt wurde. Was hat sie dazu gebracht Jesus so sehr zu hassen? Ich bin fest davon überzeugt, dass es Sein reines und niedriges Herz der Demut war, das einen starken und extremen Kontrast zu den harten und stolzen Herzen der Sadduzäer und Pharisäer bildete.

„Nehmt auf euch mein Joch und lernt von mir, denn ich bin sanftmütig und von Herzen demütig; so werdet ihr Ruhe finden für eure Seelen" (Mt. 11,29)!

Wegen seiner großen Liebe zu den religiösen Menschen, die Gott wirklich kennen und Ihm dienen wollten, stellte sich Jesus oft der verborgenen Herzenshaltung des Stolzes, der in ihnen begraben ist, entgegen. Hier sind einige der vielen Stellen an denen Jesus wollte, dass sie den vergrabenen Stolz kennenlernen, der sie im Herzen zerstört hat:

„Denn dieses Volk hat ein ekliges Herz bekommen, und seine Ohren sind stumpf geworden, und seine Augen haben sie geschlossen, damit sie nicht jederzeit mit den Augen sehen und mit den Ohren hören und mit dem Herzen

verstehen und sich bekehren und ich sie heile" (Mt. 13,15 KJV übersetzt).

„Dieses Volk naht sich zu mir mit seinem Mund und ehrt mich mit den Lippen, aber ihr Herz ist fern von mir" (Mt. 15,8).

„Was aber aus dem Mund herauskommt, das kommt aus dem Herzen, und das verunreinigt den Menschen" (Mt. 15,18).

„Und indem er sie ringsumher mit Zorn ansah, betrübt wegen der Verstocktheit ihres Herzens, sprach er zu dem Menschen: Strecke deine Hand aus! Und er streckte sie aus, und seine Hand wurde wieder gesund wie die andere" (Mk. 3,5).

„Und er sprach zu ihnen: Ihr seid es, die sich selbst rechtfertigen vor den Menschen, aber Gott kennt eure Herzen; denn was bei den Menschen hoch angesehen ist, das ist ein Gräuel vor Gott" (Luk. 16,15).

„[Die Pharisäer] vertrauten auf sich selbst, dass sie rechtschaffen sind, und behandelten andere mit Verachtung" (Luk. 18,9 KJV übersetzt).

„Wehe euch, ihr Schriftgelehrten und Pharisäer, ihr Heuchler, dass ihr getünchten Gräbern gleicht, die äußerlich zwar schön scheinen, inwendig aber voller Totengebeine und aller Unreinheit sind" (Mt. 23,27)!

„Du blinder Pharisäer, reinige zuerst das Inwendige des Bechers und der Schüssel, damit auch ihr Äußeres rein werde" (Mt. 23,26)!

„Ich nehme nicht Ehre von Menschen, aber bei euch habe ich erkannt, dass ihr die Liebe Gottes nicht in euch

habt. Ich bin im Namen meines Vaters gekommen, und ihr nehmt mich nicht an. Wenn ein anderer in seinem eigenen Namen kommt, den werdet ihr annehmen. Wie könnt ihr glauben, die ihr Ehre voneinander nehmt und die Ehre von dem alleinigen Gott nicht sucht" (Joh. 5,41-44)?

Aus der Heiligen Schrift geht hervor, dass jeder, der in seinem Herzen stolz ist, für Gott ein Gräuel ist. Es ist der erste Ausdruck dieses Gräuels in den Augen Gottes, wenn man Stolz auf dem Gesicht eines Menschen sieht. In Sprüche 6 lesen wir von sieben Gräueln für Gott. Der erste ist der Stolz auf dem Antlitz. Der Weg eines jeden Menschen ist in seinen eigenen Augen richtig, aber der Herr erforscht die verborgenen Beweggründe seines Herzens (Sprüche 16,5; 6,17; 21,2).

Vater Gott widersteht immer dem Stolz und wird daher nie ein Herz willkommen heißen, das sich bewusst dafür entscheidet seinen Stolz zu lieben (Jakobus 4,6b; 1. Petrus 5,5-6; 1. Timotheus 3,6; 3. Joh. 9-10; Apostelgeschichte 12,21-23; 2. Chronik 26,15-16).

Der Weg Jesu Christi

Als Jesus auf der Erde wandelte, war Er eine lebendige Manifestation Seines Vaters. Deshalb sagte Er: *„Wer mich gesehen hat, der hat den Vater gesehen"* (Joh. 14,8-9).

Er sagte sogar zu Seinem Vater: *„Vater, ich habe deinen Namen den Menschen offenbart, die du mir gegeben hast"* (Joh. 17,6a KJV übersetzt).

Wenn jemand in die Augen Jesu Christi schaut, schaut er auch in die reinen und schönen Augen des Vaters. Die reine Liebe, die aus den Augen des Herrn herausstrahlte, hätte diejenigen getroffen, die ausgestoßen, mit Scham, Schuld, Verurteilung usw. erfüllt waren, und dann hätten sie die Kraft Seiner Liebe und Annahme gespürt.

Die religiösen Führer würden sich nicht mit Sündern in Verbindung bringen. Aber Jesus aß und speiste mit ihnen. Als die Jünger von religiösen Menschen gefragt wurden warum ihr Meister mit Sündern aß, sagte Jesus, dass ein gesunder Mensch keinen Arzt brauche, ein kranker aber schon.

Ein Pharisäer würde niemals zulassen, dass ein sündiger Mensch Ihn berührt, aber Jesus erlaubte den Sündern Ihn zu berühren, Seine Füße zu küssen und ihre Liebe auf Ihn auszuschütten. Die Sünder fühlten sich frei in Jesu Gegenwart zu weinen und einfach mit dem Meister frei zu sein. Sie wussten, dass sie bei diesem MANN aus Nazareth akzeptiert wurden. Die Kinder liebten es um Jesus herum zu sein, und Jesus liebte es um sie herum zu sein. Jesus zeigte Demut, als Er den niedrigsten Platz einnahm, den Platz des Sklaven, um die schmutzigen Füße seiner Jünger zu waschen. Er sprach alleine mit einer Frau, was völlig gegen die kulturellen Normen war. Er erlaubte einer Sünderin Seine Füße zu küssen. Das religiöse System hatte die Menschen davon überzeugt, dass diese Taten eine Verunreinigung über sie bringen würden. Anstatt aber, dass Jesus von Sündern verunreinigt wurde, reinigte Seine reine Liebe, Sein Mitgefühl und Seine Ehre sie! Er bewies, dass Liebe größer ist als Hass, und dass Demut immer über den Stolz siegt. Er war ein lebendiges Zeugnis für einen niedrigen und besonderen Vater und Gott.

Jesus sprach mit den Frauen alleine; Er lief mit ihnen, lehrte sie, hörte ihnen zu, berührte sie und ließ sich von ihnen berühren. Auf so viele Arten demonstrierte und lebte Jesus Christus ein Leben voller Demut und Ehre. Er machte einige unglaubliche Aussagen wie: *„Was ihr einem dieser meiner geringsten Brüder getan habt, das habt ihr mir getan"* (Mt. 25,40)!

Er identifizierte sich immer mit den Niedrigsten und den Geringsten der Menschen, einschließlich der Frauen. Sein sichtbares, äußeres Leben unterschied sich so dramatisch von dem der religiösen Führern seiner Zeit, dass es in ihnen solch extremen Zorn und Anstoß hervorrief, dass sie einen Weg finden mussten, um Ihn zu vernichten. Er brachte ihnen deshalb so viel Überführung, weil Sein ganzes Wesen die Tiefen Seiner Demut offenbarte, während ihr Wesen die Tiefen ihres verborgenen Stolzes offenbarte.

Die Offenbarung und das richtige Verständnis der Heiligen Schrift kommen nicht deshalb, weil jemand eine Bibelschule besucht hat oder sich in der hebräischen und griechischen Sprache gut auskennt. Die Person, die die größte Offenbarung erhält, ist diejenige, die am bedürftigsten und dazu gering in ihren eigenen Augen ist.

„Zu jener Zeit begann Jesus und sprach: Ich preise dich, Vater, Herr des Himmels und der Erde, dass du dies vor den Weisen und Klugen <u>verborgen</u> und es den Unmündigen geoffenbart hast! Ja, Vater, denn so ist es wohlgefällig gewesen vor dir" (Mt. 11,25-26).

Selbst mein Lernen kann den verborgenen Stolz in meinem Herzen nähren. Das Lernen wird zu einem

Werkzeug des Stolzes, wenn der stolze Böse mich dazu verleitet zu glauben, dass ich genau verstehe was Gott sagt – was dazu führt, dass ich nur Informationen anstelle von Offenbarung erhalte. Die Information kommt aus meinem eigenen Verstand, aber die Offenbarung kommt vom Heiligen Geist. Der Eine vermittelt Licht und Leben, der andere Informationen und Fakten. Das ist es, was Paulus uns in 1. Korinther 8,1-3 zu offenbaren versucht. *„Was aber die Götzenopfer angeht, so wissen wir: Wir alle haben Erkenntnis. Die Erkenntnis bläht auf, die Liebe aber erbaut. Wenn aber jemand meint, etwas zu wissen, der hat noch nichts so erkannt, wie man erkennen soll. Wenn aber jemand Gott liebt, der ist von ihm erkannt“.*

Das Herz des Lammes Gottes ist von Demut und Ehre erfüllt. Das ist es, was Vater Gott als den „uralten Weg“ bezeichnet. Einer der Namen von Vater Gott ist „Der Uralte“.

„Ich sah in der Mitte der Nacht Visionen, und siehe einer wie der Menschensohn kam mit den Wolken des Himmels, und kam zu dem Uralten, und sie brachten ihn nahe vor ihn hin. Und dort wurde ihm Herrschaft gegeben und Herrlichkeit, und ein Königreich, sodass alle Völker, Nationen und Sprachen ihm dienen sollten: Seine Herrschaft ist eine ewige Herrschaft, die nicht vergehen wird; und sein Königreich, das nie zerstört werden soll“ (Dan. 7,13-14 KJV übersetzt).

Da der Vater „Der Uralte“ genannt wird, wäre es da nicht zutreffend zu sagen, dass Er einen uralten Weg hat? Zunächst müssen wir verstehen, dass der Vater nicht alt ist. Uralt bedeutet ewig. Ich habe mir Gott den Vater immer als eine alte Person vorgestellt, die im Himmel sitzt. Inzwischen aber habe ich gelernt, dass Er ewige Kraft, ewige Macht und ewiges Leben ist. Er ist nicht alt!

Viele Jahre lang sah ich wie Leben verändert, geheilt und von hoffnungslos in hoffnungsvoll und freudig verwandelt wurden, aber ich wusste nie genau, wie es geschah. Gab es eine Art Geheimnis? Ich traf viele Christen, die so viele Probleme und so viel Verwirrung hatten, besonders im Bereich von Beziehungen, und die nie zu wissen schienen, was sie tun sollten. Nach 35 Jahren, in denen der Heilige Geist mich in den Wegen Gottes unterwiesen und zu Seinem Jünger gemacht hatte, sagte Er zu mir: „Ich habe dich den uralten Weg gelehrt!" Bis zu diesem Zeitpunkt wusste ich das nicht. Dann begann Er, mir die Bedeutung vieler Schriften zu offenbaren:

„So spricht der Herr: Tretet hin an die Wege und schaut und fragt nach den Pfaden der Vorzeit, welches der gute Weg ist, und wandelt darauf, so werdet ihr Ruhe finden für eure Seelen! Sie aber sprechen: ‚Wir wollen nicht darauf wandeln'" (Jer. 6,16)!

Wenn wir auf dem uralten Weg oder Pfad wandeln, werden wir den guten Weg finden, und wir werden Ruhe für unsere Seelen finden.

„Kommt her zu mir alle, die ihr mühselig und beladen seid, so will ich euch erquicken! Nehmt auf euch mein Joch und lernt von mir, denn ich bin sanftmütig und von Herzen demütig; so werdet ihr Ruhe finden für eure Seelen" (Mt. 11,28-29)!

Jeremia sagt uns, dass das Beschreiten des uralten Weges uns zur Ruhe für unsere Seelen (Verstand, Wille, Gefühle) bringen wird. Jesus sagt uns in Matthäus 11, dass wir Ruhe für unsere Seelen finden werden, wenn wir Sein Joch nehmen und von Seinem niedrigen, demütigen Herzen lernen. Der uralte Weg auf dem die Menschheit leben sollte, ist der Weg der Demut und Sanftmut. Nach dem Sündenfall kam der Stolz in das Herz der Schöpfung, und dies führte zu einem anderen Weg, der dem Menschen richtig erschien. Das Ende dieses Weges aber sind die Wege des Todes.

„Es gibt einen Weg, der dem Menschen richtig erschien, aber das Ende dieses Weges sind die Wege des Todes“ (Spr. 14,12 KJV übersetzt).

Der Weg des Stolzes scheint allen Menschen in jeder Kultur richtig zu sein. Auf Stolz aber wird von Gott immer in einer äußerst negativen Weise hingewiesen. Es gibt Hunderte von Stellen in der Heiligen Schrift, die die Abscheulichkeit des Stolzes offenbaren, so wie Gott ihn sieht (siehe meine anderen Bücher, die mehrere hundert Schriftstellen und viele Offenbarungen über Gottes Haltung gegenüber dem Stolz enthalten). Niemals sieht Vater Gott den Stolz als gut an; aber die Menschen sehen Stolz oft als etwas Gutes an. Stolz hat immer verborgene Motive, und dadurch wird ein Mensch den Wunsch haben so behandelt zu werden, dass er sich von anderen Menschen abhebt. Anstatt andere höher als uns selbst zu schätzen, wie es Demut tut, werden wir uns aufgrund der egoistischen Art des Stolzes besser als andere einschätzen. Die Wege der Demut waren schon immer die einzige Möglichkeit, um mit Gott zu gehen (siehe Micha 6,8). Das Einzige, was Luzifer vom Himmel vertrieben hat, war sein Herz der Selbsterhöhung (Hesekiel 28,17; Jesaja 14,12-14; 1. Timotheus 3,6; usw.).

Der uralte Weg bringt uns zu wahrem Wohlstand. *„Mein Lieber, ich wünsche dir in allen Dingen Wohlergehen und Gesundheit, so wie es deiner Seele wohlgeht“* (3. Joh. 2)!

Der uralte Weg der Demut bringt den Menschen zur Seelenruhe. Dadurch wird sein Leben gedeihen. Wir haben es schon tausendmal gesehen: Wenn zwei Menschen sich demütigen, heilt Gott ihre Ehe. Wenn sich ein Gläubiger, der in Depression, Wut oder Bitterkeit lebt, demütigt, wird er von Depression, Wut oder Bitterkeit geheilt. Viele Menschen sind wegen des Stolzes eines anderen Menschen schwer verletzt, missbraucht und gehasst worden, aber wenn sie in die Demut Jesu eintreten, finden ihre Seelen Ruhe (werden geheilt) und werden dann befähigt in vielen Bereichen zu gedeihen, in denen sie vorher nicht gedeihen konnten.

Die meisten Menschen, insbesondere Töchter, mögen durch den Stolz im Herzen ihres Vaters schwer verwundet worden sein. Wenn sie den Vatersegen von einem Mann Gottes erhalten, trifft die Demut Gottes des Vaters auf diese kostbare Tochter. In diesem Moment beginnt eine ungeheure Heilung. Stolz ist die Ursache der meisten Probleme in der Familie, Ehe, Beziehungen, geistiger Gesundheit, emotionalem Wohlbefinden, Kirche, Kriminalität und vielen anderen. Da die Welt fälschlicherweise gelehrt wurde, dass Stolz der richtige Weg ist, selbst in Form von Religion (und religiöser Stolz kann die schlimmste Art sein), werden sie nach viel Schmerz und Verlust entdecken müssen, dass dies der Weg ist, der richtig erscheint, an dessen Ende aber der Tod steht (siehe Spr. 14,12).

„*Verlässt auch der Schnee des Libanon den Fels in der Landschaft, oder verlagern die quellenden, kühlen, fließenden Wasser ihren Lauf? Aber mein Volk hat mich vergessen! Sie haben den nichtigen Götzen geräuchert, und diese haben sie straucheln lassen auf ihren Wegen, auf den ewigen Pfaden, sodass sie nun auf [anderen] Pfaden gehen, auf einem ungebahnten Weg, um so ihr Land zum Entsetzen und ewigen Gespött zu machen, sodass jeder Vorübergehende sich entsetzen und sein Haupt schütteln wird*“ (Jer. 18,14-16).

Amplified Version (übersetzt): „*Wird der Schnee des (Berges) Libanon schmelzen und von seinen Felsen (die Israel überragen) verschwinden? Wird das kalte, rauschende Wasser fremder Länder (das aus dem fernen Land herabfließt) ausgetrocknet werden? Doch Mein Volk hat Mich vergessen; es verbrennt Weihrauch für wertlose Götter. Sie sind von ihren Wegen, von den uralten Straßen weggestolpert, um auf Pfaden zu gehen und nicht auf einer Bahn. Sie machen ihr Land zu einer Trostlosigkeit und zu einem Schrecken, zu einer Sache, die man immer wieder anfauchen mag; jeder, der vorbeikommt, wird erstaunt sein und den Kopf (in Verachtung) schütteln.*“

Es gibt einen gebahnten Weg; und das ist der uralte Weg. Das ist der Weg den Gott immer für uns vorgesehen hat. Die Menschen aber gingen einen anderen Weg, der ihnen richtig erschien; und das ist der Weg des Stolzes.

„Geht hin, geht hin durch die Tore! Bereitet dem Volk den Weg; macht Bahn, macht Bahn! Räumt die Steine weg! Hebt das Banner hoch empor über die Völker“ (Jes. 62,10)!

Der gebahnte Weg ist der uralte Weg. Der Geist Gottes ruft nun einen Überrest als Vorläufer auf die Erde, und sie müssen durch die Tore gehen, und die Tore der Hölle werden nicht gegen sie siegen. Dann müssen sie zu dem verstoßenen (festgelegten) Weg der Demut zurückkehren und die Steine entfernen (die harten Stellen in ihren Herzen – normalerweise sind die Steine dort vorhanden wegen der ungerechten Urteile, die sie gefällt haben). Als nächstes bereiten sie den Weg für das Volk vor, und sie heben auch den Standard für das Volk an! Es sind Vorläufer, die allen Menschen, die hinter ihnen kommen, den uralten Weg offenbaren.

So viele Gläubige wissen nicht, wie ein wahrer Christ aussieht. Dasselbe gilt für christliche Ehen, christliche Kirchen oder sogar eine Nation. Viele von uns wissen nicht, wie diese in den Augen Gottes wirklich aussehen sollten. Die Welt schüttelt verzweifelt den Kopf und sagt: „Soll das Christentum so aussehen?“ Deshalb sollen die Vorreiter der Welt vorausgehen und den Weg vorbereiten, indem sie das Evangelium des Königreichs verkünden, indem sie den uralten Weg vorleben; und dadurch wird sich das Königreich ausdehnen und die Kultur des Himmels in ihre Ehen, Familien, Kirchen und Städte kommen.

Weil die Menschen vom uralten Weg abkamen, wurde ihr Land zur Wüste (Jeremia 18,16). Eine Wüste ist ein unfruchtbares Land. Wir sind dazu berufen Frucht zu bringen – Frucht, die von Dauer ist (Johannes 15,16). Unser Land (Körper, Ehen, Familien, Kirchen, Nationen) hat nicht die Frucht getragen, die es zu tragen berufen war, und der Grund dafür ist, dass der Weg der Demut aufgegeben wurde und der Stolz in den Herzen der Menschen seinen Weg finden durfte. Wenn Stolz die Hauptursache für Verwüstung ist, dann wäre die Demut der Hauptgrund für Reformation und Wiederherstellung, nicht wahr? Ich habe das schon tausende Male gesehen. Lobet den Herrn!

„Wenn mein Volk, das nach meinem Namen gerufen ist, sich demütigt und betet und mein Angesicht sucht und sich von seinen bösen Wegen abwendet, so will ich vom Himmel her hören und ihre Sünde vergeben und ihr Land heilen“ (2. Chron. 7,14 KJV übersetzt).

Gott schaut auf Sein Volk, das bei Seinem Namen gerufen wird. Ein Name hat immer mit der eigenen Natur zu tun. Gottes Name = Gottes Natur. Da wir bei Seinem Namen gerufen werden, sollten wir Seine Natur verkörpern. Wir sind daher aufgerufen uns zu demütigen! Nachdem wir unseren Stolz gedemütigt haben, können wir Seine Gegenwart suchen, statt eines weiteren Programmes, einer Predigt oder eines Projekts. Wir brauchen Seine Gegenwart und Sein Angesicht, um die Welt zu verändern. Gott sagte zu Mose: „Und Ich bin herabgekommen“ (2. Mose 3,8a). Mit anderen Worten: Ich bin hier, das ist alles, was ihr braucht!

Und zuletzt – uns von unseren bösen Wegen abwenden. Unsere bösen Wege sind die vielen Wege, bei denen unser Stolz uns dazu veranlasst, nach den Wegen dieser Welt zu gehen. Wenn wir uns von unseren bösen Wegen abwenden, dann kehren wir zu Seinem uralten Weg zurück! Demütigung ist mein Teil; Heilung ist Gottes Teil, und Er wird unser Land heilen, wegen all dem, was Jesus für uns getan hat. Der Vater liebt Seinen geliebten Sohn von ganzem Herzen! Der Herr Jesus sehnt Sich danach in uns zu leben. Er wird aber Sein reines, kostbares Selbst nicht mit meinem Stolz vermischen. Wenn die Welt also jemals die Manifestation der Söhne Gottes sehen soll, muss ein Demütigen auf unserer Seite stattfinden. Brüder und Schwestern, wenn wir wirklich verstehen wollen, was der Heilige Geist über die Frauen in der Bibel zu sagen hat, dann müssen wir sie mit den Augen des Vaters betrachten.

Wenn wir wissen wollen, was die Bibel wirklich über Frauen lehrt, dann müssen wir damit beginnen unser Herz dem Herzen des Vaters zu öffnen, statt unseren Intellekt, damit Vater Gott selbst uns lehren kann. Er will uns Sein Herz lehren. Vor vielen Jahren sagte mir Gott, wenn ich Seinen Sinn kennen lernen will, muss ich Sein Herz begehren. Ich kann nicht nach dem einen, ohne nach dem anderen, verlangen.

Als ich das erste Mal durch Gottes Augen blickte, sah ich meine Frau an, und plötzlich sah sie so viel schöner, hübscher und reiner aus. Ich empfand Mitleid und Liebe für sie auf einer viel höheren Ebene. Dann sah ich eine meiner Töchter auf dieselbe Weise. Dann sah ich eine andere Tochter auf die gleiche Weise. Dann sah ich sie mehr und mehr so wie Vater Gott sie sah. Während ich dies schreibe kann ich bezeugen, dass der Herr mir immer wieder Seine Augen schenkt, um noch viel mehr Menschen auf Seine Weise zu sehen. Jesus sagte uns, dass es nur einen Lehrer gibt, Sein Name ist der Heilige Geist, und eine Seiner Funktionen ist es uns in alle Wahrheit zu führen (Joh. 16,13).

Wenn mein Herz durch meinen Stolz verunreinigt ist, dann wird der Heilige Geist mir widerstehen, und dann wird ein anderer Seinen Platz als mein Lehrer einnehmen. Dies könnte ein dämonischer Geist, meine Seele oder das Fleisch eines anderen sein. All das würde den Heiligen Geist zutiefst betrüben (Epheser 4,30). Es ist sehr wichtig, dass ein Mann Gottes das Joch der Demut auf sich nimmt und Christus lernt.

In Titus 1,15 heißt es: *„Den Reinen ist alles rein; den Befleckten aber und Ungläubigen ist nichts rein, sondern sowohl ihre Gesinnung als auch ihr Gewissen sind befleckt.“* Wenn wir in der Vergangenheit unsere Mutter oder Schwester oder irgendeine andere Frau gerichtet haben, dann werden uns unsere früheren Urteile davon abhalten, das wahre Licht Gottes in Bezug auf Sein Herz gegenüber den Frauen zu sehen.

Viele von Gottes lieben Kindern sind innerlich verunreinigt, und aufgrund dieser Verunreinigung lesen sie das reine Wort, als sei es unrein. Zum Beispiel: Anfangs, als ich wiedergeboren wurde, las ich in meiner Bibel wie Jesus die Pharisäer zurechtweist. Während ich las, stellte ich mir vor, wie Er in großem Zorn zu ihnen sprach, um ihre bösen Herzen zu entlarven. Viele Jahre später musste mir der Herr zeigen, dass ich die Bibel mit verschmutzten, unreinen Augen betrachtete. Ich war derjenige, der (in meiner Vorstellung) wütend zu den Pharisäern sprach, nicht Jesus. Nachdem ich dem Heiligen Geist erlaubt hatte mich von dieser Verunreinigung zu reinigen und mich mit Seiner Liebe und Seinem Mitgefühl zu erfüllen, konnte ich verstehen wie Jesus wirklich zu den Pharisäern geredet hätte.

Stolz hat viele Möglichkeiten sich durch ein Individuum zu manifestieren. Er drückt sich in harten Worten, kaltherzigen Gedanken, zornigen Handlungen und einer tief unsensiblen Haltung gegenüber anderen aus. Stolz wird mich davon überzeugen, dass ich besser bin und über anderen stehe, indem ich sage, dass ich klüger und fähiger bin als andere Menschen. Das wird besonders dann geschehen, wenn ich mich von Lehren ernährt habe, die mich davon überzeugt haben, dass Frauen verflucht, getäuscht und weniger wert sind als Männer, und wenn ich diese Art von Verhalten bei meinem Pastor und/oder Vater erlebt habe. Dieser tief verwurzelte Stolz könnte sich in meinem Herzen verfestigen, und ich könnte völlig ahnungslos darüber sein, dass er überhaupt vorhanden ist; und ich könnte den Gedanken erwägen, dass Gott der Vater Stolz mag! Im nächsten Kapitel werden wir also das Hauptübel untersuchen, das vom Stolz eines Menschen herrührt.

Kapitel 10

Das zweite verborgene Übel hinter der Einschränkung von Frauen

Teil 2

Gott ist Liebe, und das Hauptmerkmal dieser Liebe ist die Tatsache, dass sie niemals das Eigene suchen kann (1. Korinther 13,5). Die heilige Liebe Gottes ist so rein – wenn sie eine Million Dollar gibt, um jemandem zu helfen, könnte sie nicht einmal für den Bruchteil einer Sekunde daran denken, Anerkennung für ihre Tat zu erhalten – daher kann sie nicht das Eigene suchen. Die reine Liebe Gottes muss von Natur aus immer ihre Befriedigung und Erfüllung in dem Berühren von anderen finden. Sobald diese Liebe durch ein Gefäß fließt und in ein anderes geht, findet sie Erfüllung (1. Johannes 4,12). Sie kann in sich selbst und aus sich selbst heraus nicht erfüllt werden. Sie muss freigesetzt werden, um andere zu berühren.

Im völligen Gegensatz dazu besteht das Wesen des Bösen aus Stolz und Selbsterhöhung (Jesaja 14,12-15; Hesekiel 28,17). Der Stolz im Herzen hat den geheimen Wunsch bemerkt und geehrt und von anderen auf eine gute Art und Weise gesehen zu werden. Deshalb lehrte uns Jesus, was von anderen hochgeschätzt wird ist in Gottes

Augen ein Gräuel. Im Herzen eines Menschen der stolz ist, steckt oft ein verborgenes Motiv.

Eines der größten Übel in der Welt rührt vom Stolz der Menschen her. Hinter allen Arten von Missbrauch, Misshandlung, Mord und allen Arten von Bosheit aufgrund von Stolz steht *Hass auf Schwachheit*. Es ist ein echter Hass, der alle Formen von Schwäche verachtet und verhöhnt. Als Menschen sind wir so geschaffen, dass wir sehr zerbrechlich sind, und unsere gesamte Zeitspanne auf der Erde wird nur als ein Dunstschleier betrachtet (Jakobus 3).

Der ewige, starke und mächtige Schöpfergott möchte Seine eigene Natur und Sein Leben in unsere schwachen menschlichen Gefäße gießen. Viele Menschen müssen einen Prozess wie Mose durchlaufen, bei dem sie lernen müssen, dass der Herr nicht unsere Stärke oder unsere Fähigkeiten braucht, sondern nur unsere Bereitschaft ein Gefäß für Seine Stärke und Seine Fähigkeiten zu sein. Im Alter von 40 Jahren war Mose mit großer Kraft ausgestattet – körperlich, geistig und emotional – und daher voll und ganz bereit ein Instrument in Gottes Hand zu sein, um die Hebräer aus der Hand des Pharaos zu befreien. Es gab nur ein kleines Problem: Mose sah seine **eigene Hand**, statt **Gottes Hand** in ihm als Handschuh.

„Denn er nahm an, dass seine Brüder verstanden hätten, wie Gott sie durch seine Hand erlösen würde; aber sie verstanden es nicht“ (Apg. 7,25 KJV übersetzt; Betonung von mir).

„Diesen Mose, den sie verwarfen, indem sie sprachen: Wer hat dich zum Obersten und Richter eingesetzt? – diesen

sandte Gott als Obersten und Erlöser durch die Hand des Engels, der ihm im Busch erschienen war" (Apg. 7,35; Betonung von mir).

Der Atem Gottes schuf alle Galaxien im Universum. Wir sind nur ein winziger Lufthauch in diesem gigantischen Kosmos, um dies als Vergleich darzustellen. Deshalb – um völlig zu sein, wozu Gott uns geschaffen hat – ist das Einzige was wir benötigen Gottes Stärke, die durch unsere Schwäche kommt oder Gottes Atem, der in unsere Lungen kommt.

„Denn ich, der Herr, dein Gott, ergreife deine rechte Hand und sage dir: Fürchte dich nicht; ich helfe dir! So fürchte dich nicht, du Würmlein Jakob, du Häuflein Israel; denn ich helfe dir, spricht der Herr, und dein Erlöser ist der Heilige Israels. Siehe, ich mache dich zu einem neuen, scharf schneidenden Dreschwagen, mit Doppelschneiden versehen: Du wirst Berge zerdreschen und zermalmen und Hügel der Spreu gleichmachen; du wirst sie worfeln, und der Wind wird sie davontragen, und der Sturmwind wird sie zerstreuen; du aber wirst fröhlich sein in dem Herrn und dich des Heiligen Israels rühmen" (Jes. 41,13-16).

Daraus können wir ersehen, dass Gott einem kleinen Wurm (Hauch) Zähne einsetzt, um riesige Berge zu zermalmen. Die Offenbarung daraus ist, dass sich die Kraft Berge zu zerstören, mit einem Wort zusammenfassen lässt: Gnade.

„Da antwortete er und sprach zu mir: Das ist das Wort des Herrn an Serubbabel: Nicht durch Macht und nicht durch Kraft, sondern durch meinen Geist!, spricht der Herr der Heerscharen. Wer bist du, großer Berg? Vor

Serubbabel sollst du zur Ebene werden! Und er wird den Schlussstein hervorbringen unter lautem Zuruf: Gnade, Gnade mit ihm" (Sach. 4,6-7)!

Am Anfang hasste Paulus, wie jeder von uns, seine Schwäche und bat den Herrn sie zu beseitigen.

„Und damit ich mich wegen der außerordentlichen Offenbarungen nicht überhebe, wurde mir ein Pfahl fürs Fleisch gegeben, ein Engel Satans, dass er mich mit Fäusten schlage, damit ich mich nicht überhebe. Seinetwegen habe ich dreimal den Herrn gebeten, dass er von mir ablassen soll" (2. Kor. 12,7-8).

Dann offenbarte unser mächtiger Herr Paulus durch Offenbarung, dass Seine Stärke in der Schwäche des Paulus offenbar würde. Und so konnte Paulus dann sagen, dass er sich gerne freuen und sich all seiner Schwächen rühmen werde, damit die Kraft des erhabenen, verherrlichten Herrn Jesus Christus auf ihm ruhen könne.

„Und er hat zu mir gesagt: Lass dir an meiner Gnade genügen, denn meine Kraft wird in der Schwachheit vollkommen! Darum will ich mich am liebsten vielmehr meiner Schwachheiten rühmen, damit die Kraft des Christus bei mir wohne" (2. Kor. 12,9).

Und schließlich freut sich Paulus durch diese Offenbarung von Gott nicht nur über seine Schwächen, sondern findet sogar Wohlgefallen in all seinen Schwächen.

„Darum habe ich Wohlgefallen an Schwachheiten, an Misshandlungen, an Nöten, an Verfolgungen, an Ängsten um des Christus willen; denn wenn ich schwach bin, dann bin ich stark" (2. Kor. 12,10).

Der Vater schuf die Frau als das schwächere Gefäß. Das bedeutet, dass sie mehr Ehre erhält. Der Vater wird die große Freude und das Vorrecht haben, Sich durch dieses schwächere Gefäß zu manifestieren, das geschaffen wurde, um ein Offenbarer all dessen zu sein, was Er ist.

In Gottes Sinn ist es so: Je mehr Schwäche jemand hat, desto größer ist die Gelegenheit für ihn, seine übernatürliche Kraft und Stärke zu manifestieren. Deshalb streifen Seine Augen durch die ganze Erde, um bedürftige, schwache, hilflose Menschen zu finden, die bereit und willens sind, dass Er ihre negativen Seiten mit Seinem ewigen Positiven umkehrt.

„Der Geist des Herrn, des Herrschers, ist auf mir, weil der Herr mich gesalbt hat, den Armen frohe Botschaft zu verkünden; er hat mich gesandt, zu verbinden, die zerbrochenen Herzens sind, den Gefangenen Befreiung zu verkünden und Öffnung des Kerkers den Gebundenen" (Jes. 61,1).

„sondern das Törichte der Welt hat Gott erwählt, um die Weisen zuschanden zu machen, und das Schwache der Welt hat Gott erwählt, um das Starke zuschanden zu machen; und das Unedle der Welt und das Verachtete hat Gott erwählt, und das, was nichts ist, damit er zunichtemache, was etwas ist, damit sich vor ihm kein Fleisch rühme. Durch ihn aber seid ihr in Christus Jesus, der uns von Gott gemacht worden ist zur Weisheit, zur Gerechtigkeit, zur Heiligung und zur Erlösung," (1. Kor. 1,27-30).

Anstatt unsere Schwächen zu akzeptieren, zu bejahen und zu segnen, damit Gott und Seine ewige Stärke in uns offenbart werden kann, hassen, verachten und verfluchen wir unsere Schwächen. Ein gutes Beispiel dafür ist König Usija, dem Gott in seinen Schwächen auf wunderbare Weise geholfen hat. Als er aber stark wurde, wurde sein Herz im Stolz bis zu seiner Vernichtung emporgehoben. *„Er machte in Jerusalem auch Maschinen, von erfinderischen Männern kunstvoll gebaut, die auf Türmen und Zinnen aufgestellt wurden, um mit Pfeilen und großen Steinen zu schießen. So verbreitete sich sein Ruhm weithin, weil ihm wunderbar geholfen wurde, bis er sehr stark wurde. Als er aber stark geworden war, überhob sich sein Herz zu seinem Verderben, und er versündigte sich an dem Herrn, seinem Gott, indem er in die Tempelhalle des Herrn ging, um auf dem Räucheraltar zu räuchern"* (2. Chron. 26,15-16).

Kinder, die aufwachsen und hassen zu wem Gott sie gemacht hat, versuchen dann jemand zu sein, zu dem sie nie bestimmt waren. Ich war noch nie in einer Nation, die keinen starken Hass auf Schwachheit hat. Jede Nation, in der ich jemals gedient habe, war im unsichtbaren Raum voller Hass auf Schwachheit.

Versteckt im unsichtbaren Bereich des Herzens der Menschen war ein tiefer Hass auf Schwachsein. Da Gott die Frauen als das schwächere Gefäß erschaffen hat, sind sie in der Lage mehr Kraft vom Herrn und mehr Ehre von den Männern zu empfangen. Schwächer ist nicht geringer; aber wenn ein Mensch keine Offenbarung hat, wird er schwächer als geringer, und stärker als größer interpretieren. Wenn dies der Fall ist, wird der Feind anfangen den verborgenen Stolz dieses Menschen zu benutzen, um ihm einen größeren

Hass auf Schwachheit einzuflößen – ebenso eine größere Liebe für seine eigenen Leistungen. Schließlich wird dies insgeheim seinen verborgenen Stolz noch mehr nähren.

Meine Geschichte

Vor über 40 Jahren fand in mir ein radikaler Wandel statt. Ich war vom Heiligen Geist und der Liebe Gottes erfüllt und vernahm die hörbare Stimme Gottes innerhalb des ersten Jahres meines christlichen Lebens. Dann musste ich etwas in meinem Herzen kennenlernen, das man Stolz nennt, und lernen, auf wie viele verschiedene Arten sich Stolz durch meine Gedanken, Gefühle, Worte und Reaktionen manifestierte.

Ich wuchs in einer dysfunktionalen Familie auf. Unser Vater hatte zwei Jobs, weil es acht Kinder gab und eine große finanzielle Notlage bestand. Unsere Mutter wurde in ihrer Jugend missbraucht; außerdem bekam sie keine Bestätigung von ihren Eltern. Mein Vater betrog meine Mutter, und das verstärkte das emotionale Trauma, das bereits Teil des Lebens meiner Mutter war.

Infolgedessen wuchs ich voller Ablehnung und als einsamer Jugendlicher mit einer Sündenbock-Mentalität auf. Mit anderen Worten: Ich hatte das Gefühl, dass alles Negative oder Chaotische in unserer Familie meine Schuld war.

Als ich älter war, las ich viele Bücher über Männer Gottes und entdeckte, dass sie alle eine ähnliche Haupteigenschaft hatten. Sie alle hatten eine echte Kenntnis über Stolz und den tiefen Wunsch in Demut zu leben. Also beschloss ich, dass auch ich Stolz und Demut verstehen sollte. Ich betete, studierte und reiste mit Menschen, die eine große Offenbarung von Stolz, Demut und der Ehre Gottes hatten. Als ich fünfundzwanzig war, begann ich als Jugendpfarrer in Vollzeit zu arbeiten, bis ich die Bibelschule abschloss.

Dann wurde ich Senior-Pastor, und einige Jahre später erhielt ich eine Offenbarung über Mysogynie (Frauenhass) in den Kirchen. Der Heilige Geist begann mich zunehmend über dieses Thema zu lehren, und infolgedessen begann ich zu erleben, wie Er Frauen vom Trauma dieses Missbrauchs heilte. Zu sehen, wie der Vater diese kostbaren Frauen Gottes von tiefem Schmerz und Trauma befreite, war ein wunderbarer Anblick. Ihre Gesichter – wahrscheinlich zum ersten Mal in ihrem Leben – mit Hoffnung, Respekt und Vertrauen aufleuchten zu sehen war eine Pracht!

Im Laufe der Jahre wurde vielen Frauen und Mädchen geholfen, enormen Schmerz unter vielen Tränen loszuwerden. Jedes Mal wenn dies geschah, fühlte ich, wie der Vater ihren Schmerz in Seinem innersten Herzen aufnahm.

Nachdem ich für Hunderte von Frauen und Männern zum Thema Frauenhass gebetet hatte, sprach der Herr zu mir und sagte: „Der Frauenhass ist nur ein Stück vom Kuchen. Der ganze Kuchen heißt Hass auf Schwachheit".

Mir wurden die Augen für ein viel größeres Bild geöffnet. Ich begann zu verstehen, dass der Hass auf Frauen nur ein Stück des ganzen Kuchens ist, den man Hass auf Schwachheit nennt.

Hass auf Schwachheit ist ein Hass, der gefühlt und ausgedrückt wird, wenn Fehler gemacht werden (der Verstand sagt uns, dass nur schwache Menschen Fehler machen). Oft gibt es eine tiefe innere Wut und Frustration, und manchmal gibt es keinen bewussten Grund, warum eine Person so fühlen sollte.

Oftmals kommt dieser Hass direkt von unseren Vorfahren. Die Wut meines Großvaters wird zum Beispiel auf meinen Vater übertragen, und dieselbe Wut meines Vaters manifestiert sich nun auch in mir. Wenn ein Mann durch den Hass auf Schwachheit gebunden ist, kämpft er oft damit freundlich zu sein, um Vergebung zu bitten oder die Schuld für etwas auf sich zu nehmen. Wenn ein Mann diesen Hass hat, hat er oft Probleme mit Pornografie. Aufgrund dieses tiefen Hasses kann ein Mann in seiner Beziehung zu seiner Frau und seinen Kindern leicht sehr egozentrisch sein. Wenn ein christlicher Mann viele Jahre lang unter der Macht des Hasses auf Schwachheit gestanden hat, so kann dies zu einem tief verwurzelten Verhalten werden, wo es z.B. seiner Stimme an Freundlichkeit und Sanftheit mangelt, seine Handlungen unbefriedigend und seine Gedanken negativ sind, und es ihm stark an Reinheit und Glauben mangelt.

Wenn ein Ehemann diesen tiefen Hass auf Schwachheit hat, wird er sein schlechtes Verhalten wahrscheinlich mit „So bin ich eben“ entschuldigen. Dr. Margaret J. Rinck ist eine klinische Psychologin mit vielen tausendend solcher Fälle. Dr. Rinck schrieb ein Buch mit dem Titel *Christian Men Who Hate Women*

"Unconscious foundation of Misogynistic behavior: SHAME AND FEAR OF ABANDONMENT" (Christliche Männer, die Frauen Hassen „Unbewusste Grundlage von frauenfeindlichem Verhalten: SCHAM UND ANGST VOR DEM VERLASSENWERDEN").

> *„Dies führt zu einem Muster von Respektlosigkeit und Hass gegenüber Frauen. Misogynie liegt auf einem Kontinuum und manifestiert sich auf verschiedenen Ebenen der Intensität, in verschiedenen Arten von Verhaltensweisen und Einstellungen. Zu dem einen oder anderen Grad benutzen alle Typen (1-4) von christlichen Männern, die Frauen hassen, die Bibel, die kirchliche Lehre und theologische Argumente, um ihr Recht auf Kontrolle der Frauen zu unterstützen. Er fordert „Unterwerfung" unter seinen Standpunkt; er lässt die Gefühle, Meinungen und Gedanken seiner Frau außer Acht. In einem Moment handelt er charmant, im nächsten Moment feindselig und grausam. Er weist häufig auf die Fehler seiner Frau hin. Er ist unfähig seine eigenen Mängel in der Beziehung wahrzunehmen."*[1]

In den europäischen Nationen wird der Hass auf Schwachheit sowohl von Frauen, als auch von Männern durch Erinnerungen, Gefühle, Worte, Gedanken und Taten ausgedrückt. Es ist wichtig zu glauben, dass diese Verhaltensmuster und Gedanken wirklich Hass sind. Wenn eine Person Hass als das sieht, was er wirklich ist, dann kann sie ihn bekennen, die Zustimmung zu ihm brechen und davon Vergebung und Reinigung durch das kostbare

Blut Jesu Christi erhalten. Wenn es aber nicht als Hass anerkannt wird, dann wird der Täter so handeln, als sei es akzeptabel, und es manchmal sogar als Teil seiner „christlichen“ Pflicht ansehen. Dies ist eine tiefe Täuschung in christlichen Kreisen. Nur der Sauerteig des Königreichs kann all dies als das entlarven, was es wirklich ist.

„Ein anderes Gleichnis sagte er ihnen: Das Reich der Himmel gleicht einem Sauerteig, den eine Frau nahm und heimlich in drei Scheffel Mehl hineinmischte, bis das Ganze durchsäuert war“ (Mt. 13,33).

Der Sauerteig ist äußerst kraftvoll, und nur ein winzig kleines Stückchen wird schließlich den ganzen Klumpen durchsäuern. Die Hauptfrage, die sich jeder stellen muss, ist: Welche Art von Sauerteig wirkt in und durch mein Leben? Ist es der Sauerteig der Pharisäer oder der Sauerteig des Königreichs?

„Als sich inzwischen das Volk zu Tausenden gesammelt hatte, sodass sie aufeinander traten, begann er zuerst zu seinen Jüngern zu sprechen: Hütet euch vor dem Sauerteig der Pharisäer, welcher die Heuchelei ist“ (Luk.12,1)!

Jesus sagte, dass der Sauerteig der Pharisäer Heuchelei ist. Die Wurzel des Wortes *Heuchelei* bedeutet *„ein Schauspieler oder einer, der die Rolle eines anderen spielt“*. Wenn ich also versuche andere davon zu überzeugen, dass ich Jesus bin, dann bewege ich mich in der Heuchelei und im Sauerteig der Pharisäer. Ein Christ, der versucht, „wie“ Jesus zu leben, agiert in Wirklichkeit in der falschen Art von Sauerteig. Der Vater will keine

Nachahmung Christi; stattdessen wünscht er sich zutiefst, dass genau das Leben von Christus selbst in seiner Kirche stattfindet. Lebt und liebt Christus durch meinen Körper oder versuche ich wie Christus in meinem Körper zu leben (siehe mein Buch *Ein himmlisches, siegreiches Leben*)? Die Liebe Gottes ist durch den Heiligen Geist in unsere Herzen ausgegossen worden (siehe Römer 5,5). Das ist genau dieselbe Liebe Gottes, die heute in Jesus Christus ist, während Er zur Rechten des Vaters sitzt. Wenn wir diese reine Liebe nicht haben, dann ist unser Leben in den Augen Gottes nichts wert (1. Korinther 13,1-3). Ohne diese reine Liebe Gottes in mir bin ich nichts. Diese reine Liebe Gottes ist der Sauerteig des Reiches Gottes.

1. Korinther 13,4-5 (NKJV übersetzt) sagt: *„Die Liebe leidet lange und ist gütig; die Liebe neidet nicht, die Liebe stellt sich nicht dar, bläht sich nicht auf, verhält sich nicht unhöflich, sucht nicht das Eigene, wird nicht provoziert, denkt nichts Böses."*

Liebe ist geduldig. Liebe ist freundlich. Diese Liebe Gottes ist immer geduldig, so dass sie nie versuchen muss geduldig zu sein. Wenn ein Christ den Sauerteig der Pharisäer hat, dann wird er VERSUCHEN geduldig zu sein, und er wird VERSUCHEN gütig zu sein. Wir müssen nie versuchen zu lieben oder versuchen geduldig zu sein oder zu versuchen gütig zu sein, denn „Liebe IST geduldig und Liebe IST gütig" (1. Kor. 13,4; Betonung von mir). Wir sollen ein Gefäß für Christus sein, anstatt zu versuchen für Ihn zu leben; wir sollten Ihn durch unser irdenes Gefäß leben lassen.

Der Unterschied zwischen den beiden Arten von Sauerteig liegt in ihrer Quelle. Der eine hat seinen Ursprung im Leben und in der Natur Adams, der andere hat seinen Ursprung im Vater. Der letzte Adam war Jesus (1. Korinther 15,45), denn der Vater will nicht, dass unser Fleisch die Quelle unseres Lebens ist. Der eine ist der Sauerteig der Pharisäer (Heuchelei), wenn wir versuchen anderen die Rolle Jesu vorzuspielen, und der andere ist der Sauerteig des Königreichs – Christus in uns – wenn Er Sein Leben durch uns lebt (Lukas 12,1; 16,15; Kolosser 3,3-4; Galater 2,20; 1. Johannes 4,9; Philipper 1,21; Hebräer 13,20-21).

Deshalb setzt der Sauerteig des Königreiches das reine Leben und die Liebe Gottes frei und wird gleichzeitig das unreine, verdorbene und selbstsüchtige Leben Adams in uns entlarven. Dieses adamische Leben wird in der Bibel als „das Fleisch" bezeichnet. Wenn die Quelle meines christlichen Lebens von Adam kommt, dann setze ich das Gesetz der Sünde in meinen irdischen Gliedern jedes Mal in Bewegung, wenn ich versuche Gutes zu tun. *„Denn ich weiß, dass in mir (d.h. in meinem Fleisch) nichts Gutes wohnt; denn der Wille ist bei mir vorhanden, aber wie ich das Gute tun soll, das finde ich nicht"* (Röm. 7,18 NKJV übersetzt). *„Ich finde also ein Gesetz, daß, wenn ich Gutes tun will, Böses in mir ist"* (Röm. 7,21 KJV übersetzt). Das Böse ist in mir vorhanden – das ist das Gesetz der Sünde.

„Wenn wir sagen, wir haben keine Sünde, so betrügen wir uns selbst, und die Wahrheit ist nicht in uns" (1. Joh. 1,8 NKJV übersetzt).

Die Sünde ist in meinem Fleisch und ich kann ihre Kraft aktivieren, wenn ich von mir aus *versuche* Gutes zu tun.

Wenn ich mit anderen religiösen Menschen zusammenkomme, die äußerlich „freundlich" oder charmant sind, aber innerlich voller Unreinheit, bedeutet das, dass viele Menschen in unserer Gruppe leiden werden, aber ein Großteil des Schadens wird zu Hause und an dem geheimen Ort unseres Privatlebens stattfinden. Die folgenden zwei Geschichten sollen dies veranschaulichen.

Ein Auszug aus *Unholy Charade: Unmasking the Domestic Abuser in the Church* (Unheilige Scharade: Die Demaskierung des häuslichen Missbrauchs in der Kirche):

Überlebende von häuslichem Missbrauch

> *„Vor drei Jahren war ich von der Erkenntnis überwältigt, dass nicht nur meine Kinder und ich in echter Gefahr waren, sondern dass wir allein waren. Völlig allein. Zehn Jahre zuvor war mein Mann wegen häuslicher Gewalt verhaftet worden. Wir waren gerade in einen neuen Staat gezogen, wo ich niemanden kannte. Im Laufe der Jahre bat ich meine Kirche mehrmals um Hilfe, aber jedes Mal wurde mir gesagt, ich müsse mich mehr unterordnen und meine Beziehung zu Gott verbessern. Die Jahre vergingen, und die religiöse Schuld nahm zu. Ich begann daran zu zweifeln, dass Gott mich überhaupt liebte. Mehr Babys kamen und der Missbrauch nahm zu. Jedes Mal, wenn ich meine Kirche um Hilfe bat,*

wurde ich im Glauben gelassen, ich sei das Problem. Die Menschen begannen sogar Mitleid mit meinem Missbraucher zu haben, obwohl ich diejenige war, die in die Kirche kam, kaum gehen konnte und 72 Pfund wog. Ich fiel in die Dunkelheit, als ich den Fesseln nachgab, die mir meine Kirche und mein Täter auferlegt hatten. Ein Teufelskreis von Missbrauch, Schuld, Scham und Unterwerfung kontrollierte mich, bis Gott einige alte Freunde in mein Leben brachte, die eine Woche bei uns blieben. Es war so schön Freunde um sich zu haben, vor allem weil mein Mann sich von seiner besten Seite zeigte. Das hat meine Freunde aber nicht getäuscht. Gott benutzte sie, um zu bestätigen, dass ich missbraucht wurde. Eines Tages ging ich mit meinen fünf kleinen Kindern auf den Spielplatz der Kirche. Wir waren dort allein, und ich nutzte diese süßen Momente der Einsamkeit, während die Kinder spielten, um im Internet nach Hilfe zu suchen. Ich wusste, dass der Schmerz, den meine Kinder und ich fühlten, nicht richtig war, aber alles, was ich hören konnte, war die Stimme meines Pastors, der rief, ‚dass Gott Scheidung hasst.'" [2]

Ein Auszug aus from *A Cry for Justice: How the Evil of Domestic Abuse Hides in Your Church! (Ein Schrei nach Gerechtigkeit: Wie das Böse des häuslichen Missbrauchs sich in Ihrer Kirche versteckt!)*

„Janelle und John sind angesehene Mitglieder ihrer Ortsgemeinde. Sie trafen sich vor 15 Jahren in

ihrer Sonntagsschulklasse für Erwachsene. Janelle wurde bald von Johns Charme und Stil mitgerissen. Er hörte ihr zu, als wäre sie die einzige Person auf der Welt, etwas, was sie noch nie zuvor erlebt hatte. John behandelte sie wie eine Königin. Er schickte häufig Karten und Geschenke und erklärte, dass er sie in seinem Leben sehr nötig habe. Offen gesagt, Janelle mochte es, gebraucht zu werden. John hüllte seine Erklärungen in christliche Worte, von denen er wusste, dass Janelle sie annehmen würde. Er versicherte ihr zum Beispiel oft, dass ‚Gott mich wunderbar gesegnet hat, indem er dich in mein Leben gebracht hat'. Janelle war sich sicher, dass John ein gottesfürchtiger Mann war und ein guter christlicher Ehemann sein würde. Natürlich hatte er ein paar Ecken und Kanten, aber wer hat das nicht? Sie war sich sicher, dass sie ihm helfen konnte, sich zu verbessern. Er würde ihre Hilfe begrüßen; daran hatte sie keinen Zweifel. Ist das nicht der Zweck einer Ehefrau?

Im Laufe der wenigen Monate seines Werbens, hatte Janelle gelegentlich ein Unbehagen über Johns Worten oder Taten. Er wurde oft abgelenkt, wenn sie versuchte mit ihm über ihre Interessen zu sprechen, verlangte aber ihre volle Aufmerksamkeit, wenn er seine Interessen mit ihr diskutierte. Er verlangte alle ihre Aktivitäten auszuwählen, wenn sie zusammen waren und sagte ihr sogar, dass sie diesen Film nicht wirklich sehen wollte, wenn sie darum bat, dass sie einen bestimmten Film sehen sollten. Sie ging davon aus, dass diese Dinge das Ergebnis seiner Ermüdung von der Arbeit und den Anforderungen seines Lebens waren. Er fing an eine gewisse Wut zu zeigen, wenn sie mit anderen sprach, aber er versicherte ihr, dass es daran lag, dass er sie so sehr liebte, dass er es nicht ertragen konnte sie zu teilen. Um die Zeit ihrer Heirat begann er ihre Kleidung zu kritisieren, was bald dazu führte, dass er darauf bestand ihre gesamte Garderobe auszuwählen. Nach ihrer Hochzeit wurde klar, dass jedes Kleidungsstück, das sie ausgewählt hatte, Gegenstand von Johns Kritik sein würde.

Der John, den Janelle heiratete, verschwand innerhalb von drei Monaten nach der Hochzeit für immer. Der Mann mit dem sie nun zusammenlebte, schien ein Fremder zu sein. Sie hatte zunehmend Angst vor ihm, nicht anders als ein Welpe, der zum ersten Mal den Stiefel eines bösen Herrn spürt. John, mit zunehmender Häufigkeit:

- *Erwartete, dass sich ihr Leben um ihn drehen würde.*
- *Erinnerte sie täglich an seine Überlegenheit ihr und Frauen im Allgemeinen gegenüber.*
- *Befriedigte seine Wünsche, während ihre Bedürfnisse nicht erfüllt wurden.*
- *Drückte seinen großen Unmut aus, wann immer er in ihr Glücklichsein entdeckte.*
- *Verspottete die Dinge, die sie liebte.*

- *Sagte ihr, sie sei nicht unterwürfig genug oder nicht gehorsam genug.*
- *Hielt das gesamte Geld unter seiner Kontrolle. Janelle musste daher seine Erlaubnis einholen, bevor sie etwas kaufte.*

Verstehen Sie jedoch, dass Janelle zu diesem Zeitpunkt immer noch nicht verstanden hat, was wirklich geschah. Das heißt, der Gedanke kam ihr nicht wirklich in den Sinn, dass das, was sie erlebte, Missbrauch war. “[3]

Dies sind nur zwei von vielen Millionen Geschichten aus der ganzen Welt über Missbrauch in der Kirche. Ich glaube fest daran, dass hinter dieser Art von Missbrauch eine geistliche Wurzel des Hasses auf Schwachheit steckt, zu der auch das kleinere Übel, der sogenannte Frauenhass oder die Frauenfeindlichkeit, gehört. Wenn ein Ehemann oder Vater diesen Hass in seinem Herzen hat und glaubt, dass erstens die Bibel lehrt der Mann sei großartiger als die Frau und zweitens, die Frau stehe unter einem gewaltigen Fluch, weil sie eine Frau ist, dann wird als Folge davon diese falsche Lehre, zusammen mit all den bösen Herzenseinstellungen dieses Mannes, angenommen werden.

Kapitel 11

Das zweite verborgene Übel hinter der Einschränkung von Frauen (Fortsetzung)

Teil 3

Ein unschuldiges Mädchen, das Jesus liebt, kann sich so sehr über ihr neues Leben freuen, wenn sie einen „gläubigen" Mann heiratet, und innerhalb weniger Monate könnte sie entdecken, dass dieser gläubige Mann einige sehr gottlose Züge in seinem Herzen und seinem Geist hat.

„Die Worte seines Mundes waren glatter als Butter, aber der Krieg war in seinem Herzen; seine Worte waren weicher als Öl, aber sie wurden mit dem Schwert gezogen" (Ps. 55,21 NKJV übersetzt).

Charme ist trügerisch, aber Gottes Liebe ist immer rein und ohne versteckte Motive. Paulus gebot seinem geistlichen Sohn Timotheus sich mit anderen zu treffen, die den Namen des Herrn aus reinem Herzen anrufen.

„So fliehe nun die jugendlichen Lüste, jage aber der Gerechtigkeit, dem Glauben, der Liebe, dem Frieden nach zusammen mit denen, die den Herrn aus reinem Herzen anrufen" (2. Tim 2,22)!

Was sind einige der Anzeichen von Hass auf Schwachheit innerhalb einer Familie? Es gibt viele Möglichkeiten, wie sich diese Form des Hasses im Kontext eines familiären Umfelds offenbaren wird; hier sind einige dieser Möglichkeiten aufgeführt.

Auszug aus *Finding Father, Finding Wholeness (deutscher Titel: Vater finden, Ganzheit finden):*

„20 MÖGLICHKEITEN, WIE SICH HASS AUF SCHWACHHEIT IM FAMILIÄREN UMFELD ZEIGT:

1. *Der Vater bevorzugt seine Söhne mehr als die Töchter.*
2. *Der Vater duldet den Missbrauch eines Bruders gegenüber seiner Schwester.*
3. *Der Ehemann ist vor den Kindern respektlos zu seiner Frau.*
4. *Die Ehefrau bekommt immer wieder zu spüren, dass ihre Gefühle keine Rolle spielen.*
5. *Der Vater verbringt sehr wenig Zeit mit den Kindern und mit seiner Ehefrau.*
6. *Die Mutter ist hart zu ihrem Ehemann.*
7. *Mutter oder Vater verachten ihre Tochter und verspotten sie.*
8. *Es herrscht eine Atmosphäre, in der sich Besucher nicht willkommen fühlen.*
9. *Die Kinder haben Angst, einen Fehler zu machen.*
10. *Harte Arbeit ist wichtiger als eine richtige Einstellung.*
11. *Der Vater macht sich lustig über seine Kinder.*
12. *Beide Eltern bringen ihre Kinder in der Öffentlichkeit in Verlegenheit oder stellen sie bloß.*

13. *Der Vater tut nichts, wenn sein Sohn sich gegenüber der Mutter respektlos verhält.*
14. *Nur selten wird jemand in der Familie um Vergebung bitten.*
15. *Lautes Reden ist für Autoritätspersonen in dieser Familie normal.*
16. *Respektloses Verhalten ist alltäglich.*
17. *Aus dem Mund der Mutter oder des Vaters sind nie freundliche Worte zu hören.*
18. *Die Frau will keinen Sex mit einem Mann, der Hass auf Schwachheit hat.*
19. *Der Mann will Sex und ist wütend auf seine Frau, wenn sie keinen Sex will.*
20. *Pornographie und Ehebruch sind oft ein Bestandteil dieser Beziehung.“*

Wegen der Härte und der Wut auf Fehler, ist jeder im Haus darauf bedacht, den „Löwen nicht zum Brüllen zu bringen“. Die Menschen in der Familie werden sich wahrscheinlich fühlen, als würden sie auf Eierschalen laufen. Sie müssen sich sehr langsam und vorsichtig bewegen, damit sie nicht etwas tun, was Papa wütend macht.

Misogynen sind nicht in der Lage sich in den Schmerz und die Not ihrer Frau einzufühlen. Tatsächlich scheint der Schmerz ihres Partners sie zu erzürnen und ihren Hass zu nähren. Hier sind einige verräterische Anzeichen einer frauenfeindlichen Beziehung, die Dr. Rinck erwähnt:

- *„Der Mann geht davon aus, dass es sein ‚gottgegebenes Recht‘ ist das Leben und Verhalten seiner*

Frau zu kontrollieren. Ihre Bedürfnisse, Gedanken und Gefühle werden nicht berücksichtigt.

- *Er benutzt Gott, die Bibel und die Lehren der Kirche, um sein Recht zu unterstützen, ‚ihr zu sagen, was sie tun soll', und fordert, dass sie sich seinen Wünschen, Launen, Entscheidungen oder Plänen ohne Frage unterwirft. Es gibt keinen Sinn für Gegenseitigkeit oder liebevolle Rücksichtnahme. Es ist immer sein Weg oder kein Weg.*
- *Er glaubt, dass die Überzeugungen, Meinungen, Ansichten, Gefühle und Gedanken einer Frau keinen Wert haben. Er kann ihre Meinungen im Allgemeinen oder speziell deshalb diskreditieren, weil sie eine ‚Tochter von Eva und leicht zu täuschen' ist. Daher sind ihre Meinungen von geringer Bedeutung. Oder er kann auch ein Lippenbekenntnis dazu abgeben, dass die Meinung seiner Frau etwas zählt, sie dann aber eins ums andere Mal ablehnen, weil sie nicht ‚logisch' ist.*
- *Die Frau berichtet, dass sich das Verhalten ihres Mannes zu Hause auffallend von seinem Verhalten am Arbeitsplatz oder in der Kirche unterscheidet. Zu Hause ‚läuft jeder auf Eiern', aus Angst ihm zu missfallen oder ihn zu verärgern. Wenn die Frau auf den Unterschied zwischen seinem Verhalten zu Hause und anderen Orten hinweist, wird er wahrscheinlich antworten: ‚Ach, übertreibe nicht! Ich bin nicht so!'*

- *Die Frau berichtet, dass er, wenn er unzufrieden ist und/oder sich nicht durchsetzen kann, schreit und droht oder in wütendem Schweigen schmollt. Doch am nächsten Tag tut er so, als sei ‚nichts' passiert und ist charmant und süß. Niemand kann vorhersagen, wann er von nett zu böse wechseln wird.*
- *Die Frau stellt fest, dass sie sich in ihrer Beziehung zu ihm, egal wie sehr sie auch versuchen mag sich zu verbessern, zu verändern, ‚im Wort zu wachsen' usw., immer noch unzulänglich, schuldig und irgendwie unausgeglichen fühlt. Sie weiß nie, was ihn als Nächstes triggern wird, und egal, wie sehr sie betet, er ändert sich nie. Sie fühlt sich fast so, als müsse sie ‚verrückt' sein, und sie ist sich sicher, dass es ihre Schuld ist. Selbst wenn andere Beziehungen auf der Arbeit oder in der Schule ihr ein positives Feedback und Ermutigung geben, verliert sie ihr ganzes Selbstvertrauen und ihre Selbstachtung, wenn sie nach Hause zurückkehrt. Egal was sie tut, um sich zu ändern und sich seinen Anforderungen anzupassen, es ist nie genug. Seine Ansprüche ändern sich immer und werden unverhältnismäßig.*
- *Der Ehemann bleibt blind für jede Schuld oder Grausamkeit seinerseits. Wenn zu Hause oder in der ehelichen Beziehung etwas schief geht, ist immer die Frau das Problem.“*[1]

Wenn ein Mädchen in einer Familie aufwächst, die einen fruchtbaren Boden für den Hass auf Schwachheit bietet, dann könnten die folgenden 15 Bereiche ihre kostbare Seele traumatisieren. Dieses Trauma kann für den Rest ihres Lebens bestehen bleiben, wenn sie keine Heilung durch Vater Gottes Herz der reiner Liebe findet.

„Das Trauma, das aus einem Leben unter Hass auf Schwachheit resultiert, ist in 15 Bereichen des Lebens derer spürbar, die diesen Hass empfangen.

1. Selbsthass

Sie haben das Gefühl, dass sie nicht in der Lage sind das zu tun, was von ihnen verlangt wird. Sie werden in der Regel gequält, weil sie ständig unter einem Geist der Anklage stehen. Dies wiederum erzeugt einen Hass auf sich selbst als Person. Wenn die Mutter diesen Hass auf Schwachheit hat, wird die Tochter nicht nur sich selbst hassen, sondern wahrscheinlich auch ihre Weiblichkeit ablehnen und versuchen männliche Attribute anzunehmen, wie: männliche Kleidung, männliche Manieren, männergemäße Interessen und Leistungen und manchmal sogar männliche Körperteile.

2. Furcht

Wir wurden dazu gemacht Liebe zu empfangen. Wenn ein Mensch keine Liebe erhält, dann tritt die Angst an ihre Stelle. Eine Frau, die von ihrem Partner Hass auf Schwäche empfindet, könnte glauben, dass sie tatsächlich Liebe empfängt. Dies kann besonders in

Zeiten der Verzauberung durch den Partner zutreffen, aber diesem Zauber fehlt es an wahrer Liebe. Dieser Hass, auch wenn er nach außen hin nett erscheinen kann, löst in demjenigen, der ihn empfängt, eine Angst aus.

3. Körperliche Krankheit und Gebrechen

Körper und Seele sind so miteinander verbunden, dass der Körper bei Verletzungen der Seele verschiedene Krankheiten anhäufen kann. Eine solche Krankheit, die eine Folge dieser Art von Hass sein wird, heißt Fibromyalgie. Diese Menschen haben Schmerzen in vielen Bereichen ihres Körpers. Diese Krankheit, die am häufigsten bei Frauen auftritt, ist oft eine direkte Folge des Gefühls unbedeckt zu sein.

4. Ein tiefes Gefühl der Scham

Menschen, die nicht geehrt, sondern von ihren Familienmitgliedern beschämt werden, werden sich schämen. Oftmals wird ein Vater seine Frau und seine Tochter beschämen, sogar in Anwesenheit anderer. Diese tiefe Unempfindlichkeit ist charakteristisch für diesen Hass. Oftmals wird derjenige, der spöttische Worte spricht, gar nicht merken, wie tief er den anderen damit verletzt. Je mehr diese Person eine solche Behandlung erhält, desto mehr wird sie mit Scham bedeckt. Jesus wurde mit Scham bedeckt, damit wir mit Ehre bedeckt werden konnten!

5. Bitterkeit

Das nächste Ergebnis des Lebens unter diesem Hass ist, dass man in seinem Herzen Bitterkeit gegenüber der Person empfindet, die einen so behandelt. Diese Bitterkeit wird tiefer in ihre Seele eindringen. Diese tiefsitzende Bitterkeit lässt dann Raum für Gedanken/Emotionen zu, wie z.B.: Feindseligkeit, Unversöhnlichkeit, Rache, Gewalt und Mord.

6. Ungeheilte Angelegenheiten

Die Person, die unter einer solchen Behandlung leidet, sammelt in der Regel Wunden in ihrer Seele an. Eine sichtbare Wunde ist sichtbar, aber eine innere Wunde muss normalerweise erst freigelegt werden, bevor sie geheilt werden kann.

7. Selbstmordgedanken

Diese liebe Person wird viele solcher Gedanken haben, um ihr Elend zu beenden. Der Dieb kommt um zu stehlen, zu töten und zu zerstören (Johannes 10,10).

8. Enttäuschungen

Kinder und Ehefrauen haben viele Erwartungen an ihren Vater und Ehemann, der ihre geistliche Bedeckung ist. Wenn diese Erwartungen nicht erfüllt werden, beginnen tiefsitzender Schmerz, Kummer und Trauer in ihre Seele einzudringen. Diese Enttäuschungen saugen das Leben aus den Menschen heraus, wenn sie nicht geheilt werden.

9. Depression

Die tiefen Wunden, die die Folge der vielen Enttäuschungen sind, werden bei dieser Person zu tiefem Kummer führen. Es wird ihnen an Lebensfreude fehlen und sie werden depressiv werden.

10. Ein Geist des Traumas

Ein traumatischer Geist verursacht viel abnormalen Stress und beginnt die Nebennieren zu beeinflussen. Die Nebennieren sind für ein gesundes Leben äußerst wichtig. Ein traumatischer Geist und Stress könnte möglicherweise dazu führen, dass die reizleitenden Systeme in Ihrem Körper nicht mehr funktionieren. Die misshandelte Person muss dem Missbraucher verzeihen und ihn aus der Schande und Enttäuschung entlassen, die er verursacht hat. Dann muss sie die Autorität über den Geist des Traumas und des Stresses übernehmen und befehlen, dass die Auswirkungen des Traumas und des Stresses über ihr selbst gebrochen werden. Sie muss den Vater selbst bitten, sie von allen Auswirkungen des Traumas in ihrem Leben zu befreien, und jede Verbindung, die sie mit den Mächten der Finsternis verbunden hat, zu abzuschneiden.

11. Abhängigkeiten

Schokolade, Pornografie, Sex, Sport und bestimmte Medikamente setzen Hormone frei, die uns ein gutes Gefühl über uns selbst geben. Da der Missbrauchte nicht die Liebe erhalten hat, die er/sie braucht, könnte er/sie sich diesen süchtig machenden Elementen zuwenden, um sein/ihr Liebesbedürfnis zu befriedigen. Ein weiterer Grund warum wir süchtig werden, ist ein unterschwelliges Schuldgefühl, mit dem wir uns nie auseinandergesetzt haben. Wenn ich nicht mit allen Schuldgefühlen aufgeräumt habe, indem ich zum Blut Jesu gegangen bin und ihn um seine Gnade und Vergebung gebeten habe, werde ich viele ungelöste Schuldgefühle haben. Das wird mir das Gefühl geben, dass ich es verdiene bestraft zu werden, und das könnte zu einem Lebensstil der Sucht führen.

12. Ein schlechtes Selbstbild

Diese harte Behandlung durch den einen Menschen, der mich bejahen und ins Leben rufen sollte, erzeugt ein sehr schlechtes Selbstbild. Da ich als Person nicht die Ehre erhalten habe, die ich brauche, um mich in Bezug auf mich selbst und meine Persönlichkeit gut zu fühlen, kann ich ein schlechtes Selbstbild akzeptieren.

13. Bündnisse und ungöttliche Seelenbindungen

Diese Person beginnt nun an den falschen Stellen nach Liebe zu suchen. Wahrscheinlich werden sich ungöttliche Seelenbindungen mit anderen bedürftigen Menschen bilden. Diese ungöttlichen Seelenbindungen sind das Ergebnis der Versuche dieser Person zu beweisen, dass sie etwas Besonderes ist. Eine junge Frau kann versuchen ihre Besonderheit durch sexuelle Beziehungen mit Männern zu beweisen. Ein junger Mann könnte versuchen seine Besonderheit zu beweisen, indem er sich einer Bande anschließt. All diese Beziehungen schaffen ungöttliche Seelenbindungen mit anderen. Nach dem Geschlechtsakt gibt es nun einen Bund, der zwischen den beiden gebrochen werden muss, wenn er außerhalb der Ehe begangen wird. Wieder einmal können wir all die Heilung und Barmherzigkeit, die wir brauchen, am Kreuz durch das Blut Jesu Christi finden.

14. Ablehnung

Durch die Ablehnung wird sich diese Person unerwünscht und unbeachtet fühlen. Sie wird wahrscheinlich versuchen ihr Herz im Geist mit 3 Mauern zu bedecken: Ablehnung, Angst vor Ablehnung und Selbstablehnung. Diese Person, die unter der Last des Hasses stand, wird diese drei individuellen Mauern als eine schützende Hecke aufbauen, die sie vor jedem weiteren Schaden schützen soll.

15. Unbedeckt und Unsicher

In dieser Atmosphäre des Hasses wird man sich unbedeckt, unsicher und entehrt fühlen. Jeder Tag ist ein weiterer Tag, an dem diese Person Frieden und Ruhe sucht.“[2]

Liebe Brüder und Schwestern, so viele Menschen, die Gott lieben und vielleicht sogar den Wunsch haben, ein guter Ehemann und Vater zu sein, stehen unter dieser ungeheuren Kraft des Stolzes, die man Hass auf Schwachheit nennt. Wo hat dieser Hass begonnen? Ich glaube es begann alles im Garten, als Gott der Schlange sagte, dass ihr Samen seinen Kopf zertreten wird. Unter dieser Art von Hass verbirgt sich ein tiefer, heimlicher Hass auf das Lamm Gottes!

Warum sollte Gott ein Lamm als Symbol für den größten Triumph aller Zeiten auserwählt haben? Auf der

Suche nach der Antwort auf diese Frage begeben wir uns in ein sehr tiefes Geheimnis im unsichtbaren Reich Gottes. David sagte, dass die Sanftmut Gottes das Geheimnis dafür sei, dass er der große Mann Gottes ist, der er war (Psalm 18,35). Es war nicht Davids Aussehen, seine erstaunliche physische Kraft, seine gewaltige Salbung oder seine Fähigkeit zum Lobpreis und zur Anbetung, die ihn groß gemacht haben. Es war nicht einmal seine unglaubliche Entschlossenheit jede Schlacht zu gewinnen. David sagte, dass alles auf eine Sache hinauslief, und das war das Geheimnis seiner Größe: die sanfte Güte Gottes.

Eine Frau Gottes, der meine Frau und ich einige Jahre lang gedient haben, hatte eines Tages eine Erfahrung mit dem Herrn. Er sagte zu ihr: „Ich möchte euch heute meine größte Macht zeigen." Er nahm sie in einen Raum mit allen möglichen Kräften, die in alle Richtungen gingen, aber sie waren alle verbunden und an eine zentrale Kraftquelle angeschlossen, und Jesus sagte ihr, dass man das Schwachheit nennt! Jesus sagte seinen Jüngern: *„Wahrlich, ich sage euch: Es sei denn, dass ihr euch bekehrt und werdet wie die Kinder, so werdet ihr nicht in das Himmelreich kommen"* (Mt. 18,3).

Wenn der Vater die tiefsten Regionen seines Herzens öffnet, wird man ein Lamm darin finden, das von Grundlegung der Welt an geschlachtet war (Johannes 1,18; Offenbarung 13,8; Matthäus 11,29; Johannes 14,9).

Meine Liebe, mögest du vollständige Heilung an der Brust des Vaters finden, wenn er Seine reinste Liebe über dir ausgießt.

Kapitel 12

Paulus wirkliche Sicht von Frauen

Was empfand der Apostel und geistliche Vater Paulus gegenüber Frauen? Beginnen wir mit der Tatsache, dass sie genauso Teil des Leibes Christi sind wie die Männer. Wenn wir einmal klar verstanden haben, dass jede einzelne Frau ebenso wie jeder Mann ein wesentlicher Teil Christi ist, dann können wir damit beginnen unsere lieben Schwestern davon zu befreien, sich selbst als unwichtig zu empfinden und so über sich zu denken.

Als ich begann, dieses Buch zu schreiben und über dieses Thema der Frauen und ihre Rolle im Leib Christi zu lehren, bekam ich das Wort Non-Entität. Ich war mir nicht sicher was es genau bedeutet, aber ich hatte das Gefühl, dass der Vater sagte: „So fühlen und denken Meine Töchter von sich selbst“. Das Wörterbuch beschreibt eine Non-Entität als eine Person oder ein Ding ohne besondere oder interessante Eigenschaften; eine unwichtige Person oder ein unwichtiges Ding.

Warum Frauen im Leib Christi sich selber so wahrnehmen, ist eine gute Frage, die man sich stellen sollte. Einige wichtige Gründe sind: Frauen werden für den Sündenfall verantwortlich gemacht; man denkt, dass sie wegen Eva unter einem Fluch stehen; es ist ihnen nicht erlaubt in der Kirche zu sprechen; sie müssen sich bedecken und sollten niemals einen Mann unterrichten usw. Sie haben daher eine Haltung des Nicht-Wichtigseins eingenommen. Frauen haben das Gefühl, dass sie nicht wirklich wichtig sind und dass was sie zu sagen haben, unwichtig ist. Beginnen wir also diesen Teil des Buches, indem wir einfach die Lehren des Paulus über den Leib Christi nehmen und sie auf jedes Mitglied dieses Leibes anwenden, einschließlich des weiblichen Teils.

„Ihr aber seid nicht im Fleisch, sondern im Geist, wenn wirklich Gottes Geist in euch wohnt; wer aber den Geist des Christus nicht hat, der ist nicht sein" (Röm. 8,9).

„Wer aber dem Herrn anhängt, ist ein Geist mit ihm" (1. Kor. 6,17).

„So kennen wir denn von nun an niemand mehr nach dem Fleisch; wenn wir aber auch Christus nach dem Fleisch gekannt haben, so kennen wir ihn doch nicht mehr so. Darum: Ist jemand in Christus, so ist er eine neue Schöpfung; das Alte ist vergangen; siehe, es ist alles neu geworden" (2. Kor. 5,16-17)!

Wie wir aus diesen Schriftstellen erkennen können, dachte Paulus, dass jede Frau in Christus nicht nach ihrem Fleisch (dem Leben Adams) erkannt werden sollte, sondern nach dem Geist (dem Leben Christi), der ihren Geist mit dem Geist Christi selbst verschmolzen hat, und die beiden sind nun ein Geist geworden. Dies ist ein großes Geheimnis, das man das Geheimnis der Gottgefälligkeit nennt. Diese lieben Schwestern sind nagelneue Schöpfungen, wobei alles Alte vergangen ist und siehe da, alles ist neu geworden!

Kolosser 2,14 (TPT übersetzt): *„Er hob jeden Rechtsverstoß auf, den wir in unseren Akten und im alten Haftbefehl, der uns anklagen sollte, hatten. Er radierte sie alle aus – unsere Sünden, unsere befleckte Seele – er löschte sie alle aus, und sie können nicht wiedergefunden werden! Alles, was wir einst in Adam waren, wurde auf sein Kreuz gelegt und dort als öffentliche Zurschaustellung der Annullierung dauerhaft festgenagelt."*

Unsere Schwestern sind neue Schöpfungen in Christus, und durch das Blut Jesu Christi ist die volle Strafe für alle ihre Sünden und die Sünden ihrer Vorfahren bezahlt. Deshalb sollen diese geliebten Töchter gemäß Paulus jetzt in einer neuen Gestalt des Geistes, und nicht mehr in der alten Gestalt des Buchstabens (Gesetzes) wandeln. Das Gesetz kann und wird sie nicht unter seiner Macht halten, weil sie mit einem neuen Ehemann verheiratet sind! *„Darum, meine Brüder, seid auch ihr durch den Leib Christi dem Gesetz gegenüber tot geworden, damit ihr mit einem anderen verheiratet werdet, mit dem, der von den Toten auferweckt wurde, damit wir Gott Frucht bringen. Denn als wir im Fleisch waren wirkten die Vorschläge der Sünde, die durch das Gesetz kamen, in unseren Gliedern, um dem Tod Frucht zu bringen. Jetzt aber sind wir vom Gesetz – in dem wir als Tote gehalten wurden – erlöst, damit wir in der Neuheit des Geistes und nicht in dem Alten des Buchstabens dienen"* (Röm. 7,4-6 KJV übersetzt).

Kolosser 3,3 (KJV übersetzt): *„Denn ihr seid tot, und euer Leben ist verborgen mit Christus in Gott."*

Paulus sah seine Schwestern als tot für das alte Selbst und lebendig für das neue Selbst in Christus, und so wie sie Gottes Herrlichkeit in sich betrachten würden, würden sie von einer Ebene der Herrlichkeit in die nächste Ebene der Herrlichkeit verwandelt werden. *„Wir alle aber, indem wir mit unverhülltem Angesicht die Herrlichkeit des Herrn anschauen wie in einem Spiegel, werden verwandelt in dasselbe Bild von Herrlichkeit zu Herrlichkeit, nämlich vom Geist des Herrn“* (2. Kor. 3,18).

Paulus Meister lehrte, wenn wir Ihn Meister und Herr nennen (und Paulus tat genau das), dann sollten wir tun was Er tat: nämlich einander die Füße waschen. Eine der Hauptbedeutungen des Wortes Haupt ist: Einer, der voran geht. Ein Ehemann sollte also leiten, wie Paulus lehrte, indem er voran geht und seiner Frau und Familie den Weg zeigt. *„Ihr nennt mich Meister und Herr und sagt es mit Recht; denn ich bin es auch. Wenn nun ich, der Herr und Meister, euch die Füße gewaschen habe, so sollt auch ihr einander die Füße waschen; denn ein Vorbild habe ich euch gegeben, damit auch ihr so handelt, wie ich an euch gehandelt habe“* (Joh. 13,13-15).

In den Augen des Paulus war eine Frau würdig, dass ihr Mann die Leitung übernimmt, wie Christus es tat, und ihre Füße wäscht, wie Christus es tat! Sich gegenseitig die Füße zu waschen bedeutet, sich gegenseitig von all der Unreinheit zu reinigen, die sich in dieser Welt ansammelt, einschließlich all ihres Stolzes, ihrer Selbstsucht und ihrer Eifersucht.

Paulus lehrte ganz konkret, dass ein Ehemann seine Frau durch das Waschen mit dem Wasser des Wortes Gottes reinigen sollte. *„Ihr Männer, liebt eure Frauen, gleichwie auch der Christus die Gemeinde geliebt hat und sich selbst für sie hingegeben hat, damit er sie heilige, nachdem er sie gereinigt hat durch das Wasserbad im Wort, damit er sie sich selbst darstelle als eine Gemeinde die herrlich sei, sodass sie weder Flecken noch Runzeln noch etwas Ähnliches habe, sondern dass sie heilig und tadellos sei"* (Eph. 5,25-27 KJV übersetzt). Das Wort ist eine Person, und die Manifestation des Wortes kommt, wenn ich nichts in meinem Leben habe, das das Gewissen eines anderen Menschen sagen lässt: Greg Violi ist schuldig. Wenn ich im Gewissen der anderen ohne Anstoß bin, dann wird die Manifestation des Wortes sie reinigen und gründlich waschen. *„sondern wir lehnen die schändlichen Heimlichkeiten ab; wir gehen nicht mit Hinterlist um und fälschen auch nicht das Wort Gottes; sondern indem wir die Wahrheit offenbar machen empfehlen wir uns jedem menschlichen Gewissen vor dem Angesicht Gottes"* (2. Kor. 4,2). Wenn ich als Leiter (Ehemann, Pastor usw.) mit dem Wort Gottes betrügerisch umgehe, dann spreche ich eine Sache, aber ich lebe eine andere Sache, und ich werde zu einer Ursache für den Anstoß anderer.

So war Paulus Ansicht über Frauen, dass sie es verdienen geehrt, bedeckt und beschützt zu werden, und dass sie von jeglichem Anstoß rein gehalten werden sollten, indem ihre gottesfürchtigen Ehemänner sie mit dem reinen Wort und der reinen Liebe Gottes waschen.

Paulus sagte: *„Tut nichts aus Selbstsucht oder nichtigem Ehrgeiz, sondern in Demut achte einer den anderen höher als sich selbst"* (Phil. 2,3).

Dieser Vers bezieht sich auf den Leib Christi, und da die Frauen ein wichtiger Teil des Leibes sind, ist es klar, dass Paulus glaubt, dass alle Menschen, besonders die Männer, alle ihre Schwestern höher achten sollten als sich selbst. Nur eine Frau die sich als Non-Entität fühlt, wird diese Wahrheit innerhalb des herrlichen Leibes Christi nicht auf sich selbst anwenden.

Römer 12,10: *„In der Bruderliebe seid herzlich gegeneinander; in der Ehrerbietung komme einer dem anderen zuvor!“* In der Praxis wäre es fair zu sagen, dass Paulus das Gefühl hätte, dass als Zeichen der Ehre eine Frau einem Mann vorgezogen werden sollte, weil im Leib Christi das Gesetz der Demut für alle gilt. In Ehre bevorzuge einer den anderen. Da die Männer dazu bestimmt sind die Leitung zu übernehmen, indem sie nach vorne gehen und den Weg weisen, sollten sie die ersten sein, die den Frauen Ehre erweisen.

> *„Jedem wird aber das offensichtliche Wirken des Geistes zum [allgemeinen] Nutzen verliehen. Dem einen nämlich wird durch den Geist ein Wort der Weisheit gegeben, einem anderen aber ein Wort der Erkenntnis gemäß demselben Geist; einem anderen Glauben in demselben Geist; einem anderen Gnadengaben der Heilungen in demselben Geist; einem anderen Wirkungen von Wunderkräften, einem anderen Weissagung, einem anderen Geister zu unterscheiden, einem anderen verschiedene Arten von Sprachen, einem anderen die Auslegung der Sprachen. Dies alles aber wirkt ein und derselbe*

Geist, der jedem persönlich zuteilt, wie er will. Denn gleichwie der Leib einer ist und doch viele Glieder hat, alle Glieder des einen Leibes aber, obwohl es viele sind, als Leib eins sind, so auch der Christus. Denn wir sind ja alle durch einen Geist in einen Leib hinein getauft worden, ob wir Juden sind oder Griechen, Knechte oder Freie, und wir sind alle getränkt worden zu einem Geist. Denn auch der Leib ist nicht ein Glied, sondern viele. Wenn der Fuß spräche: Ich bin keine Hand, darum gehöre ich nicht zum Leib! — gehört er deswegen etwa nicht zum Leib? Und wenn das Ohr spräche: Ich bin kein Auge, darum gehöre ich nicht zum Leib! — gehört es deswegen etwa nicht zum Leib? Wenn der ganze Leib Auge wäre, wo bliebe das Gehör? Wenn er ganz Ohr wäre, wo bliebe der Geruchssinn? Nun aber hat Gott die Glieder, jedes einzelne von ihnen, so im Leib eingefügt, wie er gewollt hat. Wenn aber alles ein Glied wäre, wo bliebe der Leib? Nun aber gibt es zwar viele Glieder, doch nur einen Leib. Und das Auge kann nicht zur Hand sagen: Ich brauche dich nicht!, oder das Haupt zu den Füßen: Ich brauche euch nicht! Vielmehr sind gerade die scheinbar schwächeren Glieder des Leibes notwendig, und die [Glieder] am Leib, die wir für weniger ehrbar halten, umgeben wir mit desto größerer Ehre, und unsere weniger anständigen erhalten umso größere Anständigkeit; denn unsere anständigen brauchen es nicht. Gott aber hat den Leib so zusammengefügt, dass er dem geringeren Glied umso größere Ehre gab, damit es keinen Zwiespalt im Leib gebe, sondern die Glieder gleichermaßen füreinander sorgen. Und wenn ein Glied leidet, so leiden alle Glieder mit; und wenn ein Glied geehrt wird, so freuen sich alle Glieder mit. Ihr aber seid [der] Leib des Christus, und jeder ist ein Glied [daran] nach seinem Teil“ (1. Kor. 12,7-27).

Gemäß dieser sehr wichtigen Lehre des Paulus über das Wirken des Geistes im ganzen Körper werden alle Männer, wie auch die Frauen, eine Manifestation des Heiligen Geistes tragen, die freigesetzt werden muss, damit Menschen den lebendigen Gott berühren können (Vers 7).

Christus besteht aus einem vielgliedrigen Leib; deshalb müssen die Frauen ihren Teil im Leib tun, damit Christus vollständig gesehen und erfahren werden kann (Vers 12).

Wir sind alle dazu gemacht, vom selben Geist zu trinken. Alle Männer und Frauen trinken aus genau derselben Quelle, nämlich aus dem Heiligen Geist (Vers 13).

Da es nur einen Leib gibt und jedes Mitglied ein Teil des Leibes ist, wenn ein Teil des Leibes zu einem anderen Teil sagt: „Ich brauche dich nicht“, ist es dann möglich, dass diese Mitglieder wirklich nicht gebraucht werden? Absolut NICHT, sagt Paulus.

„Und das Auge kann nicht zur Hand sagen: Ich brauche dich nicht! oder das Haupt zu den Füßen: Ich brauche euch nicht“ (Vers 21)!

Paulus lehrte, dass jede Frau im Leib Christi wichtig ist und dringend gebraucht wird, und dass kein Mann jemals sagen kann oder sollte, dass er die Frauen nicht braucht, um ihren Teil im Leib zu tun. Es sei denn man ist eine Non-Entität. Paulus lehrte auch, dass die unansehnlichen Mitglieder oder die Mitglieder denen etwas mangelt, von anderen reichlicher geehrt werden sollen.

Paulus hätte also alle Pastoren und Leiter ermutigt jeder Frau mehr Ehre und reine Liebe zu geben, besonders wenn sie dachten sie seien schwächer, und etwas weniger fähig und genügend. Paulus gab auch einen Grund an, warum wir denen, die im Leib Christi Mangel zeigen, mehr Ehre geben – weil wir kein Schisma (Spaltung) des Leibes wollen. Das Wurzelwort für Schisma bedeutet, eine Kluft oder Mauer zu verursachen, die trennt. Der Herr hat mich darüber gelehrt, indem er mir zeigte, dass Seine Kinder in ihrem Denken eine Unterscheidung (Spaltung) machen zwischen denen, die im Leib wichtig sind, und den anderen. Es gibt eine imaginäre Linie zwischen den Menschen im Vordergrund (Pastor, Musiker, Sänger usw.) und dem Rest der Gemeinde. Wir haben ein Schisma im Leib Seines Sohnes geschaffen, und der Vater will, dass die Trennmauer fällt!

Wenn diejenigen, die als wichtiger „angesehen" werden, denjenigen, die als weniger wichtig „angesehen" werden, mehr Ehre erweisen, dann wird der Bau dieser Trennmauer verhindert. Deshalb glaube ich, dass Paulus alle Männer ermutigen würde, den Frauen mehr Ehre zu erweisen. Selbst wie Petrus in seinem Brief sagte, wenn ein Mann seiner Frau keine Ehre erweist (dies sollte ein sichtbarer Beweis sein), dann werden seine Gebete von Gott abgeschnitten (siehe 1. Petrus 3,7).

„denn unser Kampf richtet sich nicht gegen Fleisch und Blut, sondern gegen die Herrschaften, gegen die Gewalten, gegen die Weltbeherrscher der Finsternis dieser Weltzeit, gegen die geistlichen [Mächte] der Bosheit in den himmlischen [Regionen]" (Eph. 6,12).

„indem ihr zu jeder Zeit betet mit allem Gebet und Flehen im Geist, und wacht zu diesem Zweck in aller Ausdauer und Fürbitte für alle Heiligen," (Eph. 6,18).

Paulus spürte, dass wir als Leib in einem geistlichen Konflikt mit dämonischen Kräften stehen, die uns vernichten und den Namen unseres Königs entehren wollen. Deshalb müssen wir mit der vollen Rüstung Gottes bekleidet sein und immer für alle Heiligen beten und uns dabei gegenseitig den Rücken decken (Vers 18). Er sagte, dass wir immer für alle Heiligen beten sollten. Oder: sich gegenseitig den Rücken zu decken.

Frauen werden in diesem Krieg sehr gebraucht, und wir als Leib Christi müssen vereint werden, um jede Schlacht zu gewinnen. Wir sollten nur eine Haltung des Sieges haben! Weder Paulus noch Jesus hatten eine Geisteshaltung der Niederlage. *„Gott aber sei Dank, der uns den Sieg gibt durch unseren Herrn Jesus Christus"* (1.Kor. 15,57; 2.Kor. 2,14)!

> *„Ich empfehle euch aber unsere Schwester Phöbe, die eine Dienerin der Gemeinde in Kenchreä ist, damit ihr sie aufnehmt im Herrn, wie es sich für*

Heilige geziemt, und ihr in allen Dingen beisteht, in denen sie euch braucht; denn auch sie ist vielen ein Beistand gewesen, auch mir selbst. Grüßt Priscilla und Aquila, meine Mitarbeiter in Christus Jesus, die für mein Leben ihren eigenen Hals hingehalten haben, denen nicht allein ich dankbar bin, sondern auch alle Gemeinden der Heiden; grüßt auch die Gemeinde in ihrem Haus! Grüßt meinen geliebten Epänetus, der ein Erstling von Achaja für Christus ist. Grüßt Maria, die viel für uns gearbeitet hat. Grüßt Andronicus und Junias (engl: Junia), meine Verwandten und Mitgefangenen, die unter den Aposteln angesehen und vor mir in Christus gewesen sind. Grüßt meinen im Herrn geliebten Amplias. Grüßt Urbanus, unseren Mitarbeiter in Christus, und meinen geliebten Stachys. Grüßt Apelles, den in Christus Bewährten; grüßt die vom Haus des Aristobulus. Grüßt Herodion, meinen Verwandten; grüßt die vom Haus des Narcissus, die im Herrn sind. Grüßt Tryphena und Tryphosa, die im Herrn arbeiten; grüßt die geliebte Persis, die viel gearbeitet hat im Herrn" (Röm. 16,1-12).

In diesem einen Abschnitt der Heiligen Schrift spricht Paulus viele Frauen in verschiedenen Rollen als Dienerinnen, Diakoninnen und sogar als Apostelinnen an. Er beginnt damit, dass er Phoebe lobt und sie als Diakonin, Dienerin und große Hilfe für viele, einschließlich Paulus selbst, bezeichnet. In diesem Brief an die Kirche in Rom weist er sie an, ihr in allem, was sie braucht, zu helfen. Dann erwähnt er Priscilla und Aquila. Wenn ein Paar in der Heiligen Schrift erwähnt wird, ist die Reihenfolge der Namen bedeutsam, denn der zuerst Genannte ist wahrscheinlich der Wichtigere oder der Hauptsprecher.

Dann grüßt Paulus in den Versen 6-7 Maria und auch Junia, die eine Gefangene, eine Missionarin und eine engagierte Apostelin war. Paulus erkennt an, dass eine Frau ein Apostel sein kann, und sogar ein geschätzter Apostel. Paulus sendet vielen Frauen in Rom geliebte Grüße. Er ehrte sie und bat andere, sie auch für alles, was sie um des Reiches Gottes willen tun, anzuerkennen. Es ist klar, dass Paulus es liebte weibliche Führungskräfte zu ehren.

In 1. Korinther 11,9 (TPT) sagte Paulus, die Frau wurde erschaffen, weil der Mann sie brauchte. *„Ebenso wurde der Mann nicht erschaffen, weil die Frau ihn brauchte; die Frau wurde erschaffen, weil der Mann sie brauchte."*

Gott hat gesagt, dass es nicht gut ist, wenn ein Mensch allein ist. Paulus sagt, die Frau sei für den Mann gemacht, weil der Mann die Frau braucht.

Paulus wollte, dass es wirklich klar ist, dass der Mann die Frau braucht! Paulus lobte die Frauen für ihre Arbeit im Herrn, und er hatte mehrere Mitarbeiterinnen, wie Priscilla, Phoebe, Euodia und Syntyche.

Paulus sendet in Römer Kapitel 16 besondere, liebevolle Grüße an mindestens 10 Frauen. Das wäre sehr ungewöhnlich gewesen, wenn er ein Frauenfeind war, wie oft geglaubt wird.

Der Apostel sagte in 1. Korinther 14,39 man solle es niemandem verbieten in Zungen zu sprechen: *„So, liebe Freunde, seid nun, mit all dem im Sinn, leidenschaftlich zu prophezeien, und verbietet niemandem in Zungen zu reden“* (KJV übersetzt).

Er wollte, dass alle Gaben im Körper funktionieren, aber vor allem wollte Paulus, dass der Körper in der Liebe Gottes funktioniert.

„und von dort nach Philippi, welches die bedeutendste Stadt jenes Teils von Mazedonien ist, eine [römische] Kolonie. Wir hielten uns aber in dieser Stadt etliche Tage auf. Und am Sabbattag gingen wir vor die Stadt hinaus, an den Fluss, wo man zu beten pflegte; und wir setzten uns und redeten zu den Frauen, die zusammengekommen waren. Und eine gottesfürchtige Frau namens Lydia, eine Purpurhändlerin aus der Stadt Thyatira, hörte zu; und der Herr tat ihr das Herz auf, sodass sie aufmerksam achtgab auf das, was von Paulus geredet wurde. Als sie aber getauft worden war und auch ihr Haus, bat sie und sprach: Wenn ihr davon überzeugt seid, dass ich an den Herrn gläubig bin, so kommt in mein Haus und bleibt dort! Und sie nötigte uns“ (Apg. 16,12-15). Paulus ging in das Haus der Lydia und sie wurde die Leiterin ihrer Hausgruppe.

„Am folgenden Tag aber zogen wir, die wir Paulus begleiteten, fort und kamen nach Cäsarea; und wir gingen in das Haus des Evangelisten Philippus, der einer von den Sieben war, und blieben bei ihm. Dieser hatte vier Töchter, Jungfrauen, die weissagten“ (Apg. 21,8-9).

Paulus hätte die Gelegenheit gehabt die Frauen zu ermutigen das Wort Gottes zu sprechen, da er Treffen, wie die mit den Töchtern des Philippus hatte, die sprachen, prophezeiten, beteten und Gott suchten. Er wusste, dass der Geist auf ALLES Fleisch ausgegossen wurde. Am Pfingsttag wurde der Geist Gottes über Söhne und Töchter ausgegossen (siehe Apostelgeschichte 2).

Es gibt keinerlei Beweise dafür, dass der Apostel jemals Frauen in irgendeiner Weise vom Dienst eingeschränkt oder ausgeschlossen hat. Tatsächlich arbeitete er gerne mit vielen Frauen zusammen und schätzte sie als Mitarbeiterinnen um des Reiches Gottes willen. Paulus schien eine tiefe, besondere Liebe für unsere Schwestern in Christus zu haben, da er derjenige war, der sagte, dass es in Christus weder männlich noch weiblich gibt (Galater 3,28).

Zur Zeit des Paulus wären die Lehren der Griechen, Römer und Juden gegenüber Frauen antagonistisch und hart gewesen, aber die Lehren des Paulus waren voller Mitgefühl und Gleichheit zwischen den verschiedenen Geschlechtern.

Ich glaube, wenn Paulus heute auf der Erde wäre, wäre er ein Verteidiger der Frauen, insbesondere im Hinblick auf die schweren Anschuldigungen, die im Sündenfall gegen sie erhoben wurden. Ich glaube, dass Paulus als der große geistliche Vater, der er war, die Wahrheit zeigen würde: dass Gott die Schlange und den Boden verflucht hat, aber nicht die Frau. Daher ist die weithin akzeptierte Ansicht, dass ihr als Folge des so genannten Fluchs von Gott befohlen wurde unter die Kontrolle und Herrschaft eines gottlosen Ehemannes zu kommen, falsch. Ich glaube, dass Paulus ein starker Befürworter einer Frau wäre, die von Vater Gott geliebt, geehrt und geschätzt und in Seiner Familie akzeptiert würde.

Paulus machte bekannt, dass die Sünde durch eine Person in die Welt kam, und diese Person war der erste Mann, Adam! Sie kam nicht durch Eva, sondern durch Adam. Er verstand, dass Adam NICHT getäuscht wurde. Mit anderen Worten: Adam sündigte willentlich und aus freien Stücken, aber Eva wurde völlig getäuscht, und so sündigte sie aus Täuschung und Unwissenheit (siehe 1. Timotheus 2,14).

Hiob spricht davon, dass Adam sein Übel verdeckt hat. *„Habe ich, wie Adam, meine Übertretung zugedeckt, sodass ich meine Schuld in meiner Brust verbarg“* (Hiob 31,33)?

Warum hat der Heilige Geist die Schuld für die Sünde auf Adam statt auf Eva gelegt? Das ist eine schwierige Frage. Hier sind einige mögliche Antworten:

1. Eva war noch nicht erschaffen, als der Herr Adam den Befehl gab (siehe 1. Mose 2,16-18).
2. Gott gab dem Mann den Garten zum Bewahren und Pflegen. Das würde bedeuten, dass es seine Verantwortung war über alles zu wachen, was im Garten geschah, einschließlich der Schlangen.
3. Er tat es absichtlich, während die Frau getäuscht wurde. Eine Hauptbedeutung von Täuschung ist: die Handlung, jemanden dazu zu bringen, etwas als wahr oder gültig zu akzeptieren, was falsch

ist. Paulus sagte in 1.Timotheus 2,14, dass die Frau gründlich getäuscht wurde. Es ist als ob der Mann klar wusste, dass dies falsch war, aber die Frau wurde getäuscht, sodass sie dachte, dass es in Ordnung sei.

„Dennoch herrschte der Tod von Adam bis Mose auch über die, welche nicht mit einer gleichartigen Übertretung gesündigt hatten wie Adam, der ein Vorbild dessen ist, der kommen sollte. Aber es verhält sich mit dem freien Geschenk nicht wie mit der Übertretung. Denn wenn durch die Übertretung des einen viele gestorben sind, wie viel mehr ist die Gnade Gottes und das Geschenk aus Gnade durch den einen Mann Jesus Christus reichlich zu vielen gekommen. Und es verhält sich mit dem Geschenk nicht so, wie mit dem, was durch den einen kam, der sündigte. Denn die Verurteilung von einem war zur Verdammnis, aber das Geschenk der Gnade zur Rechtfertigung für viele Vergehen. Denn wenn durch das Vergehen eines Mannes der Tod aus dem Einen regierte, wieviel mehr werden die, die den Überfluss an Gnade annehmen, im Leben herrschen durch den Einen, Jesus Christus" (Röm. 5,14-17 KJV übersetzt)!

Bitte glaube nicht, dass ich sage, dass die Frau unschuldig ist. Sie ist nicht unschuldig. Aber es ist falsch, die Frau allein zu beschuldigen und zu glauben, dass sie wegen ihres schrecklichen Übels verflucht ist, während man gleichzeitig Adam in die Lage versetzt über sie zu herrschen und sich zu verhalten, als sei er unschuldig in seiner großen Übertretung.

Paulus wäre nicht glücklich darüber wie die Menschen seine Haltung und Behandlung von Frauen interpretieren. Er würde alle Männer den wichtigen Ehrenplatz wissen lassen wollen, den jede liebe Schwester aufgrund der Gnade Gottes in Christus Jesus verdient. Die Frauen haben von den Männern in den Kirchen so viel Schuld aufgeladen bekommen und viel Feindseligkeit erfahren.

Um dieses Kapitel abzuschließen würde ich meinen, dass Paulus, wenn er jetzt hier wäre, sagen würde: *„Darum, ob ihr esst oder trinkt oder was immer ihr tut, tut alles zur Ehre Gottes"* (1. Kor. 10,31 NKJV übersetzt). *„Und von ihm, durch ihn und zu ihm sind alle Dinge, denen Ehre sei, in Ewigkeit"* (Röm. 11,36). Wenn wir Frauen davon abhalten zu sprechen und geistliche Gaben im Leib auszuüben, dann wird ein großer Teil des lebendigen Leibes Christi fehlen. Dann wird die Welt nicht in der Lage sein, die Fülle der Gegenwart Gottes durch Seinen Leib zu erfahren, weil er lahm ist, behindert und geköpft!

Kapitel 13

Jesus und Frauen

Jesus sagte zu Philippus „*Wer mich gesehen hat, der hat den Vater gesehen. Wie kannst du da sagen: Zeige uns den Vater*“ (Joh. 14,9b)?

Deshalb, alles was wir darüber entdecken wie Jesus Christus Frauen behandelt hat, ist genauso, wie auch der Vater sie behandeln würde.

Zu Jesu Zeiten war die Kultur der Juden sehr patriarchalisch und es gab die Vorstellung, dass Frauen nur ins Haus gehören. Männer sollten Frauen nicht in der Öffentlichkeit begrüßen. „*Unterdessen kamen seine Jünger und verwunderten sich, dass er mit einer Frau redete. Doch sagte keiner: Was willst du? oder: Was redest du mit ihr*“ (Joh. 4,27)?

In der palästinensischen Kultur galten Frauen zur Zeit Jesu als minderwertiger als die Männer. Männer hielten es für gefährlich und töricht mit einer Frau zu sprechen. Als Jesus auf die Erde kam und durch die Straßen Galiläas ging, litten die Frauen häufig an Erniedrigung, Verachtung und Bloßstellung. Die Behandlung, die Jesus Christus den Frauen zukommen ließ, stand in krassem Gegensatz zu der Art von Behandlung, die sie gewohnt waren. Er ließ die Frauen mit Ihm reden und Er sprach mit ihnen. Er ließ es zu, dass die Frauen Ihn berühren und Er zeigte große Güte gegenüber den verachteten Frauen Seiner Zeit. Die Art von Frauen, mit denen die jüdischen Führer sich weigerten in Verbindung gebracht zu werden, waren genau die Frauen, mit denen Jesus in der Öffentlichkeit Verbindung aufnahm.

Jesus ging gegen die Norm Seiner Kultur vor, und Er war für die Frauen Seiner Zeit ein sichtbares Beispiel wahrer Männlichkeit. Jesus erlaubte den Frauen Seine Jüngerinnen zu sein – was zu Seiner Zeit völlig unerhört war. Er erlaubte den Frauen auch zu lernen – was zu jener Zeit eine weitere verbotene Aktivität war. Der beste große Bruder der Welt ist Jesus Christus und viele Male machte er dies den Frauen durch Seine freundlichen Worte und Seine freundlichen Taten bekannt. Jesus weinte vor Mitleid mit den Menschen, den Witwen und Kindern. *„Und es geschah danach, dass er von Stadt zu Stadt und von Dorf zu Dorf zog, wobei er das Evangelium vom Reich Gottes verkündigte; und die Zwölf waren mit ihm, und auch etliche Frauen, die von bösen Geistern und Krankheiten geheilt worden waren: Maria, genannt Magdalena, von der sieben Dämonen ausgefahren waren, und Johanna, die Frau Chusas, eines Verwalters des Herodes, und Susanna und viele andere, die ihm dienten mit ihrer Habe“* (Luk. 8,1-3).

„Es sahen aber auch Frauen von ferne zu, unter ihnen waren auch Maria Magdalena und Maria, die Mutter des jüngeren Jakobus und des Joses, sowie Salome, die ihm auch, als er in Galiläa war, nachgefolgt waren und ihm gedient hatten, und viele andere, die mit ihm nach Jerusalem hinaufgezogen waren“ (Mk. 15,40-41).

Viele Frauen folgten Jesus, wurden Seine Jüngerinnen, dienten Ihm und unterstützten Ihn aus ihren eigenen Mitteln. Es waren Frauen, die offensichtlich über Mittel zur Unterstützung verfügten; sie waren fähige Frauen, und sie wurden als Seine Jüngerinnen genauso willkommen geheißen wie jeder Mann. Jesus erlaubte Maria Seinen Leichnam für die Bestattung zu salben – öffentlich und unter den Augen der religiösen Führer. Jesus wollte eine klare, starke Aussage über die Würde der Frau aus der Sicht Gottes machen.

Die Mütter brachten ihre Kleinen zu Jesus, um sie segnen zu lassen. Seine Jünger empörten sich über die Mütter, aber Jesus war gütig und fürsorglich und sagte: *„...Lasst die Kinder und wehrt ihnen nicht, zu mir zu kommen; denn solcher ist das Reich der Himmel“* (Mt. 19,14)!

Einmal meckerte einer der männlichen Jünger Jesu über die gute Tat, die eine Frau Jesus angetan hatte: *„Jesus aber sprach: **Lasst sie**! Warum bekümmert ihr **sie**? Sie hat ein gutes Werk an mir getan“* (Mk. 14,6; Betonung von mir).

Es war ein schockierender, anti-kultureller Anblick, als die Jünger Jesu ihren Meister mit einer Frau sprechen sahen. Philo, ein jüdischer Schriftsteller, lehrte, dass Frauen ihr Haus nur verlassen sollten, um in eine Synagoge zu gehen. Männer konnten sich aus fast jedem Grund legal von einer Frau scheiden lassen, indem sie ihrer Frau einfach eine Scheidungsurkunde aushändigten; die Frau konnte sich jedoch nicht von ihrem Mann scheiden lassen.

Die Männer mussten täglich bestimmte Gebete sprechen, die Frauen aber nicht. Das Studium der Heiligen Schrift wurde als äußerst wichtig erachtet, aber die Frauen durften sie nicht studieren. In der Zeit Jesu waren die Frauen in der Tempelanbetung radikal eingeschränkt. Sie mussten sich im Vorhof aufhalten und wurden in den Synagogen von den Männern getrennt und durften nicht laut vorlesen. Ein Rabbiner – Eliezer – machte folgende Aussage über Frauen: *„Lieber sollen die Worte der Thora verbrannt als einer Frau anvertraut werden, und wer seine Tochter die Thora lehrt, ist wie einer, der sie Lüsternheit lehrt.“*[1]

Frauen waren, wie Sklaven und Kinder, nicht verpflichtet, das Shema zu rezitieren. (Shema Yisreal) „Höre, oh Israel“ ist ein jüdisches Gebet, das als Kernstück des Morgen- und Abendgebets diente.

Als Jesus kam, ging Er gegen die kulturelle Norm vor, um den Frauen seiner Zeit das Herz des Vaters zu demonstrieren. In vielerlei Hinsicht wurden die Frauen als den Männern unterlegen angesehen, aber Jesus ehrte sie, sprach zu ihnen und zeigte ihnen als geliebte Töchter großen Respekt. Er trat in einer großen Menschenmenge hervor, um mit der Witwe von Nain zu sprechen und rief dann ihren Sohn aus dem Tod zurück (Lukas 7,11-17).

In der Synagoge legte er einer Frau die Hände auf, die 18 Jahre lang einen Geist der Gebrechlichkeit hatte (Lukas 13,12). Er nannte diese Frau eine Tochter Abrahams, eine würdige Bezeichnung für eine Frau (Lukas 13,16). Dieser Titel für eine Frau stellte sie allen Männern gleich, die durch Abraham mit Gott im Bund waren.

In Johannes 4,9-42 sprach Jesus mit einer samaritanischen Frau, was zu dieser Zeit absolut unerhört war. Dies führte zu einer gewaltigen revolutionären Begegnung, als die Jünger Jesu zurückkehrten und den Herrn mit dieser Samaritanerin sprechen sahen (Johannes 4,27). Das Zeugnis dieser Samariterin wurde von den Bürgern der Stadt so gut aufgenommen, dass sie alle kamen, um Jesus zu sehen; und das Merkwürdige ist, dass der Autor betonte, dass es das Zeugnis einer Frau war, das sie zum Glauben an Jesus veranlasste (Johannes 4,39).

Frauen, die sich in der Menstruation befanden, wurden von der jüdischen Religion als unrein angesehen, aber Jesus rief eine Frau, die ein Blutungsleiden hatte, und sagte ihr, ihr Glaube habe sie gesund gemacht (Lukas 8,43-48). Die Berührung der Frau hätte Jesus unrein gemacht, aber Jesus erklärte nachdrücklich, dass sie eine Tochter ist, deren Glaube sie gesund gemacht hat und sie in Frieden gehen solle (Lukas 8,48). Welche Güte und welches Mitgefühl Jesus dieser ängstlichen Tochter entgegenbrachte! Jeder konnte das Herz Gottes in der Person Seines Sohnes sehen.

Die Frauen zur Zeit Jesu wären in der Menge der Menschen anerkannt worden, aber nur, um von den Leitern oder den Männern verspottet oder beschämt zu werden. Jesus hat oft die Aufmerksamkeit auf bestimmte Frauen gelenkt, um ihnen Komplimente zu machen, sie zu ehren und sie als etwas ganz Besonderes zu bezeichnen!

Im Haus eines stolzen Pharisäers wandte sich Jesus an eine Frau, die als die „*Sünderin*“ bekannt war, und sagte zu Simon: „*Und indem er sich zu der Frau wandte, sprach er zu Simon: Siehst du diese Frau? Ich bin in dein Haus gekommen, und du hast mir kein Wasser für meine Füße gegeben; sie aber hat meine Füße mit Tränen benetzt und mit den Haaren ihres Hauptes getrocknet"* (Luk. 7,44). Simon hätte Jesus aus Respekt Wasser geben sollen, aber diese Frau gab Jesus aus reiner Liebe Tränen und küsste Seine Füße. In Psalm 2,12 lesen wir, dass der Sohn es wert ist, Seine Füße geküsst zu bekommen. Das ist die richtige Art von Ehre und Respekt, die einem so großen Würdenträger entgegengebracht wird. Sie nahm ihr Haar und wischte Ihm damit die Füße ab. Das Haar einer Frau ist ihre Ehre. Diese Frau demonstrierte einen schönen Akt der Anbetung, und Jesus erkannte sie an und ehrte sie vor allen Menschen. Zu einer anderen Zeit salbte eine Frau das Haupt Jesu mit einer sehr kostspieligen Salbe. Jesus antwortete, dass das, was diese Frau getan hatte, immer dann erzählt werden würde, wenn das Evangelium in der ganzen Welt gepredigt würde (Mt. 26,12.13).

Zu einer anderen Frau, die gesteinigt werden sollte, weil sie beim Ehebruch ertappt worden war, sagte Jesus freundlich und liebevoll: *„Frau, wo sind jene, deine Ankläger?"* Er trat als Beschützer für diese Frau auf (Joh. 8,3-11). Als diese Frau keine Hoffnung auf Leben hatte – und ich bin sicher, sie gab jede Hoffnung auf, und erwartete nur wovon sie wusste, dass es geschehen musste – nämlich die Steinigung und den Tod – verteidigte Jesus sie, indem Er sie als ein menschliches Wesen ehrte, das Liebe und Barmherzigkeit verdient.

In Lukas 21,1-4 zeigte Jesus Seinen Jüngern eine arme Witwe, die zwei Groschen in den Opferteller steckte, und dies zur gleichen Zeit, als die reichen MÄNNER ihre Opfergabe hineinlegten. Vielleicht war diese liebe

Schwester verlegen, als sie sah, wie Jesus Seine Jünger zum Opferteller brachte, um zu sehen, wie sie zwei Groschen in den Teller steckte, während die reichen Männer eine Menge Geld in das Opfer legten. Ich glaube, dass Jesus viel Aufmerksamkeit auf das lenkte, was Er sagen wollte. *„Wahrlich, ich sage euch allen, diese arme Witwe hat MEHR in die Schatzkammer gesteckt als ALLE ANDEREN. Sie gaben aus ihrem Reichtum, aber sie gab aus ihrer Armut alles, was sie zum Leben hatte."* Wow, was für eine Aussage, die man vor allen Leuten machen kann (Siehe Markus 12,41-44 und Lukas 21,1-4)!

Jesus nahm große Mühen auf sich, um die Würde der verschiedenen Frauen zu ehren und anzuerkennen. Die Rabbiner zu Jesu Zeiten ließen eine Frau nicht lernen, und sie würden sie sicher nicht als Jüngerinnen akzeptieren. Aber Jesus lehrte sie, erlaubte ihnen Seine Jünger zu sein und erlaubte einigen Frauen, sich um Seine Bedürfnisse zu kümmern. Jesus hatte eine Gruppe von Jüngern, die ausdrücklich „DIE FRAUEN" genannt wurden. (Lukas 23,49+55; 24,10) *„Diese gingen alle einmütig im Gebet und Flehen weiter, mit* ***den Frauen*** *und Maria, der Mutter Jesu, und seinen Brüdern"* (Apg. 1,14; Betonung von mir).

Jesus zeigte den Frauen eine solche Liebe und Barmherzigkeit, dass sie bis zum Ende Seines Lebens bei Ihm blieben, selbst unter dem Risiko ihres eigenen Lebens. *„Und Jesus schrie mit lauter Stimme und gab den Geist auf. Und der Vorhang des Tempels zerriss in zwei Stücke von oben bis unten. Und als der Hauptmann, der ihm gegenüberstand, sah, dass Er so schrie und den Geist* *aufgab, sprach er: Wahrlich, dieser Mann war Gottes Sohn. Es waren auch* ***die Frauen*** *da und schauten von weitem: Unter ihnen waren auch Maria Magdalena und Maria, die Mutter des Jakobus, des Kleinen, und des Joses, und Salome (die ihm auch folgte und diente, als er in Galiläa war) und viele andere Frauen, die mit ihm nach Jerusalem heraufgezogen waren.“* (Mk. 15,37-41 KJV übersetzt; Betonung von mir).

Diese Frauen waren bis zum Ende bei Ihm, während Seine männlichen Jünger Ihn alle verließen und wegliefen! In derselben Stunde sagte Jesus zu der Menge: *„In jener Stunde sprach Jesus zu der Volksmenge: Wie gegen einen Räuber seid ihr ausgezogen mit Schwertern und Stöcken, um mich zu fangen! Täglich bin ich bei euch im Tempel gesessen und habe gelehrt, und ihr habt mich nicht ergriffen. Das alles aber ist geschehen, damit die Schriften der Propheten erfüllt würden. – Da verließen ihn alle Jünger und flohen“* (Mt. 26,56).

Jesus stellte die Ehre und Würde der Frauen wieder her. Er behandelte sie in einer Weise, wie sie es nicht gewohnt waren behandelt zu werden. Ich glaube, Frauen und Kinder fühlten sich in der Nähe von Jesus sehr wohl. Wenn jemand eine andere Person wirklich mag, kann diese andere Person das spüren und ist deshalb gerne mit dem anderen zusammen. Jemanden zu mögen kommt aus einer ehrenhaften Haltung im Herzen einer Person heraus.

Jesus tat mehr als jeder andere Mann, um die Frauen zu ehren und ihren Status zu erhöhen. Frauen wurden im Laufe der Geschichte immer wieder beherrscht, kontrolliert und entehrt. Es ist die animalische Natur der Seele, die versucht über die Schwächeren zu herrschen, und leider kann man diese tierische Natur manchmal in Männern sehen.

So schlimm es heute bei einigen Frauen auch ist, zu Jesu Zeiten war die kulturelle Haltung gegenüber dem Weiblichen beklagenswert. In der Zeit, als Jesus auf der Erde wandelte, wurden Frauen in den Köpfen von Männern und religiösen Führern als zweitklassig, geringer und sozial minderwertig behandelt.

Jesus gab der Samariterin große Ehre (Johannes 4,1-42). Er gab der Frau, die als „die Sünderin" bekannt war, Hoffnung, Vergebung und Ehre (Lukas 7,36-50). Dann gab Jesus der Frau, die beim Ehebruch ertappt wurde, eine zweite Chance, während die anderen Männer sie nur von der Erde entfernen wollten (Johannes 8,3-11). Jesus Christus war immer ein lebendiges Beispiel dafür, wie Männer Frauen in dieser Welt behandeln sollten: Wie Söhne ihre Mutter behandeln sollten, wie Männer Frauen behandeln sollten, und vor allem, wie Männer Frauen behandeln sollten, die von anderen sehr verachtet werden.

Mit anderen Worten: Jesus zeigte, wie ein echter Mann aussieht. Ein echter Mann schützt die Würde und Ehre einer Frau. Ein echter Mann demonstriert die reine Liebe Christi vor anderen Jungen, besonders wenn es seine Söhne sind.

Ein Richter fragte einmal einen Mann, der des Sexhandels beschuldigt wurde, warum handeln Sie mit Frauen? Der Mann antwortete: *„Sie sind leichter handzuhaben als Drogen oder Waffen. Die Strafe ist nicht* *so hart, und man kann sie wie ein Tier treten, und sie werden das tun, was man von ihnen verlangt.“*

Frauen werden in der heutigen Gesellschaft fast ebenso sehr eingeschüchtert, verspottet und verlacht wie in früheren Gesellschaften. Gott hat die Menschheit nach Seinem Bild geschaffen. *„Gott schuf den Menschen nach seinem Ebenbild“* (1. Mose 1,26a). Männlich und weiblich, schuf Er sie (siehe 1. Mose 1,27). Dieses Ebenbild Gottes war männlich und weiblich. Als Jesus kam, sagte Er zu allen Menschen: *„Und der König wird ihnen antworten: „Wisst ihr es nicht? Als ihr euch um einen meiner Geringsten, meine wahren Brüder und Schwestern, gekümmert habt, habt ihr mir Liebe erwiesen“* (Mt. 25,40 TPT übersetzt). *„Dann wird er ihnen antworten: Wisst ihr es nicht? Als du dich geweigert hast, einem der Geringsten unter diesen meinen Kleinen, meinen wahren Brüdern und Schwestern, zu helfen, hast du dich geweigert, mir zu helfen und mich zu ehren“* (Mt. 25,45 TPT übersetzt).

Jesus verteidigte die Armen und Bedürftigen und hatte, auf Grund Seiner Herzenshaltung, Mitleid mit denen, auf die die Welt herabblickte. Jesus lebte in einer Welt, die in religiösem und säkularem Stolz wandelte. Ihre Herzenshaltung war voller Stolz, Kritik und Überlegenheit. Die Haltung Jesu aber war tiefe Demut und Niedrigkeit. Als sie eine Frau anbrachten, die beim Ehebruch ertappt wurde, war ihr innerer Gedanke, dass *sie schuldig sei und deshalb sterben müsse.* Es gab keinen Gedanken der Barmherzigkeit, nur Gedanken des Gerichts und der Entlarvung des Bösen im Herzen der Frau. Die innere Herzenshaltung Jesu war

Liebe und Barmherzigkeit. Er wollte ihre Erniedrigung und Verlegenheit mit Liebe bedecken.

Dann kam eine Sünderin direkt zu Jesu Füßen, weinte und goss ihre Liebe und Reue über Jesus aus. Die Pharisäer und religiösen Führer in diesem Raum hatten eine innere Haltung der Kritik, des Hasses, des Urteilsvermögens, der Härte und der Selbstgerechtigkeit. Die tiefe innere Herzenshaltung Jesu war Liebe, Barmherzigkeit, Annahme, Vergebung und Ehre. Er zeigte keine Entehrung, keinen Zorn und keine Überlegenheit gegenüber der Frau. Er versicherte ihr, dass ihre vielen Sünden alle vergeben und weggewaschen wurden.

Dann gab es die verhasste Samariterin. Das Volk Gottes behandelte sie, als ob sie alle unter einem Fluch stünden und es, von Gott verachtet und gehasst zu werden. Jesus behandelte diese Frau mit Respekt, Ehre und Wahrheit. Sie wusste, dass Dieser anders war, und dass Er sich um sie zu kümmern schien.

Dann gab es da noch die Männer und Frauen deren Verbindung niemand suchte, weil sie die Sünder waren. Jesus ging in deren Häuser, um unter ihnen zu sein und sie wissen zu lassen, dass Sein Vater die Sünder immer mit Liebe im Herzen willkommen heißt. Die religiösen Führer würden nie in die Nähe dieser Art von Menschen kommen, weil sie sie mit ihrer Unreinheit und ihrer bösen Art verunreinigen würden. Jesus ging direkt in ihre Häuser, um sie als menschliche Wesen zu ehren und ihnen zu helfen, die Güte Gottes zu schmecken. Jesus nahm Kinder, Frauen, Sklaven und Sünder auf.

Die Frau, die in das Haus von Simon dem Pharisäer kam (Lukas 7,37-50), wurde von den religiösen Führern verachtet, aber als Jesus sie ansah, muss sie Seine Liebe und Sein Mitleid gespürt haben, denn sie begann sofort an den Füßen Jesu zu weinen. Jesus fühlte Ehre und Mitleid für alle Menschen, auch für die Frauen. Als Resultat müssen sie sich in Seiner Gegenwart besonders gefühlt haben, denn das ist die Antwort auf Ehre, die man von Anderen erhält. Ehre lässt Andere besonders fühlen, denn sie ist eine tiefe, von Herzen kommende Wertschätzung für jemanden als ein Geschöpf, das Vater Gott geschaffen hat, um Seine ewige Bestimmung zu erfüllen. Eines Tages machten die Wächter unter Bezugnahme auf Jesus die Bemerkung, dass kein Mensch je so wie dieser Mann gesprochen habe (Johannes 7,46).

In diesem ganzen Kapitel haben wir uns damit befasst, wie Jesus die Frauen behandelte und wie sehr sich das von der Kultur unterschied, in der Er lebte.

Für uns machte Jesus sehr deutlich: Was wir jedem Bruder oder jeder Schwester antun, tun wir tatsächlich Jesus Christus an. Wenn ich einen anderen Menschen entehre, dann entehre ich damit das Ebenbild Gottes, denn sie wurden in SEINEM BILD gemacht. Das volle Bild Gottes kann nur dann vollständig reflektiert und gesehen werden, wenn es sich in männlichen und weiblichen Personen offenbart. Durch die große Ehre und Würde, die Jesus Christus den Frauen gab, stellte Er das wahre Bild Gottes auf der Erde wieder her.

Es gibt einige Theologen, die tatsächlich lehren, dass Adam, der Mann, der Einzige ist, der nach Gottes Ebenbild geschaffen wurde, nicht Eva. Jesus hatte eine so hohe Wertschätzung von Frauen, dass Sein Vater beschloss, Seinen geliebten Sohn durch die unwahrscheinlichste, unerwartetste Gruppe von Frauen in die Welt zu bringen. Normalerweise wurden die Namen von Frauen in einem Geschlechtsregister nicht erwähnt, aber in der Genealogie Jesu werden fünf Frauen im Besonderen genannt: *„Geschlechtsregister Jesu Christi, des Sohnes Davids, des Sohnes Abrahams. Abraham zeugte den Isaak; Isaak zeugte den Jakob; Jakob zeugte den Juda und seine Brüder; Juda zeugte den Perez und den Serach mit der* ***Tamar****; Perez zeugte den Hezron; Hezron zeugte den Aram; Aram zeugte den Amminadab; Amminadab zeugte den Nachschon; Nachschon zeugte den Salmon; Salmon zeugte den Boas mit der* ***Rahab****; Boas zeugte den Obed mit der* ***Ruth****; Obed zeugte den Isai; Isai zeugte den König David. Der König David zeugte den Salomo mit der* ***Frau des Uria****; Salomo zeugte den Rehabeam; Rehabeam zeugte den Abija; Abija zeugte den Asa;* (Mt. 1,1-7; Betonung von mir). *„Und Jakob zeugte Joseph, den Mann der* ***Maria****, von dem Jesus geboren wurde, der Christus genannt wird“* (Mt. 1,16 KJV übersetzt; Betonung von mir).

Fünf Frauen wurden in der Genealogie Jesu durch Marias Abstammung aufgelistet.

1. Tamar – beging Inzest mit ihrem Schwiegervater.
2. Rahab – eine Hure.
3. Ruth – eine Moabiterin (Gott sagte, dass für mindestens zehn Generationen kein Moabiter in Seine Versammlung kommen soll [5. Mose 23,3]).

4. Bathseba – eine Ehebrecherin.
5. Maria – eine von anderen als unmoralische Person angesehene Person mit einem unehelichen Kind.

Warum sollten diese fünf Frauen von Gott auserwählt werden? Damit Sein heiligster Same in Marias Schoß gepflanzt wird? Möglicherweise, um Seine ungeheure Gnade, Liebe und Ehre allen zu offenbaren, die glauben werden; um Seine Fülle an Barmherzigkeit und Akzeptanz zu zeigen; und vor allem, um **Seine kostbare Blutslinie** zu erweitern, die an jeden Menschen weitergegeben wird, der in den Leib Christi eingegliedert ist.

Abraham kam aus einem völlig heidnischen Hintergrund. Er heiratete seine Halbschwester. Die Mutter von Boas war die ehemalige Hure Rahab. Ruths gesamte Kultur und Nation wurde aus Inzest geboren. Salomo wurde von einer Frau geboren, deren Mann David ermordet hatte. Maria wäre von denen, die sie kannten, als schuldig, verunreinigt und unrein angesehen worden. Römer 5,6+8: *„Denn als wir noch ohne Kraft waren, da starb Christus zur rechten Zeit für die Gottlosen... Gott aber lobt seine Liebe zu uns darin: Als wir noch Sünder waren, starb Christus für uns“* (KJV übersetzt).

Liebe Schwester, lass dich ermutigen, dich zu erheben und deinen Platz in der kostbaren, heiligen und königlichen Familie Gottes einzunehmen! Der Herr Jesus, der geliebte Sohn des Vaters, schätzt und liebt dich als Frau in höchstem Maße.

Kapitel 14

Vater Gottes Sicht der Frauen

Jede Tochter wird mit einer ganz besonderen Liebe für ihren irdischen Vater geboren. Diese besondere Liebe, die unser Vater Gott Seine Töchtern gegeben hat, erfüllt tatsächlich einen tiefen Wunsch in Seinem eigenen Herzen, nämlich die kostbare Schönheit einer Vater-Tochter-Beziehung zu offenbaren. Es gibt viele Bedürfnisse, die nur ein Vater im Leben seiner Tochter erfüllen kann.

Die Frau wurde von Gott geschaffen, um die Helferin des Mannes, sein Gegenüber oder seine andere Hälfte zu sein. Das Gegenüber des Mannes zu sein bedeutet, ihm zur Seite zu stehen. In den Augen Gottes wurde die Frau nie geschaffen, um unter dem Mann zu stehen oder unterlegen zu sein. Die Herrschaft über alles, was auf der Erde kriecht, wurde sowohl dem Mann als auch der Frau gegeben (1. Mose 1,27-28). Liebe Familie Gottes, was empfindet Gott der Vater gegenüber den Frauen? Hat Er das Gefühl, dass sie still sein sollten, weil es für sie eine Schande ist in der Kirche zu sprechen? Will Er, dass alle Frauen ihren Kopf bedecken, weil sie unter der Autorität, Macht und Herrschaft des Mannes stehen? Gibt es irgendeine Stelle in der Bibel, in der uns gesagt wird, was eine Frau in den Augen Gottes sein soll?

Ja, es gibt sicherlich eine Stelle in der Heiligen Schrift, die Gottes Herz in Bezug auf alle Frauen offenbart! Sie findet sich in den Sprüchen 31,10-31. Fast das gesamte Kapitel 31 ist nur geschrieben, um uns zu offenbaren, wie eine Frau aussieht, die Gott gefällt.

Im Eröffnungsvers lesen wir, dass die Worte die König Lemuel gelehrt wurden, die Anweisungen seiner Mutter waren. *„Worte des Königs Lemuel; die Lehre, die seine Mutter ihm gab:"* Die in diesen Versen beschriebene, hervorragende Frau, die eines Königs würdig ist, ist weit mehr wert als die wertvollsten Edelsteine und Rubine der Welt. *„Wer kann eine tugendhafte Frau finden? Denn ihr Preis liegt weit über den Rubinen"* (Spr. 31,10 KJV übersetzt).

Es ist sehr interessant, dass das hebräische Wort *chayil* (Strong's Nummer 2428) mit *„tugendhaft"* übersetzt wird. Das Wort *chayil* wird in der Bibel 223 Mal verwendet. Einige der Bedeutungen dieses Wortes und die Anzahl der Male, die sie in ihrem Kontext verwendet werden, sind: Armee (56 Mal), Mann von Tapferkeit (37 Mal), Heer (29 Mal), Streitkräfte (14 Mal), tapfer (13 Mal), Stärke (12 Mal), Reichtum (11 Mal), Wohlstand (10 Mal), Macht (9 Mal), Substanz (8 Mal), Macht (6 Mal) und stark (5 Mal). Wann immer *chayil* im Zusammenhang mit Männern verwendet wird, wird es auf die verschiedenen Arten verwendet, die wir gerade aufgelistet haben. Es wird jedoch nur mit *„tugendhaft"* übersetzt, wenn es sich auf eine Frau bezieht. Der Unterschied ist deutlich erkennbar. Könnte es sich um eine Voreingenommenheit handeln, die darauf beruht, wie

Männer denken, dass Frauen sein sollten, statt darauf, wie Gott denkt, dass sie leben und sein sollten?

Lasst uns nun einen tieferen Blick auf Sprüche 31,10-31 werfen, um zu untersuchen, wie eine erfreuliche Frau und Braut in den Augen von Vater Gott aussieht.

Vers 10 – Ihr Wert liegt weit über dem von Rubinen. Männer sehen sie als äußerst wertvoll und würdig an.

Vers 11 – Ihr Ehemann hat großes Vertrauen in sie, und sein Leben wird durch ihre Gegenwart nur gedeihen.

Vers 12 – Sie tut ihrem Mann an allen Tagen ihres Lebens Gutes. Er ist gesegnet, weil sie seine Frau ist.

Vers 13 – Sie ist eine aktive Arbeiterin und sucht die besten Kleider und das, was rein und gerecht ist.

Vers 14 – Es mangelt ihr nicht an Versorgung, denn sie trägt eine himmlische Salbung der Weisheit.

Vers 15 – Sie steht früh auf und ist nicht faul, sondern sehr fleißig, und sie kümmert sich um alle, auch um diejenigen, die nicht zu ihrer unmittelbaren Familie gehören.

Vers 16 – Sie ist eine scharfsinnige Geschäftsfrau mit großer Weisheit, und deshalb ist sie in der Lage Land zu kaufen und den Gewinn immer mehr zu steigern.

Vers 17 – Sie stärkt sich selbst, damit sie keinen Schiffbruch erleidet (siehe 1. Kor 9,27). Sie ist bereit für jeden neuen Tag.

Vers 18 – Sie ist fleißig und sehr anspruchsvoll.

Vers 19 – Sie ist geschickt und sehr gebildet. Sie ist wohlhabend und sie nutzt ihren Wohlstand, um andere zu segnen.

Vers 20 – Sie ist barmherzig und kümmert sich um die Bedürftigen.

Vers 21 – Sie ist vorausschauend und sorgt dafür, dass ihr Haushalt auf jede Situation vorbereitet ist. Sie nimmt die Situation in die Hand, anstatt sich von der Situation leiten zu lassen.

Vers 22 – Sie benutzt die besten Stoffe, um schöne Kleider herzustellen; ihr Maßstab ist Exzellenz.

Vers 23 – Sie macht ihren Mann in der Stadt berühmt und wichtig. Ihr Einfluss kommt ihrem Ehemann zugute.

Vers 24 – Sie ist fruchtbar, gut organisiert und produktiv. Ihr Leben ist gewinnbringend.

Vers 25 – Sie ist eine Frau von Ehre. Sie übertrifft andere an Leistung. Sie ist stark, wenn es Zeit für Stärke ist.

Vers 26 – Ihre Zunge schweigt nicht, denn sie hat viel Wichtiges zu verkünden. Ihr Mund ist voller Weisheit und Güte.

Vers 27 – Sie ist eine gute Hausfrau und ist nicht faul, sondern voller Versorgung für ihren ganzen Haushalt.

Vers 28 – Ihre Kinder schätzen sie und erkennen an, dass sie eine gesegnete Frau ist und ihr Mann zollt ihr den gebührenden Respekt für ihre Leistungen.

Vers 29 – Sie überragt als Überwinderin und ist ein Beispiel für die Endzeitbraut auf Erden. Und viele Töchter werden durch sie zum Reichtum gelangen.

Vers 30 – Sie erkennt, dass das Äußere nur zeitlich begrenzt ist, aber die innere Haltung der Liebe und Furcht gegenüber Gott von größter Bedeutung ist.

Vers 31 – Sie hat im Königreich Ruhm erlangt.

Diese Frau, die in Sprüche 31 beschrieben wird, verkörpert all jene anderen Bedeutungen, die im hebräischen Wort *chayil* enthalten sind: fähig, Armee, Fähigkeit, reich, ausgezeichnet, voll, groß, mächtig, Macht, Reichtum, Stärke, stark, Tapferkeit, sehr mächtig, würdig, tapfer. All diese Attribute kann man in dieser göttlichen Frau sehen. Das ist die Art von Frau, die Gott gefällt. Wir dürfen nicht vergessen, dass diese Art von Frau dem Alten Bund untersteht. Die Macht, die Verheißungen und die Fähigkeiten unter dem NEUEN Bund sind viel besser und viel größer; deshalb könnte eine Frau in Christus, die als neue Schöpfung mit dem Heiligen Geist in ihrem Inneren gesehen wird, die Welt radikal und kraftvoll beeinflussen. Vater Gott sieht Seine Töchter in Seinem Sohn als ganz besonders und mächtig an.

Eine erstaunliche Illustration dessen, was Vater Gott von einer gottgefälligen, tugendhaften Frau hält, ist (so wurde die Frau von Anfang an geschaffen) eins mit Adam zu sein und mit ihm im Garten zu herrschen und zu regieren. Ihre Aufgaben und Fähigkeiten übertreffen andere bei Weitem, und sie ist fleißig, voller Weisheit, öffnet ihren Mund mit Weisheit und bringt die gesamte Stadt dazu, ihren Mann zu loben.

Liebe Tochter Gottes, du bist nicht allein dazu geschaffen ein leise sprechendes, passives, tugendhaftes, süßes, kleines, unterwürfiges Gefäß zu sein, das still sein muss, den Mann alle Entscheidungen treffen lässt und die vollständige Führung und Kontrolle über alles übernehmen lässt.

Geliebte Tochter, der Vater und der Bräutigam würden beide zu dir sagen: *„Du bist schön, meine Freundin, wie Tirza, lieblich wie Jerusalem, furchtgebietend wie Heerscharen mit Kriegsbannern“* (Hld. 6,4)! *„Wer ist sie, die hervorglänzt wie das Morgenrot, schön wie der Mond, klar wie die Sonne, furchtgebietend wie Heerscharen mit Kriegsbannern“* (Hld. 6,10)? *„Lass mich deine Gestalt sehen, Lass mich deine Stimme hören! Denn deine Stimme ist süß, und lieblich ist deine Gestalt“* (Hld. 2,14).

Du bist die Braut des Sohnes, und du bist Fleisch von Seinem Fleisch und Gebein von Seinen Gebeinen (Epheser 5,30). Du bist ein auserwähltes Gefäß, um die majestätische Herrlichkeit der Gottheit in deinem Körper und deinem Inneren zu zeigen. Du, liebe Schwester, bist mächtig in Christus, du bist stark in Christus, du bist heilig und rein in Ihm. Er ist dein Alles in Allem und Seine Stärke, Weisheit und Sein Leben sind deine Stärke, Weisheit und dein Leben!

Unser Vater befreit alle Frauen von allen religiösen Fesseln, die sie gefangen gehalten haben, indem Er uns Seine Beschreibung einer fähigen, tüchtigen und tugendhaften *„chayil“* Frau gibt.

Dieses Kapitel ist nicht dazu gedacht, Frauen schrecklichen Schuldgefühlen zu unterwerfen, betreffend ihrer Fähigkeiten eine Frau aus Sprüche 31 zu sein. Das Problem ist, dass die meisten Schriftstellen, die uns gegeben werden um die Frau zu ehren, zu erhöhen und in ihre rechtmäßige Position als Tochter von Vater Gott zu bringen, in einem negativen Licht interpretiert werden.

Wir können diese Schriftstellen daher fälschlicherweise als Offenbarung der Unzulänglichkeit und Mangelhaftigkeit der Frau betrachten. Wenn wir aber durch reine Augen schauen: *„Den Reinen ist alles rein; den Befleckten aber und Ungläubigen ist nichts rein"* (Tit. 1,15), dann können wir wahrnehmen, wie Gott wahrnimmt.

Wenn wir dagegen durch ein unreines Herz oder durch voreingenommene Augen schauen, dann ist nichts rein sondern nur negativ, und Frauen werden oft in diesem negativen Licht gesehen.

Jesus stellt Männer und Frauen in der Ehe auf die gleiche Grundlage

> *„Einige Pharisäer stellten ihn auf die Probe, indem sie fragten: „Ist es rechtmäßig, dass ein Mann sich von seiner Frau scheiden lässt?" „Was hat Moses euch befohlen?", antwortete er. Sie sagten: „Moses erlaubte einem Mann, eine Scheidungsurkunde zu schreiben und sie wegzuschicken." „Weil eure Herzen hart waren, hat Moses euch dieses Gesetz geschrieben", antwortete Jesus. „Aber am Anfang der Schöpfung machte Gott sie ‚männlich und weiblich'. Aus diesem Grund wird ein Mann Vater und Mutter verlassen und mit seiner Frau vereint sein, und die beiden werden ein Fleisch werden. Sie sind also nicht mehr zwei, sondern nur noch einer. Deshalb soll das, was Gott zusammengefügt hat, niemand trennen." Als sie wieder im Haus waren, fragten die Jünger Jesus danach. Er antwortete: „Wer sich von seiner*

Frau scheiden lässt und eine andere Frau heiratet, begeht Ehebruch gegen sie. Und wenn sie sich von ihrem Mann scheiden lässt und einen anderen Mann heiratet, begeht sie Ehebruch" (Mk. 10,2-12 NIV übersetzt).

„Um zu verstehen, was für eine mächtige Aussage Jesus hier machte, müssen wir daran erinnert werden, dass zu dieser Zeit die Scheidung zwar erlaubt war, aber nur der Mann sie einleiten konnte. Ein Mann konnte sich von seiner Frau befreien, wenn sie ihm in irgendeiner Weise missfiel. Laut Tucker1 und Liefeld hielten einige Rabbiner die Größe des Busens der Frau oder schlechten Atem für zulässige Erwägungen beim Scheidungswunsch eines Mannes. Sie konnte auch geschieden werden, wenn sie ihm das Abendessen verdarb, laut sprach oder nicht hübsch genug war. Nach der Auslegung des Zehnten Gebots durch die Rabbiner, wurde sie als ‚Besitz' eines Mannes zusammen mit seinen Ochsen und seinem Haus betrachtet (5. Mose 5,21). Auch nach dem jüdischen Gesetz wurde ein Mann nie als Ehebrecher gegen seine Frau angesehen. Aber wenn die Frau Ehebruch beging, dann gegen ihren Mann. Er hatte außerdem das Recht sie wegzuschicken, aber sie konnte ihn nie verlassen.

In der obigen Passage von Markus 10,2-12 bringt Jesus zum ersten Mal Gleichheit in die Ehe und gibt der Frau gleiche Rechte und Pflichten, die sie vorher nicht hatte. Er tat dies erstens, indem er die Idee der Scheidung völlig eliminierte, außer bei Untreue (Mt. 19,9). Dann brachte er weitere Gleichheit, indem er das Konzept einführte, dass ein Mann Ehebruch gegen seine Frau begehen könnte. Er führte die Idee ein, dass sie kein Objekt oder Besitz sei, das man benutzen und missbrauchen könne, sondern ein weiteres wertvolles menschliches Wesen, gegen das man sich versündigen könne. Schließlich förderte er die Gleichheit, indem er vorschlug, dass die Frau das gleiche Recht auf Scheidung ihres Mannes habe wie der Mann. Er deckte eine Option ab, die damals in Wirklichkeit nicht existierte, nur um den Status der Frau zu bekräftigen.“[2]

Ich möchte wiederholen, dass wir, wenn wir Jesus Christus sehen, genau das strahlende Bild von Gott dem Vater sehen (siehe Hebräer 1,3a); daher wäre die Weise, wie Jesus die Frauen behandelt hat, genau die Weise, wie der Vater über die Frauen auf der Erde empfindet.

„Die Tochter des Königs ist im Innern ganz herrlich“ (Ps. 45,13 KJV übersetzt).

Ich glaube der Vater würde zu dieser Zeit zu allen Töchtern seines Königreichs sagen: Talita Kumi! (Mädchen, steht auf!) Genau zu der Zeit, als ich dieses Buch schrieb, erhielt ich eine E-Mail von Leif Hetland mit einem Artikel aus seinem Blog. Dieser sagte Folgendes:

Gottes Erlösungsplan für Frauen

„Eine Armee von Frauen, die ihre wahrhaftigste Identität kennen, erhebt sich heute überall auf der Welt. Dies war immer Gottes Absicht. Er wollte nie, dass Frauen nach dem Sündenfall unterdrückt werden. Der Feind hat Angst davor, dass Frauen die Herrschaft übernehmen. Sie

tragen so viel Autorität und Macht in sich – so viel, dass das Ende für die Schlange kommt, wenn die Frau wieder zu ihrer Bestimmung zurückkehrt.“[3]

Psalm 68 spricht von einer mächtigen Armee; kriegführende Frauen von Zion, denen es übrig bleibt die Beute einzusammeln, „nachdem die erobernden Legionen selbst erobert worden sind“. In diesem Abschnitt werden Frauen wiederhergestellt und treten in die Heiligkeit ein. Könige und Armeen fliehen vor diesen Frauen, die das Wort des Evangeliums mit Macht überbringen.

Als die Ekklesia am Pfingsttag von unserem Vater, im Sohn, durch den Heiligen Geist, als ein Leib getauft wurde, geschahen mehrere Dinge mit dieser lebendigen, energetischen Gruppe von Gläubigen, die man eine neue Schöpfung nannte.

Nummer 1: Einhundertzwanzig waren einmütig zusammen. *„Diese alle blieben beständig und einmütig im Gebet und Flehen, zusammen mit den Frauen und Maria, der Mutter Jesu, und mit seinen Brüdern“* (Apg. 1,14). Dies schloss die Frauen ein.

„Und als der Tag der Pfingsten sich erfüllte, waren sie alle einmütig beisammen. Und es entstand plötzlich vom Himmel her ein Brausen wie von einem daherfahrenden gewaltigen Wind und erfüllte das ganze Haus, in dem sie saßen. Und es erschienen ihnen Zungen wie von Feuer, die sich zerteilten und sich auf jeden von ihnen setzten. Und sie wurden alle vom Heiligen Geist erfüllt und fingen an, in anderen Sprachen zu reden, wie der Geist es ihnen auszusprechen gab“ (Apg. 2,1-4).

Nummer 2: Am Pfingsttag waren alle an einem Ort zusammen; dazu gehörten auch die Frauen.

Nummer 3: Auf *jedem* von ihnen saßen Zungen wie aus Feuer.

Nummer 4: Der Klang des Himmels kam mit so viel Kraft, dass er von Tausenden von Menschen gehört wurde und den ganzen Ort erfüllte. Der Atem Gottes erfüllte alle, die dort versammelt waren, einschließlich aller Frauen.

Nr. 5: Alle wurden mit dem Heiligen Geist erfüllt. Niemand wurde ausgeschlossen, und es gab aus keinerlei Gründen Trennwände.

Nr. 6: Sie alle begannen mit anderen Zungen zu sprechen, wie der Geist ihnen Ausdrücke gab (Männer und Frauen).

Nr. 7: Petrus stand auf und erklärte mit Nachdruck, dass es sich um die Verheißung des Vaters handelte, die durch den Propheten Joel gesprochen wurde: *„Und es wird geschehen in den letzten Tagen, spricht Gott, da werde ich ausgießen von meinem Geist auf alles Fleisch; und eure Söhne und eure Töchter werden weissagen, und eure jungen Männer werden Gesichte sehen, und eure Ältesten werden Träume haben; ja, auch über meine Knechte und über meine Mägde werde ich in jenen Tagen von meinem Geist ausgießen, und sie werden weissagen“* (Apg. 2,17-18).

Diese Prophezeiung konnte sich erst erfüllen, als Söhne und Töchter prophezeiten! Die Töchter wurden mit dem Heiligen Geist erfüllt. Die Töchter sprachen in Zungen. Auch die Töchter prophezeiten. Goss der Vater Seinen Geist auf all diese lieben, geliebten Töchter aus, damit sie nur am Pfingsttag sprechen konnten? Und befahl Er danach, dass sie still sein und ihre geistlichen Gaben innerhalb der Kirche nie wieder einsetzen sollten? Ganz bestimmt nicht. Stattdessen aber erklärte Er in Apostelgeschichte 2,18: *„über meine Mägde werde ich in jenen Tagen von meinem Geist ausgießen, und sie werden weissagen"* (Betonung von mir). Wer hat den Mut, den kostbaren, geliebten Töchtern des Königs zu befehlen still zu sein, wenn der König ihnen befohlen hat zu sprechen?

Diese Gabe der Prophetie – ein mächtiges, gesalbtes Sprechen über die Dinge des Königreichs – war ein Hauptwerkzeug in der Hand des Geistes, um viele Gemeinden in der neuen Missionsbewegung, die am Pfingsttag ins Leben gerufen wurde, zu evangelisieren und zu gründen. Der Fortschritt der Missionsbewegung selbst hing in hohem Maße von der Bekehrung einflussreicher Frauen an strategischen Orten ab.

Wahrhaftig, der Plan Gottes für die Evangelisation konnte nicht und wäre nicht ohne die aktive Beteiligung Seiner kostbaren Mägde verwirklicht worden!

Kapitel 15

Verschiedene Arten von Missbrauch

Um eine echte Perspektive über die Schwere und Regelmäßigkeit von häuslicher Gewalt zu erhalten, muss man zunächst verstehen, dass viele Misshandlungen von den Behörden vertuscht und geleugnet werden. Im Laufe der Geschichte ist es oft vorgekommen, dass eine Frau, die persönlichen Missbrauch meldete, zurückgewiesen oder zurechtgewiesen wurde, weil sie ihn gemeldet hatte.

Paulus sagte Timotheus, dass die Kirche die Stütze und das Fundament der Wahrheit ist. *„damit du aber, falls sich mein Kommen verzögern sollte, weißt, wie man wandeln soll im Haus Gottes, welches die Gemeinde des lebendigen Gottes ist, der Pfeiler und die Grundfeste der Wahrheit"* (1. Tim. 3,15).

In dem Maße, in dem die Kirche, die Familie Gottes, in der Wahrheit wandelt, wird auch die Gesellschaft beginnen die Wahrheit zu suchen. Gottes Plan ist es, dass Seine Familie – die Kirche – die Säule und das Fundament der Wahrheit für die Gesellschaft sein soll. Wenn der Leib Christi die Wahrheit nicht annimmt und in ihr wandelt, wird die Gesellschaft anfangen zusammenzubrechen, weil die Grundsteine, die die Gesellschaft an ihrem Platz halten, zerbröckeln.

Wenn die christliche Kirche die Wahrheit durch Irrtum, Frauenfeindlichkeit und Hass ersetzt, dann werden die Folgen davon offensichtlich Missbrauch in der gesamten Gesellschaft sein.

Wenn die Lehre, die in der Kirche gelehrt und geglaubt wird, erklärt, dass die Frauen verflucht sind, dass sie von ihren Männern beherrscht und kontrolliert werden müssen, dass sie sich unterwerfen und allem dem gehorchen müssen was die Männer sagen, dass sie still sein müssen und nicht sprechen dürfen, wenn die Ekklesia zusammenkommt, dass schließlich ihre Köpfe bedeckt werden müssen, als Zeichen dafür, dass sie vollständig unter der Herrschaft ihres Mannes stehen; dann wird die Folge dieser Lehren die Auflösung der eigentlichen Säule und des Fundaments der Gesellschaft sein. Dann werden die Frauen glauben, ihre einzige Verantwortung besteht darin zu tun was ihr Mann wünscht, Kinder zu bekommen und zu Hause zu bleiben. Das wird einen Glauben in das Gewebe der Gesellschaft einfügen, dass die Frau unter dem Mann und weniger ist, und dass Gott alle Frauen als ein geringeres Geschöpf in seiner Schöpfung betrachtet.

Wenn das innewohnende Leben Christi durch das gefallene adamische Leben und dessen Natur ersetzt wird, dann ist es dem Bösen gelungen das Volk des Geistes wieder unter das Gesetz und die Vorgehensweise des Fleisches zu stellen. Wenn eine Lüge die Wahrheit, und das Gesetz die Gnade ersetzt, wird Kontrolle die Freiheit, und Furcht die Liebe ersetzen.

Da der Leib Christi auf Erden, die Ekklesia (Kirche), eine so große Verantwortung hat die Säule und das Fundament der Wahrheit in der Gesellschaft zu sein, wird ihre Verleugnung der Wahrheit in der Gesellschaft Verwirrung, Schmerz und Manipulation auslösen.

Es ist möglich, dass der größte Irrweg der Ekklesia aus einer Lüge besteht, die die Männer lehrt, dass sie über den Frauen stehen und ihnen überlegen sind. Diese Lüge hat den Männern große Macht gegeben. Macht ohne Demut wird immer zur Kontrolle führen. Ohne eine tiefe Verwandlung des Herzens, wird dieses Gefühl der Überlegenheit im Herzen eines Mannes seine Arroganz und Herrschaft über die Frauen in seinem Leben rechtfertigen. Ich glaube, dass ein großer Teil des Missbrauchs von Frauen ein Ergebnis des falschen Bewusstseins von Kontrolle und Herrschaft ist, das im Herzen der Männer wirkt. Ein Ehemann als Oberhaupt sollte sich darauf konzentrieren durch Ehrerweisung, Selbstverleugnung, eine dienende Haltung und das eigene Demütigen mit gutem Beispiel voranzugehen, um seiner Familie göttliche Weisheit zu offenbaren. Wenn ein christlicher Vater oder Pastor glaubt, dass er das Oberhaupt, der Chef oder der Hauptagierende ist, und dass seine Frau und seine Tochter ihre Köpfe bedecken und schweigen müssen, während er das Haus regiert, werden seine Einstellungen und Handlungen aus diesen Überzeugungen herausfließen. Wenn er sich selbst als jemand sieht, der von seiner Frau und seinen Kindern hochgeschätzt werden sollte, dann wird er in seinem

Denken und in seinem Herz Haltungen aufnehmen, die seine ganze Familie unterdrücken und beschmutzen.

Dieser falsche Glaube, zu Hause und in der Gesellschaft der Überlegene zu sein, wird zu vielen verschiedenen Arten des Missbrauchs führen. Im Laufe der Geschichte hing der Status von Frauen ausschließlich von ihrer Beziehung zu Männern ab. Eine Frau hat nur im Kontext der Familie Bedeutung in ihrer Rolle gefunden. Ihr Status als Frau war den Männern untergeordnet, und das ist in der Geschichte der Kirche überdeutlich. Der heilige Augustinus sagte: *„‚Die Frau sollte ihrem Mann dienen wie Gott', womit er erstens bekräftigte, dass eine Frau in keinem Lebensbereich die gleiche Macht wie ein Mann hat, und zweitens, dass Frauen unterdrückt werden sollten".*[1] Diese Lehre entsprang einem falschen Verständnis von Gottes Sicht von Eva.

In den späten 1700er Jahren schrieb Bruder Cherubino von Siena seine *Rules of Marriage (Heiratsordnung)*. In diesem Schreiben umriss er den Prozess, wie ein Ehemann seine Frau regieren sollte. Das Folgende ist seinen *Rules of Marriage* entnommen:

> *„Wenn du deine Frau ein Vergehen begehen siehst, eile nicht zu ihr mit Beleidigungen und heftigen Schlägen... schelte sie scharf, schüchtere sie ein und flöße ihr Angst ein. Und wenn das immer noch nicht funktioniert... nimm einen Stock und schlag sie ordentlich, denn es ist besser den Körper zu bestrafen und die Seele zu korrigieren, als die Seele zu beschädigen und den Körper zu verschonen...*

dann schlag sie bereitwillig, nicht aus Wut, sondern aus Nächstenliebe und Sorge um ihre Seele, damit die Schläge zu deinem Verdienst und ihrem Wohl geschehen.“ [2]

„Sir William Blackstone erläuterte – die den Ehemännern übertragenen Befugnisse – in rechtlicher und nicht so sehr in moralischer Hinsicht. Er sagte: ‚Denn da der Ehemann für ihr Fehlverhalten verantwortlich ist, hielt es das Gesetz für vernünftig, ihm diese Macht der Züchtigung anzuvertrauen, und zwar in der gleichen Mäßigung, wie ein Mann seine Lehrlinge oder Kinder korrigieren darf.‘ Er versicherte seinen Lesern, dass sich dieses Korrekturbefugnis in vernünftigen Grenzen hält. Auch wenn einige der legalisierten Züchtigungen merklich gewalttätiger als vernünftig klingen, so gab das Zivilrecht, wie Blackstone es betrachtet, dem Ehemann die gleiche oder eine größere Autorität über seine Frau, so dass er bei einigen Vergehen seine Frau mit Geißeln (Peitschen) und Knüppeln (kräftige Stöcke oder Keulen mit abgerundetem Kopf) hart schlagen konnte.

Selbst wenn ein Ehemann seine Frau tötete, wurde dies nicht als schweres Vergehen angesehen. Doch für eine Ehefrau war der Mord an ihrem Ehemann gleichbedeutend mit dem Mord an ihrem Herrn und Meister und eine Tat, die mit Verrat vergleichbar war. Ehemann und Ehefrau werden in der Sprache des Gesetzes als Baron und Femme bezeichnet. Wenn der Baron seine Femme tötet, ist es dasselbe, als ob er einen Fremden oder eine andere Person tötet, aber wenn die Femme den Baron tötet, wird dies vom Gesetz als ein viel schrecklicheres Verbrechen angesehen. Dies wird als Verrat angesehen, und so wird sie die gleiche Strafe erhalten, wie wenn sie den König getötet hätte. Das Urteil sollte vollzogen und sie bei lebendigem Leib verbrannt werden. Diese Gesetze waren über Tausende von Jahren sehr streng gegen Frauen. Viele dieser Gesetze wurden durch das Sprichwort ‚Der Mann, der nicht Herr über seine Frau ist, ist es nicht wert ein Mann zu sein' qualifiziert. Erst Ende des neunzehnten Jahrhunderts begannen die Staaten endlich davon abzurücken, die Anwendung körperlicher Gewalt durch den Ehemann zur Disziplinierung seiner Frau tatsächlich zu dulden.

Noch 1874 stellte der Oberste Gerichtshof von North Carolina fest: ‚Wenn keine dauerhaften Verletzungen, weder Bosheit, Grausamkeit, noch gefährliche Gewalt seitens des Ehemannes vorgekommen sind, ist es besser den Vorhang zu zuziehen, den Blick der Öffentlichkeit auszuschalten, und die Praktiken zu vergessen und zu vergeben.'"[3]

Missbrauch im Mutterleib

Es wurde durch viele Untersuchungen in verschiedenen Büchern, wie z.B. *The Secret Life Of The Unborn Child* (Das geheime Leben des ungeborenen Kindes) von Thomas R. Verny, nachgewiesen, dass der Fötus im Mutterleib sich fast aller Dinge bewusst ist, die sich draußen abspielen[4]. Wenn der Vater wütend ist und die Mutter schlägt oder anschreit, erhält dieses kostbare kleine Baby im Mutterleib Botschaften, die besagen: „Du bist nicht willkommen“, „Komm nicht aus dem Mutterleib“, „Wir wollen dich nicht“. Das kostbare Baby könnte schon vor seiner Geburt mit viel Ablehnung und Angst überflutet werden.

Kinder

Töchter, die in einem Zuhause aufwachsen, in dem auf Mädchen und Frauen herabgesehen wird, werden Angst empfinden und emotionale Traumata erleben. In einem solchen Zuhause könnte der Vater seine Frau leicht anschreien und schlagen, ohne zu merken, dass seine Kinder ihn beobachten. Oder der Ehemann könnte so wütend sein, dass er will, dass seine Kinder mitansehen, wie „dumm“ ihre Mutter ist. Hinter dieser tiefen, inneren Wut stehen in der Regel Geister, deren Wunsch es ist so viele Menschen wie möglich zu verletzen. Vorfälle solchen Missbrauchs nehmen in der ganzen Welt immer stärker zu.

Eine Sozialarbeiterin sagte: *„Ich habe mit geschlagenen Ehefrauen und Kindern zu tun, aber auch mit misshandelnden Ehemännern und Vätern. Viele meiner Klienten sind Christen. In einem meiner Fälle ging es um eine sanftmütige Frau, Ehefrau und Mutter von zwei kleinen Kindern, die sich erst kürzlich von einem Mann getrennt hat, der sie und ihr Kind regelmäßig und brutal schlug. Sie blieb vor allem in der Beziehung, weil ihr Pastor und viele Leute in der Gemeinde ihr dringend* *rieten ihm zu vergeben, bei ihm zu bleiben und zu beten. Leider hat die Familie dieser Frau, die ebenfalls christlich ist, sie nachdrücklich gebeten zu bleiben und ihre Ehe zu bewahren. Für sie bedeutete das Verlassen ihres Mannes also, gegen den Rat der einzigen Familie und Freunde zu gehen, die sie kannte.“* [5]

In dem Buch *Conjugal Crime* (Eheliches Verbrechen) erzählt Terry Davidson, wie ihr Vater, ein Pastor und eine Stütze in der örtlichen Gemeinde, ihre Mutter fast 20 Jahre lang schlug. Sie sagt: *„In unserem Haushalt herrschte ein heuchlerisches Umfeld. In seinem Beruf spielte mein Vater die Rolle des Mannes Gottes, und wir wagten nichts, um dieses Bild zu zerstören. Doch er glaubte auch, dass es richtig war meine Mutter zu quälen, und dass ich ihm zustimmen würde, wenn ich eine gute Tochter wäre. Ich habe nie Anzeichen von Mitleid, Trauer, Schuldgefühlen oder Verantwortungsgefühl für den Horror, den er seiner Familie zufügte, gesehen. Wir waren drei hilflose, vorsichtige Geiseln.“* [6]

Es gibt Millionen von Geschichten, die der von Terry Davidson ähneln. Millionen von christlichen Familien werden von einem Mann kontrolliert, beherrscht und terrorisiert, der aus dem Glauben heraus davon ausgeht, es sei sein gottgegebenes Recht und seine Verantwortung seine Familie auf diese Weise zu kontrollieren.

Kirche

Die nächste Art des Missbrauchs ist der versteckte Missbrauch, der in christlichen Kirchen auf der ganzen

Welt stattfindet. Sobald ein Mann glaubt, dass es die Verantwortung seiner Frau ist ihm auf jeden Fall zu gehorchen, könnte er sich berechtigt fühlen, sie und die Kinder zu missbrauchen und zu manipulieren, damit sie tun was er von ihnen verlangt. Schauen wir uns das Szenario eines jungen christlichen Mädchens an, das glaubt einen gottesfürchtigen jungen Mann zu heiraten. Sie ist so begeistert von einer gottgefälligen Ehe und dem gottgefälligen Ehemann, der Jesus liebt und sie liebt. Innerhalb der ersten sechs Monate wird ihr Mann sehr wütend auf ihre Art und schreit sie an, weil sie Fehler macht und Dinge nicht so tut, wie er es für richtig hält. Sie beginnt sich ernsthaft zu fragen, ob sie einen großen Fehler gemacht hat. Er verlangt Gehorsam und gibt ihr immer das Gefühl, dass es „ihr Fehler" ist. Verwirrung beginnt ihren Geist zu erfüllen und Angst nimmt zu, und sie merkt, dass er ihr nicht mehr so hilft wie früher, bevor sie geheiratet haben. Ihre körperliche Stärke nimmt ab, da er sie sexuell, körperlich und geistig beansprucht. Er fordert sie nun auf mehr zu arbeiten und alle seine Bedürfnisse zu erfüllen.

Inzwischen haben sie zwei kleine Kinder und die Verantwortung für die Frau nimmt immer mehr zu, aber ihr Mann verlangt immer mehr und seine Wut wird immer häufiger herausgelassen. Diese liebe Frau Gottes muss nun Dinge tun, die über ihre Fähigkeiten hinausgehen und Depression beginnt in ihre Gefühle einzudringen, da es keine Freude mehr am Eheleben gibt. Die Aufregung über einen christlichen Ehemann und eine gottgefällige Ehe ist völlig verschwunden, und der Missbrauch beginnt sowohl die Kinder als auch die Frau zu treffen.

Wo auch immer diese Frau versucht Hilfe zu finden wird sie mit dem Satz konfrontiert: „Du musst ihn nur lieben, dann wird er sich bessern, du wirst sehen“. Je mehr sie versucht ihn zu lieben, desto wütender reagiert er. Ständig wird ihr vorgeworfen keine gute Ehefrau zu sein. Ab und zu, wenn sie einfach ihre Koffer packen und gehen will, wird ihr Mann plötzlich charmant und dann denkt sie, dass sich vielleicht etwas ändern wird. Leider erkennt sie nicht, dass der Charme trügerisch ist und sein hauptsächlicher Zweck darin besteht sie noch mehr zu kontrollieren!

Diese Männer, die die Heilige Schrift zu Unrecht benutzen, um ihre Kontrolle und Herrschaft über ihre Frauen zu unterstützen, sind in einem Kreislauf des Missbrauchs gefangen. Ein großer Prozentsatz von ihnen hat gesehen, dass ihre Väter ihren Müttern dasselbe antun. Der Missbrauch in christlichen Kirchen ist weit verbreitet, nur der größte Teil davon bleibt geheim und verborgen.

Auszüge aus *Mending the Soul* (Die Seele reparieren) von Steven Tracy:

> Missbrauch ist weit verbreitet
>
> *„Wie viele, die das Glück hatten in einem liebevollen Zuhause aufzuwachsen, hatte ich eine sehr schwierige Zeit die Realität des Missbrauchs zu akzeptieren, insbesondere in christlichen Heimen. Vor Jahren, als ich ein junger Pastor in einer lebendigen Kirche war, war ich zutiefst beleidigt, als*

der Frauenkreis eine spezielle Referentin einlud, um das Thema häusliche Gewalt anzusprechen. Mir (oder den anderen) war kaum bewusst, dass einer unserer Ältesten seine Frau seit Jahren geschlagen und sie mehrmals ins Krankenhaus gebracht hatte, und dass genau zu dieser Zeit einer unserer Pastoren im Begriff war wegen schweren Kindesmissbrauchs verhaftet zu werden. Mir ist klar geworden, dass Missbrauch nicht die vereinzelte Ausnahme ist, sondern sowohl in der Kirche als auch in der säkularen Gesellschaft weit verbreitet ist. Die Beweise für diese tragische Behauptung sind überwältigend.

Häusliche Gewalt gegen erwachsene Frauen ist eine Form des Missbrauchs, die in den meisten Kulturen der Welt grassiert. Die Weltgesundheitsorganisation stellt fest, dass Untersuchungen aus allen Ländern, in denen zuverlässige, groß angelegte Studien durchgeführt wurden, zeigen, dass 16 bis 52 Prozent der Frauen von einem Intimpartner angegriffen wurden, und dass Gewalt gegen Frauen (die oft zu Hause stattfindet) eine ebenso bedeutende Ursache für Tod und Arbeitsunfähigkeit bei Frauen im reproduktiven Alter ist, wie Krebs. Häusliche Gewalt ist auch in den Vereinigten Staaten ein enormes Problem. In einem Bericht, der 1992 für den Justizausschuss des US-Senats erstellt wurde, wurden zwei US-Chirurgen-Generäle zitiert, die erklärten, dass häusliche Gewalt das größte Risiko für die öffentliche Gesundheit erwachsener Frauen in den Vereinigten Staaten darstellt. Darüber hinaus wurde häusliche Gewalt als Hauptursache für Verletzungen von Frauen im Alter von fünfzehn bis vierundvierzig Jahren genannt, die häufiger auftreten als Verkehrsunfälle, Überfälle und Todesfälle durch Krebs zusammengenommen. Das Justizministerium der Vereinigten Staaten berichtet, dass etwa ein Drittel der ermordeten Frauen vom engsten Kreis (Ehemann, Ex-Mann oder Freund) getötet wird, und die meisten Opfer von Mord an Intimpartnern werden von ihren Ehemännern getötet. Im Jahr 1998 erlebten Frauen etwa 900.000 Gewalttaten durch einen Intimpartner – eine Rate, die fünfmal höher ist als die, die Männer von Frauen erfahren. Es wird geschätzt, dass in Amerika jede dritte erwachsene Frau in ihrem Leben einen körperlichen Angriff durch einen Intimpartner erlebt.

Tragischerweise scheint die häusliche Gewalt in christlichen Häusern die hohen Raten der allgemeinen Gesellschaft widerzuspiegeln. So ergab beispielsweise Lee Bowkers Umfrage unter tausend geschlagenen Frauen aus allen Teilen der Vereinigten Staaten, dass die meisten der geschlagenen Frauen und ihre Ehemänner ‚Teil der religiösen Einrichtungen des amerikanischen Mainstream waren', und die konfessionellen Präferenzen unterschieden sich nicht wesentlich zwischen den gewalttätigen und den gewaltfreien Familien.

Körperlicher Missbrauch von Kindern und Ehepartnern ist eine große Perversion des funktionalen

Aspekts des Gottesbildes. Wir sollen für die Schöpfung als Vertreter Gottes sorgen, indem wir verantwortungsvolle Herrschaft kultivieren und ausüben. Durch körperliche Misshandlung verletzen und zerstören wir, was wir nähren, erhalten und fördern sollten. Anstatt als gnädige Vertreter Gottes zu wirken und für die Schöpfung zu sorgen, verzerrt körperlicher Missbrauch das Bild und den Charakter Gottes. Da Gott es den Kindern und Ehepartnern in das menschliche Herz gelegt hat, sich nach Liebe und Zuneigung von Familienmitgliedern zu sehnen, ist körperlicher Missbrauch durch Eltern und Ehepartner, also genau durch diejenigen, deren Hände uns streicheln sollten, äußerst destruktiv.

Verschiedene Menschen in unserer Kirche hatten mir gesagt, dass Jessica eine sehr wütende junge Frau sei, mit der es für ihre Familie schwierig sei zusammenzuleben. Eines Tages rief mich Jessicas Ehemann Don, ein erfolgreicher Restaurantbesitzer, an und berichtete, dass er und Jessica kurz vor der Scheidung stünden. Er war verzweifelt über die Aussicht seine Frau zu verlieren. Als ich nach der Wurzel des Problems suchte, sagte er, dass sie einfach nicht miteinander kommunizieren könnten, und dass sie immer wieder sehr wütend aufeinander seien. Er suchte nach Mitgefühl, indem er mir erzählte, dass Jessica ihn mehrere Wochen verlassen hatte, um bei ihren Eltern zu leben. Ich machte mir zunehmend Sorgen, als Don zugab, dass er so wütend wurde, dass er nicht mehr rational denken konnte und sich oft nicht mehr daran erinnern konnte, was er nach ihren Streitigkeiten gesagt oder getan hatte. Er erzählte mir nicht, was ich später erfuhr – er wuchs damit auf, dass er zusah, wie sein eigener Vater seine Mutter schlug. Das war sein posttraumatisches Training für das Familienleben. Was er mir auch nicht erzählte, war, dass er Jessica regelmäßig bedroht, geohrfeigt und geschubst hatte. Sie lebte in krasser Angst vor seinen gewalttätigen Wutausbrüchen, die sich noch verschärft hatten. Don hatte Jessica vor kurzem so heftig geohrfeigt, dass er ihr die Lippe spaltete und sie zu Boden schlug. Bis zu diesem Zeitpunkt waren andere Kirchenleiter einstimmig zu dem Schluss gekommen, dass Jessica einfach eine unreife Christin sei, die in ihrer Ehe kooperativer sein müsse. Die Wahrheit war, dass Jessica durch Dons körperliche und emotionale Misshandlung ein körperliches und emotionales Trauma erlebte. Auch die drei kleinen Kinder von Don und Jessica erlitten erheblichen Schaden durch ihre gewalttätige häusliche Umgebung.“[7]

Ein Auszug aus *Unholy Charade: Unmasking the Domestic Abuser in the Church:* (Unheilige Scharade: Demaskierung des häuslichen Missbrauchs in der Kirche)

Terrorisierung des Opfers

„‚Missbrauchende Menschen, die behaupten Christen zu sein, können sogar noch gefährlicher

sein als viele nicht-christliche Missbraucher. Dies ist die Art von Menschen, die Jesus in Matthäus 23,33 als ‚Schlangenbrut' bezeichnet.'

Bedrohungen und Grausamkeiten

Ein Täter kann große Grausamkeiten gegen sein Opfer ausüben, ohne es jemals zu berühren und ohne seine Stimme zu erheben. Dies kann zum Beispiel dadurch geschehen, dass er die schrecklichen Dinge, die er ihr, oder denen die sie liebt, antun wird, wenn sie ihm nicht gehorcht, detailliert beschreibt.

‚Der Missbrauch begann sobald wir verheiratet waren. Aber jahrelang habe ich mich nie getraut jemandem etwas darüber zu sagen, was passiert ist, denn er sagte, wenn ich auch nur ein Wort sage – auch unserem Pastor – würde er verschwinden, und ich würde ihn nie wiedersehen. Also schwieg ich lange Zeit einfach. Ich wünschte mir so sehr, dass unsere Ehe funktioniert und eine schöne Sache wird, die dem Herrn Ehre und Ruhm bringt, und er wusste das und benutzte diesen Wunsch gegen mich. Er sagte es gehe absolut niemanden etwas an, was sich in der Privatsphäre unseres Hauses abspiele, und wenn ich jemals etwas sagen würde, selbst im Vertrauen, um Hilfe zu bitten, wäre ich eine ungehorsame Ehefrau und in direkter Rebellion, da er es mir ausdrücklich verboten hätte. Er fügte auch immer weitere Drohungen hinzu – er sagte, dass er das Haus mit allem drin niederbrennen würde, wenn ich es jemals

wagen würde zu gehen. Er sagte, er würde mich von all unseren Konten abschneiden und dafür sorgen, dass ich keinen Cent mehr habe, und er würde mir die Kinder wegnehmen und dafür sorgen, dass ich sie nie wiedersehen würde. Er drohte auch, sich selbst – und manchmal auch uns alle – umzubringen, indem er behauptete, ich hätte ihn dazu getrieben, und einmal, auf dem Weg zur Kirche, als wir alle im Wagen saßen, fuhr er absichtlich fast von einer Brücke auf der Bundesstraße.'

Die Drohungen des Täters müssen nicht unbedingt verbal sein, manchmal können sie sogar durch einen Blick oder eine Geste übermittelt werden, die niemand außer dem Opfer versteht. Dies ist ein Grund dafür, dass die Paarberatung in einer missbrauchenden Ehe so kontraproduktiv und sogar gefährlich ist. Viel Missbrauch wird zu Hause, in der Privatsphäre des Schlafzimmers oder an versteckten Orten, an denen der Missbraucher die Umgebung kontrolliert, ausgeübt.“[8]

Schule

Mädchen können von einem Lehrer, der in seiner angestammten Blutlinie und in seinem häuslichen Leben Frauenfeindlichkeit oder Missbrauch hat, eingeschüchtert, in Verlegenheit gebracht und offen gedemütigt werden.

Wenn der Lehrer Hass auf Schwachheit hat, wird sein Sprechen und Verhalten gegenüber seinen Schülern missbräuchlich sein. Erniedrigende Reden und Gesten des Lehrers gegenüber bestimmten Schülern sind eine weitere Form des Missbrauchs. Eine unserer jungen Frauen in unserer Gemeinde wurde vor ihrer Klasse verbal gedemütigt und es wurde eine Bemerkung über ihre Brüste gemacht, die nur ein Scherz sein sollte. Später wurde dieser Lehrer von dem Mädchen mit ihren Eltern und ihrem Freund konfrontiert und nachdem er es geleugnet hatte gingen sie zur höchsten Instanz. Dann ergab sich der Lehrer schließlich der Wahrheit und bereute sein Verhalten vor der Schülerin und vor der Klasse. In den Schulen finden regelmäßig viele verbale Beschimpfungen von Lehrern und anderen Schülern statt. Hinter diesen Arten von Misshandlungen im Schulsystem steht in der Regel ein Überlegenheitsdenken.

Gesellschaftlicher Missbrauch

Es gibt eine andere Form des Missbrauchs die in die Gesellschaft eingedrungen ist, die ich als männlichen Monolog, anstelle des menschlichen Dialogs bezeichne. Es ist ein männlicher Monolog, wenn ein Mann eine andere Person (Frau oder Kinder) behandelt, als ob sie eher ein Objekt als eine reale Person wäre. Es ist ein Monolog, wenn eine Person das ganze Reden übernimmt und damit den anderen mitteilt, dass sie die wichtige Person ist, und dass die Zuhörer daher nicht wirklich wichtig sind.

Es war immer Gottes Absicht, dass eine Person einer anderen Person durch Sprache etwas kommuniziert und die andere Person ebenfalls durch Sprache antwortet – daher der Dialog. Der Dialog vermittelt der anderen Person eine

Botschaft: Du bist genauso wichtig wie ich, und wir beide sind sehr wichtige Menschen in dieser Welt. Der Dialog lässt andere wissen, dass ihre Stimme sehr wichtig ist, gibt den Menschen das Gefühl etwas Besonderes zu sein, und ermutigt sie zu sprechen und das, was ihnen auf dem Herzen liegt, mit anderen zu teilen.

Der Monolog entmutigt die Menschen und er vermittelt anderen den Eindruck, was sie zu sagen haben, ist nicht wirklich wichtig. Wenn also zum Beispiel in einer Familie der Vater das ganze Reden übernimmt, dann lautet die unausgesprochene Botschaft: „Ich spreche, und ihr hört zu.“ Dies bringt die Frau und die Kinder auf einen Weg, auf dem sie durch eine Lüge getäuscht werden. Diese besagt: „Ihr seid nicht wichtig und was ihr denkt spielt keine Rolle“. Sobald diese Lüge akzeptiert und durch Bibelstellen, die aus dem Zusammenhang gerissen sind, bekräftigt wird, werden die Mitglieder dieser Familie entmutigt sein, sich über Gott ärgern und anfangen zu glauben, dass sie nicht wichtig sind. Sie werden auch beginnen wichtige Gefühle und Lebenserfahrungen zu unterdrücken. Die Kinder in dieser Art von Familie werden sich nicht frei fühlen ihr Herz mit ihren Eltern zu teilen und so werden sie andere Menschen finden, die ihnen zuhören werden.

Kinder, die in diesen Familien aufwachsen, entwickeln normalerweise drei verschiedene Haltungen gegenüber Gott und anderen.

1. Sie beginnen Gott als gefühllos, kontrollierend und als jemanden oben im Himmel zu betrachten, der nur will, dass die Menschen ihm zuhören und

allem gehorchen was er sagt, ohne sich wirklich darum zu kümmern, was sie denken oder fühlen.

2. Sie werden ängstlich, depressiv und beginnen den Anreiz und den Wunsch zu verlieren etwas im Leben zu erreichen.
3. Sie werden wütend und gehen ihren eigenen Weg, sobald sich die Gelegenheit bietet. Sie werden rebellisch und verbittert.

Bei allen drei Reaktionen auf diese Art von familiärer Umgebung herrscht Verwirrung in Bezug auf Gottes Volk und das Leben im Allgemeinen.

Die Frau wird von der Gesellschaft als eine Non-Entität (eine Person oder Sache, die NICHTS Besonderes oder Wichtiges zu geben hat) behandelt. Sie wird als das geringere Individuum im Rahmen menschlicher Wesen betrachtet und verachtet. Ich glaube dies ist die allgemeine Haltung, die in jedem Lebensspektrum erzeugt wird und die in der religiösen, wirtschaftlichen, erzieherischen, familiären und medizinischen Welt stark ausgeprägt ist.

In einigen Kulturen kann der Missbrauch von Frauen stärker sein als in anderen Kulturen. Die Tradition hat uns gelehrt, dass der Mann wichtiger ist, mehr Verantwortung und mehr Fähigkeiten hat als die Frau, und in den meisten Fällen hat die Religion diese Denkweise bewilligt. Es ist noch nicht allzu lange her, dass sich diese Abwertung des Weiblichen zu verändern begann, und die Gesellschaft begann Frauen als gleichberechtigt mit Männern zu betrachten.

Da die Ekklesia oder der Leib der Gläubigen dazu berufen ist das Fundament und die Stütze der Wahrheit zu sein, müssen sie zuerst eine Offenbarung über den Platz der Frau in der Schöpfung aus dem Herzen Gottes haben, damit die Menschen in der Welt auch die Frauen so betrachten, wie Vater Gott sie wirklich betrachtet.

Die folgende Geschichte soll veranschaulichen was passiert, wenn Christen nicht in der Wahrheit der reinen Liebe zu allen Frauen wandeln.

> *„Endlich hatte ich den gottgefälligen Mann geheiratet, den Gott mir versprochen hat. Nun war ja mein Leben, mein Dienst und meine Familie vollständig. Nicht wahr? Falsch. Ein tödlicher Same hinsichtlich des Platzes und des Wertes der Frau war tief in mein Inneres gepflanzt worden. Ich wusste es nicht, aber all die Traditionen von Menschen, die ich in meinem Herzen empfangen hatte, waren dabei, eine zerstörerische Ernte in meinem Leben hervorzubringen. Ich überlebte kaum – weder körperlich noch geistlich. Meine Beziehung zu meinem Mann begann sich fast sofort zu verschlechtern. Mein Mann hatte deutlich gemacht, dass es keine Christen gab, die ihm heilig genug waren. Also isolierte er mich von anderen Gläubigen. Zuerst erzählte ich niemandem von dem sexuellen und verbalen Missbrauch. Schließlich hatten mir Pastoren und Propheten gleichermaßen gesagt, dass ich meinen Mann nicht sexuell betrügen dürfe. Schließlich teilte ich ihnen mit, dass mein Mann einmal während unserer intimen gemeinsamen*

Zeit schrie: ‚Ich bin Jeeeeesus!‘ Dennoch wurde mir gesagt, dass die Verweigerung von Sex mit meinem Mann eine Sünde sei.

Man lehrte mich die traditionelle Lehre, dass Unterordnung bedingungslosen Gehorsam gegenüber meinem Mann bedeutete. Sie sagten, dass Gott mich beschützen würde, wenn ich mich meinem Mann unterwerfen und ihm in allem gehorchen würde. Leider ging der Missbrauch weiter... nur jetzt bewilligte die Kirche ihn. Meine geistlichen Berater gaben mir die Schuld für die Probleme, die ich in meiner Ehe erlebte. Jeder wusste, dass Gott nicht zulassen würde, dass mir etwas Schlimmes zustößt, solange ich eine ‚unterwürfige‘ Ehefrau bin.

Dann kam die entscheidende Prüfung. Zwei Tage zuvor hatte ich einen Autounfall gehabt und mich am Rücken verletzt. Ich fühlte mich sehr müde und mein Körper schmerzte überall. Mein Mann war wie immer sehr wütend. Er schrie: ‚Ich werde dich schlagen. Und um deine Loyalität mir gegenüber zu beweisen, wirst du dich mir nicht widersetzen!‘ Jede Faser meines Wesens schrie: ‚Nein! Das ist falsch! Lauf, lauf!‘ Doch die falsche Lehre über den Platz der Frau und die Furcht Gott zu missfallen, hielt mich an Ort und Stelle fest. Alles, was ich denken konnte, war: ‚Gott wird nicht zulassen, dass er mir wehtut, weil ich eine unterwürfige Ehefrau gewesen bin‘.

Er zog einen großen Plastikkleiderbügel aus dem Schrank und begann mich gnadenlos zu schlagen. Als die Schläge auf meinen bereits verletzten Rücken zu fallen begannen, erinnere ich mich, dass ich dachte: ‚Lieber Gott, wo bist du? Bitte, bitte mach, dass er aufhört.' Mein Rücken, mein Po, meine Oberschenkel und sogar meine Waden waren schwarz, violett und geschwollen. Dann verlangte er nach Sex. Danach erinnere ich mich nicht mehr an viel. Mein Herz war taub. Ich fühlte mich verwirrt und allein. Ich war enttäuscht, dass mein himmlischer Vater mich nicht beschützt hatte. Ich war in meinem Glauben und meiner Identität in eine Krise geraten. Einige Tage später erinnerte ich mich an die Worte Hiobs: ‚Obwohl er mich schlägt, werde ich auf ihn trauen.' Ich sammelte all den Mut, den ich noch hatte und näherte mich Gott. Schließlich dachte ich, wenn er mich tötet, wäre ich nicht schlechter dran.

Ich fragte: ‚Herr Jesus, wie konntest du diese Prügel zulassen? Ich dachte Dein Wort besagt, dass ich mich meinem Mann unterordnen und ihm gehorchen sollte, als wäre er Du; und wenn er sich irren würde, würdest Du mich beschützen.' Ich begann zu weinen. Dann sprach Jesus zu meinem Herzen. Seine Stimme war traurig, aber fest. Er sagte: ‚Das ist das Problem, Tochter, du dachtest, dass Mein Wort sagt... Ich wache nur über Mein Wort, um es auszuführen... nicht über das, was die Menschen sagen, was Ich gesagt habe. Du solltest besser herausfinden, was Ich sage und Mir gehorchen.'

Von diesem Zeitpunkt an begann ich die Schriften zu durchsuchen. Zum ersten Mal beschloss ich, dass ich nur auf Gottes Wort stehen würde. Ich war überzeugt, dass ich in Bezug auf die Fragen von Unterordnung, Gehorsam, Sex und vieler anderer Dinge, die den Platz einer Frau betrafen, irgendwie getäuscht worden war. Mir wurde auch klar, dass ich eine verzerrte Sicht dessen hatte, was Gott wirklich über mich als Frau dachte.

Einige Tage später hörte ich den Herrn sagen: ‚Unterwerfe dich Gott. Widerstehe dem Teufel. Tochter, du musst dem körperlichen Missbrauch in Meinem Namen widerstehen.‘ An diesem Tag hatte ich die Gelegenheit zu beweisen, dass ich die Stimme des Herrn wirklich gehört hatte. Mein Mann drückte mich auf den Boden, klemmte mich fest und schlug mich. Er war violett vor Wut. Als er begann die Faust hochzuziehen, um mich zu schlagen, spürte ich keine Angst. Ich sagte sofort: ‚In Jesu Namen, du wirst mich nie wieder schlagen!‘

Mein Mann war so schockiert, dass er den Schlag nicht ausführen konnte. Ich war auch schockiert. Er sprang vor Wut von mir ab. Er verfluchte mich, aber er konnte mich nicht schlagen. Ehre sei Gott! Er hatte in der Tat über Sein Wort gewacht, um es auszuführen. Seit diesem Vorfall sind viele Jahre vergangen, aber mein Mann hat mich nie wieder geschlagen. Gott zeigte uns beiden, dass er diese Art der Behandlung von Ehefrauen nicht gutheißt.“ [9]

Jetzt ist es an der Zeit, dass die Wahrheit in Bezug auf diesen kostbaren und schönen Aspekt von Gottes geistlichem Ebenbild – dem weiblichen Teil – gesehen, gelehrt, erfahren und manifestiert wird. Die Kirche muss anfangen in dieser herrlichen biblischen Wahrheit zu wandeln und deshalb beginnen, das Weibliche in den Frauen und in jeder Kultur auf der Erde zu bejahen und zu ehren. Sie muss mit dem Reich Gottes auf Erden beginnen, das die Ekklesia Christi genannt wird. Fehler und Vermischungen müssen durch Wahrheit und Klarheit ersetzt werden, und vor allem muss der Hass durch reine Liebe zerstört werden. Es muss eine vollständige Verwandlung im Herzen und im Geist der Kinder Gottes stattfinden, sodass alle negativen, aber mächtigen, unsichtbaren Botschaften durch positive und reine Botschaften ersetzt werden.

Das HeartMath Institute ist berühmt für seine großartige Forschung darüber, wie die unsichtbare Welt durch unsere Gedanken, Gefühle und Herzensbotschaften beeinflusst wird. Hier sind einige Zitate aus ihren Ergebnissen: *„Jedes Herz ist elektromagnetisch mit jedem anderen verbunden. Unsere Herzen sprechen miteinander. Unser Herz sendet elektromagnetische Felder aus, die sich je nach Ihren Emotionen verändern. Das elektromagnetische Feld des Herzens kann bis zu einem Meter Entfernung gemessen werden. Negative Emotionen erzeugen ein Chaos im Nervensystem, aber positive Emotionen können Ihr Immunsystem stärken. In der fötalen Entwicklung können sich die Gehirnwellen einer Mutter mit den Gehirnwellen ihres Babys synchronisieren.*

Das Herz sendet mehr Informationen an das Gehirn als umgekehrt."[10]

Jesus sagte, dass aus der Fülle unserer Herzen alle Arten von Gedanken ständig fließen. Dies ist ein kontinuierlicher Fluss, der aus dem tiefen Inneren unseres Herzens kommt. Mein Herz kann durch meine Worte, Gedanken, Vorstellungen, Träume, Erinnerungen, Reaktionen und Urteile aus meinem Innersten hervorkommen. Was auch immer im Innern ist, fließt heraus, und das ist ein ständiges Herausströmen.

Markus 7,20 (YLT übersetzt): *„Und er sagte: „Was aus dem Menschen herauskommt, das verunreinigt den Menschen"* (auch Mt. 15,16-19).

Wenn ein Mann einen Raum mit einem Herzen voller Stolz, Unreinheit, Hass auf Schwachheit, Frauenhass und Kritik betritt, fühlen sich die Menschen in diesem Raum unbedeckt, unsicher und sogar im Geist missbraucht, ohne dass der Mann jemals ein Wort sagt.

Das Gebet: Lieber Vater Gott, ich bitte dich, dass jedes Mädchen oder jede Frau, die dieses Buch liest und körperlich oder geistig vergewaltigt oder aufgedeckt wurde und die man hat minderwertig fühlen lassen, zu heilen, zu reinigen und wiederherzustellen. Bitte reinige jede liebe Schwester, die verunreinigt wurde und sich in Gegenwart eines Mannes schmutzig gefühlt hat. Gieße Dein Öl reiner Liebe auf ihre Herzen im Namen Jesu!

Liebe Brüder und Schwestern – es gibt so viele Arten von Missbrauch mit unterschiedlichen Intensitätsgraden. Menschen, die weltweit in unserer Zeit in den Menschenhandel verwickelt sind, haben Herzen, die voller Stolz, Gier und Hass sind und bei Kindern schwere Traumata verursachen. Diese kostbaren, unschuldigen Kinder werden entführt, geschlagen, verkauft, vergewaltigt und getötet, und hinter diesem extremen Übel steht ein starker Hass auf Schwachheit, der dämonische Wesen in irdische Gefäße des Hasses eintreten lässt.

Lieber Leser, wenn ich als Christ den Hass auf Schwachheit in meinem Herzen zulasse, dann bin ich im Reich des Geistes, in geistlicher Hinsicht, mit diesen Gräueltaten verbunden.

Möge sich jeder von uns diese Fragen stellen: Was fließt gerade jetzt aus meinem Herzen? Wie nehme ich Kinder wahr? Wie denke ich über Mädchen und Frauen? Ehre ich sie gerade jetzt als meine Schwester aus meinem Herzen? Was ist die elektromagnetische Substanz meiner Botschaft an ihre Herzen? Mit anderen Worten: Was spricht mein Herz zu ihren Herzen?

Frauen wurden als das schwächere Gefäß geschaffen. Schwächer ist nicht geringer. Es ist sehr falsch, schwächer sein mit geringer sein zu assoziieren. Wenn ich denke, dass schwächer gleichbedeutend mit weniger ist, dann werde ich fälschlicherweise glauben, dass stärker gleichbedeutend mit größer ist. Vater Gott will immer, dass stärkere Gefäße schwächeren Gefäßen mehr Ehre geben. Paulus sagte den Korinthern, dass sie den bedürftigeren Gefäßen mehr Ehre erweisen sollten (siehe 1. Korinther 12,24-25).

Mehr Bedürftigkeit verdient mehr Ehre und Wertschätzung. Warum will unser Vater, dass die Stärkeren und besser Geeigneten den Schwächeren mehr Ehre erweisen? Damit es KEINE Spaltung innerhalb des Leibes gibt, sondern damit jedes Mitglied die gleiche Liebe und Sorge füreinander hat (1. Korinther 12,25).

Wenn ich den Leib nicht als EINEN sehe, dann werde ich ihn in meinem Geist aufteilen und dabei zwischen denen, die ich für wichtiger halte und anderen, die weniger wichtig sind, unterscheiden. Das ist die Trennung von der Paulus sprach. Jesu Herz der Demut soll seinen ganzen Körper regieren und deshalb sollte jedes Mitglied mehr von den anderen halten als von sich. Jedes Mitglied soll den anderen ehren, segnen und ihm durch Liebe dienen (Matthäus 11,29; Philipper 2,3; Galater 5,13). Die Ekklesia (Kirche) ist der Leib, durch den das Leben Gottes des Vaters manifestiert wird. *„Ein Gott und Vater aller, der über allen und durch alle und in euch allen ist"* (Eph. 4,6 NIV übersetzt). Weil sie das Herz des Vaters nicht kennen, werden viele Menschen das Wort des Vaters falsch interpretieren und sich täuschen lassen.

Jesus musste die Pharisäer wissen lassen, dass sie den Vater nicht kannten, und dass sie das Wort des Vaters nicht in sich trugen (Johannes 5,38+42). *„und sein Wort habt ihr nicht bleibend in euch, weil ihr dem nicht glaubt, den er gesandt hat...aber bei euch habe ich erkannt, dass ihr die Liebe Gottes nicht in euch habt."*

> *„Miriam Hirsch stellt in ihrem Buch Women and Violence (Frauen und Gewalt) fest, dass sich aus der jüdisch-christlichen Tradition heraus ein patriarchalisches System entwickelt hat, das den*

Mann über- und die Frau unterordnet. Dieses Arrangement schuf ihrer Meinung nach einen Rahmen der Ungleichheit zwischen den Geschlechtern und förderte eine ‚stillschweigende Akzeptanz von Frauenmissbrauch'.

Kathrine Saltzman stimmt zu, dass die patriarchalische Struktur die Frauen zu Opfern gemacht hat, indem sie den Glauben aufrecht erhält, dass Frauen von Natur aus böse und den Männern unterlegen sind. Die vorherrschenden jüdisch-christlichen Themen in Bezug auf die Frau sind, dass sie von Gott zum Vergnügen und zur Unterhaltung des Mannes geschaffen wurde; dass die Sexualität der Frau eine Quelle der Versuchung und des Bösen ist und dass die Herrschaft der Frau aufgrund ihrer Biologie von Natur aus begrenzt und minderwertig ist. Die jüdisch-christliche Lehre hat Frauen wie Männer davon überzeugt, dass Frauen in der Natur der Dinge minderwertige Wesen sind, deren Hauptfunktion die Fortpflanzung der Spezies ist!

Die Soziologen Susanne Steinmetz und Murray Straus kommen zu dem Schluss, dass Frauen zumindest teilweise, dank der christlichen Doktrinen, zu kulturell legitimen Objekten von Feindseligkeiten geworden sind. Viele Forscher auf dem Gebiet des Frauenmissbrauchs stehen der christlichen Kirche wegen ihrer Betonung der Unterwerfung von Frauen unter Männer äußerst kritisch gegenüber. Jesus Christus war die eine Hauptfigur in der Geschichte, die die Ehre und den

Status der Frau zur Gleichberechtigung mit den Männern angehoben hat – als besondere Schätze, die der Würde und Liebe würdig sind. Eine Studie in den Staaten des Mittleren Westens von Amerika, die frauenschlagende Männer in der Mittelschicht erforschte, sagte „Die Waffen, die neben Fäusten und Füßen benutzt wurden, waren Pistolen, Messer, ein Besen, ein Ledergürtel, eine Bürste, ein Kissen (zum Ersticken), ein heißes Bügeleisen, brennende Zigaretten und ein Stück Eisenbahnschiene, und die Angriffe dauerten zwischen 5 bis 10 Minuten und einer Stunde. Der Frequenzbereich umfasste eine tägliche Gewohnheit, einmal alle zwei oder drei Tage, wöchentlich, monatlich, einmal alle zwei Monate, viermal im Jahr.“ [11]

Das Folgende stammt von Terry Davidson, der Tochter eines Pastors, die das Buch *Conjugal Crime: Understanding and Changing the Wife Beating Pattern (Eheliche Verbrechen: Das Muster des Frauen-Schlagens verstehen und verändern)* verfasst hat: *„Wir Kinder sollten ruhig, ohne Reaktion, ohne sichtliches Zusammenzucken zusehen, wenn dieser selbstgerechte Mann meine Mutter boxte, sie schlug, trat... Es waren diese Zeiten, in denen ich den Raum nicht verlassen oder mich verstecken oder auch nur mein Gesicht bedecken durfte. Wenn ich schrie, wandte er sich gegen mich. Also stopfte ich mir die Hand in den Mund und hielt irgendwie die Zeit und die Gefühle an, bis er fertig war.“*[12]

„Von April 2014 bis März 2017 waren 73% der Opfer von häuslichen Morden Frauen.“ [13]

Liebe Schwestern, die folgenden Worte stammen von deinem wahren Ehemann und Geliebten. *„O meine Taube, in den Spalten des Felsens, an den geheimen Orten des Felsens, lass mich dein Gesicht sehen, lass mich deine Stimme hören; denn deine Stimme ist süß, und dein Gesicht ist lieblich“* (Hld. 2,14 NKJV übersetzt).

„Der, den ich liebe, ruft zu mir. Erhebe dich, meine Liebste. Beeile dich, meine Liebste. Komm mit mir fort! Ich bin gekommen, wie du es verlangt hast, um dich an mein Herz zu ziehen und dich hinauszuführen. Denn nun ist die Zeit gekommen, meine Schöne“ (Hld. 2,10 TPT übersetzt).

Liebe geliebte Tochter Gottes: War dein Vater ein liebevoller Vater, der dich bedeckte, dich ehrte und dir das Gefühl gab, etwas Besonderes zu sein? Oder war er ein Kommandant, ein General, der das Kommando über dich übernahm und dein Chef und Vorgesetzter war, bei dem du es nicht wagen würdest, ungehorsam zu sein? Dein himmlischer Vater ist voller Mitleid und reiner Liebe für dich. Nur für dich, als Seinem geliebten Kind. Empfange Seine alles verzehrende, schmelzende Liebe! Er wird freundlich mit dir sprechen und wird dich – Seine geliebte Tochter – nicht anschreien oder anbrüllen.

Kapitel 16

War Paulus ein Misogynist?

Das Wörterbuch definiert Misogynie als „die Abneigung, Verachtung oder tief verwurzelte Vorurteile gegenüber Frauen“. In diesem Kapitel werden wir uns eingehend mit der Misogynie (Frauenhass) und ihren Auswirkungen auf Frauen und Gesellschaft befassen. Obwohl viele Menschen die Bedeutung des Begriffs nicht kennen, sind ihre Lebenserfahrungen oft mit Frauenhass im Unterbewusstsein verbunden. Wenn Menschen die Heilige Schrift so interpretieren, dass sie Gott – oder einen Seiner Leiter, wie den Apostel Paulus – als einen Frauenfeind darstellt, hat dies leider einen großen Einfluss auf ihren Bezug zu Gottes Person.

Es gibt noch ein anderes wichtiges Wort, das viele Menschen in unseren Kulturen beeinflusst, und das ist *Narzissmus*. Die Definition des Wörterbuchs lautet: „Übermäßiges Interesse oder Bewunderung seiner selbst und seiner physischen Erscheinung“. Narzissten wünschen sich vor allen Dingen bewundert zu werden. Sie werden viele Beziehungen haben, in denen sie versuchen dieses unbewusste Bedürfnis zu erfüllen. In ihrem Buch *Christian Men Who Hate Women* (Christliche Männer, die Frauen hassen) weist Dr. Margaret Rinck darauf hin, dass Frauenhasser ihre Frauen offenbar mehr kontrollieren müssen, als dass sie ihre Bestätigung oder Bewunderung brauchen. Dr. Rinck schreibt über Frauenhasser: *„Im Gegensatz zu wahren Narzissten sind sie in der Regel in der Lage eine langfristige Bindung an eine Frau aufrechtzuerhalten. Diese Männer handeln sowohl liebevoll als auch hasserfüllt mit gleicher Leidenschaft, sodass die Frau durch die Doppelbotschaften in ihrer Beziehung verwirrt wird“*.[1]

Laut Dr. Susan Forward *„konzentrieren Misogynisten ihre Grausamkeit und ihr destruktives Verhalten fast ausschließlich auf ihre Ehefrauen. Einerseits behaupten sie ihre Frau leidenschaftlich zu lieben, handeln aber auf eine Weise, die die Behauptung negiert[...].“*[2] Oft wird ein christlicher Mann der Frauenhass im Blut hat, der regelmäßig zur Kirche geht und glaubt, dass er zur Herrschaft über seine Frau berufen ist, in der Kirche und in der Öffentlichkeit ein charmantes, höfliches Verhalten an den Tag legen. In der Stille seines eigenen Hauses aber wird sein Verhalten gegenüber seiner Frau hart und schneidend sein. Dieses Verhalten zu Hause wird dazu führen, dass sich seine Frau unsicher und unerwünscht fühlt, und zu oft wird sie der Lüge glauben, das sei ihre Schuld.

Mein Dienst überall in den Nationen, an Menschen, die unter der Last der Frauenfeindlichkeit leiden, hat mich gelehrt einige der Hauptmerkmale des misogynistischen Verhaltens zu erkennen. Frauenhass hat äußerliche Handlungen und innere Einstellungen. Die äußeren

Handlungen verletzen und verursachen große Schmerzen, aber die inneren Einstellungen verursachen auch große Schmerzen und Angst und schaffen dazu noch eine Atmosphäre, der es an göttlicher Gegenwart fehlt.

Misogynie: Äußerliche Aktionen

1. Harte Worte werden häufiger zur Frau gesprochen als zu den Kindern.
2. Sehr wenige Blicke von Liebe oder Ehre für die Frau. Ein freundlicher Blick, ein Lächeln und ein Kuss können eine Frau so tief berühren!
3. Sehr wenige Küsse während des Tages. Normalerweise keine!
4. Fast keine freundlichen Worte während der ganzen Woche.
5. Gesten und Worte, die die Frau (manchmal auf nette Weise) niedermachen, aber es wird der Frau sehr gut vermittelt, dass er sozial, intellektuell und finanziell über ihr steht.
6. Muss das letzte Wort in einer Debatte oder einem Streit haben.
7. Er ist beim Sex gewöhnlich sehr rücksichtslos gegenüber der Frau, da er nicht spürt, dass sie ein Wohlgefühl braucht, oder dass sie sensibel ist und Privatsphäre braucht. Dies ist eine sehr feinfühlige Zeit für eine Ehefrau und es sollte eine ganz besondere Zeit des Tages sein!
8. Es gibt fast keine äußerlichen Worte oder Taten, die die tiefen, zarten Bedürfnisse desjenigen

berücksichtigen, den Gott ihm als geliebten Ehepartner und schwächeres Gefäß gegeben hat.

9. In vielerlei Hinsicht wird er ihre Schwäche ausnutzen: Finanzen, Auto, Dinge im Haus, die repariert werden müssen, usw. Es gibt viele Dinge, für die sie von ihm abhängig ist, weil sie diese nicht tun kann (das bedeutet nicht, dass er sie tun muss, aber es liegt in seiner Verantwortung dafür zu sorgen, dass sie getan werden).
10. Seine Bedürfnisse stehen immer im Vordergrund; es ist daher sehr klar was er braucht, um seine Lebensaufgaben zu erfüllen. Gleichzeitig wird er die Bedürfnisse seiner Frau im Grunde ignorieren.
11. Ein Zeitraum von 24 Stunden wird so aufgeteilt, dass er viel Zeit für sich selbst hat und die Frau oft die Bedürfnisse der Kinder erfüllen muss; und er gibt ihr nur sehr wenig Zeit am Tag.
12. Wenn er zu einer Verabredung, einer Veranstaltung, einem Abendessen usw. zu spät kommt, schenkt er dem wenig Aufmerksamkeit, aber wenn seine Frau zu spät kommt ist er sich dessen sehr bewusst!
13. Er verlangt, dass seine Mahlzeiten strikt pünktlich sind.
14. Es ist ihm normalerweise äußerst wichtig, dass seine Mahlzeiten stets warm sind, wenn er zum Essen erscheint.

Misogynie: Innere Einstellungen

1. Eine tiefe, innere Frustration im Ehemann, die ohne ersichtlichen Grund einfach da ist. Diese Haltung sagt zu ihm: „Schau deine Frau nicht an.“
2. Eine unangenehme häusliche Atmosphäre, die die Familie, insbesondere die Ehefrau, bewusst wahrnimmt und in der sie das Gefühl hat, dass jeden Moment etwas explodieren wird.
3. Die Frau fühlt sich nicht besonders, weil sie keine Ehre vom Ehemann erhält. Oftmals hat sie sich nie besonders gefühlt, wenn sie mit ihrem Mann zusammen ist! Das liegt im Unterbewusstsein und nicht im Bewusstsein. Der Ehemann ist sich dessen völlig unbewusst und die Frau hat meistens Angst ihrem Mann mitzuteilen, dass sie sich so fühlt, weil er denkt, dass sie übertreibt.
4. Die entehrenden, frauenhassenden Einstellungen des Ehemannes sind so tief und häufig, dass er sich ihrer nicht bewusst ist, aber sie geben der Frau oft das Gefühl weniger (nicht schwächer, sondern geringer) zu sein, und durch kleine Bemerkungen von seiner Seite wird sie sich noch dazu dumm oder unreif fühlen.
5. Die kraftvolle, explosive und romantische Zeit von Sex hat sehr wenig Romantik, weil der Ehemann egoistisch ist und seine Frau in Zeiten der Intimität nicht über sich selbst stellt (Zeiten, in denen er seine Frau einfach nur in den Armen hält, sind

sehr selten; die meisten Frauen lieben es, wenn ihr Mann sie einfach nur an die Brust hält).

6. Oft hat die Frau mit Gefühlen von Angst oder Wut zu kämpfen, wenn sie und ihr Mann miteinander reden – je nach ihrem Temperament. Wenn sie ein schwächeres Temperament hat, könnte sie leicht in eine Depression geraten und wenn sie ein stärkeres Temperament hat, könnte sie ihm mit Wut oder Vergeltung widerstehen.
7. Depressionen in der Seele der Frau werden oft durch das Gefühl der Nutz- oder Wertlosigkeit verursacht, das ihr Mann ihr vermittelt hat.
8. Die Frau hat Mühe damit sich wichtig zu fühlen – egal was sie tut oder ist – weil sie als Frau und als Ehefrau fast keine Ermutigung und Bestätigung von ihrem Mann erhält.
9. Die Frau hat viele tiefe innere Gedanken und Gefühle, im Geist unbedeckt zu sein – einfach, weil sie im Geist unbedeckt IST.
10. Die meiste Zeit fühlt sich der Ehemann nicht bestätigt (einfach weil der Frauenhass in seinem Blut buchstäblich nach Bestrafung schreit und im Raum des Geistes „schuldig“ über ihm ausruft), aber er wird versuchen diese Leere in seinem Inneren mit vielen Dingen in seinem Leben zu füllen (Arbeit, Geld, Unternehmungen, Sport, Drogen, Essen, Freundschaften usw.).
11. Weil der Herr versprochen hat, die Antworten auf die Gebete eines Ehemannes, der seine Frau

nicht ehrt, abzuschneiden, bekommt er fast keine Gebetserhörungen.

12. Er hat fast keine Macht und Autorität im Geist seine Familie zu beschützen, und das dämonische Königreich weiß das über ihn. Die Misogynie in seinem Blut hindert ihn daran zu glauben, dass Gott ihm überragende Autorität über ALLE Macht des Feindes gegeben hat (insbesondere über die Macht, die gegen seine Frau und seine Kinder kommen wird).
13. Wenn Ehemann und Ehefrau mit anderen Menschen zusammen sind (besonders wenn es sich um Familienmitglieder oder Freunde handelt, die Frauenhass in sich haben), fühlt sich die Frau sehr unbehaglich und unbedeckt im Geiste. Er tritt nicht für sie ein, wenn Familienmitglieder oder Freunde etwas sagen, das sie erniedrigt.

Ich muss erwähnen, dass dieser Hass auf das Weibliche auch in einer Frau vorhanden sein kann. Es gibt also Zeiten, in denen eine Frau ihren Mann mit Rebellion und Kontrolle überwältigt und ihn dazu manipuliert, das zu tun was sie will. Diese Art von rebellischem Verhalten kann eine versteckte Ursache für Verwirrung, Lernschwierigkeiten und sogar finanzielle Probleme im Haushalt sein!

Misogynie, die bei einem Vater nicht überwunden wurde, wird normalerweise auf seine Söhne übergehen oder, wenn er keine Söhne hat, auf seine Töchter. Diese Einstellungen werden oft durch familiäre Geister hervorgerufen. Wenn eine Person gläubig ist, kann sie die Übereinstimmung mit den alten, vertrauten Geistern des Frauenhasses brechen und mit dem Herzen Gottes übereinstimmen: Dem Heiligen Geist und Seiner reinen Liebe! Der Heilige Geist wird dann Christus in Seiner Reinheit im Leben dieses Menschen offenbaren. Ein ausgezeichnetes Buch, das die Natur des Frauenhasses im Christentum erklärt, ist *Christian Men Who Hate Women* von Dr. Margaret J. Rinck.

Eine falsche Interpretation der wahren Bedeutung der Heiligen Schrift oder eine falsche Betonung dessen, was vermittelt werden soll, wird die Menschen zu dem Glauben bringen, dass Gott und Paulus Frauenfeinde sind. In den heutigen kulturellen Umfeldern kann frauenfeindliches Verhalten einfach deshalb ignoriert und akzeptiert werden, weil es so üblich geworden ist. Ein Wort, das zur falschen Zeit gesprochen wird, ein Witz, der wehtut, eine Herabwürdigung, eine Geste, die ein negatives Gefühl gegenüber einer Person vermittelt und viele andere Dinge sind in den meisten Gesellschaften so üblich geworden, dass diese Art von frauenfeindlichem Verhalten als normal und akzeptabel angesehen werden kann und uns für den Hass, aus dem das hervorgeht, blind macht.

Als Beispiel für eine falsche Betonung und Auslegung der Heiligen Schrift haben wir 1. Mose 3,16: *„Und zur Frau sprach er: Ich will die Mühen deiner Schwangerschaft sehr groß machen; mit Schmerzen sollst du Kinder gebären; und dein Verlangen wird auf deinen Mann gerichtet sein, er aber soll über dich herrschen!“* Wie ich in diesem Buch bereits bewiesen habe, wäre eine genauere Wiedergabe dieser Schriftstelle: „Eine Schlinge hat deinen Kummer und dein Seufzen verstärkt. Du wendest dich an deinen Mann, und deshalb wird er über dich herrschen." Das erste klingt wie ein zorniger Gott, der Seine Tochter verflucht und sie für den Rest ihres Lebens bestraft. Das zweite klingt wie ein liebender Vater, der Seiner Tochter die Wahrheit sagt.

Die Bibel spricht davon, vom Teufel gefangen zu sein. *„Sicherlich wird er dich aus der **Schlinge** des Jägers und von der lästigen Pest befreien"* (Ps. 91,3 KJV; Betonung von mir).

Ein weiteres Beispiel ist 1. Timotheus 2,11 (KJV übersetzt): *„Lass die Frau lernen in der Stille und in aller Unterordnung."* Wenn die Betonung auf *aller Unterordnung* liegt, würde es sich so anhören, als ob Paulus sagt, diese Frau müsse absolut still sein und ihren Platz in völliger Stille einnehmen. Aber Paulus sagt seinem geliebten Sohn Timotheus wirklich, dass er diese Frau als aufmerksame Schülerin lernen lassen will. Die Betonung sollte auf der Tatsache liegen, dass Paulus die Frau zum Lernen ermutigt, was in dieser Kultur als absolut inakzeptabel angesehen wurde.

In Vers 14, in dem Paulus sagt: *„Adam wurde nicht verführt, sondern die Frau..."*, könnte die Betonung darauf gelegt werden, dass Adam nicht verführt wurde, die Frau aber törichterweise getäuscht wurde. Aber in Wirklichkeit hat die Frau aus der Verführung heraus gegessen, und Eva war ehrlich zum Herrn als sie sagte: *„Die Schlange hat mich verführt"* (1. Mose 3,13). Gleichzeitig wurde Adam nicht verführt und er nahm keine Schuld auf sich, sondern gab Gott und der Frau die Schuld (Römer 5,14; Hiob 31,33; Hosea 6,7).

War Paulus ein Frauenhasser?

Zunächst ist es wichtig die Zärtlichkeit und Liebe zu verstehen, die der Apostel Paulus in seinem Herzen trug. Als er die Ältesten in Ephesus warnte, tat er das mit vielen Tränen. Er war besorgt über die falschen Lehrer, die in ihre Mitte kommen würden. *„Darum wacht und denkt daran, dass ich drei Jahre lang Tag und Nacht nicht aufgehört habe, jeden Einzelnen unter Tränen zu ermahnen"* (Apg. 20,31). Als Paulus im Begriff war diese Bekehrten zu verlassen, wurden sie alle von Schmerz und Trauer über den Weggang ihres geliebten Paulus heimgesucht. *„Und nachdem er dies gesagt hatte, kniete er nieder und betete mit ihnen allen. Da weinten alle sehr, fielen Paulus um den Hals und küssten ihn, am meisten betrübt über das Wort, das er gesagt hatte, dass sie sein Angesicht nicht mehr sehen würden. Und sie geleiteten ihn zum Schiff"* (Apg. 20,36-38). Es ist offensichtlich, dass zwischen Paulus und diesen Gläubigen aus Ephesus ein tiefes Band der Liebe bestand.

In Apostelgeschichte 21,1a (AMP übersetzt) lesen wir: *„Als wir uns von ihnen losgerissen hatten und in See stachen."* Dies zeigt, dass in Paulus so viel Liebe steckte, dass es den Ephesern schwerfiel ihn zu loszulassen. Es muss eine herzzerreißende Szene gewesen sein, all diese Gläubigen weinen und diesen Mann Gottes küssen zu sehen. Das steht in direktem Kontrast zu einem Frauenhasser, der nicht über einen anderen heult und weint, und andere heulen und weinen niemals wegen ihm. Wenn jemand, der Frauen hasst zum Beispiel wegfährt oder auf eine Reise geht, wird seine Familie ihn nicht vermissen und wahrscheinlich von einem Gefühl der Erleichterung erfüllt sein. Aber die Heilige Schrift zeigt uns deutlich, wie sehr die Gläubigen über die Abreise des Paulus traurig waren, weil sie ihn nicht wiedersehen würden. Sie waren so berührt von ihm, seiner Liebe zu ihnen und der Atmosphäre, die er ihnen brachte, dass sie weinten und weinten. Das ist nicht das Verhalten eines Frauenhassers. Leider ist das bei einem Misogynisten genau das Gegenteil – die Leute vermissen ihn nicht und fühlen sich in seiner Gegenwart auch nicht wohl.

Außerdem sagte Paulus den Korinthern, dass er ihnen mit tiefem Schmerz und vielen Tränen schrieb (siehe 2. Korinther 2,4). Zum Leib Christi in Philippi sagte Paulus, dass er sich mit der Liebe Christi in seinem Herzen nach ihnen sehnte. *„Denn Gott ist mein Zeuge, wie sehr ich mich nach euch sehne mit der ganzen Zuneigung Jesu Christi“* (Phil. 1,8 NKJV übersetzt). Das Wort, das Paulus für Zuneigung verwendet, bezieht sich eigentlich auf die inneren Gefühle von Jesus Christus selbst.

Bei den Thessalonichern fühlte sich Paulus wie eine stillende Mutter, die ihre Babys stillt: *„sondern wir waren liebevoll in eurer Mitte, wie eine stillende Mutter ihre Kinder pflegt“* (1. Thess. 2,7). Paulus hatte eine tiefe Sehnsucht mit seinen geistlichen Kindern zusammen zu sein; und das konnte man in mehreren seiner Briefe sehen. Eine zärtliche, freundliche Sehnsucht danach, mit seinen

Kindern zusammen zu sein, ist keine Beschreibung eines Frauenhassers!

Viele Frauen waren mit dem Leben und dem Dienst des Paulus verbunden, wie ich auf den nächsten Seiten zeigen werde. Auch der Meister des Paulus, Jesus Christus, hatte viele Jüngerinnen, die Teil seines Dienstes waren.

„Und es geschah danach, dass er von Stadt zu Stadt und von Dorf zu Dorf zog, wobei er das Evangelium vom Reich Gottes verkündigte; und die Zwölf waren mit ihm, und auch etliche Frauen, die von bösen Geistern und Krankheiten geheilt worden waren: Maria, genannt Magdalena, von der sieben Dämonen ausgefahren waren, und Johanna, die Frau Chusas, eines Verwalters des Herodes, und Susanna und viele andere, die ihm dienten mit ihrer Habe" (Luk. 8,1-3).

„Es folgte ihm aber eine große Menge des Volkes, und dazu Frauen, die ihn auch beklagten und betrauerten" (Luk. 23,27).

Jesus ließ offensichtlich viele Frauen in Sein Leben hinein, wobei es immer darum ging ihnen die Liebe und das Mitgefühl Seines Vaters zu offenbaren. Paulus tat dasselbe wie sein Meister. Paulus respektierte einen Diakon oder Pastor namens Phoebe zutiefst. Paulus verwendet das Wort „diakonos" in Bezug auf Phoebe, das 23 Mal in seiner Referenz mit Pastor übersetzt wird, aber in Römer 16,1 – der einzigen Stelle, an der es in Bezug auf eine Frau verwendet wird, entschieden sich die Übersetzer stattdessen für das Wort „Diener".

Eddie Hyatt teilt mit: *„Der bekannte evangelische Theologe E. Earl Ellis schrieb: ‚Diakonos wird in den*

Briefen des Paulus häufig für diejenigen verwendet, die einen Dienst in Lehre und Predigt ausüben. Dieser Titel wird Paulus und einer Reihe seiner Mitarbeiter gegeben, die auf kontinuierlicher Basis als Wandermissionare oder als Mitarbeiter in örtlichen Gemeinden tätig sind. Von der modernen Funktion her entspricht er am besten der modernen Bezeichnung ‚Pastor'. Paulus sagte auch, dass Phoebe für viele und auch für mich eine ‚Prostatis' gewesen sei. Die King James- und New King James-Versionen übersetzen das Wort als ‚Helferin', aber Thayers griechisch-englisches Lexikon sagt, dass sich die Prostatis auf eine Frau bezieht, die über andere gesetzt ist, und dass dies Phoebe als Hüterin, Beschützerin und Wohltäterin beschreibt. Das Vines Expository Dictionary of New Testament Words sagt, dass ‚Prostatis ein Wort der Würde ist und die hohe Wertschätzung anzeigt, mit der sie betrachtet wurde'"[3].

Eine weitere enge Freundin von Paulus war Priscilla und ihr Ehemann Aquila. In seinen Briefen erwähnt Paulus dieses Paar immer gemeinsam und oft wurde sie in der Reihenfolge ihrer Erwähnung zuerst genannt. Damals war es üblich, dass der Mann zuerst erwähnt wurde und nicht die Frau, wenn von einem Paar die Rede war. Es ist daher sehr wahrscheinlich, dass Priscilla die Hauptrednerin, wenn nicht sogar die Leiterin des Dienstes, war. In Römer 16,13 sendet Paulus einen Gruß: *„Grüßt Rufus, den Auserwählten im Herrn, und seine Mutter, die auch mir eine Mutter ist."* Offenbar betrachtete Paulus Rufus Mutter auch als seine geistliche Mutter. Paulus spricht von vielen

Frauen, die mit ihm als Mitarbeiterinnen am Evangelium arbeiteten (Apostelgeschichte 18,26; Römer 16,4; 16,2; 16,7; Philipper 4,3).

In Apostelgeschichte 16,15 lesen wir von Lydia, die offenbar die Leiterin der Gemeinschaft in Philippi war. Es wäre völlig unvernünftig zu glauben, dass Lydia schweigen und nicht an der Versammlung teilnehmen würde, wenn sich die Leute in ihrem Haus trafen. Es macht viel mehr Sinn zu glauben, dass sie entweder die Leiterin oder eine Hauptteilnehmerin an jeder Versammlung war.

In 2. Timotheus 2,2 sagt Paulus: *„Und was du von mir gehört hast unter vielen Zeugen, das befehle treuen Männern an, die fähig sein werden, auch andere zu lehren"*. Leider auch hier sollte das Wort Männer, das King James und viele andere Versionen verwenden, mit „Menschen" übersetzt werden. Paulus sagte Timotheus also eigentlich, er solle Männer und Frauen lehren, die treue Nachfolger des Herrn Jesus waren und ihrerseits in der Lage sein würden, anderen die Dinge Gottes zu lehren.

Wie bereits in den vorhergehenden Kapiteln in 1. Korinther 14,35 offenbart wurde, war es nicht Paulus der sprach, sondern es war Paulus der sie zitierte und dann mit einer sehr starken Zurechtweisung reagierte, die wir in den Versen 36 und 37 deutlich sehen.

Paulus Grüße

Schon allein durch die Art der unglaublichen Grüße des Paulus in Kapitel 16 des Römerbriefes offenbart Paulus sein zartes Herz und seine tiefe Wertschätzung, sowie den

Respekt für viele seiner Schwestern im Herrn. Man kann einen erhellenden Blick auf die Liebe des Paulus zu den Frauen bekommen, wenn man nur seine Grüße an sie in Rom liest.

Gegen Ende dieses Kapitels ermutigt Paulus alle, einander mit einem reinen Kuss der Liebe zu grüßen. Gerade dieses eine Kapitel am Ende des Buches der Römer offenbart deutlich das Herz eines liebenden Vaters und nicht eines Frauenhassers. In diesem Gruß des Apostels sehen wir keine Unterscheidung nach dem Geschlecht. Man kann dieses Kapitel nicht lesen, ohne tief beeindruckt zu sein von der Anzahl der Frauen die Paulus erwähnt, insbesondere angesichts der damaligen Kultur. Frauen nehmen im Neuen Testament eine herausragende Stellung ein und sie waren sehr hilfreich bei der Förderung des Evangeliums vom Königreich.

Paulus machte sehr deutlich, dass das Kreuz die Menschheit von ihrer Vergangenheit trennte und die Auferstehung der Beginn einer neuen Lebensweise für alle war, die glauben würden. Er hatte auch eine große Offenbarung über die neue Schöpfung oder die neue Menschheit, in der Jesus Christus der Erstgeborene ist (Offenbarung 1,5; Kolosser 1,15+18). Jesus wird als der Letzte Adam und der Zweite Mann bezeichnet. Der Zweite Mann bedeutet, dass Er der Beginn einer neuen Menschenrasse ist und der letzte Adam bedeutet, dass Er die ganze adamische Rasse in Sich aufnahm, als Er zum Kreuz ging.

Paulus war sich immer bewusst, dass all das, was uns in dieser Welt unterscheidet, in Christus beseitigt werden sollte, damit der Schwerpunkt nur auf der neuen Schöpfung liegt. Bei all den Unterscheidungen und der hierarchischen Hervorhebung, die Frauen erniedrigt und Männer zur Zeit der Paulus-Briefe erhoben haben, ist es ziemlich erstaunlich den folgenden Vers zu lesen: *„Da ist weder Jude noch Grieche, da ist weder Knecht noch Freier, da ist weder Mann noch Frau; denn ihr seid alle einer in Christus Jesus"* (Gal. 3,28).

Paulus zeigte große Wertschätzung für Mitarbeiterinnen, Prophetinnen, Lehrerinnen und auch *chayil* Frauen aus dem Alten Testament, mit denen er sehr vertraut gewesen wäre. Es ist wichtig, die chayil Frau zu erwähnen, von der an Orten wie Sprüche 31,10 gesprochen wird: *„Wer kann eine tugendhafte Frau finden? denn ihr Preis ist weit höher als der von Rubinen."* In der King James-Version wird das Wort tugendhaft verwendet, aber das Wurzelwort *chayil* hat viel mehr kraftvolle und ausdrucksstarke Bedeutungen, die mit Wundern, Energie und Leben erfüllt sind.

Aber all diese anderen Bedeutungen werden diesem Wort *chayil* nur dann gegeben, wenn es in Bezug auf einen Mann verwendet wird. Es gibt mehrere Stellen in vielen Übersetzungen, die einem Wort eine völlig andere Bedeutung geben, wenn es sich auf einen Mann bezieht, als wenn es sich auf eine Frau bezieht! Dies scheint in den Bibelübersetzungen eindeutig eine Voreingenommenheit gegenüber Frauen zu offenbaren.

Der nächste Punkt ist sehr aufschlussreich hinsichtlich der Haltung des Paulus gegenüber Frauen. Jedes Wort, das Paulus zu der Ekklesia sagte, hätte auf jedes Mitglied des Leibes zutreffen müssen. Das ist sehr wichtig und wir dürfen nie den Wert seiner Bedeutung unterschätzen, denn jeder Christ hat einen wichtigen und notwendigen Platz in der Ekklesia. Alle „einander" Ausdrücke, die Paulus in seinen Schriften verwendet, beziehen sich auf alle Frauen und auch auf alle Männer im Leib.

Einige „einander" Schriftstellen in Paulus Briefen (alle Betonungen von mir)

„So sind wir, die wir viele sind, ein Leib in Christus, und ***ein jeder*** *ist ein Glied* ***des anderen****"* (Röm. 12,5 KJV übersetzt). Jede Frau ist ein Glied eines jeden Mannes im Leib Christi.

„Seid einander freundlich und brüderlich verbunden, in brüderlicher Liebe und in Ehre bevorzugt ***einander****"* (Röm. 12,10 KJV übersetzt). Jede Frau sollte erwarten, dass sie nicht nur Männern den Vorzug gibt, sondern dass auch die Männer den Frauen den Vorzug geben.

„Seid niemand etwas schuldig, außer dass ihr ***einander*** *liebt; denn wer den anderen liebt, hat das Gesetz erfüllt"* (Röm. 13,8). Paulus glaubte, dass auch jede Frau von jedem Mann als Glied des Leibes reine Liebe erwarten sollte.

„Darum nehmt ***einander*** *an, gleichwie auch Christus uns angenommen hat, zur Ehre Gottes"* (Röm. 15,7)! Gemäß Paulus Sicht vom Leib, sollte jede Frau von jedem Mann im Leib angenommen werden.

„Ich selbst habe aber, meine Brüder, die feste Überzeugung von euch, dass auch ihr selbst voll Gütigkeit seid, erfüllt mit aller Erkenntnis und fähig, ***einander*** *zu*

ermahnen" (Röm. 15,14). Kein Mann sollte ein Problem damit haben, wenn eine Frau ihn ermahnt.

„ihr seid zur Freiheit berufen, Brüder; nur macht die Freiheit nicht zu einem Vorwand für das Fleisch, sondern dient ***einander*** *durch die Liebe"* (Gal. 5,13). Jede Frau verdient es, dass jeder Mann ihr in Liebe dient.

„indem ihr mit aller Demut und Sanftmut, mit Langmut ***einander*** *in Liebe ertragt"* (Eph. 4,2). Jede Schwester soll sich würdig fühlen, dass jeder Bruder eine gute Haltung geduldiger Nachsicht gegenüber ihr hat.

„Seid aber gegeneinander freundlich und barmherzig und vergebt ***einander****, gleichwie auch Gott euch vergeben hat in Christus"* (Eph. 4,32). Paulus sagt, dass jede Schwester als ein Glied des Leibes Christi würdig ist und es verdient, dass jedes Glied des Leibes ihr gegenüber gütig und vergebend ist.

„ordnet euch ***einander*** *unter in der Furcht Gottes"* (Eph. 5,21)! Nach diesem Vers verdient es jede Frau, dass jedes Glied des Leibes – auch die Männer – sich ihr in der Gottesfurcht unterordnen.

„Lasst das Wort des Christus reichlich in euch wohnen in aller Weisheit; lehrt und ermahnt ***einander*** *und singt mit Psalmen und Lobgesängen und geistlichen Liedern dem Herrn lieblich in eurem Herzen"* (Kol. 3,16). Nach diesem Vers glaubte Paulus, dass jede Schwester verpflichtet ist jedes andere Glied im Leib zu lehren und zu ermahnen, wobei keine Person ausgeschlossen werden darf.

„Euch aber lasse der Herr wachsen und überströmend werden in der Liebe ***zueinander*** *und zu allen,*

gleichwie auch wir sie zu euch haben" (1. Thess. 3,12). Paulus glaubte, dass jedes Glied in dieser reinen Liebe zueinander wachsen sollte und das würde natürlich auch alle Männer einschließen, die reine Liebe zu allen Frauen haben.

„Ich beschwöre dich vor Gott und dem Herrn Jesus Christus und den auserwählten Engeln, dass du diese Dinge beobachtest, ohne ***einen vor dem anderen*** *zu bevorzugen, indem du nichts aus Vorurteilen tust"* (1. Tim. 5,21). Nach diesem Vers sagt Paulus, dass innerhalb des Leibes jede Schwester mit jedem Bruder gleichrangig ist.

Hebräer 3,13; 10,24. Diese beiden Verse ermahnen jedes Glied des Leibes, sich **gegenseitig zu ermahnen und anzureizen**, in Christus Jesus gottgefällig zu sein. Daher hat jede Schwester das Recht jeden Bruder zu ermahnen und anzureizen, gottgefällig in Christus Jesus zu sein.

Dies sind nur einige der Hinweise, die das wahre Herz des Apostels Paulus gegenüber seinen Schwestern im Herrn offenbaren. Ich muss daraus schließen, dass Paulus keine Andeutung von Misogynie gegenüber Frauen hatte, sondern dass er jede von ihnen als liebe Schwestern in der Familie des Vaters sehr schätzte.

Liebe Schwestern, bitte vergebt jedem Gemeindeleiter/Kirchenoberhaupt oder Elternteil oder männlichen Autoritätsperson, die euch das Gefühl gaben, dass der Apostel Paulus frauenfeindlich war und auf euch herabblickte. Auch rate ich jeder Frau: Bitte überdenke doch erneut alle Überlegungen, die du angestellt hattest in denen du Gott Vater als Frauenhasser wahrgenommen hast. Dein Vater im

Himmel empfindet eine extreme Liebe, Fürsorge und Freude für dich als Seine Tochter!

Gebet: Lieber Vater, ich bitte Dich Dein Öl und Deinen Wein in Deine besonderen Töchter zu gießen. Lass Dein Öl ihre Seelen heilen und Deinen Wein ihre tiefe Freude am Frausein wiederherstellen! Segne jede, die jetzt dieses Buch liest. Segne sie, Vater, mit reiner Liebe und Heilung. Ich danke Dir!

Kapitel 17

Das wahre Bild Gottes

Und Gott machte die Tiere der Erde nach ihrer Art und das Vieh nach seiner Art und alles Gewürm des Erdbodens nach seiner Art. Und Gott sah, dass es gut war. Und Gott sprach: Lasst uns Menschen machen nach unserem Bild, uns ähnlich; die sollen herrschen über die Fische im Meer und über die Vögel des Himmels und über das Vieh und über die ganze Erde, auch über alles Gewürm, das auf der Erde kriecht! Und Gott schuf den Menschen in seinem Bild, im Bild Gottes schuf er ihn; als Mann und Frau schuf er sie.

(1. Mose 1,25-27)

Diese Schrift lehrt uns, dass der Mensch (die Menschheit) als männlich und weiblich erschaffen wurde. Daher sind Mann und Frau die Erfüllung von Gottes Wort, die Menschheit nach Seinem eigenen Bild zu erschaffen. Es ist sehr klar, dass das Bild Gottes sowohl Männlich als auch Weiblich beinhaltet. Johannes 4 sagt, dass Gott ein Geist ist, und in Seinem Geistwesen gibt es Männlichkeit und Weiblichkeit, was bedeutet, dass er alle Züge von

Männlichkeit und Weiblichkeit in Seiner göttlichen Natur enthält. Gott könnte als EINER beschrieben werden, der über das Geschlecht hinausgeht und doch sind alle Merkmale wahrer Männlichkeit und wahrer Weiblichkeit allein in Ihm zu finden.

Denke über die folgende Frage nach: Konnte Gott gleich zu Beginn etwas erschaffen, das kein Teil von Seinem eigenen Bild war? In Ihm leben und bewegen wir uns und haben unser Sein. Dr. John Garr sagt: *„Das Weibliche wurde vom Schöpfer nicht als Heilmittel für die männliche Einsamkeit geschaffen. Sie wurde geschaffen, um Gottes Plan für ein materielles Wesen zu vollenden, das das göttliche Bild und die göttliche Ähnlichkeit vollständig wiederspiegelt.“*[1] Ohne die Frau wäre das Bild Gottes unvollständig gewesen.

Gott ist eine Gemeinschaft, und dieses Dreieinige Wesen wohnt ewig in Gemeinschaft in reiner Liebe. Als Er die Menschheit nach Seinem eigenen Bild schuf, musste Er daher ein Wesen schaffen, das das Leben von Gemeinschaft zum Ausdruck bringt. In 1. Mose 2,18 lesen wir, dass Gott sagt: *„Es ist nicht gut, dass der Mensch allein sei; ich will ihm eine Gehilfin machen, die ihm entspricht“*. Die Formulierung „Gehilfin“ kann sehr verwirrend sein, wenn sie nicht im Zusammenhang mit ihrer wahren Bedeutung verstanden wird. Es gibt zwei Begriffe in diesem Vers, die verstanden werden müssen: *allein* und *Gehilfin.*

Das hebräische Wort für *allein* ist *labaddów*, und der Hauptteil seiner Bedeutung ist *Trennung.* Dieser vollkommene Schöpfer sah, dass das, was Er geschaffen hatte, zuerst gut war, und dann sah Er, dass es sehr gut war (1. Mose 1,4+10+12+18+21+25+31). Aber plötzlich erkannte Seine unendliche Weisheit klar und deutlich, dass es etwas an Adam gab, das NICHT gut war, und solange es existiert, wird es nie gut sein. Es war der Zustand des Alleinseins, und dieses Wort impliziert Trennung. Die Abtrennung und Einsamkeit eines Mannes macht ihn unvollständig und mangelhaft in seiner ewigen Bestimmung. Ohne diejenige, die als sein Gegenüber und seine andere Hälfte gedacht ist, wird er nie ganz sein.

Niemals kann das vollständige Bild des Schöpfers getrennt vom männlichen und weiblichen Teil gesehen werden. Gott selbst ist drei in einem, eine Gemeinschaft die ewig und beständig in einander existiert: Vater, Sohn und Heiliger Geist, die sich gegenseitig schätzen, lieben und ergänzen. Da der Schöpfer eine Gemeinschaft ist, müssten es notwendigerweise mehr als einer sein, damit Er eine Schöpfung nach Seinem Bild und Gleichnis hat. Jedes Mitglied der Dreieinigkeit ist gleich, und kein Mitglied der Gottheit ist ein Untergebener der anderen.

In gleicher Weise bezieht das Ebenbild Gottes in der Menschheit auch zwei Individuen mit ein, die gleichberechtigt, zusammenwirkend und voneinander abhängig sind. Dieses Gemeinschaftsleben ist ein primärer Ausdruck der Offenbarung des Gottesbildes.

Da die Liebe die eigentliche Substanz Gottes ist, ist es von größter Bedeutung, dass diese reine und unverdünnte Substanz, die göttliche Liebe genannt wird, verstanden wird. Der Hauptbestandteil der reinen göttlichen Liebe ist die einzigartige Tatsache, dass sie niemals das Ihre suchen kann. *„...sucht nicht das Ihre“* (1. Kor. 13,5). Diese reine Liebe kann nichts für sich selbst suchen, deshalb findet sie ständig völlige Erfüllung und Freude, wenn sie einen anderen erreicht. Ihre reine Befriedigung wird durch die Erfüllung der Bedürfnisse des anderen erfahren. Sie sucht nicht das Eigene. Es ist eine Liebe, die so selbstlos ist, dass sie niemals ein verstecktes Motiv oder ein gieriges Verlangen haben kann. Deshalb erfordert das Wesen der reinen göttlichen Liebe die ganze Atmosphäre der Gemeinschaft.

Der dreieinige Gott ist drei in einem, und Er hat die Menschheit zu zwei in einem gemacht. *„Und Gott schuf den Menschen in seinem Bild, im Bild Gottes schuf er ihn; als Mann und Frau schuf er sie“* (1. Mose 1,27). *„Dies ist das Buch der Geschichte von Adam: An dem Tag, als Gott den Menschen schuf, machte er ihn Gott ähnlich; als Mann und Frau schuf er sie; und er segnete sie und gab ihnen den Namen »Mensch«, an dem Tag, als er sie schuf“* (1. Mose 5,1-2).

Das Wort *Mann* in 1. Mose 1,26-27 wird durch den hebräischen Wortstamm *âdam* verdeutlicht und bezieht sich auf die allgemeine Art der Menschheit, die aus Mann und Frau besteht. In Anbetracht dessen lesen wir in 1. Mose 5,1-2: *„An dem Tag, an dem Gott die Menschheit schuf, machte er sie im Ebenbild Gottes. Männlich und weiblich schuf er sie; und er segnete sie und nannte ihren Namen Menschheit, an dem Tag, an dem sie geschaffen wurden.“*

Es ist notwendig beide Geschlechter zu betrachten, um das göttliche Bild Gottes vollständig zu manifestieren. Gott musste beide Geschlechter erschaffen, damit Sein Bild in ihnen gesehen werden konnte. Es ist die größte Manifestation des Ebenbildes Gottes, wenn EINHEIT in Seinem Volk erfahren wird. Jesus betete, dass der Vater den Leib Christi durch Seinen Namen bewahre, damit sie EINS seien (siehe Johannes 17,11).

Ein Name bezieht sich fast immer auf die eigene Natur, und so bittet Jesus den Vater, den Leib durch Sein Wesen in EINHEIT zu halten. Was ist die Natur Gottes? Er ist Drei aber Eins, und es ist Gemeinschaft. *„Ich habe deinen Namen den Menschen offenbart, die du mir aus der Welt gegeben hast"* (Joh. 17,6).

Wie hat Jesus den Namen Gottes manifestiert? Er tat nur, was Er den Vater tun sah und Er sagte nur, was der Vater von Ihm wollte. Jesus lebte in völliger Einheit mit Seinem Vater durch den Heiligen Geist (Johannes 5,19+30; 8,38). Der Vater hat sich immer gewünscht mit Seinen Kindern EINS zu sein, und Er hat sich immer gewünscht, dass Seine Kinder in EINHEIT miteinander sind. Johannes 10,30 besagt: *„Ich und mein Vater sind EINS."*

„Ich bitte aber nicht für diese allein, sondern auch für die, welche durch ihr Wort an mich glauben werden, auf dass sie alle eins seien, gleichwie du, Vater, in mir und ich in dir; auf dass auch sie in uns eins seien, damit die Welt glaube, dass du mich gesandt hast. Und ich habe die Herrlichkeit, die du mir gegeben hast, ihnen gegeben, auf dass sie eins seien, gleichwie wir eins sind, ich in ihnen

und du in mir, damit sie zu vollendeter Einheit gelangen, und damit die Welt erkenne, dass du mich gesandt hast und sie liebst, gleichwie du mich liebst" (Joh.17,20-23).

Jesus Christus ist der *„Glanz seiner Herrlichkeit und das ausdrückliche Bild seiner Person"* (Hebr. 1,3 KJV übersetzt). Von Anbeginn der Schöpfung wählte Gott einen winzigen, kleinen Fleck im Kosmos, der Erde genannt wird. Sein Wunsch war es Seine ewige, strahlende Herrlichkeit durch Geschöpfe zu offenbaren, die Sein Ebenbild auf diesem Planeten manifestieren konnten. Er wusste schon bei der Schöpfung, dass dieses Wesen Sein göttliches Bild nur dann offenbaren würde, wenn es mit einem anderen Wesen, das Ihm ähnlich ist, verbunden wäre. Die beiden mussten ein Fleisch sein und die in der Gottheit enthaltene Pluralität und totale Einheit im Einssein manifestieren, wobei Sein vollkommenes Bild die vollkommene Liebe durch Gemeinschaft manifestiert, erfüllt von Einheit in ihrer Bestimmung und beständig Eins. Solange jeder Teil Seine göttliche Quelle betrachten und auf sie ausgerichtet sein würde, wären sie ihrerseits gleichberechtigt in Verantwortung und Herrschaft und würden die ganze Erde mit der Frucht des Einsseins erfüllen.

Vor dem Eintritt der Sünde gab es keine Herrschaft oder Kontrolle, sondern alles war Gleichheit mit gegenseitiger Unterordnung in einer Haltung der Dienstbarkeit und Liebe. Nach dem Sündenfall nahm die Menschheit eine unabhängige, egozentrische Haltung ein, in der sie das Bild ihres Vaters verlor. Nun wurden beide Geschöpfe von ihrer Quelle getrennt und wandten sich einander zu, statt dem Schöpfer.

Der Mensch wurde zum Herrscher und verlor das göttliche Bild zugunsten eines verunreinigten, verdrehten Bildes. Jesus Christus kam auf die Erde, um das göttliche Bild zu manifestieren und das Einssein der Schöpfung wiederherzustellen. Am Anfang schuf Gott die Menschheit nach Seinem eigenen Bild, aber nach dem Sündenfall wurde das vollständige Bild verzerrt und Hierarchie, Herrschaft und Dominanz übereinander ersetzten den ursprünglichen Plan die Herrschaft über die Erde und alle Dinge (nicht die Personen) die sich auf ihr bewegen zu haben. Es ist von entscheidender Bedeutung, dass die ursprüngliche Schöpfungsgeschichte befolgt wird.

„Von dem Moment an, als Gott Staub von der Erde nahm und begann ihn mit seinen eigenen Händen zu formen, war in dieser Handvoll Humus (Erde) all das Material und die genetische Kodierung vorhanden, die für die gesamte menschliche Rasse erforderlich sein würden. Dies wird durch die Tatsache bestätigt, dass das von Gott geschaffene Wesen spezifisch als (ha-adam), wörtlich ‚der Mensch', identifiziert wurde. Anstatt zu sagen: ‚Gott schuf den Mann nach seinem Bilde', heißt es im Text eigentlich: ‚Gott schuf den Menschen nach seinem eigenen Bilde'. Dies geht aus dem Hebräischen des Textes hervor (wörtlich: ‚und schuf Elohim ha-adam nach seinem Bild'). “[2]

Ha-adam sollte immer mit „der Mensch“ oder „Menschheit“ übersetzt werden. Es ist auch sehr wichtig zu verstehen, dass die Menschheit an erster Stelle steht, und dann unsere Geschlechter. *„Der Ausdruck ‚männlich' und ‚weiblich' soll den Ausdruck ‚ha-adam' kennzeichnen* *und erklären. Die Menschheit sollte in der endlichen materiellen Schöpfung die liebevolle Wechselbeziehung wiederspiegeln, die das Wesen des unendlichen göttlichen Wesens ausmacht.“*[3]

Das Muster im Himmel war nun auf der Erde reproduziert worden. Der Wille und Plan Gottes im Himmel sollte nun auf der Erde geschehen und Sein Königreich im Himmel sollte nun auf der Erde freigesetzt werden.

Nachdem Gott ha-adam erschaffen hatte, musste die Erfüllung Seines ewigen Plans noch ein weiteres Element enthalten. Er war noch immer von seinem Gegenstück getrennt oder allein. Da er allein war, konnte er das volle Bild des Schöpfers nicht manifestieren.

„So führte Gott das Genesis-Projekt auf eine neue Ebene. Er entfernte chirurgisch aus dem ha-adam das Fundament und die Essenz dessen, was weiblich war, und ‚baute es auf‘, indem er eine Frau für den verbleibenden Mann gestaltete. Zu diesem Zeitpunkt wurde die Schöpfung ‚sehr gut‘, perfekt und vollständig. Gott selbst hatte einen Brennpunkt, um seine unendliche göttliche Liebe an seine Schöpfung zu verschwenden, und diese Liebe würde sich auch in der intimen persönlichen Beziehung der Menschheit, männlich und weiblich, in der Einheit der körperlichen Existenz widerspiegeln und zeigen.“[4]

Um das wahre Bild Gottes klar zu sehen und zu verstehen, muss man den Zweck der Gemeinschaft erkennen. Es gibt ein vollkommenes Wesen im Universum und Sein göttliches Wesen kann nur dann vollständig erfasst werden, wenn reine Liebe auf eine greifbare, lebendige

Weise erfahren wird. Diese reine Liebe ist völlig frei von jeder selbstsüchtigen Motivation und wird an einen anderen verschwendet. *„Kein Mensch hat Gott zu irgendeiner Zeit gesehen. WENN wir einander lieben, so wohnt Gott in uns, und seine Liebe ist in uns vollendet“* (1. Joh. 4,12).

Diese göttliche Liebe wird erst dann vollendet, wenn sie an andere freigesetzt wird. WENN wir einander lieben, dann ist Seine Liebe in uns vollendet. Das Wort *vollendet* bedeutet abgeschlossen, erfüllt oder vollkommen gemacht. Seine reine, uneigennützige Liebe kann nur in anderen Menschen Vollendung finden, denn sie sucht niemals das Ihre (1. Korinther 13,5). Daraus ergibt sich die Notwendigkeit nicht allein zu sein und Gemeinschaft zu erfahren, denn in der Gemeinschaft erfahren wir die vollkommene Freude des selbstlosen Lebens in der vollen Freisetzung der selbstlosen, reinen Liebe.

Traurigerweise wurde nach dem Sündenfall dieser ursprüngliche göttliche Plan, ständig reine, selbstlose Liebe miteinander zu erfahren, durch die ständige Erfahrung unreiner, egozentrischer Liebe ersetzt. Die Sünde kam in die Welt und die Menschheit wurde zu Dienern der Sünde. Die Natur der Sünde besteht darin, meinen eigenen egoistischen Willen und meine eigenen Wünsche über den reinen und heiligen Willen Gottes zu stellen. Diese Sündennatur wurde zur Natur des Menschen und ersetzte die Natur Gottes im Herzen.

Die Menschheit sollte geleitet werden von der Bestimmung vor dem Sündenfall, dem Wort Gottes und dem Erlösungswerk des Sohnes. Durch die Ablehnung der Worte des Schöpfers fiel die Menschheit in die Knechtschaft der Sünde. Daher wird die Menschheit durch die Annahme und den Empfang der Worte und Verheißungen Gottes wieder an der göttlichen Natur teilhaben und Sein göttliches Bild sichtbar machen.

„Da seine göttliche Kraft uns alles geschenkt hat, was zum Leben und [zum Wandel in] Gottesfurcht dient, durch die Erkenntnis dessen, der uns berufen hat durch [seine] Herrlichkeit und Tugend, durch welche er uns die überaus großen und kostbaren Verheißungen gegeben hat, damit ihr durch dieselben göttlicher Natur teilhaftig werdet, nachdem ihr dem Verderben entflohen seid, das durch die Begierde in der Welt herrscht" (2. Petr. 1,3-4).

Indem wir Gottes Worte und Verheißungen empfangen, können wir wieder an Seiner Natur, Seinem Wesen und Seinem Ebenbild teilhaben.

„Und haben das neue [geistliche] Selbst angezogen, das ständig in wahrer Erkenntnis nach dem Bild dessen, der das neue Selbst geschaffen hat, erneuert wird – eine Erneuerung, bei der es [keinen Unterschied gibt zwischen] Griechen oder Juden, Beschnittenen und Unbeschnittenen, [auch nicht zwischen Nationen, ob] barbarisch oder skythisch, [auch nicht im Status, ob] Sklave oder frei, sondern Christus ist alles und in allen" (Kol. 3,10-11 AMP übersetzt).

Gott hat die Erlösung, aus dem gefallenen Zustand der Menschheit, durch Jesus Christus für alle erkauft. In Ihm wird das wahre Bild Gottes wiederhergestellt und die Würde, Majestät und Bestimmung der Schöpfung erneut erfahren. In Christus kann die Gemeinschaft nun wieder erlebt werden, da die Einheit in den Herzen Seiner Kinder wiederhergestellt wird. In Ihm sind alle Glieder seines Leibes EINS, und es gibt keine Hierarchie und keine egoistische Herrschaft. Wenn die Selbstsucht verleugnet wird, manifestiert sich Christus als Alles in Allen. *„Denn so viele von euch, die in Christus getauft sind, haben Christus angezogen. ...es gibt weder Mann noch Frau, denn ihr seid alle EINS in Christus Jesus"* (Gal. 3,27-28 KJV übersetzt).

Es war die ursprüngliche Absicht, dass es kein unabhängiges Selbst und keine trennenden Mauern der Spaltung zwischen den Geschöpfen Gottes geben würde; alles wäre Liebe und Liebe wäre alles! Der erste Mann, Adam, hatte eine Frau, ein Gegenstück, das ihm aus der Seite genommen wurde. Sie war Gebein von seinem Gebein und Fleisch von seinem Fleisch. *„Und Adam sagte: Das ist endlich Gebein von meinem Gebein und Fleisch von meinem Fleisch: sie soll Frau heißen; denn sie wurde aus dem Mann genommen"* (1. Mose 2,23 KJV übersetzt).

Seine Braut wurde aus ihm herausgenommen und es war der ursprüngliche Plan, dass die beiden ein Fleisch sein sollten. *„Darum wird ein Mann seinen Vater und seine Mutter verlassen und seiner Frau anhängen, und sie werden ein Fleisch sein"* (1. Mose 2,24). Jetzt sehen wir, dass der Mann nicht mehr getrennt und ganz allein sein sollte, sondern sich an seine Frau klammern und alles finden sollte, was er im Abenteuer der Einheit in der Gemeinschaft brauchte. Seine andere Hälfte sollte ihn ergänzen und sie sollten zusammen eine Ganzheit erfahren und dadurch das gesamte Ebenbild Gottes offenbaren. Dieser ewige Plan wurde dadurch durchkreuzt, dass die Schöpfung ihre egoistischen Wünsche anstelle der reinen Wünsche Gottes wählte. Der Lügner täuschte sie dahingehend ihr Selbst zu entdecken, anstatt in Gottes ewigem Selbst der Liebe zu leben.

Viele Menschen versuchen heute ihr Selbst und ihren Lebenszweck zu finden. Aber ihren wahren Sinn werden sie erst in der Gemeinschaft entdecken, wenn sie lernen eins mit anderen zu sein. Es gibt einen Leib, der dazu bestimmt ist das Einssein, die Gemeinschaft und den ewigen Zweck für die Menschheit wiederherzustellen. Dieser wird der Leib Christi genannt, und in diesem Leib wird Gottes ursprünglicher Plan gelebt werden, und Sein wahres Bild wird in der Welt gesehen werden. Das ist es, was Jesus meinte, als er sagte: *„Wer sein Leben findet, der wird es verlieren; und wer sein Leben verliert um meinetwillen, der wird es finden“* (Mt. 10,39 KJV übersetzt). Genauso in Matthäus 16,25: *„Denn wer sein Leben retten will, der wird's verlieren; und wer sein Leben verliert um meinetwillen, der wird's finden.”*

Jesus kam als der Erstgeborene einer **neuen Menschheit** oder einer **neuen Art** von Leben. *„Und er ist das Haupt des Leibes, der Gemeinde, der der Anfang ist, der Erstgeborene von den Toten, damit er in allen Dingen die Vorrangstellung habe“* (Kol. 1,18 KJV übersetzt). Dem ersten Adam ist es kläglich misslungen den Plan Gottes auf diesem besonderen Planeten Erde zu verwirklichen. Deshalb kam Jesus im Fleisch und wurde der letzte Adam.

„Und so steht geschrieben, der erste Mann Adam wurde zu einer lebendigen Seele gemacht; der letzte Adam wurde zu einem belebenden Geist gemacht“ (1. Kor. 15,45 KJV übersetzt).

„Der erste Mann ist von der Erde, irdisch: der zweite Mann ist der Herr vom Himmel“ (1. Kor. 15,47 KJV übersetzt).

Jesus Christus ist der **Letzte Adam** und der **Zweite Mann**. Diese Titel sind sehr bedeutsam. *Letzter Adam* bedeutet, dass die gesamte adamische Rasse in den Leib Jesu Christi aufgenommen wurde, und als Er starb, starb die gesamte Rasse des ersten Adams in Ihm. Er ist aber auch der *Zweite Mann*, und dies bezieht sich auf den Erstgeborenen oder den Beginn einer *ganz neuen Rasse* von Menschen, die von Seiner göttlichen Natur durchdrungen sind.

Nach Seiner Himmelfahrt hat Christus Seinen Geist in die Geister Seines Leibes auf der Erde hineingelegt, damit sie ein Leben der Einheit mit Gott und miteinander führen können.

Der erste Mann

Die erste Braut wurde aus dem ersten Mann herausgenommen, und sie wurde zu Gebein von seinem Gebein und zu Fleisch von seinem Fleisch. Auch die zweite Braut wurde aus dem Zweiten Mann herausgenommen, und sie wurde zu Gebein von Seinem Gebein und Fleisch von Seinem Fleisch.

„Denn niemand hat je sein eigenes Fleisch gehasst, sondern er nährt und pflegt es, gleichwie der Herr die

Gemeinde. Denn wir sind Glieder seines Leibes, von seinem Fleisch und von seinem Gebein. „Deshalb wird ein Mann seinen Vater und seine Mutter verlassen und seiner Frau anhängen, und die zwei werden ein Fleisch sein". Dieses Geheimnis ist groß; ich aber deute es auf Christus und auf die Gemeinde" (Eph. 5,29-32).

Wenn ein Mensch sein Leben in dieser Welt verliert, trifft er die deutliche Entscheidung, nicht länger getrennt und egoistisch allein zu leben. Nachdem diese Entscheidung getroffen wurde, wird er sein wahres Leben finden, das von selbstloser Liebe erfüllt ist und somit eine Offenbarung des Bildes Gottes auf Erden sein wird.

Egoistische Menschen werden ständig von ihren eigenen Bedürfnissen, Problemen und Wünschen verzehrt. Aber Menschen, die von Gottes Leben verzehrt werden, sind von den geistigen Qualen des irdischen Lebens und der Frustration befreit, immer alles selbst regeln zu müssen. Die Liebe Gottes ist mit Energie erfüllt und äußerst aktiv. Sie hat ein ständiges Bedürfnis zu geben und sie kann sich nicht damit zufriedengeben nur zu empfangen.

Hast du jemals etwas so Wunderbares und Besonderes erlebt, dass du es einfach mit jemandem teilen musstest? Du konntest es nicht für dich behalten, sondern musstest es an andere weitergeben.

"Und als diese Aussätzigen zum äußersten Teil des Lagers kamen, gingen sie in eine Hütte und aßen und tranken und trugen von dort Silber, Gold und Kleider und gingen hin und verbargen es; und sie kamen wieder und gingen in eine andere Hütte und trugen von dort auch und

gingen hin und verbargen es. Da sprachen sie zueinander: Wir machen das nicht gut: dieser Tag ist ein Tag der guten Nachricht, und wir schweigen“ (2. Kön. 7,8-9a).

Je näher ein Mensch dem Herzen Gottes kommt, desto mehr möchte er geben. *„In allem habe ich euch gezeigt, dass man so arbeiten und sich der Schwachen annehmen soll, eingedenk der Worte des Herrn Jesus, der selbst gesagt hat: Geben ist glückseliger als Nehmen“* (Apg. 20,35).

Ein sehr gesegnetes Leben für einen Mann oder eine Frau ist ein Leben, in dem man nicht kontrollieren, manipulieren oder das Sagen haben muss. Du musst nicht deinen eigenen Willen durchsetzen. Du musst nur lieben, segnen und ein Diener sein und du musst nicht einmal für all deinen Dienst bemerkt werden. Dies ist das am meisten gesegnete Leben! Das ist das Herz des Vaters, der einen fröhlichen Geber liebt, und Er ist der fröhlichste Geber (siehe 2. Korinther 9,7).

Also zurück zu der Frage, was das wahre Ebenbild Gottes ist. Johannes 4,24 sagt, dass Gott ein Geist ist. Aber andere Schriften sagen, dass das Bild Gottes männliche und weibliche Attribute miteinschließt. Hat Gott ein Geschlecht? Ist Er ein Mann? Ist Er eine Frau? Da Er ein „Geist“ ist, kann Er weder ein Mann noch eine Frau sein. Wie können wir diese Frage nach dem Geschlecht richtig beantworten? Es ist nicht korrekt zu sagen, dass Gott ohne Geschlecht ist, weil Er derjenige ist, der sagt, Er habe die Menschheit nach Seinem eigenen Bild geschaffen, und das schließt sowohl Männer als auch Frauen ein.

Sich auf Gott als jemanden zu beziehen, der weibliche Qualitäten hat, würde manche Menschen sehr beleidigen. Wenn man Gott als jemanden bezeichnet, der männlich ist und Ihn nur Vater und niemals Mutter nennt, würde das andere sehr beleidigen. David sagte: *„Großen Frieden haben die, die dein Gesetz lieben, und nichts soll sie beleidigen"* (Ps. 119,165 KJV übersetzt). Warum ist der Hinweis auf Gottes männliche und weibliche Eigenschaften so beleidigend? Ist es etwas Tieferes als biblische Genauigkeit? Einige sind sehr beunruhigt, wenn sie all die Hinweise auf Gottes männliches Selbst in den Übersetzungen lesen. Die Wahrheit ist, dass männliche Metaphern in der Bibel häufig auf Gott angewandt werden, wie die Hinweise auf Gott als König. Ein Beispiel, das David verwendet, ist: *„Der Herr ist König immer und ewig"* (Ps. 10,16).

Es gibt eine Vielzahl von Bezügen zu Gott als Vater. Dies war die wichtigste Art und Weise, wie Jesus sich auf den allmächtigen Gott bezog. Er versuchte ständig Seinen Jüngern den Vater zu offenbaren. Viele Male wird Jehova als Ehemann, König, Vater, Richter usw. bezeichnet. Gott wird hunderte Male mit männlichen Namen, männlichen Fürwörtern und männlichen Attributen beschrieben. Pronomen wie er, ihm und seine sind in der Heiligen Schrift im Überfluss vorhanden. Gott wird nie mit einem weiblichen Namen oder mit weiblichen Pronomen wie sie, ihr oder ihre bezeichnet.

Das bedeutet nicht, dass Gott nur männlich oder maskulin ist.

Es lässt sich nicht leugnen, dass Jesus sich nie auf Gott als Mutter bezogen hat, er aber klar und deutlich sagte, wenn wir beten, sollten wir zu unserem Vater beten. Wenn Gott kein Mann ist, warum gibt es dann so viele Hinweise auf Ihn im Männlichen? Ich glaube, die Antwort ist einfach: Dies ist der Weg, den Er gewählt hat, um Sich den Menschen zu offenbaren. Der Grund dafür, dass Er vor allem auf diese Weise bekannt werden will, ist Seine väterliche Rolle im Universum. Ein Vater hat viele göttliche Funktionen, und eine davon ist es, die Quelle oder der Ursprung von etwas zu sein, der Anfang. Er ist auch dazu berufen, ein großer Segen für seine Familie und für alle Menschen zu sein. Er ist seiner Familie von Gott geschenkt worden, um zu segnen, zu bejahen, zu lenken und seiner Frau und seinen Kindern auf dem Weg der Gerechtigkeit, der Liebe, des Mitgefühls und der Bestimmung voranzugehen und sie zu leiten.

Gott hat einen Mann namens Abraham dazu berufen, ein Instrument des Segens für die Welt durch seinen Samen zu sein – der „Vater" der Gläubigen und der Vater von Scharen zu sein. Der Hauptgrund, warum Gott diesen Vater segnen konnte, findet sich in 1. Mose 18,18-19: *„Abraham soll doch gewiss zu einem großen und starken Volk werden, und alle Völker der Erde sollen in ihm gesegnet werden. Denn ich habe ihn ersehen, dass er seinen Kindern und seinem Haus nach ihm gebiete, den Weg des Herrn zu bewahren, indem sie Gerechtigkeit und Recht üben, damit der Herr auf Abraham kommen lasse, was er ihm verheißen hat."*

Daran sehen wir, dass Abraham ein guter Vater für seine Familie war und er sie auf den Wegen Gottes erzogen hat.

Ich bin der festen Überzeugung, dass die wirkliche Frage wenig mit der richtigen Bibelauslegung zu tun hat. Das wirkliche Problem ist das Scheitern der Vaterschaft in der Gesellschaft und in fast jeder Kultur im ganzen Universum. Die Zeichen sind überall. Die Forschung ist sehr umfangreich. Wie lange wird es dauern, bis wir gezwungen sind, diese so äußerst wichtige Frage des Vaterseins gemäß dem Muster des Himmels zu vertiefen? Jesus lehrte uns zu beten: *„Vater unser, der du bist im Himmel, geheiligt werde dein Name. Dein Reich komme, dein Wille geschehe, wie im Himmel, so auf Erden"* (Mt. 6,9-10).

Es war immer der Wille und die Absicht Gottes, Seinen Willen und Sein Königreich auf der Erde so zu errichten, wie es im Himmel ist. Dies ist ein Gebet über den Namen des Vaters, das Königreich des Vaters und den Willen des Vaters, dass er auf Erden geschieht!

Wie lautet der Name des Vaters? Eines Tages hörte ich den Herrn zu mir sagen: „Wie nennen dich deine Kinder?" Natürlich nennen sie mich Dad. Sie würden mich nie bei meinem offiziellen Namen nennen: Herr Violi. Sie würden mich nie mit meinem Vornamen Greg ansprechen. Sie nennen mich bei dem Namen, den ein Vater am liebsten hört: Papa. *„Ich habe deinen Namen den Menschen offenbar gemacht, die du mir aus der Welt gegeben hast"* (Joh. 17,6a).

Einen Namen zu manifestieren bedeutet, dass man die Natur desjenigen, den man repräsentiert, vollständig offenbart. Jesus hat immer den liebenswerten, reinen Vater im Himmel offenbart. Philippus sagte eines Tages zu Jesus:

„Herr, zeige uns den Vater, so genügt es uns“ (Joh. 14,8). Das ist der tiefe, innere Schrei in so vielen Menschen: Zeig mir den Vater; das ist alles, was ich wirklich brauche.

„Jesus spricht zu ihm: ‚So lange bin ich bei euch, und du hast mich noch nicht erkannt, Philippus? Wer mich gesehen hat, hat den Vater gesehen. Wie kannst du da sagen: ‚Zeige uns den Vater‘“ (Joh. 14,8-9)?

Es ist ein Hauptgrund für die Krise der Vaterschaft, dass viele Väter von ihren irdischen Vätern misshandelt, verlassen, missbraucht, entehrt und verflucht wurden und deshalb innerlich nicht heile sind, um ihrerseits ihre eigenen Kinder im Leben zu begleiten. Jesus gab einige sehr interessante und wichtige Erklärungen an die religiösen Führer seiner Zeit ab.

„Ich rede, was ich bei meinem Vater gesehen habe; so tut auch ihr, was ihr bei eurem Vater gesehen habt“ (Joh. 8,38).

„Ihr tut die Werke eures Vaters! Da sprachen sie zu ihm: Wir sind nicht unehelich geboren; wir haben einen Vater: Gott“ (Joh. 8,41)!

„Da sprach Jesus zu ihnen: Wenn Gott euer Vater wäre, so würdet ihr mich lieben“ (Joh. 8,42a).

„Ihr habt den Teufel zum Vater, und was euer Vater begehrt, wollt ihr tun“ (Joh. 8,44a)!

Jesus konfrontierte die religiösen Führer Seiner Zeit nachdrücklich mit der Wahrheit, dass sie dem falschen Vater folgten. Viele Male wird Vater satan Menschen verletzen, missbrauchen und verwunden. Dann wird er alles auf Vater Gott schieben. Vater satan fühlt sich in der Kirchenbank oder sogar auf einer Kanzel sehr wohl. Paulus sagte seinem Sohn Timotheus, dass die Kirche das Fundament und die Säule der Wahrheit für die Gesellschaft ist. Wenn die Menschen, die den Gott des Universums repräsentieren, einen egoistischen, kontrollierenden, dominanten Vater manifestieren, dann könnten die Menschen, die mit ihnen in Verbindung stehen, leicht eine Lüge über den wahren Vater Gott glauben. Gott hat erklärt, wie ein wahrer Mann Seiner Meinung nach sein soll.

„Und ein Mann soll sein wie ein Versteck vor dem Wind und ein verborgener vor dem Sturm, wie Wasserströme an einem trockenen Ort, wie der Schatten eines großen Felsens in einem müden Land“ (Jes. 32,2 KJV übersetzt).

Vier große Segnungen, die jeder Mann, insbesondere Väter, in ihre Familien einbringen sollten, sind:

1. Er soll ein Bergungsort vor dem Wind sein.
   Seine Anwesenheit sollte eine schützende Hecke um seine Familie bringen. Er sollte sie mit seinen Gebeten, verbalen Segnungen und seiner Liebe bedecken.
2. Er soll ein Verdeck (Schutz) vor dem Sturm sein.
   Seine Anwesenheit sollte seinen Lieben ein Schutz vor dem Sturm sein. Das Leben kann schwere Prüfungen und Stürme auf unschuldige Familienmitglieder loslassen, aber die Gegenwart eines gottesfürchtigen Mannes wird ein Schutz für seine Familie sein.
3. Er soll handeln wie Wasserbäche in einer dürren Gegend.

Seine Anwesenheit wird seinen Lieben Erfrischung bringen.

4. Er soll ein Schatten eines mächtigen Felsens in einem erschöpften Land sein.
   Seine Anwesenheit wird das Gefühl vermitteln, dass alles in Ordnung sein wird. Seine Familie wird Sicherheit und Trost finden, wenn sie nur bei ihm ist.

Dies ist ein Mann in den Augen Gottes. Das war der ursprüngliche Plan für jeden Vater. Ich habe an vielen Orten auf der Welt persönlich erlebt, wie Tausende von Menschen von der Wunde eines Vaters geheilt wurden. Die von einem Vater verursachten Wunden können schwer und tief sein und es kann einige Zeit dauern, bis sie an die Oberfläche kommen, um geheilt zu werden.

Viele Menschen kennen Gott nicht als den vollkommenen, gütigen und liebenden Vater, der er ist. Ihre Ansichten über Gott werden stark von ihrer eigenen Erfahrung mit ihrem irdischen Vater beeinflusst. Versuche dir Jesus gegen Ende Seines irdischen Lebens vorzustellen, wie Er zu seinem himmlischen Vater betet. Aus dem Innersten Seines Wesens kamen diese Worte: *„O gerechter Vater, die Welt hat dich nicht erkannt; ich aber habe dich erkannt“* (Joh.17,25a KJV übersetzt).

Kannst du die tiefe Trauer im Herzen des Sohnes spüren, als Er diese Worte sagte? Viele Menschen in der Kirche hören von einem Mann im Himmel, der die Frauen niederzuschlagen scheint und dessen Meinung über das schwächere Gefäß parteiisch zu sein scheint. In Verbindung mit diesen Lehren werden sie Zeuge, wie Ehemänner über ihre Frauen Witze machen und wie Pastoren Witze über Ehefrauen und andere Frauen erzählen. Dieselben Frauen fühlen Schmerz, wenn sie zuhause von einem Ehemann oder durch den Sarkasmus eines Kollegen oder Mitstudenten heruntergemacht werden. All dies zusammengenommen führt zu einer inneren Haltung, die den Töchtern und Ehefrauen sagt: „Irgendetwas scheint mit mir nicht zu stimmen."

Die Statistiken über Gewalt gegen Frauen sind zahlreich und sehr schockierend. Sie reichen von der Tatsache, dass sie im Kindesalter nicht die gleiche medizinische Versorgung wie die Jungen erhalten hat, über Genitalverstümmelung bis hin zum Sexhandel und zum Verkauf in die Prostitution durch Kriminelle und sogar durch Familienmitglieder. So viele Statistiken zeigen den schweren Hass, den die weibliche Rasse allein deshalb erduldet, weil sie weiblich ist.

Die Menschheit wurde also ganz am Anfang nach dem Ebenbild Gottes geschaffen, und dazu gehörten Männlichkeit und Weiblichkeit. Gott hat sich dafür entschieden hauptsächlich männliche Begriffe zu verwenden, wenn Er sich auf sich selbst bezieht. Ich glaube, Er hat sich selbst als Vater, Ehemann, Sohn usw. bezeichnet, weil Er ein Gott der Ordnung ist. Es gibt eine Ordnung in Gott. Der Mann hat bestimmte Eigenschaften, die die Frau nicht hat und die Frau hat Eigenschaften, die der Mann nicht hat. Sie haben unterschiedliche Rollen, weil sie mit unterschiedlichen Fähigkeiten geschaffen wurden. Die Frau wird als das schwächere Gefäß bezeichnet. Das Wort *schwächer* bedeutet nicht weniger! (1. Petrus 3,7) Es ist nichts Erniedrigendes daran, dass Gott die Frau als das schwächere Gefäß bezeichnet. Weil sie schwächer ist, verdient sie größere Ehre, Wertschätzung und Fürsorge. Wenn ein Ehemann seiner Frau keine große Ehre erweist, weil sie schwächer ist, dann wird der Herr seine Gebete nicht erhören (1. Petrus 3,7). Niemals sollte eine Frau ausgenutzt werden, weil sie schwächer ist, sondern sie sollte eine bessere Behandlung und mehr Ehre erhalten. Das ist das Herz des Vaters gegenüber Seinen Töchtern, und es ist ganz besonders. Jede Tochter, die als ein schwächeres Gefäß behandelt wird, wird sich als etwas Besonderes fühlen! Das wahre Männliche wird die Frau sich sehr besonders fühlen lassen, aber durch das falsche Männliche wird sie sich weniger besonders fühlen als die Männer.

Kapitel 18

Fünf besondere Worte aus dem Mund Gottes

In Matthäus 4,4 heißt es: *„Er antwortete aber und sprach: Es steht geschrieben: Der Mensch lebt nicht vom Brot allein, sondern von einem jedem Wort, das aus dem Mund Gottes hervorgeht."*

Gott erklärt im Alten Testament und im Neuen Testament nachdrücklich, dass die ganze Schöpfung von jedem Wort leben soll, das aus Seinem Mund kommt. Er hat nicht gesagt, dass der Mensch durch die *Übersetzung und Auslegung* jedes Wortes leben soll, das aus Seinem Mund kommt. Der Mensch soll allein durch jedes Wort leben, das aus Seinem Mund kommt. Wenn wir diese Wahrheit klar erkennen, dann sollten wir gedrängt sein, die richtige Interpretation jedes Wortes von demjenigen zu suchen, der es gesprochen hat.

In diesem Kapitel werden wir uns fünf ganz besondere Wörter ansehen, die die gesamte Frauenwelt im Universum stark beeinflussen. Aber bevor wir diese fünf besonderen Worte aus Gottes Mund studieren, wollen wir uns zunächst ansehen, welche Worte im Laufe der Zeit aus dem Mund der Männer in Bezug auf ihre Schwestern gekommen sind.

„Die Rolle der Frau in Familie, Gesellschaft und Kirche ist eines der am heftigsten diskutierten Themen in der Geschichte der christlichen Kirche. In den Annalen der Zeit gehört sie nach wie vor zu den brisantesten und emotional aufgeladensten Diskussionsthemen, die die Gemeinschaft der Gläubigen beschäftigt haben. Gegenwärtig, von dem einen Extrem des Chauvinismus und sogar des Frauenhasses bis zum anderen Extrem des militanten Feminismus – und überall dazwischen – schreien weiterhin schrille Stimmen nach einer Tyrannenkanzel, von der aus sie für Gott sprechen und Pontifikate abgeben können, um jedem die Antwort auf die Frage nach dem ‚Platz der Frau' zu geben. Leider hat dieses Thema, wie so viele andere kontroverse Themen in der christlichen Lehre und im christlichen Gemeinwesen, weit mehr Hitze als Licht erzeugt. Seit Jahrtausenden wird das ‚Weibliche' zutiefst mit dem Körper, dem Fleisch, der Sinnlichkeit, der Erde und der Natur in Verbindung gebracht, während das ‚Männliche' mit dem Geist, dem Himmel und der Transzendenz über die Natur in Verbindung gebracht wird. Im sechsten Jahrhundert v. Chr. erklärte Konfuzius, Chinas größter Philosoph, mutig, dass ‚Frauen ein notwendiges Übel sind', nur weil ‚Männer Mütter haben müssen'. Im sechsten Jahrhundert v. Chr. postulierte Pythagoras, einer der frühesten griechischen Philosophen, ‚Es gibt ein gutes Prinzip, das Ordnung, Licht und den Mann schuf, und ein böses

Prinzip, das Chaos, Dunkelheit und die Frau schuf'. Im fünften Jahrhundert v. Chr. argumentierte Buddha, dass ‚die Mängel der Frau ... größer sind als die des Mannes', und er drängte die Frauen dazu, sich ‚von den Unreinheiten des Frauenkörpers zu befreien', indem sie ‚den schönen und frischen Körper eines Mannes' erwerben. Ebenfalls im fünften Jahrhundert v. Chr. nannte Sokrates, der Gründervater des westlichen Rationalismus, die Frau das ‚schwächere Geschlecht' und argumentierte, dass die Geburt einer Frau eine göttliche Strafe sei, weil die Frau in seinen Worten ‚auf halbem Weg zwischen einem Mann und einem Tier' stehe. Im vierten Jahrhundert v. Chr. argumentierte Sokrates Jünger Platon, dass Frauen aus der Reinkarnation der bösartigsten Männer hervorgingen, und sein Jünger Aristoteles behauptete, eine Frau sei eine ‚Ungeheuerlichkeit', ein ‚deformierter Mann'. In dieser Zeit behauptete Euripides, dass ‚ein Mann besser ist als zehntausend Frauen'.

Origenes erklärte: ‚Was mit den Augen des Schöpfers gesehen wird ist männlich und nicht weiblich, denn Gott hört nicht auf, auf das Weibliche und das Fleischliche zu schauen.'

Im fünften Jahrhundert n. Chr. lehrte Augustinus, dass die Ehe die ‚Verbindung des einen Regierenden und des anderen Gehorsamen' ist. Etwa zur gleichen Zeit kam Kyrill von Alexandria zu dem Schluss, dass ‚das weibliche Geschlecht als Ganzes ... langsam im

Verständnis ist'. Im siebten Jahrhundert n. Chr. erklärte Mohammed: ,Uns ist kein Unglück widerfahren, das für die Menschheit schädlicher ist als die Frau'.

Im zwölften Jahrhundert n. Chr. drückte der französische Mönch Roger de Caen in dieser Hetzrede die schrecklichen Ansichten vieler Religionen über die Weiblichkeit aus: ,Wenn man ihre Eingeweide und ihr Fleisch aufschneiden würde, würde man sehen welcher Schmutz von ihrer weißen Haut bedeckt ist. Es gibt keine Plage, die Mönche mehr fürchten sollten als die Frauen: den Tod der Seele.' Im dreizehnten Jahrhundert n. Chr. behauptete Thomas von Aquin, der von vielen als ,der einflussreichste Denker in der christlichen Geschichte' angesehen wird, ,dass die Frau defekt und fehlgeboren ist'. Gleichzeitig argumentierte Bonaventura: ,Die Frau ist eine Schande für den Mann, eine Bestie in seinem Quartier... das Verderben eines tugendhaften Mannes, eine bedrückende Last'. Im vierzehnten Jahrhundert n. Chr. sagte der englische Dichter Geoffrey Chaucer: ,Frauen werden zur Knechtschaft und zur Buße geboren und stehen unter der Herrschaft des Mannes'.

Im Zeitalter der Aufklärung im siebzehnten Jahrhundert n. Chr. erklärte Immanuel Kant: ,Die Frau ist intolerant gegenüber allen Befehlen und allen verdrießlichen Zwängen.... Ich glaube kaum, dass das schöne Geschlecht zu Prinzipien fähig ist.'

Im neunzehnten Jahrhundert n. Chr. erklärte Napoleon Bonaparte: ,Die Natur war für die Frauen als Sklaven bestimmt. Sie sind unser Eigentum... Frauen sind nichts anderes als Maschinen, die Kinder zeugen.' Im neunzehnten Jahrhundert schloss Paul Broca aus seinen bahnbrechenden Forschungen über die Anatomie des menschlichen Gehirns auch, dass ,die relativ geringe Größe des weiblichen Gehirns zum Teil von ihrer körperlichen und zum Teil von ihrer intellektuellen Unterlegenheit abhängt'. Ebenso erklärte Friedrich Nietzsche mutig: ,Die Frau ist im Grunde eine Schlange ... von der Frau kommt alles Böse in der Welt.' Schon zu Beginn des zwanzigsten Jahrhunderts kam der französische Sozialpsychologe und Soziologe Gustave LeBon zu dem Schluss, dass die ,weibliche Unterlegenheit' so offensichtlich ist, dass niemand sie auch nur eine Minute lang bestreiten kann, weil einige Frauengehirne ,in ihrer Größe denen der Gorillas ähnlich sind'. Auf Grundlage von dem unerbittlichen Aufmarsch der Geschichte von solchen frauenfeindlichen Aussagen bemerkte Claus Westermann, dass ,seit zwei Jahrtausenden die jüdisch-christliche Tradition den Mann ein wenig niedriger als die Engel und die Frau ein wenig höher als die Dämonen stellt'. Die unerbittliche Gynophobie und Frauenfeindlichkeit in der Geschichte haben viele zu der Schlussfolgerung veranlasst, dass ,die unterschiedliche Behandlung von Männern und Frauen je nach ihrem Geschlecht in der menschlichen Existenz vorherrschend zu sein scheint'." [1]

Nachdem wir also die Kommentare von Männern über unsere Schwestern in der Welt gelesen haben, sollten wir nun ernsthaft darüber nachdenken, was unser Vater Gott über Frauen zu sagen hat.

Die fünf Wörter, die wir untersuchen werden, sind:

1. Neu
2. Schwachheit
3. Kirche
4. Tugendhaft
5. Gehilfin

Wenn man sich diese fünf Wörter im Englischen ansieht, scheinen sie nicht allzu aufregend zu sein. Aber wenn man sie ins Rampenlicht des Himmels stellt, wird ihre wahre Bedeutung an die Oberfläche kommen. Wir werden über die tiefere Bedeutung jedes einzelnen Wortes staunen und sie nie wieder auf die gleiche Weise betrachten.

1. Neu

„Darum: Ist jemand in Christus, so ist er eine neue Schöpfung; das Alte ist vergangen; siehe, es ist alles neu geworden“ (2. Kor. 5,17)! Wenn wir an etwas Neues denken, denken wir gewöhnlich an etwas, das nicht alt sondern neu ist – ein neues Hemd, ein neuer Mantel – einfach etwas, das nicht alt ist, weil es eine neue Sache ist. In diesem Vers benutzte Paulus das griechische Wort *kainos*, um eine Person zu beschreiben, die in das Reich Christi hinein verwandelt wurde.

Jeder Mensch kann in zwei möglichen Bereichen oder Dimensionen leben.

1. In Adam – der Dimension namens Adam, in der alle Merkmale und Charakteristika der adamischen Natur in diesem Individuum wirksam sind.
2. In Christus – wo die ganze Natur, alle Merkmale und Eigenschaften Christi wirksam und zugänglich sind.

Paulus sagte, dass in Adam alle sterben, in Christus aber alle lebendig gemacht werden (1. Korinther 15,22). Der Apostel beschreibt, wie das Leben in dieser Dimension namens Christus aussieht. Er verwendet das Wort *kainos*. Dieses Wort beschreibt nicht nur das Ersetzen deines alten Ford-Fahrzeuges durch ein neues Ford-Fahrzeug, sondern auch das Ersetzen deines alten Ford-Fahrzeuges durch ein nie zuvor gesehenes, neu erfundenes Raumfahrzeug. Dieses neue Raumfahrzeug verfügt über Fähigkeiten und Kräfte, die unvorstellbar sind und deren vollständige Entdeckung noch Jahre dauern wird.

Viele Menschen denken, dass sie Adam nur reparieren müssen, also gehen sie in die Kirche und versuchen ein neuer Mensch zu sein. Jesus Christus kam als der letzte Adam, damit Er alles, was durch Adam kam, zerstören und etwas völlig anderes in die Menschheit einführen konnte. Eine ganz andere Art (dies wird in Kapitel 19 ausführlich behandelt). Nach Strong's bedeutet *kainos* in Bezug auf die Form: kürzlich hergestellt, frisch, neu, ungebraucht, ungetragen. Und in Bezug auf die Substanz: von neuer Art, beispiellos, neuartig, ungewöhnlich, ungehört, zum ersten Mal gegeben.

Das Cambridge Dictionary definiert *beispiellos* als: noch nie geschehen oder existent in der Vergangenheit. Das Evangelium des Königreichs bringt einen ganz neuen, beispiellosen Typ von Art auf die Erde. Durch das neue Schöpfungsleben, das in Christus ist, gibt es eine Vereinigung, bei der zwei Geister zu einer geistlichen Einheit verschmelzen, und Paulus bezeichnet dies als ein großes Geheimnis. Dieses Wort *kainos*, das als *neu* übersetzt wird, qualifiziert einen Gläubigen in Christus an der Kultur des Himmels teilzuhaben und sich daran zu erfreuen. Die alte Lebensweise, die Art und Weise, wie die Menschen uns früher sahen und die Sünden, die wir früher genossen, sind nicht mehr Teil dessen, was wir wirklich in Christus sind.

Johannes sagt uns, dass das Geheimnis, einen ständigen Sieg über die Sünde und die Selbstsucht zu erfahren, in dem Samen liegt, der in uns gepflanzt wurde. *„Jeder, der wirklich ein Kind Gottes ist, wird sich weigern weiter zu sündigen, weil Gottes Samen in ihm bleibt und er nicht in der Lage ist weiter zu sündigen, weil er von Gott selbst gezeugt wurde“* (1. Joh. 3,9 TPT).

Paulus beschreibt in 2. Korinther 5,16 (ASV übersetzt) die Gefahr einen Menschen in Christus so zu betrachten, als wäre er noch in Adam: *„Darum kennen wir von nun an keinen Menschen nach dem Fleisch; wenn wir auch Christus nach dem Fleisch erkannt haben, so kennen wir ihn doch jetzt nicht mehr“.*

Da wir eine ganz neue Art von Menschheit sind, dürfen wir uns nicht dafür entscheiden die Menschen nach ihrer fleischlichen Natur zu beurteilen. Sie sind geistliche Schöpfungen, die in Christus Jesus für gute Werke geschaffen wurden. *„Wer aber mit dem Herrn verbunden ist, der wird ein Geist mit ihm“* (1. Kor. 6,17 ESV übersetzt). Eine Frau die in Christus ist, kann nicht so angesehen werden, als wäre sie in Adam, mit demselben Erbe und derselben Natur, die sie in Adam besaß. Sie ist eine nagelneue Kreatur mit der göttlichen DNA ihres Schöpfers und dem Erbe, das ein Kind Gottes empfängt, durch das was der Sohn an ihrer Stelle vollbracht hat (Apostelgeschichte 20,32; 2. Petrus 1,4; Apostelgeschichte 26,18; Galater 3,18+26-27; Epheser 1,11+18; Kolosser 1,12). Was für ein wunderbares Wort: *neu* (aus dem Griechischen: *kainos*).

2. Schwachheit

„Und er sagte zu mir: Meine Gnade genügt dir, denn meine Kraft ist in der Schwäche vollendet. Darum will ich mich umso mehr meiner Schwächen rühmen, damit die Kraft Christi auf mir ruht“ (2. Kor. 12,9 CSB übersetzt).

In diesem einen Wort, Schwachheit, verbirgt sich eines der tiefsten Geheimnisse im Reich der Ewigkeit. Lasst uns zunächst einige andere Schriftstellen durchgehen, in denen dieses Wort Schwachheit verwendet wird.

„Und ich war in Schwachheit und mit viel Furcht und Zittern bei euch“ (1. Kor. 2,3).

„Es wird gesät in Unehre und auferweckt in Herrlichkeit; es wird gesät in Schwachheit und wird auferweckt in Kraft“ (1.Kor. 15,43).

„Darum freue ich mich über Schwächen, über Verletzungen, über Nöte, über Verfolgungen, über Verzweiflung, um Christi willen; denn wenn ich schwach bin, so bin ich stark“ (2. Kor. 12,10 ASV).

Was würde einen Mann dazu veranlassen, sich an seinen Schwächen zu erfreuen oder sich über sie zu freuen? Hatte Paulus ein Geheimnis von der Natur Gottes, das einige von uns vielleicht dringend brauchen könnten?

Ich glaube, dass er ein sehr verborgenes und kostbares Geheimnis über die Macht Gottes hatte. Dreimal schrie er zu Gott, er solle seinen Dorn entfernen (der ihn so bedürftig und schwach machte). Schließlich, beim dritten Mal, antwortete der Herr Seinem Sohn Paulus. Seine Antwort war Nein! Gott antwortete Paulus mit den Worten: „Meine Gnade genügt dir, Paulus, und Meine Kraft wird in der Schwachheit vervollkommnet (an ihr volles Ziel gebracht).“ Es ist, als hätte Paulus plötzlich die Offenbarung erhalten, dass Gott seine Schwachheit braucht. Nun konnte er verstehen, dass das allmächtige Wesen, das ständig mit ewiger Kraft gesättigt ist, einen Austausch mit einem Gefäß vornehmen muss, das zu einem Behältnis geworden ist. Kraft kommt in die Schwachheit und die Herrlichkeit wird im irdenen Gefäß gesehen. Aber es ist die ewige Herrlichkeit eines anderen. Er hat die Menschheit zu einem Gefäß gemacht, das zu manifestieren, was Er beinhaltete, nämlich den unfassbaren, reinen Schatz unerschaffenen

Lebens. Deshalb konnte Paulus nun sagen: *„Wir haben diesen Schatz in irdenen Gefäßen, damit die Vorzüglichkeit der Macht von Gott und nicht von uns sei“* (2. Kor 4,7).

In unserem schwachen irdenen Gefäß sind wir beunruhigt, verwirrt, verfolgt, niedergeschlagen und tragen immer das Sterben Jesu in unserem Körper, damit Sein Auferstehungsleben durch unser irdenes Gefäß freigesetzt und manifestiert werden kann (2. Korinther 4,8-10).

Wir werden nicht stärker, sondern schwächer in uns selbst; aber der auferstandene Christus wird immer stärker und ist in unseren irdenen Gefäßen sichtbarer. Diejenigen, die auf den Herrn warten (mit Ihm verflochten sind), werden buchstäblich ihre Kraft austauschen, und sie werden mit Flügeln wie Adler aufsteigen (Dies ist die eigentliche Bedeutung von Jesaja 40,31). Die starken, jungen Männer werden völlig fallen, aber diejenigen, die mit dem Herrn verflochten sind, werden immer stärker und stärker werden, wie ein Adler, der sich zum Abflug aufrichtet (Jesaja 40,30-31). Dem König Usia wurde vom Herrn mächtig geholfen, bis er stark wurde, und dann konnte der Herr ihm nicht mehr helfen, weil er die Ehre für sich nahm und Stolz in sein Herz eindrang (2. Chronik 26,16).

Schwachheit ist etwas, womit sich ein Mensch rühmen würde, wenn er den Einen kennt, der die Ewige Kraft ist, der bereit ist, Sich jederzeit in jedes verfügbare Gefäß einzuflößen. Aus dem Mund Gottes hören wir diese Worte: *„Ihr Männer sollt gleichermaßen einsichtig mit eurer Frau als dem schwächeren Gefäß zusammenleben und ihr Ehre erweisen, weil ihr ja gemeinsam Erben der*

Gnade des Lebens seid, damit eure Gebete nicht verhindert werden" (1. Petr. 3,7). Das Wort *„verhindert"* bezieht sich in Wirklichkeit auf das Abgeschnittensein.

Der Vater möchte, dass Seine Söhne die Bedeutung und den ewigen Wert Seiner Töchter demonstrieren, und wenn sie den Wert ihrer Frau nicht sichtbar demonstrieren, indem sie ihr Ehre erweisen, dann wird Gott ihre Gebete nicht erhören! So geht Gott mit Schwachheit um, wo immer sie auftritt. Unsere Frauen erben Leben, nicht nur die Errettung. Sie sind mit uns Männern Miterben der Gnade von Gottes ewigem Leben. Sie sind die Erben des Lebens in Christus. Ein weiteres erstaunliches Wort im Wortschatz des Himmels: *Schwachheit*.

3. Kirche/Gemeinde

„Und ich sage dir auch: Du bist Petrus, und auf diesen Felsen will ich meine Gemeinde bauen, und die Pforten des Totenreiches sollen sie nicht überwältigen" (Mt. 16,18).

Das Wort, das in den meisten Übersetzungen als Gemeinde bezeichnet wird, ist nicht die richtige Bedeutung des Wortes, das Jesus benutzt hat. Es gibt viele Bücher die beschreiben, warum das englische Wort *„church"* nicht das genaueste Wort ist, deshalb werde ich nicht die große Menge an Wissenschaft und Etymologie wiederholen, die diesen Punkt beweisen. Wenn der Leser interessiert ist, kann er im Internet suchen oder zum Ende meines Buches gehen, wo ich einige der verfügbaren Materialien auflisten werde.

Jesus sagte: *„Ich will meine Ekklesia bauen, und die Pforten der Hölle werden sie nicht besiegen“* (Mt. 16,18b KJV übersetzt). Er benutzte das Wort *Ekklesia*, ein Wort, mit dem Rom, Griechenland und Israel sehr vertraut gewesen wären. *Ekklesia* war ein Wort, das eine Gruppe von Menschen beschrieb, die herausgerufen wurde zu regieren, Entscheidungen zu treffen und die Gesellschaft zu beeinflussen. *Ekklesia* kombiniert die Wörter *EK-heraus von* und *KLESIS-ein Ruf*.

In Thayers griechischem Lexikon heißt es: „Herausgerufen oder hervorgerufen, und diese Form *ἐκκαλέω*; richtig, eine Versammlung von Bürgern, die aus ihren Häusern an irgendeinen öffentlichen Ort gerufen werden; eine Versammlung“. Zur Zeit Jesu nannten die Griechen und Römer eine Bürgerversammlung, die als Stadtrat zusammenkam, eine *Ekklesia*. Die Jünger Jesu wären mit diesem Wort *Ekklesia* vertraut gewesen. Jetzt verstehen wir also, dass man, um Teil einer Ekklesia zu sein, herausgerufen werden muss.

Die nächsten Fragen lauten: Woraus werde ich gerufen? Warum wurde ich gerufen? Ich werde aus der Bevölkerung herausgerufen, um Entscheidungen zu treffen und als Leitungsorgan der Gemeinschaft zu fungieren. Das griechische Wort *Ekklesia* wird im Neuen Testament 115 Mal verwendet, und es wird 112 Mal als „Kirche/Gemeinde“ fehlinterpretiert. Eine genauere Übersetzung als „Kirche/Gemeinde“ ist eine *Versammlung* oder eine *Gemeinschaft*.

Ursprünglich wurde Ekklesia zur Beschreibung der Versammlung von *„Leuten, die in griechischen Städten* *die endgültige Entscheidungsgewalt in öffentlichen Angelegenheiten hatten"* verwendet. Jesus war sehr präzise in dem was Er Seinen Anhängern mitteilen wollte, nämlich dass nun Sein herrschender Rat von himmlischen Bürgern, die Seinen Leib bildeten, Seine Regierung auf Erden einsetzen sollte.

„In rechtlicher Zusammenarbeit mit dem Senat hatte die Ekklesia die endgültige Entscheidung in allen Angelegenheiten, die das höchste Interesse des Staates betrafen."[3]

Ed Silvoso sagt: *„Zur Zeit von Jesu Geburt und während seines ganzen Lebens auf der Erde gab es in Israel drei wichtige Institutionen: Der Tempel, die Synagoge und die Ekklesia."*[4]

Der Tempel und die Synagoge waren offensichtlich beides religiöse Einrichtungen, aber die Ekklesia war überhaupt nicht religiös, da sie offenbar staatliche und gesellschaftliche Verantwortung über ihre Stadtstaaten hatte. Jesus entschied sich absichtlich dafür einen säkularen oder staatlichen Begriff anstelle eines religiösen Begriffs zu verwenden. Obwohl *Ekklesia* kein religiöses Wort war, war es genau das perfekte Wort, das Jesus benutzte. Die Griechen hatten ihre Ekklesia, die Römer hatten ihre Ekklesia, und nun erklärt Jesus, dass Er Seine Ekklesia auf der Erde bauen oder errichten wird. Dies ist äußerst wichtig, um den ewigen Zweck zu entdecken, für den wir von Anfang an geschaffen wurden.

„Das superschnelle Wachstum der Ekklesia im Neuen Testament war möglich, weil Jesus sie auf

bereits existierenden sozialen Gleisen fahren ließ – nämlich dem gemeinsamen Mahl.

Indem er die Ekklesia auf den bestehenden sozialen Gleisen (Mahlzeiten) laufen ließ, verwandelte Jesus Tische in Kanzeln und Häuser in Versammlungsräume, in denen Fremde willkommen waren und die sie zu erstklassigen Kandidaten für die Evangelisation machten. Kein Wunder, dass die Erzfeinde seiner Jünger sie nur wenige Wochen nach Pfingsten beschuldigten, Jerusalem mit Ihrer Lehre erfüllt zu haben"[5] (siehe Apostelgeschichte 5,28).

Die Ekklesia befand sich in der Stadt, auf dem Marktplatz, in den Häusern und an jedem Ort, an dem sich Menschen aufhielten. Die Ekklesia des Herrn, die Er baut, ist Sein geistlicher Leib auf Erden. In Epheser 1,22-23 heißt es zum Beispiel: *„Und hat ihm alles unter die Füße gelegt und ihn zum Haupt über alle Dinge gegeben der Ekklesia* (orig.), *die sein Leib ist, die Fülle dessen, der alles in allem erfüllt."* Die Ekklesia ist Sein Körper, den Er mit Seiner eigenen Gegenwart erfüllt. Der gesamte Körper wird aufgebaut und erbaut, sobald jedes Mitglied der Ekklesia seinen Teil in Liebe tut. *„Die Wahrheit in Liebe sprechend, möge er in allen Dingen in ihn hineinwachsen, der das Haupt ist, sogar Christus"* (Eph. 4,15, siehe auch Eph. 4,16 KJV übersetzt).

Alle jene Schriften, die verwendet werden, um zu lehren, dass Frauen in der Kirche/Gemeinde schweigen sollten, basieren auf einer falschen Interpretation des griechischen Originalwortes. Das richtige Wort für all diese Schriften ist NICHT *Kirche/Gemeinde*, sondern *Ekklesia*. Es handelt sich NICHT um ein Gebäude, in dem sich Menschen versammeln, sondern im Gegenteil, es bezieht sich auf ein Volk, das sich versammelt, um der Leib Christi zu sein. Wenn Gott also will, dass Seine Töchter NICHT in der Ekklesia sprechen, dann ist das so ähnlich, wie wenn man jede Frau daran hindert während JEGLICHER Versammlung des Leibes zu sprechen, wie z.B. bei einer Hausversammlung, einem Treffen mit Christen in einem Restaurant, einem Familiengottesdienst mit Vater, Mutter und den Kindern, einer Frauenbibelstunde usw., weil all diese Versammlungen das sind, was das Wort *Ekklesia* beschreibt. Sicherlich ist dies ein weiterer Grund, warum die Bibel nicht lehrt, dass Frauen in der Kirche still sein sollten. Wir haben uns also kurz mit einem anderen sehr mächtigen, wichtigen und bedeutungsvollen Wort befasst: *Kirche/Gemeinde*.

4. Tugendhaft

„Eine tugendhafte Frau – wer findet sie? Sie ist weit mehr wert als [die kostbarsten] Perlen“ (Spr. 31,10)!

CSB-Übersetzung: *„Wer findet eine Frau von edlem Charakter? Sie ist viel kostbarer als Juwelen.”*

Das Wort für *tugendhaft* in der KJV ist das Wort *chayil* im Hebräischen. Dieses Wort ist voller Bedeutung und erfüllt mit einer tiefen, vielversprechenden Offenbarung der Haltung des Vaters gegenüber seinen Töchtern. Der Heilige Geist sagt, dass eine *chayil* Frau wertvoller ist als Juwelen.

Sie ist eine Schatzkammer des Reichtums für jeden Mann, und Gott befürwortet sie in hohem Maße.

Lasst uns die Bedeutung dieses erleuchtenden Wortes eingehend untersuchen, damit unsere Schwestern in Christus ihre Berufung, *chayil* Frauen zu sein, erfüllen können. Dieses Wort aus dem Munde Gottes erklärt, dass eine *chayil* Frau wertvoller ist als kostbare Juwelen. Gott selbst macht diese Aussage über diese kostbare, erstaunliche Frau. Was immer über *chayil* offenbart wird, muss in den Augen des Einen, der die Frau erschaffen hat, sehr positiv und gut sein. Viele Lehren würden Frauen glauben machen, dass sie, wenn sie ruhig sind, zu Hause bleiben und Kinder haben, in Gottes Augen eine gottgefällige, gehorsame Frau sind. Wenn dies die einzige Art von Frau ist, die Gott gefällt, dann müsste das Wort *chayil* eindeutig mit dieser Art von Persönlichkeit und Bild übereinstimmen. *Chayil* hat 223 Erwähnungen in der Bibel. Hier sind einige der Bibelverse, in denen das Wort *chayil* verwendet wird und die Bedeutung, die im Englischen angegeben wird.

1. Mose 34,29 – Reichtum
2. Mose 14,9 – Armee
4. Mose 24,18 – tapfer (heldenmutig)
4. Mose 31,14 – Heer
5. Mose 8,17 – Reichtum
5. Mose 33:11 – Substanz
Josua 1,14, 6,2; 8,3; 10,7 – alle Verse: Tapferkeit (Kriegskraft)
Richter 6,12 – Held
Richter 11,1 – Held

Richter 18,2 – Tapferkeit (Kriegskraft)
Richter 20,46 – Helden
Richter 21,10 – Kühne Krieger
Ruth 4,11 – würdig
1. Samuel 2,4 – Stärke
1. Samuel 9,1 – Kraft
1. Samuel 10,26 – Männerbande
1. Samuel 14,48 – Gastgeber
1. Samuel 16,18 – Held
2. Samuel 22,33 – Macht
2. Samuel 22,40 – Stärke
1. Könige 20,19 – Armee
2. Könige 2,16 – stark
2. Könige 15,20 – Reichtum
1. Chroniken 11,26 – Armeen
2. Chroniken 9,1 – Kompanie
Psalm 84,7 – Kraft
Psalm 108,13 – tapfer (wagemutig)
Jesaja 8,4 – Reichtümer
Jeremia 15,13 – Substanz
Jeremia 41,16 – Streitkräfte

Die Interpretation von *chayil* in der KJV, wenn es sich auf einen Mann bezieht, ist: Reichtum, Armee, heldenmutig, Substanz, Heer, Tapferkeit, tapfer, Krieger, würdig, Stärke, Power, Männerbande, Heer, Kriegskraft, Kraft, Armeen, Kompanie, Macht, Kräfte, Reichtum.

Die Interpretation von *Chayil* in der King James-Bibel, wenn sie sich auf Frauen bezieht, lautet: tugendhaft.

Chayil wird viermal in Bezug auf Frauen gefunden: Ruth 3,11; Sprüche 12,4; 31,10 und 31,29. King James übersetzt *chayil* nur dann als tugendhaft, WENN es sich auf eine Frau bezieht. Die anderen 219 Male, die im Alten Testament *chayil* für einen Mann verwendet sind, haben eine Vielzahl von Interpretationen, die reich an Bedeutung sind.

Eine *chayil* Frau hat viele wunderbare Eigenschaften. Sehen wir uns einige davon an. Als eine Frau von Tapferkeit (Kriegskraft), Macht und Kraft hat sie keine Angst, sondern besitzt großen Mut und ist tapfer, stark und mächtig, wie Deborah in der Bibel. Ruth wird auch als eine Frau von Tapferkeit (Kriegskraft) bezeichnet. David war ihr Urenkel, und Jesus wird der Sohn Davids genannt. *Chayil* Frauen verkünden das Wort Gottes mit Kühnheit. In den Sprüchen heißt es, dass die Rechtschaffenen so kühn wie ein Löwe sind. Und eine *chayil* Frau ist eine dieser Rechtschaffenen. *„Der Gottlose flieht, auch wenn niemand ihn jagt, aber die Gerechten sind furchtlos wie ein junger Löwe"* (Spr. 28,1). Eine *chayil* Frau ist eine Frau, die Reichtum und Substanz hat. In einer Welt, die in vielen gesellschaftlichen Bereichen des Lebens von Männern dominiert wird, wird diese Frau eine Frau mit großem Einfluss und großer Macht sein.

Betrachten wir nun diese Frau, die im Buch der Sprüche 31 erwähnt wird. Vers 11 zeigt, dass sie ***vertrauenswürdig*** ist. Vers 12 offenbart, dass sie ein ***Segen*** ist. Die Verse 11 und 13 beschreiben sie als eine Frau von ***Substanz***. Die Verse 16, 18, 20 und 22 beschreiben sie als ***wohlhabend***. Die Verse 17 und 25 offenbaren, dass sie ***stark*** und ***mächtig*** ist. Die Verse 20 und 26 sprechen von ihrer ***Freundlichkeit***. Die Verse 17, 21, 24 und 25 zeigen, dass sie ***Tapferkeit (Kriegskraft) und Mut*** hat.

Man könnte mit Recht sagen, dass in den Augen Gottes eine *chayil* Frau die Art von Frau ist, von denen Er sich immer gewünscht hat, dass Seine Töchter so sind. Eine *chayil* Frau wandelt in der Furcht vor Gott und sie offenbart der Welt wahre Schönheit.

Dieses eine Wort, das so voller Bedeutung ist, gilt sowohl für Männer als auch für Frauen. Leider machen Übersetzungen wie die KJV aufgrund einer scheinbaren Voreingenommenheit gegenüber der Frau die Tugend zum Hauptbestandteil einer gottesfürchtigen Frau, während sie alle anderen Bedeutungen von *chayil* ignorieren. Aufgrund von Fehlübersetzungen könnte eine wirklich gottgefällige *chayil* Frau glauben, dass sie manipulativ oder zu stark ist und ihren Zweck als Frau nicht erfüllt. Der Böse könnte sie beschuldigen, eine Isebel zu sein.

Es gab viele *chayil* Frauen auf der Welt. Sie wissen, wie sie inmitten ihrer Feinde zu herrschen haben, und sie kennen den Gott des *chayil* und seine glorreiche Kraft. Danke Vater, dass Du dieses Wort, das so reich an Deiner Herrlichkeit ist, benutzt hast, um Deine Töchter zu beschreiben und was ihnen zur Verfügung steht, um in dieser Welt fruchtbare Überwinder zu sein.

5. Gehilfin

„Und Gott der Herr sprach: Es ist nicht gut, dass der Mann allein ist; ich will ihm eine Gehilfin machen, die ihm entspricht“ (1. Mose 2,18 KJV übersetzt)!

Das Wort *Gehilfin* in KJV klingt für eine Frau nicht sehr ansprechend. Es besteht eine gute Chance, dass sich nur sehr wenige Frauen dafür begeistern können, Gehilfin für ihren zukünftigen Ehepartner zu sein. Es ist eine höchst erstaunliche Offenbarung zu verstehen, was wirklich über die Frau aus dem Mund Gottes kam. Das Wort ezer *kenegdo* im Hebräischen ist der Ausdruck, der aus Gottes Mund kam. Lasst uns tief in die innere Bedeutung dieser beiden Worte eindringen.

Sie sind voller Offenbarung und Bedeutung bezüglich der Bestimmung für jede Frau auf dieser Welt. Eine Autorin, Dr. Susan Hyatt, sagt: *„Das Wort ‚Gehilfin' kommt nicht vor. Der hebräische Ausdruck ‚ezer kenegdo' erscheint und bedeutet: ‚einer, der dem anderen gleich ist und der umgibt, schützt, fördert, hilft und unterstützt.'"*[6]

Es gibt in diesem Wort keinen Hinweis auf jemanden, der weniger oder minderwertig ist oder gar die Beschreibung einer sekundären Position in einer hierarchischen Trennung zwischen dem Männlichen und dem Weiblichen.

Die Verwendung des Wortes *ezer* im Alten Testament zeigt, dass Gott in den meisten Fällen ein ezer für die Menschen ist.

Die überarbeitete Standardversion übersetzt ezer kenegdo als *„ein für ihn passender Helfer"*. Die New Jewish Publication Society sagt: *„Ich werde ihm einen passenden Helfer machen."* Man könnte diese *„geschaffene Andere"* leicht als jemanden betrachten, die für keinen anderen Zweck geschaffen wurde, als ihrem Ehemann zu helfen. Zum Beispiel hilft ein Kind seinem Vater beim

Schreinerhandwerk. Der Vater braucht einen Nagel, und sein kleiner Sohn reicht seinem Vater einen Nagel, um ihm zu helfen. Es ist offensichtlich, dass der kleine Sohn nur dazu da ist, dass er sich wichtig fühlt und jeder versteht, dass Papa seine Arbeit ohne seinen kleinen Helfer leicht erledigen könnte.

Ich habe das Gefühl, dass viele Ehefrauen fälschlicherweise glauben, das sei ihr Lebensinhalt, nur um demjenigen zu helfen, der wirklich wichtig ist. Der Ausdruck *ezer kenegdo* im Hebräischen hat eine ganz andere Interpretation und Bedeutung, und ein wichtiger Hinweis ist die Tatsache, dass er oft verwendet wird, um auf die Person Gottes zu verweisen!

Dies war das spezifische Wort, das Gott für diesen Typ Schöpfung gewählt hatte, mit der der Mann die Fülle des Lebens erfahren sollte. Dieses Wort kam nicht von Adam, es kam aus dem Mund Gottes, und der Mensch soll von jedem Wort leben, das aus dem Mund Gottes kommt. Das Wort *ezer* kommt von der Wurzel *azar*, was bedeutet: umgeben, schützen oder helfen. Fast an jeder Stelle in der Bibel, an der das Wort *ezer* verwendet wird, bezieht es sich auf Gott. Gott ist die Hilfe, wie David sagte: *„Woher kommt mir Hilfe“* (Ps. 121,1)? *„Meine Hilfe kommt vom Herrn, der Himmel und Erde gemacht hat“* (Ps. 121,2). Der Herr, der allmächtige Gott, ist der *Ezer* Israels. Als der *Ezer* Seines Volkes sorgt Er für sie (Psalm 70,5), Er segnet sie (Psalm 146,5). Gott ist der *ezer* Seiner geliebten Kinder. Diese Eigenschaften Gottes gegenüber Seinem Volk als *ezer* offenbaren, wie eine *ezer Frau* für ihren Mann sein soll.

Die Untersuchung der Etymologie des Wortes *ezer* wird dem Leser helfen besser zu verstehen, welche Eigenschaften eine Helferin in Form einer Frau haben sollte. *Ezer* trägt die Idee der Hilfe, die von jemandem kommt, der fähiger ist. Hinter der Bedeutung dieses Wortes *ezer* verbirgt sich auch jemand, der über eine überlegene militärische Stärke verfügt. Eine Person, die rettet, schützt und erlöst, ist eine gute Beschreibung für einen *ezer*. Gott schuf für Adam einen Helfer, der sein Partner sein würde, der ihm auch ebenbürtig und als seine Stärke qualifiziert war, und der ihn vor möglichem Bösem beschützen würde, das ihn an der Erfüllung seiner ewigen Bestimmung hindern könnte. Es ist bewiesen, dass dieses Wort *ezer* ursprünglich zwei Wurzeln hatte, die jeweils mit unterschiedlichen Kehllauten beginnen. Der eine bedeutete „Macht" und der andere „Stärke". Im Laufe der Zeit verschmolzen diese beiden Klänge, aber die Bedeutung blieb dieselbe.

Da dieses Wort *ezer* meist in Bezug auf Gott oder militärische Verbündete verwendet wird, wird deutlich, wie Gesenius es ausdrückt: *„Die primäre Idee liegt darin zu gürten, zu umgeben und somit zu verteidigen."* 5. Mose 33,29 (NIV übersetzt) sagt: *„Gesegnet bist du, Israel! Wer ist wie du, ein vom Herrn gerettetes Volk? Er ist dein Schild und Helfer und dein glorreiches Schwert. Deine Feinde werden sich vor dir kauern und du wirst auf ihre Höhen treten."*

Hier sind weitere Stellen in der Bibel, an denen der Ezer-Gott als Hilfe, Stärke und Schutz bezeichnet wird: 2. Mose 18,4; Psalm 20,2; 33,20; 70,5; 89,19; 115,9-11; 121,1-2; 124,8; 146,5 und Hosea 13,9.

Als der Vater sagte, es sei nicht gut für den Mann allein zu sein, hat das Wort, das Er für das Alleinsein verwendete, die Bedeutung von „getrennt sein". Ohne die Hilfe (*ezer*) der anderen Hälfte (Frau) des Mannes, würde er seinen Zweck in dieser Welt nicht erfüllen. Die Frau wird den Mann vervollständigen, um ihn ganz zu machen. Es gibt nur wenige Männer, die von Gott die Gabe haben ledig zu sein, aber der Rest von uns wird nur im Zusammenhang mit unserem *ezer* die Fülle finden (1. Korinther 7,7).

Es ist nicht gut für den Mann allein oder getrennt zu sein, und deshalb hat Gott für ihn ein *ezer kenegdo* geschaffen. Gott hat dieses Gegenstück aus der Seite Adams geformt. Sie wurde aus genau dem gleichen Stoff gemacht, aus dem auch Adam gemacht ist. *Ezer* wird zweimal in Bezug auf Frauen verwendet, dreimal in Bezug auf militärische Hilfe und sechzehn Mal zur Beschreibung von Gottes Rettung, der Kraft und Stärke zur Hilfe liefert.

Kenegdo ist in seiner genauen Bedeutung nicht so leicht zu bestimmen wie *ezer*. *Kenegdo* kommt von dem Wort *neged* (Strong's #3048). Das hebräische Lexikon von Brown, Driver and Briggs (BDB) gibt die primäre Bedeutung von *neged* als „vor", „in Sicht von" oder „entgegengesetzt zu" an, wenn das Wort als Präposition fungiert, wie in 1.Mose 2,18+20. Aber in 1. Mose 2,18+20 ist das Wort nicht einfach *neged*, sondern es hat sowohl ein Präfix am Anfang als auch ein Suffix am Ende. Das verwendete Präfix wird normalerweise mit „ähnlich", „wie" und „entsprechend" übersetzt. Das verwendete Suffix entspricht „ihm“. Die BDB gibt die Definition von Kenegdo an als *„dem, was direkt vor ist“ = „entsprechend“*, und übersetzt 1. Mose 2,18 als „Ich will ihm eine Hilfe machen, die ihm entspricht oder ihm gleich ist“. In rabbinischen Texten stellt Gesenius Hebrew Chaldee Lexicon fest, dass *Kenegdo* oft für Dinge verwendet wird, die einander ähnlich sind.[7]

Es ist sicher, dass das Wort *Ezer*, wenn es sich auf Gott bezieht, Stärke, Kraft und Retter bedeutet. Ist es möglich, dass der Herr eine Helferin machen wollte, eine, die ihre eigene, einzigartige Stärke hatte, um ihrem Partner zu helfen; und eine, die ihm gleichwertig ist und daher seine Einsamkeit auf wunderbare Weise auflöst?

Gehilfin ist ein weiteres gewaltiges Wort, um diese Schöpfung zu beschreiben – von Gott als Teil seines göttlichen Bildes geformt. Ich werde dieses Kapitel mit einem Zitat von *Guardian Angel* abschließen.

> *„Ezer ist kein gängiges Wort in der Schrift. Es ist nicht das Wort für ‚Ehefrau‘ oder das typische Wort für ‚Frau‘. Vielleicht ist die Wahl dieses Wortes durch Gott ein weiterer Indikator für den Schlussstein seiner schöpferischen Majestät. Um die Ezer zu sein spielt sie mit ihrem Mann dieselbe Rolle, die Gott mit Seinem Volk spielt – dazu gehören Befreiung von Unterdrückern, Rettung aus der Gefahr, Hilfe, Unterstützung und Verstärkung, Abschirmung vor dem Tod, Segen in einer Bundesbeziehung und Vision in schwierigen Zeiten, Vertrauenswürdigkeit, Hoffnung*

und Vergebung. Kein Wunder, dass sie der Schlussstein der Schöpfung ist.“ [8]

Liebe Schwestern, *„Talita Kumi!“* Erhebt euch und nehmt euren Platz in der Welt ein und enthüllt euren glorreichen Teil von Gottes wahrem Ebenbild!

Kapitel 19

Die neue Art

So kennen wir denn von nun an niemand mehr nach dem Fleisch; wenn wir aber auch Christus nach dem Fleisch gekannt haben, so kennen wir ihn doch nicht mehr so. Darum: Ist jemand in Christus, so ist er eine neue Schöpfung; das Alte ist vergangen; siehe, es ist alles neu geworden!

2. Korinther 5,16-17

Und für mich soll es nicht zur Ehre sein – außer das Kreuz unseres Herrn Jesus Christus, durch das mir die Welt gekreuzigt worden ist, und ich der Welt; denn in Christus Jesus hat weder die Beschneidung noch die Unbeschnittenheit etwas gebracht, sondern eine neue Schöpfung.

Galater 6,14-15 YLT (übersetzt)

Der Gläubige in Christus hat einen Samen in sich, der göttlichen Ursprungs ist, d.h. er ist nicht von dieser Welt. Dieser Same, mit seiner göttlichen Natur, trägt auch einen anderen Bereich oder eine andere Dimension in sich.

„Niemand, der von Gott geboren ist, übt Sünde [absichtlich, wissentlich und gewohnheitsmässig] aus, weil Gottes Same [sein Lebensprinzip, die Essenz seines rechtschaffenen Charakters] [dauerhaft] in ihm [dem Wiedergeborenen, der von oben wiedergeboren ist – geistlich verwandelt, erneuert und für seine Zwecke abgesondert] bleibt; und er [der Wiedergeborene] kann nicht gewohnheitsmässig [ein Leben führen, das durch] Sünde gekennzeichnet ist, weil er von Gott geboren ist und sich danach sehnt ihm zu gefallen" (1. Joh. 3,9 AMP).

Früher lebten wir alle unser Leben in der Dimension von Adam, mit der bewussten Wahrnehmung des Selbst. Leider ist das Selbst, dessen wir uns alle so bewusst waren, ein gefallenes, falsches Selbst, mit all seinen Unzulänglichkeiten und seinem Mangel. Paulus sagte, dass in Adam alle sterben und in Christus alle lebendig gemacht werden sollen (1. Korinther 15,22). In Adam gibt es ein geistliches Gesetz, das Sünde und Tod genannt wird, aber in Christus gibt es ein geistliches Gesetz, das Leben genannt wird. *„Darum gibt es jetzt keine Verdammnis für die, die in Christus Jesus sind, die nicht nach dem Fleisch, sondern nach dem Geist wandeln"* (1. Kor. 15,22). *„Denn das Gesetz des Geistes des Lebens in Christus Jesus hat mich frei gemacht von dem Gesetz der Sünde und des Todes"* (Röm. 8,1-2).

Ein Christ kann in Christus sein, aber trotzdem sein Leben so leben, als wäre er in Adam. Paulus fragte: Versucht ihr im Fleisch vollkommen zu werden? *„Seid ihr so unverständig? Im Geist habt ihr angefangen und wollt es* *nun im Fleisch vollenden"* (Gal. 3,3)? Das Fleisch bezieht sich auf alles, was wir von Adam geerbt haben. *„Was aus dem Fleisch geboren ist, das ist Fleisch, und was aus dem Geist geboren ist, das ist Geist"* (Joh. 3,6). Die ganze Kraft des Fleisches kommt aus dem Leben Adams in uns. Wenn also ein Mensch nach den Wegen und Haltungen Adams, seinem Fleisch nachgeht, wandelt er in dieser Welt, als wäre er nur ein Mensch und nicht Sohn oder Tochter des Allerhöchsten. *„Denn ihr seid immer noch vom Fleisch. Denn während unter euch Eifersucht und Streit herrscht, seid ihr nicht vom Fleisch und verhaltet euch wie gewöhnliche Menschen"* (1. Kor. 3,3 RSV übersetzt)?

Eine andere Möglichkeit, diese Frage von Paulus zu stellen, wäre die Frage, *in welcher Dimension wir leben.* Wir sind in das Reich von Gottes geliebtem Sohn versetzt worden. *„Er hat uns errettet aus der Herrschaft der Finsternis und hat uns versetzt in das Reich des Sohnes seiner Liebe,"* (Kol. 1,13). Wir sind aus dem Reich und der Domäne der Finsternis heraus- und in das Reich und die Domäne des Lichts hineinversetzt worden. Ein Reich ist ein Gebiet, das unter der Herrschaft von jemandem oder etwas steht. Wir leben im Reich Christi, wo Er der Herrscher ist und wo alle Nationen, Fürstentümer und Gewalten unter Seiner höchsten Macht und Autorität und Regierung stehen.

Eine neue Schöpfung in Christus oder ein wiedergeborener Gläubiger, der den Samen Gottes in seinem Herzen trägt, steht nicht mehr unter den bösen Mächten, sondern das böse, dämonische Königreich steht unter ihm. Es gibt ein Geheimnis, wie man im Reich Christi und der Kraft

Seiner Auferstehung leben kann. Das Geheimnis liegt in dem Samen, der in uns eingepflanzt wurde. Er enthält alles, was wir brauchen, um zu überwinden und mehr als ein Eroberer in Christus Jesus zu sein!

Wenn man sich als Christ in einem großen Kampf befindet und auf die Probe gestellt wird, kommt die Versuchung sich auf das zu konzentrieren, was man in sich selbst ist, oder sich darauf zu konzentrieren, das Richtige zu tun. Das Problem mit dieser Art der Konzentration ist, dass sie den Einzelnen in der Kraft und im Leben Adams belässt, so dass er vielleicht die richtige Wahl trifft, dann aber auf sich selbst schaut, um seine Wahl durchzuführen. Er wird dann entdecken, dass er keine Macht hat die Entscheidung auszuführen; er hat den Willen, aber nicht die Macht, in sich selbst etwas zu erreichen. Dafür gibt es drei Beispiele:

1. Ein christlicher Mann ist entschlossen, mit dem Rauchen aufzuhören. Er setzt seinen Willen ein und er entscheidet sich dafür mit dem Rauchen aufzuhören, aber jedes Mal, wenn er sich in der Nähe von Zigarettenrauch aufhält, muss er eine Zigarette rauchen. Es war zwar sein Wille, aber er hatte nicht die Kraft selbst zu überwinden.
2. Eine Frau ist entschlossen ihren Mann zu lieben, obwohl er Alkoholiker ist und manchmal missbrauchend sein kann. Für zwei Wochen scheint alles gut zu laufen. Dann verliert er plötzlich die Beherrschung und sagt ein böses Wort zu ihr, und sie kann den Groll, den sie innerlich empfindet, nicht mehr aufhalten.

3. Ein Mann, der mit einer Sünde kämpft, schreit in wahrer Zerbrochenheit zu Gott und lässt ihn wissen, dass er seine Sünde absolut nicht überwinden kann. Bitte rette mich! sagt er zu Gott. Am nächsten Morgen stellt er fest, dass er keine Lust mehr auf dieses Übel hat!

„Jeder, der aus Gott geboren ist, tut nicht Sünde; denn Sein Same bleibt in ihm, und er kann nicht sündigen, weil er aus Gott geboren ist... weil der, welcher in euch ist, größer ist als der, welcher in der Welt ist" (1. Joh. 3,9; 4,4b).

An diesem Punkt ist es entscheidend, dass ein Gläubiger sich auf eine Sache konzentriert, und das ist der Same Gottes mit den übernatürlichen Kräften Christi in seinem Geist. Die Kraft zur Überwindung kommt nicht durch unsere Hingabe oder unser Engagement, sondern durch die Gnade und den Sieg, die Gott uns in jedem Augenblick eines jeden Tages durch Seinen Sohn schenkt. *„Gott aber sei Dank, der uns den Sieg gibt durch unseren Herrn Jesus Christus"* (1. Kor. 15,57).

Wahrlich, was Jesus Christus baut ist nicht von dieser Welt und es ist nicht auf das Leben angewiesen, das von Adam kommt – es ist aber völlig abhängig vom Leben Gottes im Geist. Deshalb ist die wichtige Frage, die wir uns als neue Schöpfungen in Christus Jesus stellen müssen: In welcher Dimension leben wir und was ist die Quelle unserer Güte, Kraft und unseres Lebens? David sagte, abgesehen von Dir habe ich nichts Gutes. *„Ich habe zum*

Herrn gesagt: ‚Du bist mein Herr, ich habe nichts Gutes außer Dir'" (Ps. 16,2 AMP übersetzt).

Die menschliche, adamische Form des Gut-Seins maskiert das Schlechte in uns. Paulus sagte: *„Sie sind alle abgewichen, sie taugen alle zusammen nichts; da ist keiner, der Gutes tut, da ist auch nicht einer!"* (Röm. 3,12) Adam wird von Stolz regiert und Christus wird von Demut regiert (siehe Jesaja 53,6; Matthäus 11,29). Das ist der Grund, warum Jesus den religiösen, selbstgerechten Pharisäern, die sich für sehr gut hielten, diese Wahrheit sagen musste: *„...denn was bei den Menschen hoch angesehen ist, das ist ein Gräuel vor Gott"* (Luk.16,15b).

Jesus selbst ist das größte Beispiel für einen wahren Mann, der Gott in Seinem irdischen Körper offenbarte. Er sagte, er könne nichts von sich selbst tun (siehe Johannes 5,19+30). Liebe Brüder und Schwestern in Christus, wenn ihr in den Spiegel schaut, wen seht ihr dann? Wenn du das Wort hörst, aber nicht Täter des Wortes bist, dann bist du wie ein Mensch, der in den Spiegel schaut und sofort vergisst, wie er ausgesehen hat (siehe Jakobus 1,23-24)! Wen siehst du im Spiegel? Ist es dein wahres Selbst? Ist es der Eine, der dein innewohnendes Leben ist? Oder ist es das Leben von Adam? *„Wenn der Christus, unser Leben, offenbar werden wird, dann werdet auch ihr mit ihm offenbar werden in Herrlichkeit"* (Kol. 3,4). Wer ist die Quelle deines Lebens, liebe Familie Gottes? Ist es Christus oder ist es Adam? Dies ist die Stunde für die herrlichste Manifestation Christi, die die Welt je gesehen hat (siehe Römer 8,19).

In Adam liegt die Natur der Sünde, und diese adamische Natur ist Selbstsucht. Deshalb sagte der große Apostel Johannes: *„Wenn wir sagen, dass wir keine Sünde haben, so verführen wir uns selbst, und die Wahrheit ist nicht in uns“* (1. Joh. 1,8). In unserer adamischen Natur liegt die Sünde, und wir können uns entscheiden, uns zu jedem Zeitpunkt des Tages oder der Woche in ihr zu bewegen. Der Vater hat uns in Christus und in das Reich Seines Geistes gestellt, aber wir müssen uns dafür entscheiden im Geist zu wandeln und nicht die Begierden des Fleisches zu erfüllen (Römer 13,14; 6,19; Galater 3,3; 5,16-17; 5,25; 6,7-8; 1. Timotheus 3,6; 1. Johannes 2,11-12; Kolosser 3,12-14; 2. Korinther 13,2-3).

Wenn ich mich dafür entscheide die Sünde durch mich offenbar werden zu lassen, trage ich die Frucht meiner Sünden an Leib und Seele. *Sünde* ist die Wurzel und *Sünden* sind die Frucht. Vater Gott will, dass ich meine Sünden bekenne, weil ich derjenige war, der die adamische Natur in meinem Herzen gewählt hat.

Das tiefste Problem im Leben des Gläubigen ist sein Stolz, und deshalb müssen wir uns demütigen, indem wir unsere Sünden bekennen, wann immer wir wählen, dass sich die Sünde in uns manifestiert. *„Wenn wir aber unsere Sünden bekennen, so ist er treu und gerecht, dass er uns die Sünden vergibt und uns reinigt von aller Ungerechtigkeit“* (1. Joh. 1,9).

Wir sollen kein Sündenbewusstsein haben, aber dieses Bekennen in Demut ist die richtige Haltung, die der Vater in jedem unserer Herzen wünscht, wenn wir uns dafür entschieden hatten die Natur Adams, welche die Sünde ist, in uns wirken zu lassen. Der Leib Christi oder die Ekklesia, soll den auferstandenen Herrn in einander sehen. Ich soll Christus nicht nur in meinem Spiegel sehen, sondern ich soll Ihn auch in meinem Bruder und in meiner Schwester erblicken. Ihn zu betrachten wird zu einer gemeinsamen Verklärung des Leibes Christi führen. *„Und wir alle, die wir mit unverschleiertem Antlitz fortwährend die Herrlichkeit des Herrn wie in einem Spiegel sehen, werden allmählich in sein Bild verwandelt, von [einem Grad] Herrlichkeit zu [noch mehr] Herrlichkeit, die vom Herrn kommt, [der] der Geist ist"* (2. Kor. 3,18 AMP übersetzt).

Christus hat sich selbst seinem Leib hingegeben, um alles zu sein, was wir in diesem Leben jemals brauchen werden, und wenn wir uns dafür entscheiden einander nach dem Geist und nicht nach dem Fleisch zu kennen, werden wir Ihn als Alles in Allen betrachten! *„Und haben den neuen Menschen angezogen, der nach dem Bild dessen, der ihn geschaffen hat, in der Erkenntnis erneuert ist: Wo weder Grieche noch Jude, weder Beschneidung noch Unbeschnittene, weder Barbar, Skythen, Knecht noch Freier ist; Christus aber ist alles und in allen"* (Kol. 3,10-11 KJV übersetzt).

Der Sohn Gottes ist das ewige Wort und zugleich die zweite Person der Gottheit, und Er kann nicht vom Vater gezeugt werden. Er ist ewig eins mit dem Vater und dem Geist. Aber bei der Auferstehung wurde der Menschensohn und Gottessohn als Erstgeborener von den Toten gezeugt, der Gottmensch, der *Anfang der neuen*

Menschheit! (Psalm 2,7; Apostelgeschichte 13,30-39; Kolosser 1,18; Offenbarung 1,5) Etwas von höchsten kosmischen Ausmaßen fand bei der Auferstehung statt; es war so mächtig, dass es dem Tod buchstäblich befahl, viele der Körper der Heiligen freizulassen. *„Und die Gräber öffneten sich, und viele Leiber der entschlafenen Heiligen wurden auferweckt und gingen aus den Gräbern hervor nach seiner Auferstehung und kamen in die heilige Stadt und erschienen vielen"* (Mt. 27,52-53). Wichtig ist, dass diese übernatürliche Auferstehungskraft immer noch im Leib des auferstandenen, erhabenen Christus vorhanden ist, und dass sie für diejenigen in Christus freigesetzt wird, die an das vollendete Werk des Vaters glauben, als Er den Sohn von den Toten auferweckte. *„was auch die überwältigende Größe seiner Kraftwirkung an uns ist, die wir glauben, gemäß der Wirksamkeit der Macht seiner Stärke. Die hat er wirksam werden lassen in dem Christus, als er ihn aus den Toten auferweckte und ihn zu seiner Rechten setzte in den himmlischen [Regionen],"* (Eph. 1,19-20; Betonung von mir).

Geliebte Familie Gottes, lasst uns den auferstandenen erhabenen Christus in all Seiner Herrlichkeit betrachten, anstatt einander nach dem Fleisch (Geschlecht, Kultur, Status usw.) zu kennen. *„Da ist weder Jude noch Grieche, da ist weder Knecht noch Freier, da ist weder Mann noch Frau; denn ihr seid alle einer in Christus Jesus"* (Gal. 3,28). Lasst uns einander nach dem Geist kennen und nicht nach dem Fleisch. Wenn wir einander nach dem Fleisch kennen, werden wir nur die Werke und Früchte Adams sehen. Wenn wir einander aber nach dem Geist kennen, dann werden wir das Werk Gottes im Tod, in der Auferstehung und in der Himmelfahrt Seines Sohnes sehen! Lassen wir uns verklären, indem wir ständig die Herrlichkeit des Herrn in Seinem Leib, der Ekklesia, ansehen!

„Denn in Christus Jesus hat weder die Beschneidung noch die Unbeschnittenheit etwas gebracht, sondern eine neue Schöpfung“ (Gal. 6,15 JLT übersetzt). Alles, was in Christus Jesus wichtig ist, ist die Tatsache, dass wir eine neue Schöpfung sind: eine neue Art von Leben und eine neue Menschheit. Eine brandneue Schöpfung wurde eingeführt, nachdem Christus von den Toten auferstanden und der Erstgeborene einer neuen Rasse von Menschen geworden war. Diese neue Menschheit hat eine neue Natur, ein neues Leben, eine neue Liebe – und die Quelle von all dem ist Christus. Die Welt mit all ihrem Schmerz, ihrem Missbrauch, ihrem Leiden und ihrer Verzweiflung sucht nach Antworten, und vor allem sucht sie danach Christus zu sehen. *„Es waren aber etliche Griechen unter denen, die hinaufkamen, um während des Festes anzubeten. Diese gingen zu Philippus, der aus Bethsaida in Galiläa war, baten ihn und sprachen: Herr, wir möchten gerne Jesus sehen“* (Joh. 12,20-21)!

Die Welt fragt: Wo können wir Jesus finden? Jesus gibt uns die Antwort auf diese alles entscheidende Frage.

> *„Jesus aber antwortete ihnen und sprach: Die Stunde ist gekommen, dass der Sohn des Menschen verherrlicht werde! Wahrlich, wahrlich, ich sage*

euch: Wenn das Weizenkorn nicht in die Erde fällt und stirbt, so bleibt es allein; wenn es aber stirbt, so bringt es viel Frucht. Wer sein Leben liebt, der wird es verlieren; wer aber sein Leben in dieser Welt hasst, wird es zum ewigen Leben bewahren. Wenn jemand mir dienen will, so folge er mir nach; und wo ich bin, da soll auch mein Diener sein; und wenn jemand mir dient, so wird ihn [mein] Vater ehren" (Joh. 12,23-26).

Bevor die Welt Jesus sehen kann, muss zuerst einmal ein Samenkorn sterben, dann geschieht durch die Auferstehung eine Vermehrung des Samens. Sein Leben zu hassen ist gleichbedeutend damit, dass der alte Samen gepflanzt und begraben wird und in der Erde stirbt. Dann, nach dem Tod des alten Samens, gibt es eine Auferstehung des Christus-Samens im neuen Leib, und dann sieht die Welt den verherrlichten, auferstandenen Samen Gottes, und ein Gläubiger findet sein wahres Leben oder sein wahres Selbst! Dies war Jesu Antwort an Philippus und Andreas darüber, wie die Griechen (und die Welt) Ihn sehen würden. Wenn wir unser Leben (das adamische Leben im ersten Samen) verlieren werden, dann entdecken wir unser wahres Selbst oder neues Leben, das der Same Gottes ist, der im Leib Christi lebt.

„Vor einigen Jahren besuchte eine Gruppe von Verkäufern einen regionalen Verkaufskongress in Chicago. Sie hatten ihren Ehefrauen versichert, dass

sie rechtzeitig zum Abendessen am Freitagabend zu Hause sein würden. Nun, wie die Dinge so gehen, führte eins zum anderen. Der Verkaufsleiter brauchte länger als erwartet, und bei dem Treffen entstanden Überstunden. Ihre Flüge sollten von O'Hare aus starten. Hektisch mussten sie zum Flughafen rasen. Mit Tickets und Aktenkoffern in der Hand stürmten sie durch den Terminal, um ihren Flug zu erwischen. In ihrer Eile stieß einer der Verkäufer versehentlich einen Tisch um, auf dem sich eine Ausgabe mit Körben voller Äpfel befand. Die Äpfel flogen überall hin. Ohne anzuhalten oder zurückzuschauen schafften sie es alle das Flugzeug rechtzeitig für ihre fast verpasste Buchung zu erreichen. Alle bis auf einen. Er hielt inne, atmete tief durch, kam mit seinen Gefühlen in Berührung und erlebte einen Anflug von Mitgefühl für das Mädchen, dessen Apfelstand umgestürzt war. Er sagte seinen Kumpels, sie sollten ohne ihn weitermachen, und bat sie seine Frau anzurufen, wenn sie nach Hause kamen, um ihr zu erklären, dass er einen späteren Flug genommen hatte. Dann kehrte er zum Terminal zurück, wo die Äpfel überall auf dem Boden lagen. Er war froh, dass er das tat.

Das sechzehnjährige Mädchen war völlig blind! Sie weinte leise, Tränen liefen ihr im Frust über die Wangen, und gleichzeitig tastete sie hilflos nach ihren verschütteten Produkten, während die Menschenmenge um sie herumwirbelte. Niemand hielt an, um ihr zu helfen. Niemand kümmerte sich um ihr

Dilemma. Der Verkäufer kniete sich mit ihr auf den Boden, sammelte die Äpfel auf, legte sie in die Körbe und half die Auslage wieder aufzubauen. Während er dies tat, bemerkte er, dass viele der Äpfel angeschlagen und gequetscht worden waren. Diese legte er in einem anderen Korb beiseite. Als er fertig war, zog er seine Brieftasche hervor und sagte zu dem Mädchen: ‚Hier, bitte nehmen Sie diese 20 Dollar für den Schaden, den wir angerichtet haben. Geht es Ihnen gut?‘ Sie nickte durch ihre Tränen. Er fuhr fort: ‚Ich hoffe, wir haben Ihnen den Tag nicht zu sehr verdorben‘.

Als der Verkäufer begann zu gehen, rief ihm das verwirrte Mädchen zu: ‚Herr...‘.

Er hielt inne und drehte sich um, um in diese blinden Augen zurückzublicken.

Sie fuhr fort: ‚Sind Sie Jesus?‘ Er blieb mitten im Gehen stehen, und er wunderte sich. Langsam machte er sich auf den Weg, um den späteren Flug zu erreichen, wobei diese Frage in seinem Kopf brannte und umhersprang: ‚Sind Sie Jesus?‘

Verwechseln uns die Menschen mit Jesus? Das ist unsere Bestimmung, nicht wahr? Ein Gefäß... ein Vehikel... ein Erd-Anzug zu sein, in dem Jesus sein Leben durch uns, für uns und in uns lebt. Es gibt da draußen eine große Welt, die blind ist für seine Liebe, sein Leben, seine Gnade.“[1]

Wenn ein Mensch wahrhaftig wiedergeboren ist, erhält er die göttliche Natur Christi durch den Heiligen

Geist, und Gottes DNA ist in dieser Natur enthalten. Jetzt wird es sehr wichtig in diesem neuen Leben zu wachsen und in dieser neuen Dimension in Christus zu wandeln. Auf Christus vertrauen, dass er durch mein irdenes Gefäß lebt, ist ein entscheidender Schritt, um in diesem neuen Leben zu wachsen. Da Christus nun zur eigentlichen Lebenssubstanz dieser neuen Menschheit wird, sollen wir Ihn in jedem Glied seines geistlichen Leibes sehen. Es gibt nicht männlich oder weiblich in Christus, denn das Leben Christi wird zum gesamten Mittelpunkt, und Christus ist die Mitte von allem. Der Leib Christi wird Wachstum erfahren, wenn jedes Glied seinen Teil dazu beiträgt. Die Haupttugend in diesem Leib des Sohnes ist reine Liebe.

Eines Tages war ich schockiert, als mir plötzlich klar wurde, dass fast das gesamte Neue Testament im Plural und nicht in der Einzahl geschrieben ist. Das würde bedeuten, dass Gott an einen Leib schreibt und nicht nur an Einzelne. Das hatte einen radikalen Einfluss darauf, wie ich Gottes ewige Absicht ansah. Dann wurde mir klar, dass ich meine Bestimmung nur im Kontext der Familie Gottes und Seines Leibes erfüllen würde.

Plötzlich hatte ich eine neue Auffassung davon, wie wichtig es ist, einander durch Gottes Augen zu sehen, und wie äußerst wichtig Beziehung innerhalb des Christentums ist und sein muss. Man könnte sagen, dass wir, um Jesus Christus zu offenbaren, dies als eine Körperschaft tun müssten, und nur in der Beziehung zu anderen könnten wir Christus wirklich erfahren. Es gibt über 50 Schriftstellen im Neuen Testament, in denen davon die Rede ist, wie jedes Mitglied des Leibes miteinander umgehen und übereinander denken sollte; wie sie reagieren sollten; wie sie von einander empfangen und auch einander geben sollten. (Siehe Kapitel 16)

Wir brauchen einander; wir sind die Familie von Vater Gott auf Erden. Lasst uns auf eine Weise leben, die den Vater glücklich macht! In Christus geschieht alles, was wir tun, im Kontext von Beziehungen, also „von einem zum anderen".

Das Leben dieser **neuen Art** kann nur so wirksam funktionieren, wie auch ihr Schöpfer funktioniert, und zwar innerhalb von Gemeinschaft. Vater, Sohn und Geist schufen **männlich** und **weiblich** nach Ihrem Bild. Die „einander" Schriftstellen, die Paulus zu jedem Glied des Leibes Christi spricht, gelten sowohl für jede Schwester als auch für jeden Bruder. Deshalb Brüder, überlegt doch, wie gut es euch gelingt, euren Schwestern das Folgende zu geben:

1. Freundliche Zuneigung und Liebe (Philipper 1,8-9).
2. Den Vorzug über euch selbst (Römer 12,10; Philipper 2,3).
3. Reine Liebe (Römer 13,8).
4. Keinen Stolperstein vor eine Schwester (Römer 14,13).
5. Den Schwestern in reiner Liebe dienen (Galater 5,13).
6. Ihre Lasten tragen (Galater 6,2).
7. Den Schwestern geduldige Nachsicht in der Liebe geben (Epheser 4,2).

8. Freundlich und zart zu jeder Schwester sein (Epheser. 4,32).
9. Den Schwestern niemanden vorziehen, keine Bevorzugung (1. Timotheus 5,21).
10. Eine Melodie und Lieder im Herzen haben, wenn ihr zu euren Schwestern sprecht (Epheser 5,19-20).

Lasst uns nun den Empfang-Test machen, um zu sehen, wie gut wir Männer von unseren Schwestern im Herrn empfangen.

1. Ermahnung (Röm. 15,14).
2. Sich jeder Schwester unterordnen (Eph. 5,22).
3. Belehrung und Ermahnung von jeder Schwester (Kol. 3,16).
4. Anmahnung und Herausforderung, ein gottesfürchtiger Bruder zu sein (Hebr. 3,13; 10,24).

Diese „einander“ Schriftstellen offenbaren, dass der Vater will, dass sich alle Seine Kinder mit Demut als Haltung kleiden (1. Petrus 5,5) und immer mehr in reiner Liebe zueinander wandeln. Mindestens 18 Mal wird den Gläubigen gesagt, dass sie einander lieben sollen. Der Leib ist dazu bestimmt, diese reine Liebe als seine wichtigste Herzenshaltung zu haben.

Vom Apostel Paulus geht klar hervor, dass er wollte, dass jeder Bruder all dies seinen Schwestern in Christus sowohl ***GEBEN***, als auch von ihnen ***EMPFANGEN*** sollte. Schwestern, ihr seid keine Unwichtigen, ihr seid alle eine geliebte und auserwählte Tochter unseres Vaters, des Herrschers!

Zwei unterschiedliche Arten der Menschheit

Meine Brüder und Schwestern, es gibt zwei Arten von Menschen. Die eine ist der erste Adam und seine gefallene Rasse von Kindern. Sein Leben fließt durch ihre Adern und regiert ihre Herzen. In der Bibel wird dieses Leben mit Namen bezeichnet wie: Fleisch, Sünde, Welt oder der alte Mensch. Die zweite Art von Menschen wird mit Namen bezeichnet wie: eine neue Schöpfung, ein neuer Mensch, Geist, Christus oder der Leib Christi. Jesus sagte, dass man von oben geboren werden muss, um das Reich Gottes zu sehen. Die unsichtbaren Königsreiche können nur verstanden werden, wenn man in die neue Menschheit hineingeboren wird. Bis ein Mensch in die neue Menschheit hineingeboren wird, ist er blind für die unsichtbare Welt und die verschiedenen Reiche (Johannes 3,3; 2. Korinther 4,4).

Jesus kam als der Letzte Adam und der Zweite Mann auf die Erde. *„So steht auch geschrieben, der erste Mann, Adam, „wurde zu einer lebendigen Seele"; der letzte Adam zu einem lebendigmachenden Geist. ...Der erste Mann ist von der Erde, irdisch: der Zweite Mann ist der Herr aus dem Himmel"* (1. Kor 15,45+47 KJV übersetzt).

Die Kirche in Korinth hatte viele geistliche Probleme. Sie hatten Fleischeslust und fleischliche Begierden, Verwirrung und Torheit, und das alles war auf eine Hauptsache zurückzuführen: Sie lebten in Adam, mit all seinen alten Denkweisen. Als Paulus zum Leib in Korinth ging, war er entschlossen, nur Christus und ihr als den Gekreuzigten zu kennen (1. Korinther 2,2). Christus als gekreuzigt bezieht sich auf Ihn, der die gesamte adamische Rasse zum Kreuz führte. Christus bezieht sich auf den Zweiten Mann, der jetzt in Seinem Leib lebt. Paulus verstand, dass die korinthische Kirche aus der alten Menschheit heraus lebte und dass diese aus ihrem Leben entfernt werden musste. Er sagte ihnen, dass der natürliche Mensch die Dinge des Geistes nicht empfangen kann (1. Korinther 2,14). Er konfrontierte sie auch mit ihren fleischlichen Begierden, die sie dazu brachten, ihr Leben als bloße Menschen zu leben, statt als Söhne und Töchter Gottes. Sie lebten als die alte Menschheit und nicht als die neue Menschheit (1. Korinther 3,3). *Als Menschen zu wandeln* bedeutet, sein Leben so zu leben, als wäre man nicht eine neue Art mit einem neuen Leben, das aus einer neuen göttlichen Quelle fließt.

Die *alte Menschheit* kann niemals ihren Zweck in dieser Welt erfüllen, und sie ist immer bestrebt, herauszufinden wer sie ist. O. Hallesby sagte: *„Wenn ich Ihnen in einem kurzen Satz sagen müsste, warum ich Christ geworden bin, würde ich, um so einfach und klar wie möglich zu sein, sagen, dass ich es getan habe, um ein Mann zu werden.“*[2]

Mit anderen Worten: Nur in der **neuen Art** können wir im wahren Selbst leben und dadurch unsere wahre Männlichkeit und Weiblichkeit finden. In der ersten Menschheit, dem Leben Adams, leben wir im falschen Selbst, und wir passen uns unserer Umgebung an, was uns veranlasst, eine falsche Männlichkeit oder Weiblichkeit anzunehmen. Das Kreuz ist das Instrument der Hinrichtung, nicht nur für den Mann Christus Jesus, sondern für die gesamte sündige Rasse Adams. Genau die Sünde, die die Menschheit vom Leben Gottes trennte, wurde entfernt und an das Kreuz des letzten Adam genagelt. Das Kreuz (der Tod des letzten Adam) versöhnte uns wieder mit dem Vater, aber das auferstandene Leben des zweiten Mannes rettet uns Tag für Tag. Römer 5,10 bringt dies deutlich zum Ausdruck: *„Denn wenn wir mit Gott versöhnt worden sind durch den Tod seines Sohnes, als wir noch Feinde waren, wie viel mehr werden wir als Versöhnte gerettet werden durch sein Leben!"* Der erste Mann hat völlig versagt, und wir haben sein Bild treu getragen. Nun ermahnt Paulus die Gläubigen, das Bild des himmlischen Mannes zu tragen (dieses Wort bedeutet, wie Kleidung zu tragen).

„Der erste Mann war aus dem Staub der Erde; der zweite Mann ist der Herr Jehova, aus dem Reich des Himmels. Der erste, aus Staub gemacht, hat eine Rasse von Menschen wie er, die ebenfalls aus Staub gemacht sind. Der vom Himmel Gesandte hat eine Rasse von himmlischen Menschen, die genau wie er sind. Einst trugen wir das Bildnis des Mannes aus Staub, aber jetzt wollen wir das Bildnis des Mannes des Himmels tragen" (1. Kor. 15,47-48 TPT übersetzt).

„Wer aber mit dem Herrn verbunden ist, der ist ein Geist" (1. Kor. 6,17 KJV übersetzt). Dies ist ein großes Geheimnis – zwei werden eins! *„Denn wir sind Glieder seines Leibes, von seinem Fleisch und von seinem Gebein"*

(Eph. 5,30). Die Gemeinde soll der sichtbare Ausdruck des unsichtbaren, verherrlichten Sohnes Gottes auf Erden sein. Dies ist eine der wichtigsten Bestimmungen der Ekklesia.

Christus ist das Leben des Christentums. Das Christentum ist das innewohnende Leben Gottes in menschlichen Gefäßen. *„denn ihr seid gestorben, und euer Leben ist verborgen mit dem Christus in Gott. Wenn der Christus, unser Leben, offenbar werden wird, dann werdet auch ihr mit ihm offenbar werden in Herrlichkeit“* (Kol. 3,3-4). *“Ich bin mit Christus gekreuzigt; und nun lebe ich, aber nicht mehr ich [selbst], sondern Christus lebt in mir. Was ich aber jetzt im Fleisch lebe, das lebe ich im Glauben an den Sohn Gottes, der mich geliebt und sich selbst für mich hingegeben hat“* (Gal. 2,20).

Das Kreuz des Herrn Jesus räumt auf mit dem adamischen Leben, aber wir müssen uns alle täglich entscheiden, ob wir Adam als unsere Quelle oder Christus als unsere Quelle zulassen wollen! Paulus sagte, er sei gekreuzigt worden, aber er lebt immer noch. Mit anderen Worten, er muss die Wahl in seinem Gefäß treffen. Es ist sein Körper, und der Herr will keinen Roboter. Er wünscht sich in jedem Glied des Leibes einen Liebhaber, der sich dafür entscheidet, dass Er durch sie lieben kann und dass jedes Glied durch Ihn lebt. Paulus sagte den Philippern, dass Gott immer das Wollen in ihm wirkt...er muss wollen, nicht Gott, aber Gott wirkt in Paulus, um das Wollen in ihm zu verursachen (die richtige Wahl zu treffen) (Phil. 2,13).

Wenn ich davon überzeugt bin, dass ich nichts aus mir selbst (dem adamischen Leben) machen kann, dann vertraue ich darauf, dass Christus alles in meinem irdischen Gefäß tun wird. Wenn ich versuche, es mit meinen natürlichen Fähigkeiten oder dem Leben Adams zu tun, dann setze ich tatsächlich das Gesetz der Sünde in meinen Gliedern in Gang. *Denn ich weiß, dass in mir, das heißt in meinem Fleisch, nichts Gutes wohnt; das Wollen ist zwar bei mir vorhanden, aber das Vollbringen des Guten gelingt mir nicht. Denn ich tue nicht das Gute, das ich will, sondern das Böse, das ich nicht will, das verübe ich. Wenn ich aber das tue, was ich nicht will, so vollbringe nicht mehr ich es, sondern die Sünde, die in mir wohnt. Ich finde also das Gesetz vor, wonach mir, der ich das Gute tun will, das Böse anhängt* (Röm. 7,18-21).

Im natürlichen Leben Adams, des Fleisches, gibt es nichts Gutes, und es gibt dort keine Macht Gottes Willen zu tun. Paulus entdeckte also ein geistliches Gesetz, das besagt, dass, wenn er Gutes tun würde (und sich darauf konzentrierte, was er aus sich selbst heraus tun konnte), genau in dem Moment, in dem er Gutes tun würde, das Böse in ihm vorhanden war. Dieses Gesetz wird in einem Gläubigen in Gang gesetzt oder aktiviert, wenn er auf sich selbst schaut, statt auf Christus, der den Willen des Vaters in Seinem Leib tut.

Christus freut sich durch Seinen Leib zu leben. Er hat Freude daran durch sie zu lieben, durch sie zu glauben und jederzeit Seine Herrlichkeit und Sein Herz durch Seinen Leib zu offenbaren. Das eine Haupthindernis, das Christus daran hindert, Sein göttliches, reines Leben durch mich zu leben, ist dieses Ding, das als Selbst bezeichnet wird.

Deshalb sagte Jesus, wenn ein Mensch Ihm nachfolgen und Sein Jünger sein will, dann muss er ALLES aufgeben, was er hat, sonst kann er nicht (wird die Fähigkeit nicht haben) Sein Jünger sein (siehe Lukas 14,33). Wir werden von uns selbst keine Kraft haben Jesus nachzufolgen. Alle Kraft und Stärke, die ein Mensch braucht, um Jesus nachzufolgen, ist Jesus und Sein auferstandenes Leben. Was für ein herrliches Evangelium ist das! Wozu auch immer Gott dich beruft, Er selbst wird es in dich hineinwirken (1. Thessalonicher 5,23-24; Hebräer 13,20-21). Von Anfang an wollte der Vater eine Braut für Seinen Sohn. Eine, die Sein Leben teilen und eine Einheit werden konnte. Die zwei sollen eins sein.

Furcht blockiert, Liebe drängt

„...Gott hat uns nicht einen Geist der Furchtsamkeit gegeben, sondern der Kraft und der Liebe und der Zucht" (2. Tim. 1,7). Wenn Gott uns nicht einen Geist der Angst gegeben hat, wer hat es dann getan? Vater satan liebt es, seine Kinder durch Angst zu kontrollieren, zu manipulieren und zu beherrschen. Furcht blockiert Liebe, Kraft und einen gesunden, klaren Verstand.

Adam und Eva wurden geschaffen, um die Liebe Gottes nach außen, in die ganze Schöpfung fließen zu lassen. Nach dem Sündenfall wandte sich die Liebe nach innen sich selbst zu, und statt reiner Liebe wurde sie zu introvertierter, egoistischer Liebe! Was für andere gedacht war, richtet sich nun auf sich selbst, und deshalb muss jeder Mensch bekehrt werden, damit die Liebe wieder nach außen fließen kann.

Das Bild, nach dem Adam geschaffen wurde, wurde verunstaltet, und Adam bekam einen Sohn nach seinem eigenen Bild und Gleichnis! *„Und Adam war 130 Jahre alt, als er einen Sohn zeugte, ihm selbst gleich, nach seinem Bild, und er nannte ihn Seth"* (1. Mose 5,3). Wie der Prophet Jesaja gesagt hat, gehen wir alle wie Schafe in die Irre, und wir alle gehen unseren eigenen Weg (siehe Jesaja 53,6). Nach dem Sündenfall kamen dieses adamische Leben und diese Art zu einer egoistischen Denk- und Lebensweise.

Jesus kam auf die Erde und sprach zu einem der religiösen Führer und sagte zu ihm: *„Wundert euch nicht, dass ich zu euch gesagt habe: Ihr müsst von Neuem geboren werden"* (Joh. 3,7). Alle Menschen müssen eine neue Geburt haben, bei der das Leben Gottes, das reine Liebe ist, wieder durch den Heiligen Geist in ihr Herz eingepflanzt wird. *„die Hoffnung aber lässt nicht zuschanden werden; denn die Liebe Gottes ist ausgegossen in unsere Herzen durch den Heiligen Geist, der uns gegeben worden ist"* (Röm. 5,5). Ich benutze den Begriff Fleisch, um alles zu bezeichnen, was von Adam kommt. Wenn wir nach dem Fleisch leben, wird sich das egozentrische Leben Adams durch uns manifestieren. Niemand kann dem Vater im Fleisch gefallen. *„So können dann die, die im Fleisch sind, Gott nicht gefallen"* (Röm.8,8).

Zwei Arten und zwei Sauerteige

So wie es zwei Arten von Leben gibt, gibt es auch zwei Arten von Sauerteig.

„Ein anderes Gleichnis sagte er ihnen: Das Reich der Himmel gleicht einem Sauerteig, den eine Frau nahm und heimlich in drei Scheffel Mehl hineinmischte, bis das Ganze durchsäuert war“ (Mt. 13,33).

„Als sich inzwischen das Volk zu Tausenden gesammelt hatte, sodass sie aufeinander traten, begann er zuerst zu seinen Jüngern zu sprechen: Hütet euch vor dem Sauerteig der Pharisäer, welcher die Heuchelei ist“ (Luk. 12,1)!

Der *Sauerteig* des Königreichs ist das *Brot des Himmels*. Dieser reine Laib Brot ist der wahre Christus und Seine reine Liebe. In diesem Sauerteig steckt die **himmlische Art** und die DNA der Gottheit.

Der Sauerteig der Pharisäer ist Heuchelei. Dieses Wort bedeutet: Ein Schauspieler sein. Ein Schauspieler versucht andere davon zu überzeugen, dass er die Person ist, die er doch nur nachzuahmen versucht. Er mag wie Elvis Presley klingen, wie Elvis singen, wie Elvis aussehen, sich wie Elvis bewegen usw., aber er ist NICHT Elvis. Wenn wir aus dem Leben Adams heraus *versuchen* wie Christus zu leben, ist dies der Sauerteig der Pharisäer. Nur Christus allein kann Seine reine, heilige Liebe durch unsere irdenen Gefäße leben. Ich suchte in der Bibel nach dem Wort *versuchen*. Ich konnte es nicht finden, außer mit der alten englischen Bedeutung von „to test“ (dt. testen). Aber das Wort *versuchen* das uns bekannt ist, bedeutet: einen Versuch oder eine Anstrengung zu unternehmen, um etwas zu tun. Wenn wir *versuchen*, das christliche Leben zu leben, ist dies ein Zeichen dafür, dass wir versuchen aus der Kraft Adams und nicht aus dem Leben Gottes zu leben.

Jesus hat nie gesagt, ein neues Gebot gebe ich euch, dass ihr *versucht*, einander von ganzem Herzen zu lieben, oder dass das größte Gebot ist, dass ihr *versucht*, den Herrn, euren Gott, mit ganzem Herzen, ganzer Seele, ganzem Verstand und ganzer Kraft zu lieben. Wenn ich Ihm vertraue, dass Er durch mich lebt, werde ich andere mit reiner Liebe lieben, denn es wird Seine eigene Liebe sein! Vielleicht sollten wir das Wort *versuchen* aus unserem christlichen Wortschatz entfernen?

Die Mouawad 1001 Nacht Diamanten Handtasche ist die teuerste Handtasche der Welt. Meine Frau kann eine Imitation davon für 75 Dollar kaufen, oder sie kann die echte kaufen, die 3,8 Millionen Dollar kostet. Die echte Handtasche ist wie die Liebe Gottes – die reinste und vollkommenste Liebe, die man sich im Universum vorstellen kann. Unsere menschliche Liebe wäre vergleichbar mit der 75-Dollar-Imitationshandtasche. Das eine ist das Echte, und das andere ist die billige Imitation. Zum Zeitpunkt vom Schreiben dieses Buches erlebt unsere Gemeinde eine Bewegung Gottes, durch die der Vater seine eigene reine Liebe vom Himmel her freigesetzt hat, und dadurch werden Leben völlig verändert. Leben, die schwer missbraucht wurden, Ehen, die sehr schlecht oder hoffnungslos waren, tiefe Depressionen in einer Kultur, die keine Antworten auf Depressionen hat, Magersucht, Schizophrenie, Selbstmordgedanken und viele andere dysfunktionale Situationen, die alle geheilt und verändert werden, wegen dieser ungeheuren reinen Liebe Gottes in unserer Mitte. Das Buch *Alles ist Neu*[3] wurde geschrieben, um einige der

Zeugnisse dieser Bewegung Gottes weiterzugeben. Wir alle hier haben einen Bereich reiner Liebe erlebt, den keiner von uns jemals zuvor erlebt hat.

Wenn ein Gläubiger noch nie die reine, heilige Substanz von Gottes Wesen selbst gekostet hat, gibt es leider nichts Vergleichbares auf diesem Planeten, mit dem man es deutlich beschreiben könnte! Da Gott Liebe ist, ist Sein Wesen von dieser göttlichen Substanz erfüllt, und es ist diese Substanz, die die Menschen berührt, in sie eindringt und sie verändert! Ein wenig Sauerteig wird schließlich den gesamten Laib durchsäuern. Wenn es also eine Imitation ist, dann hat es verborgene Wurzeln von Stolz, Egoismus und Unreinheit und ist nicht der reine Sauerteig des Königreichs!

Jesus erwähnte, dass das wichtigste aller Gleichnisse das Gleichnis vom Sämann und dem Samen ist (siehe Markus 4,13). Warum sollte er das sagen? Nun, in diesem Gleichnis geht es darum, dass das reine Wort Gottes der **Same** ist, der Boden das Herz und die verschiedenen Arten von Böden sich auf die Dinge beziehen, die im Herzen der Menschen verborgen sind. Wenn wir diese Dinge nicht aus unserem Herzen entfernen, dann wird der göttliche **Same** nicht wachsen und sich vermehren können. Wenn ein Christ das neue Leben und den **Samen** Gottes in seinem Herzen hat, aber nicht mit der Härte seines Bodens umgeht, wird dieser reine **Same** weder wachsen noch sich vermehren. Man wird entdecken, dass, solange die Entscheidung für die Liebe beständig getroffen wird, die Härte niemals Wurzeln schlagen kann!

Manchmal sieht der Sauerteig der Pharisäer noch besser aus als der Sauerteig des Königreichs – äußerlich. Es besteht eine gute Chance, dass die Pharisäer eine sehr gute äußere Erscheinung hatten, und ich bin sicher, dass es sogar Zeiten gab, in denen sie äußerlich besser aussahen als Jesus. Was aber für Gott wirklich zählt, ist der Zustand des Bodens unserer Herzen. Ich muss die Quelle meines Lebens kennen. Kommt sie von Adam und seinem Stolz oder kommt sie von Christus und Seiner Reinheit, Kraft und Macht?

Das Geheimnis des Sauerteigs ist das Geheimnis der Transformation. Ein wenig Sauerteig durchsäuert die gesamte Menge. Welche Art von Sauerteig auch immer wirkt, wird sich mit der Zeit zeigen. Wenn es imitierte Liebe ist und nicht die wirkliche, reine Liebe Gottes am Werk ist, dann wird das offenbar werden. Wenn der Sauerteig äußerlich gut aussieht, aber innerlich in den verborgenen Motiven des Herzens verfault ist, dann wird er schließlich viele Menschen beleidigen und verletzen. Wenn es der reine Sauerteig des Königreiches ist, dann ist es Gottes reines Leben und Seine reine Liebe, die die Person verändern, sie heilen, ihre Ehe verändern, ihre Familie wiederherstellen, ihre Gemeinde wiederbeleben und ihre Stadt und Nation für Christus verwandeln wird!

Eine Person mit menschlichem Gut-Sein im Äußeren, aber egoistischen, eifersüchtigen und lüsternen Gedanken im Inneren, trägt den Sauerteig der Pharisäer in sich. Wenn diese Person in einen Raum kommt, wird die Atmosphäre plötzlich durch ihre Anwesenheit beeinträchtigt. Das kann ein ungemütliches Gefühl oder einfach ein tiefes, inneres Unbehagen in ihrer Gegenwart sein, weil sie nicht im Frieden Gottes wandelt. Ihr Herz ist nicht im Frieden, weil sie viele verborgene Dinge der Unreinheit und Dunkelheit in sich trägt.

Jesus machte eine sehr interessante Aussage über den Frieden. *„Wo ihr aber in ein Haus hineingeht, da sprecht zuerst: Friede diesem Haus! Und wenn dort ein Sohn des Friedens ist, so wird euer Friede auf ihm ruhen, wenn aber nicht, so wird er zu euch zurückkehren. In demselben Haus aber bleibt und esst und trinkt das, was man euch vorsetzt; denn der Arbeiter ist seines Lohnes wert. Geht nicht aus einem Haus ins andere"* (Luk.10,5-7). Wenn jemand in ein Haus geht, in dem ein Mann des Friedens ist, dann sollte er in diesem Haus bleiben bis seine Arbeit beendet ist. Wenn es in einem Haus keinen Frieden gibt, dann wird es für den Feind viele Gelegenheiten geben Zwietracht in den Menschen zu stiften. Paulus sagte zu seinem geistlichen Sohn Timotheus: *„So fliehe nun die jugendlichen Lüste, jage aber der Gerechtigkeit, dem Glauben, der Liebe, dem Frieden nach zusammen mit denen, die den Herrn aus reinem Herzen anrufen"* (2. Tim. 2,22)!

Wir sind ein Leib, in dem Christus lebt, und wenn einer von uns Unreinheiten, Stolz und Eifersucht in sein Herz lässt, dann werden wir alle davon betroffen sein, weil wir ein Leib sind. *„so sind auch wir, die vielen, ein Leib in Christus, und als einzelne untereinander Glieder,"* (Röm. 12,5). Diese neue Schöpfung, die eine neue Art und eine neue Menschheit ist, ist nicht durch Kultur, Status,

Religion oder Geschlecht verbunden, sondern durch die Struktur Christi, des Herrn selbst. Er ist der Klebstoff, der die Ekklesia zusammenhält: Sein Leben, Seine DNA, Sein Geist und Seine Liebe.

Im Epheserbrief lesen wir, dass der Leib die Fülle Christi ist. *„und er hat alles seinen Füßen unterworfen und ihn als Haupt über alles der Gemeinde gegeben, die sein Leib ist, die Fülle dessen, der alles in allen erfüllt,"* (Eph. 1,22-23). Im Kolosserbrief lesen wir, dass Christus das Haupt ist. *„Und er ist das Haupt des Leibes, der Gemeinde"* (Kol. 1,18a). Wenn Christus der Leib und Christus das Haupt ist, dann ist Christus Alles. *„Und haben den neuen Menschen angezogen, der erneuert ist in der Erkenntnis nach dem Bild dessen, der ihn geschaffen hat: Wo weder Grieche noch Jude, weder Beschneidung noch Unbeschnittene, weder Barbar, Skythen, Knecht noch Freier ist; Christus aber ist alles und in allen"* (Kol. 3,10-11).

Mit den Galatern teilte Paulus die Last seines Herzens, nämlich dass Christus in ihnen gebildet werden sollte (Galater 4,19). Diese **neue Art** hat die Substanz des auferstandenen, erhabenen Herrn selbst im Innern eines jeden Glieds, und wenn eine Person ihr Leben dem Herrn hingibt, wird dies als Vereinigung mit dem Herrn bezeichnet (siehe 1. Korinther. 6,17). *„Und umso mehr Gläubige wurden dem Herrn hinzugefügt, sowohl Männer als auch Frauen in Scharen"* (Apg. 5,14 KJV übersetzt). Ein Neubekehrter war jemand, der vom Heiligen Geist als jemand betrachtet wurde, der dem Herrn hinzugefügt wurde.

Zwei Arten von Weisheit

„Wer von euch ist weise und intelligent? Lasst ihn durch sein gutes Benehmen seine [guten] Taten, mit der Sanftheit und Demut wahrer Weisheit zeigen. Wenn ihr aber bittere Eifersucht und selbstsüchtigen Ehrgeiz im Herzen habt, dann seid nicht arrogant und [als Folge davon] trotzig gegenüber der Wahrheit. Diese [oberflächliche] Weisheit ist nicht das, was von oben herabkommt, sondern sie ist irdisch (weltlich), natürlich (ungeistlich) und sogar dämonisch. Denn dort, wo Eifersucht und selbstsüchtiger Ehrgeiz existieren, gibt es Unordnung [Unruhe, Rebellion] und alles Böse und moralisch erniedrigende Praktiken. Aber die Weisheit von oben ist zuerst rein [moralisch und geistlich unbefleckt], dann friedliebend [höflich, rücksichtsvoll], sanftmütig, vernünftig [und bereit zuzuhören], voller Mitgefühl und guter Früchte. Sie ist unerschütterlich, ohne [selbstgerechte] Heuchelei [und eigennützige Arglist]“ (Jak. 3,13-17 AMP übersetzt). Der Sauerteig der Pharisäer ist gefüllt mit einer weltlichen, sinnlichen und dämonischen Art von Weisheit und der Sauerteig des Königreichs ist gefüllt mit himmlischer Weisheit.

Diese dämonische Weisheit entstand, als der Teufel die vollkommene Weisheit, die ihm am Anfang von Gott gegeben wurde, verdarb. Er verdarb diese himmlische Weisheit dadurch, dass er zuließ, dass sein Herz im Stolz erhoben wurde. *„Menschensohn, stimme ein Klagelied an über den König von Tyrus und sprich zu ihm: So spricht Gott, der Herr: O du Siegel der Vollendung, voller Weisheit und vollkommener Schönheit“* (Hes. 28,12)! *„Dein Herz* *hat sich überhoben wegen deiner Schönheit; du hast deine Weisheit um deines Glanzes willen verderbt. So habe ich dich auf die Erde geworfen und dich vor den Königen zum Schauspiel gemacht"* (Hes. 28,17).

Selbst eine **neue Art**, die den **Samen** Gottes in sich trägt, läuft Gefahr in die Falle des Stolzes zu geraten. *„kein Neubekehrter, damit er nicht aufgeblasen wird und in das Gericht des Teufels fällt"* (1. Tim. 3,6). Viele Gläubige sind in die Fallstricke des Stolzes geraten. (Für weitere schriftbasierte Lehre darüber, lies meine anderen Bücher). Im göttlichen Samen gibt es überhaupt keinen Stolz, aber in meinem Fleisch oder im Leben Adams gibt es eine Sättigung mit dem Element des verborgenen Stolzes.

Was soll ich tun, wenn sich statt der Manifestation Jesu Christi das Böse durch mein irdenes Gefäß manifestiert?

1. Mich selbst demütigen und Verantwortung übernehmen (1. Johannes 1,8-9; Offenbarung 3,17-20; 2. Chronik 7,14).
2. Anerkennen, dass dies nicht mein wahres Selbst war, sondern die Sünde, die sich in mir manifestierte (Römer 7,17-20).
3. Direkt auf Jesus blicken und auf Sein Leben und Seinen Samen in mir konzentrieren und nicht auf mein Versagen (Hebräer 12,2).

Wenn der Leib Christi lernt, den strahlenden, glorreichen Christus in allen Seinen Gliedern zu sehen, hat Gott eine gemeinsame Verklärung versprochen. *„Wir alle aber, indem wir mit unverhülltem Angesicht die*

Herrlichkeit des Herrn anschauen wie in einem Spiegel, werden verwandelt in dasselbe Bild von Herrlichkeit zu Herrlichkeit, nämlich vom Geist des Herrn“ (2. Kor. 3,18).

Wenn jedes Glied im Leib weiterhin die Herrlichkeit Christi in jedem anderen Glied erblickt, werden die Glieder immer schöner werden; denn wir werden verwandelt in das, was wir betrachten. Und wenn wir das auch in anderen erblicken, dann werden wir zusehen wie sie sich in das verwandeln, was wir in ihnen sehen. Manche mögen fragen: „Was soll ich denn tun, wenn ich sehe wie sich Sünde in anderen manifestiert?“ Das ist eine gute Frage. In Psalm 115,16 heißt es: *„Der Himmel ist der Himmel des HERRN; aber die Erde hat er den Menschenkindern gegeben.“* Ich glaube, das ist der Grund, warum Jesus den Begriff Menschensohn, mit dem Er Sich selbst bezeichnete, mehr als jeden anderen Begriff liebte. Als der letzte Adam und der zweite Mann hat Er die Erde für das Geschlecht Adams zurückgewonnen. Gleich nachdem Jesus Seinen Jüngern gesagt hatte, dass Er Seine Ekklesia bauen werde, sagte Er: „Ich werde euch die Schlüssel des Königreichs geben.“ Was bewirken die Schlüssel? Sie öffnen und schließen Türen. *„was du auf Erden binden wirst, das wird im Himmel gebunden sein; und was du auf Erden lösen wirst, das wird im Himmel gelöst sein“* (Mt. 16,19).

Das Haupt hat dem Leib eine ungeheure Kraft verliehen, Menschen aus der Dunkelheit zu befreien. Diese Kraft nennt man Vergebung der Sünden. Es gab einen sehr dicken Vorhang, der das Heiligtum vom Allerheiligsten trennte, und an nur einem Tag im Jahr durfte der Hohepriester das Allerheiligste betreten. Aber als Jesus starb, wurde genau in diesem Moment dieser dicke Vorhang vollständig von oben bis unten aufgerissen. *„Jesus aber schrie nochmals mit lauter Stimme und gab den Geist auf. Und siehe, der Vorhang im Tempel riss von oben bis unten entzwei, und die Erde erbebte, und die Felsen spalteten sich"* (Mt. 27,50-51). Dieser übernatürliche Akt bedeutete, dass es keine Trennung mehr zwischen Mensch und Gott gibt. Jesus ist jetzt der direkte Weg zum Vater.

Wenn wir sehen, dass Sünde geschieht, können wir als Vertreter Christi zu dieser Situation sprechen und sagen: „Im Namen Jesu Christi erlasse ich diese Sünde". Es wird jetzt etwas geschehen, weil Gnade und Barmherzigkeit im Interesse dieser Person freigesetzt wurden. Nachdem Jesus gestorben und von den Toten auferstanden war, ging Er zu seinen Jüngern und sagte zu ihnen: *„Welchen ihr die Sünden vergebt, denen sind sie vergeben; welchen ihr sie behaltet, denen sind sie behalten"* (Joh. 20,23). Ich sage nicht, dass, wenn ich die Sünden anderer vergebe, sie jetzt direkt in den Himmel kommen können. Ich sage nur, dass ich die Knechtschaft der Sünde über dieser Person brechen kann, indem ich an die Kraft des Blutes Jesu glaube. Es gibt die Möglichkeit in dieser Situation für das Blut zu plädieren.

Für das Blut zu plädieren bedeutet, im Namen anderer um Gnade zu bitten. Dies Gesetz, das die ganze Erde regiert, wurde eingeführt, als Jesus Christus am Kreuz starb. Damit wurde die Gerechtigkeit auf der Erde hergestellt, und die ganze

Schöpfung, einschließlich der entferntesten Enden der Erde, wartet darauf, dass der Leib Christi Seine Gerechtigkeit über ihnen verkündet. Was ist Seine Gerechtigkeit? Es ist Seine Barmherzigkeit! Dies wird das Gesetz der Barmherzigkeit genannt. Warum sollten die Völker auf ein Gesetz warten, das sie verdammt? *„Siehe, das ist mein Knecht, den ich erhalte, mein Auserwählter, an dem meine Seele Wohlgefallen hat. Ich habe meinen Geist auf ihn gelegt; er wird das Recht zu den Heiden hinaustragen. Er wird nicht schreien und kein Aufhebens machen, noch seine Stimme auf der Gasse hören lassen. Das geknickte Rohr wird er nicht zerbrechen, und den glimmenden Docht wird er nicht auslöschen; wahrheitsgetreu wird er das Recht hervorbringen. Er wird nicht ermatten und nicht zusammenbrechen, bis er auf Erden das Recht gegründet hat, und die Inseln werden auf seine Lehre warten"* (Jes. 42,1-4).

„Er wird sich nicht entmutigen oder [im Geiste] zerdrücken lassen; [er wird] ausharren, bis er Gerechtigkeit auf Erden geschaffen hat; und die Küstenländer werden erwartungsvoll auf sein Gesetz warten" (Jes. 42,4 AMP übersetzt). Das ist genau das, was Jesus getan hat. Er schuf Gerechtigkeit auf Erden, und jetzt kann Gott jedem gerecht sein, der an Seinen Sohn glaubt (Römer 3,24-26). Beachte, dass es heißt: *„Und die Küstenländer werden erwartungsvoll auf sein Gesetz warten."* Warum sollten die entferntesten Enden der Erde erwartungsvoll auf Sein Gesetz warten? Weil es das Gesetz der Barmherzigkeit ist.

„Wenn ihr das königliche Gesetz erfüllt nach dem Schriftwort: »Du sollst deinen Nächsten lieben wie dich

selbst!«, so handelt ihr recht; ...Denn das Gericht wird unbarmherzig ergehen über den, der keine Barmherzigkeit geübt hat; die Barmherzigkeit aber triumphiert über das Gericht" (Jak. 2,8+13).

Christus hat Seinem Leib, der Ekklesia auf Erden, einen wichtigen Schlüssel gegeben: die Nationen von ihren Sünden zu lösen. Wenn dies zu einer religiösen Formel wird, wird es keine Macht haben, aber wenn wir von Herzen an die Kraft von Jesu Tod und Seinem vergossenen Blut glauben, sobald wir Sünden vergeben, wird das die Völker aus dem Griff des Bösen befreien. Der Feind hat die Christen ausgetrickst, dass sie über Sünden reden, sie verurteilen, über Menschen zu tratschen usw.; was aber geschehen muss, ist, dass die Ekklesia Sünde vergibt.

Das sollte ich gegen die Sünden anderer tun – was ist mit meiner eigenen Sünde? In Römer 6,11 heißt es: *„Also auch ihr: Haltet euch selbst dafür, dass ihr für die Sünde tot seid, aber für Gott lebt in Christus Jesus, unserem Herrn!"* In diesem Reich Christi soll jeder Mensch sich selbst als tot für die Sünde und lebendig für Gott halten. Weil ich in Ihm, dem auferstandenen Herrn, bin, soll ich glauben, dass ich für die Sünde tot und für Gott lebendig bin. Das wird dann dem Heiligen Geist erlauben die Kraft des Kreuzes in mir zu wirken und meine geistlichen Sinne für Gott zu beleben. *„was auch die überwältigende Größe seiner Kraftwirkung an uns ist, die wir glauben"* (Eph. 1,19a).

Vergesst nicht, dass dies die Schlüssel zum Königreich sind, und das Königreich wird immer den Triumph des

Königs verherrlichen: Seinen Sieg am Kreuz über Tod, satan, Sünde, das Weltsystem usw.

In dieser **neuen Menschheit** gibt es Herrlichkeit. In diesem neuen Reich gibt es Autorität, Macht und das Wunderbare. Es gibt einen neuen Klang vom Thron. In dieser **neuen Art** und im Reich des Königreichs schmecken wir das gute Wort Gottes und die Kräfte des kommenden Zeitalters. Aber vor allem gibt es in diesem Reich ein Königreich für den Vater und Seine Familie.

Wir sind von oben in die königliche Familie des Vaters hineingeboren worden und wir sind Bürger Seines Reiches.

Gibt es etwas, das im Sinn Gottes ist und als das Größte angesehen wird? *„Würde ich in den vielen Sprachen der Erde und in den himmlischen Sprachen der Engel mit Beredsamkeit sprechen und mich dennoch nicht in Liebe ausdrücken, würden meine Worte auf den hohlen Klang eines klirrenden Beckens reduziert werden. Und wenn ich die Gabe der Prophetie mit einem tiefen Verständnis der verborgenen Geheimnisse Gottes hätte, wenn ich unendliches, übernatürliches Wissen besäße und wenn ich die größte Gabe des Glaubens hätte, die Berge versetzen kann, aber nie gelernt habe zu lieben, dann bin ich nichts. Und wenn ich so großzügig wäre, alles, was ich besaß, wegzugeben, um die Armen zu speisen, und meinen Leib als Märtyrer verbrennen zu lassen, ohne das reine Motiv der Liebe, dann würde ich nichts von Wert gewinnen“* (1. Kor. 13,1-3 TPT übersetzt).

Vers 13 (NKJV übersetzt) sagt: *„Und jetzt bleiben Glaube, Hoffnung, Liebe, diese drei; aber die größte unter ihnen ist die Liebe.“*

Die größte unter ihnen ist die Liebe! Das kommt direkt aus dem Mund Gottes. Ich habe mich oft gefragt, ob der Leib Christi wirklich an das glaubt, was unser Herr an dieser Stelle der Heiligen Schrift so kraftvoll erklärt hat. Der Heilige Geist hat auch offenbart, dass für einen Gläubigen das Streben nach mehr Liebe das Wesen der Heiligkeit aus Sicht des Vaters ist.

"Euch aber lasse der Herr wachsen und überströmend werden in der Liebe zueinander und zu allen, gleichwie auch wir sie zu euch haben, damit er eure Herzen stärke und sie untadelig seien in Heiligkeit vor unserem Gott und Vater bei der Wiederkunft unseres Herrn Jesus Christus mit allen seinen Heiligen" (1. Thess. 3,12-13).

Paulus sagt, wenn wir immer mehr und mehr in der Liebe zueinander und dann zu allen anderen wachsen und überströmend sind, dann ist dies die Definition von Heiligkeit, die im Herzen eines Christen vor dem Vater etabliert ist, wenn unser Herr in Seiner Herrlichkeit kommt. Man kann Liebe und Heiligkeit nicht voneinander trennen. Sie gehören immer zusammen, weil der Eine, der heilig ist, auch Liebe ist.

Lieber Leser, ob du gläubig bist oder nicht: Eines Tages wirst du Gott sehen, und wenn es soweit ist, wirst du in die reinste Liebe aller Zeiten blicken. Bitte vergib jeder Person in deinem Leben, die dir diese reinen Augen der Liebe in deinem Leben nicht gezeigt hat, besonders wenn sie den Namen Christi benutzt hat.

Es wäre sehr schwierig eine Stelle in der Bibel zu finden, die so radikal ist wie 1. Korinther 13. Korinther.

Der Heilige Geist zieht einen Vergleich zwischen den Maßstäben dieser Welt und den Maßstäben des Himmels. Weltliche Maßstäbe werden sich auf alle möglichen äußeren Dinge konzentrieren, aber der Maßstab des Himmels auf eine Hauptsache, und das ist reine Liebe.

Ich schließe dieses Kapitel und lasse dich mit einem Gedanken zurück:

Wenn wir diese Welt verlassen, wird uns unsere Theologie keinen Nutzen bringen. Recht zu haben wird uns nichts nützen. Als der beste Bibellehrer bekannt zu sein, wird für uns absolut nichts bedeuten. Was wir versäumt haben wird keine Rolle mehr spielen, weil es zu spät ist. Das einzige, was wirklich von Bedeutung sein wird, ist: Als ich meinen letzten Atemzug tat, war das mit Liebe? Bin ich als ein Liebender gestorben? Möge die tatsächliche Substanz der Vaterliebe Gottes tief in dein Herz eindringen, wenn du dieses Buch liest.

Kapitel 20

Herrschaft in Seinem Königreich

Talita Kumi ist ein Aufruf an Frauen, sich zu erheben und ihren Platz in Gottes Reich einzunehmen. Warum ist dieser Aufruf so wichtig? Ist Heilung der Hauptgrund für diese Wichtigkeit? So wichtig Heilung auch ist, es ist nicht der Hauptgrund. Ist dieser Aufruf wichtig, damit aller Frauenhass in der Gesellschaft entlarvt und in den Herzen der Frauen geheilt werden kann? So wichtig dies auch ist, es ist nicht der Hauptgrund. Ist der Hauptgrund, dass Frauen ihren Lebensinhalt finden können? So wichtig dies auch ist, es ist nicht der Hauptgrund. Ist es der Grund dafür, dass es jetzt Gleichberechtigung in der Kirche und im Dienst geben kann? So wichtig das auch ist, es ist auch nicht der Hauptgrund. Es gibt viele gute Gründe für Frauen, auf den Ruf des Herrn „Talita Kumi" zu antworten, aber es gibt einen Hauptgrund, der sehr wichtig ist. Der Hauptgrund für Frauen, sich zu erheben und ihren Platz im Leib Christi einzunehmen besteht darin, dass das volle und vollständige Bild Gottes in der Welt gesehen und erfahren werden kann.

Das Bild Gottes wurde von Anbeginn der Zeit als männlich und weiblich offenbart (1. Mose 1,26-28). Gott ist ein Geist und in Seinem Wesen gibt es sowohl Männliches als auch Weibliches. Diese Züge beziehen sich nicht auf Seine biologische Beschaffenheit.

„Unser Schöpfer, der alles Wahre und Wirkliche in sich trägt, spiegelt sowohl das Männliche als auch das Weibliche wider, und das tun wir auch. Je mehr wir nach Seinem Ebenbild funktionieren, desto mehr spiegeln wir sowohl das Männliche als auch das Weibliche in ihrem richtigen Gleichgewicht wider – d.h. in den unterschiedlichen Graden und Eignungen, die unserer sexuellen Identität als Mann und Frau entsprechen.“ [1]

Wenn eine Seele heilungsbedürftig ist, kann man fast absolut sicher sein, dass ein Ungleichgewicht zwischen dem Männlichen und dem Weiblichen in ihr besteht. Wie entsteht dieses Ungleichgewicht? Oft ist es das Ergebnis eines Menschen, der sein Leben in seinem falschen Selbst und nicht in Christus lebt. Man muss in die bleibende Einheit mit Christus kommen und in seinem wahren Selbst stehen.

Ganzheit wird man nur in der Vereinigung mit Christus finden.

Alles, was wahr und richtig ist, ist in Ihm, und deshalb muss man in Seiner Gegenwart bleiben, um sein wahres Selbst zu finden. Ein heiles Individuum wird sowohl das wahre Weibliche als auch das wahre Männliche umfassen. Das falsche Männliche wird eine Person veranlassen in Passivität zu wandeln, aber das wahre Männliche wird eine andere Person befähigen, notwendige und richtige Entscheidungen zu treffen.

Ein Vater, der in seinem gefallenen männlichen Selbst lebt, wird aus seinem Schmerz, seiner Angst oder seiner

Wut heraus Entscheidungen treffen. Eine Mutter, die in ihrem falschen weiblichen Selbst lebt, wird Angst davor haben Entscheidungen treffen zu müssen, selbst wenn die Entscheidung sofort getroffen werden muss. Eine heile Frau wird ihren Körper als ein Instrument sehen, um Leben zu vermitteln, zu nähren und ein Segen für andere zu sein, insbesondere für Kinder. Eine Frau, die sehr gebrochen ist (und aus ihrem falschen weiblichen Selbst heraus lebt), könnte ihren Körper als ein Instrument zur Manipulation oder Verführung anderer sehen.

Wenn eine Person in einem Haus aufgewachsen ist, in dem die Elternfiguren unreif, emotional verletzt oder verbittert waren, könnte sie gelernt haben das wahre Weibliche und Männliche zu hassen. Dieser innere Hass wäre eine Folge ihres ungerechten Urteils über das wahre Weibliche und Männliche gewesen. Das Kind muss verstehen lernen, dass das falsche Selbst der Eltern es verletzt hat, und nicht das wahre Selbst.

Nur das wahre Männliche hat die Fähigkeit in göttlicher Autorität zu funktionieren. Ein großer Teil des geistlichen Missbrauchs in der Familie und in der Kirche geht auf das falsche Männliche zurück. Es besteht ein enormer Bedarf, das wahre Männliche und das wahre Weibliche im heutigen Leib Christi wiederherzustellen. Unser Vater versammelt eine Armee von heilen Soldaten. Sie werden keine Wunden haben und vollständig mit der Waffenrüstung bekleidet sein.

Wenn jemand lernt im Leben der neuen Schöpfung Gottes zu wandeln, wird er die Fülle seines wahren Selbst in Christus finden. Männer haben im Allgemeinen mehr männliche als weibliche Qualitäten, und Frauen haben im Allgemeinen mehr weibliche als männliche Qualitäten. Aber um das volle Bild Gottes zu offenbaren, müssen sowohl männliche als auch weibliche Qualitäten im Leib vollständig bewohnt und ausgedrückt sein.

Wenn wir gemäß unseren natürlichen Fähigkeiten leben, dann werden wir Adam und das daraus resultierende falsche Selbst sicherlich manifestieren. In Christus gibt es einen Bereich, der voll von der DNA Gottes und dem wahren Selbst ist. In Ihm werden wir ganz werden und Sein Reich wird in uns herrschen. Der erste Adam verlor die Macht über die Erde zu herrschen, als er sie dem Thronräuber, dem Bösen, übergab. *„Bei welchen der Gott dieser Welt den Sinn der Ungläubigen verblendet hat"* (2. Kor. 4,4a; lies auch Mt. 4,8-9).

Der letzte Adam und der zweite Mann vom Himmel eroberten die Erde und das gesetzliche Recht, über die Erde zu herrschen, zurück. Dann sagte Er zu Seinem Leib auf Erden: *„Siehe, ich gebe euch Macht, auf Schlangen und Skorpione zu treten, und ÜBER alle Macht des Feindes; und nichts wird euch schaden"* (Luk. 10,19; Betonung von mir).

Jesus Christus hat für die Menschheit nicht nur das Recht zurückgewonnen über die Erde zu herrschen, sondern Er hält nun auch die Schlüssel zum Königreich.

„Und ich sage dir auch: Du bist Petrus, und auf diesen Felsen will ich meine Gemeinde bauen, und die Pforten des Totenreiches sollen sie nicht überwältigen. Und ich will dir die Schlüssel des Reiches der Himmel

geben; und was du auf Erden binden wirst, das wird im Himmel gebunden sein; und was du auf Erden lösen wirst, das wird im Himmel gelöst sein" (Mt. 16,18-19).

Regieren bedeutet zu herrschen oder Macht und Kontrolle zu haben. *Herrschen* bedeutet die ultimative Macht oder Autorität über ein Gebiet und seine Bewohner auszuüben.

Der Mensch erhielt den Auftrag des Königreichs, über alle Dinge zu herrschen, die auf der Erde kriechen. Von Anfang an wollte Vater, dass Seine königlichen Kinder drüber und nicht drunter sind (1. Mose 1,26-28).

Der Mensch war berufen einfach ein Gefäß zu sein, um das Leben Gottes zu empfangen und auf Erden zu regieren, um die Erde für den Vater untertan zu machen. Aber nach dem Sündenfall wurde der Mensch unter die Sünde versklavt und die Sünde wurde sein Herr. Gott sagte Kain, dass die Sünde vor seiner Tür kauert und er sie meistern muss, aber Kain fiel der Sünde zu, wie schon sein Vater Adam (siehe 1. Mose 4,7).

Wer sündigt, ist ein Sklave der Sünde, und deshalb wurde Satan der erste Sklave der Sünde. *„Jesus antwortete ihnen: Wahrlich, wahrlich, ich sage euch: Wer sündigt, der ist der Sünde Knecht"* (Joh. 8,34).

„Wie nun? Haben wir etwas voraus? Ganz und gar nicht! Denn wir haben ja vorhin sowohl Juden als Griechen beschuldigt, dass sie ***alle unter der Sünde*** *sind"* (Röm. 3,9; Betonung von mir).

„Aber die Schrift hat alles ***unter*** *die* ***Sünde*** *zusammengeschlossen, damit die Verheißung aufgrund*

des Glaubens an Jesus Christus denen gegeben würde, die glauben" (Gal. 3,22; Betonung von mir).

„Dennoch ***herrschte der Tod*** *von Adam bis Mose auch über die, welche nicht mit einer gleichartigen Übertretung gesündigt hatten wie Adam, der ein Vorbild dessen ist, der kommen sollte"* (Röm. 5,14; Betonung von mir).

Nach dem Sündenfall wurde nicht nur die Sünde ein Herrscher, sondern auch der Tod wurde ein Herrscher. Die ganze menschliche Rasse wurde der Macht von Sünde und Tod unterworfen. Anstatt darüber zu sein, waren wir jetzt darunter!

Aber als Jesus siegte, siegte Er für alle Söhne Adams. In Ihm werden wir nun in ein anderes Königreich mit einem anderen König und einer anderen Macht versetzt. Er ist über alle Dinge gesetzt worden. *„und er hat alles seinen Füßen unterworfen und ihn als Haupt über alles der Gemeinde gegeben, die sein Leib ist, die Fülle dessen, der alles in allen erfüllt"* (Eph. 1,22-23). Nachdem alle Dinge unter Seine Füße gelegt wurden und wir Sein Leib sind, müssten alle Dinge nun unter uns sein.

„Denn das Königreich gehört dem Herrn, und er ist Herrscher über die Nationen" (Ps. 22,29).

„Ein zerschlagenes Schilfrohr wird er nicht zerbrechen, und rauchenden Flachs wird er nicht auslöschen, bis er das Gericht zum ***Sieg*** *bringt"* (Mt. 12,20, KJV übersetzt; Betonung von mir). Durch Seinen Tod am Kreuz hat Er das ganze Gericht zum Sieg hingebracht. Was uns hätte verurteilen können, damit wir gerichtet werden, trägt jetzt dazu bei, dass wir zu Siegern über alle Dinge auf Erden

werden. Seit Golgatha ist auf der Erde Gerechtigkeit etabliert. Das Gesetz, das den gesamten Planeten regiert, ist das Gesetz der Barmherzigkeit. Jetzt triumphiert die Barmherzigkeit über das Gericht. Alle, die Ihn empfangen und an Sein Opfer glauben, unterliegen einem anderen Gesetz, das die Welt regiert. Anstelle eines Gesetzes, das die Welt verdammt, bietet dieses neue Gesetz der Welt die Erlösung durch Jesus Christus an (Jesaja 42,1-4). Das Opfer des Erlösers hat uns den Sieg gebracht. Das Gericht ist verwandelt worden in Sieg.

Nun wird Sein Sieg zum Sieg für Seinen ganzen Leib auf Erden, denn wir sind in Ihm.

Der Mensch wurde in Adam zum Sklaven der Sünde, aber durch Christus wurden wir zum Herrn der Sünde.

„So soll nun die ***Sünde*** *nicht herrschen in eurem sterblichen Leib, damit ihr [der Sünde] nicht durch die Begierden [des Leibes] gehorcht“* (Röm. 6,12; Betonung von mir).

„Denn die ***Sünde*** *wird nicht herrschen über euch, weil ihr nicht unter dem Gesetz seid, sondern unter der Gnade“* (Röm. 6,14; Betonung von mir).

„Denn wenn infolge der Übertretung des einen der Tod zur ***Herrsch****aft kam durch den einen, wie viel mehr werden die, welche den Überfluss der Gnade und das Geschenk der Gerechtigkeit empfangen, im Leben* ***herrschen*** *durch den Einen, Jesus Christus“* (Röm. 5,17; Betonung von mir)!

Die Ekklesia ist berufen, in diesem Leben zu herrschen.

Zunächst geht der Erstling (Christus), der unser Vorläufer ist, als Eroberer durch die Pforten der Hölle. Dann sagt Er: *„Die Pforten der Hölle werden dich nicht besiegen“*, mit anderen Worten: *„Der Sieg gehört dir, weil du dich mit mir verbunden hast“* (Mt. 16,18; Apg. 5,14; 1. Kor. 6,17).

„Gott aber sei Dank, der uns den ***Sieg*** *gibt durch unseren Herrn Jesus Christus“* (1. Kor. 15,57; Betonung von mir)!

„Gott aber sei Dank, der uns allezeit ***triumphieren*** *lässt in Christus und den Geschmack seiner Erkenntnis durch uns an allen Orten offenbar werden lässt“* (2. Kor. 2,14 KJV übersetzt; Betonung von mir).

„Denn alles, was aus Gott geboren ist, überwindet die Welt; und unser Glaube ist der ***Sieg****, der die Welt überwunden hat“* (1. Joh. 5,4; Betonung von mir).

Der regierende Christus will wegen des vollkommenen Opfers und des vollständigen Triumphes am Kreuz, dass Seine Braut Seinen glorreichen Triumph in ihrem Leben sichtbar macht.

„Siehe, ich gebe euch die Vollmacht, auf Schlangen und Skorpione zu treten, und über alle Gewalt des Feindes; und nichts wird euch in irgendeiner Weise schaden“ (Luk. 10,19).

Was hat Jesus Seinem Leib gegeben?

1. Autorität: das Recht an Seiner Statt zu handeln und Ihn zu vertreten.
2. Herrschaft: Die Menschheit soll nicht länger unterworfen sein. Sie soll jetzt herrschen.

3. Die ganze Macht des Feindes: Das Wort ganz bedeutet alles, das Ganze, jede Art von.

Nicht ein bisschen von der Macht des Feindes ist ausgeschlossen. Jesus gab Seiner Braut Autorität über alle Macht des Bösen. Nichts vom Feind hat auch nur Erlaubnis, ein Glied des Leibes Christi auf Erden zu verletzen!

Das Wort *Macht*, das sich auf den Feind bezieht, bedeutet: Macht – von *dunamai*; Kraft; besonders wundersame Macht.

Was genau ist alles ein Teil von dieser Gabe von unserem Herrn Jesus Christus?

Reich – Ein Reich ist eine Gemeinschaft oder ein Gebiet, über das ein Souverän herrscht.

Es hängt also davon ab, über wie viel Territorium unser Souverän, Jesus Christus, im Bereich Seines Königreiches regiert.

*„Und Jesus trat herzu, redete mit ihnen und sprach: Mir ist gegeben alle Macht im **Himmel und auf Erden**“* (Mt. 28,18; Betonung von mir). Er ist über Himmel und Erde.

„…hat er in diesen letzten Tagen zu uns geredet durch den Sohn. Ihn hat er eingesetzt zum Erben von allem, durch ihn hat er auch die Welten geschaffen“ (Hebr. 1,2). Er ist zum **Erben aller Dinge** eingesetzt worden.

*„Wenn wir aber Kinder sind, so sind wir auch **Erben**, nämlich **Erben** Gottes und Mit**erben** des Christus; wenn wir wirklich mit ihm leiden, damit wir auch mit ihm verherrlicht werden“* (Röm. 8,17; Betonung von mir). Wir sind Erben

aller Dinge, wenn wir mit Ihm leiden. Gläubige, die Jesus wirklich lieben, werden leiden, weil sie gottesfürchtig oder gottgleich sein und ihren herrlichen Herrn offenbaren wollen. *„Und alle, die gottesfürchtig leben wollen in Christus Jesus, werden Verfolgung* ***erleiden****"* (2.Tim. 3,12; Betonung von mir). Jeder einzelne Mensch, der gottesfürchtig sein will, wird Verfolgung erleiden, genau wie ihr Herr, und ein großer Teil des Leidens könnte von anderen Christen kommen.

Der Vater hat Seine Armee von **Überwindern** darauf vorbereitet auf das Schlachtfeld zu ziehen und eins zu werden mit Seinem Sohn für das, was nun geschehen wird.

Der Herr versammelt Seine Armeen. Sie sind die überwindende Braut, die nur durch Sein innewohnendes Leben in ihnen überwindet. Sie machen sich jetzt bereit. Sie setzen sich aus allen Arten von Menschen zusammen, sie sind auf das Königreich ausgerichtet, sie sind Männer und Frauen, die dem Lamm folgen.

David spricht über diesen überwindenden Überrest als weiblich. *„Gott, der Allmächtige, verkündet das Wort des Evangeliums mit Macht, und die kriegerischen Frauen von Zion überbringen seine Botschaft: Die erobernden Legionen sind selbst erobert worden. Seht, wie sie fliehen! Nun ist es den Frauen Zions übriggeblieben, die Beute einzusammeln"* (Ps. 68,11-12 TPT übersetzt). Diese großen kriegerischen Frauen von Zion werden ein Teil dieses überwindenden Überrests sein.

David sah auch ein großes Heer, das auf die kommende Schlacht vorbereitet war. Er schrieb darüber in Psalm 110, und dies war der Psalm, den Jesus am häufigsten zitierte.

> *„Jahwe sagte zu meinem Herrn, dem Messias: Setz dich zu mir als thronendem Herrscher, während ich jeden deiner Feinde unterwerfe. Sie werden sich tief vor dir verneigen, während ich sie zum Schemel für deine Füße mache. Messias, ich weiß, dass Gott selbst dein Königreich errichten wird, während du in Zion-Herrlichkeit herrschen wirst. Denn er sagt zu dir: ‚Herrsche inmitten deiner Feinde!' Dein Volk wird dein Liebesopfer sein, am Tag deiner mächtigen Kraft wirst du erhaben sein, und im Glanz deiner Heiligen wirst du leuchten wie ein Heer, das aus dem Schoß der Morgenröte entspringt, gesalbt mit dem Tau deiner Jugend! Jahwe hat einen feierlichen Eid geschworen und wird niemals davon zurückweichen und sagt: ‚Du bist ein Priester in Ewigkeit, mein König der Gerechtigkeit!' Der Herr steht in voller Autorität, um die gegen dich stehenden Könige in Stücke zu schlagen, an dem Tag, der seinen schrecklichen Zorn zeigt. Er wird jede rebellierende Nation richten, ihr Schlachtfeld mit Leichen füllen und wird die Hochburgen der herrschenden Mächte zerschmettern. Doch er selbst wird aus seinem Erbe trinken wie aus einem fließenden Bach; erfrischt von Liebe wird er siegreich stehen" (Ps. 110,1-7 TPT übersetzt)!*

In Vers 3 lesen wir: „Eine Armee, die sich aus dem Schoß der Morgenröte erhebt". Damit ist eine Armee gemeint, die von Gott seit Anbeginn der Zeit auf diese

Endzeitschlacht vorbereitet wurde. David sah diese Kriegerbraut auf das Ende vorbereitet.

Salomo sah auch eine Brautgesellschaft, die wie eine **Armee** mit Bannern aussah. *„Du bist so schön wie Tirza, mein Liebling, so schön wie Jerusalem, so majestätisch wie eine Armee mit Bannern“* (Hld. 6,4 AMP übersetzt)! Diese Braut war eins mit ihrem Bräutigam, und Er war bestürzt über ihre exquisite Schönheit, aber Er beschrieb sie auch als majestätisch, schrecklich oder ehrfurchtgebietend, als eine Armee mit Bannern.

Während des gesamten militärischen Konflikts repräsentierte ein Banner eine Armeeeinheit, die koordiniert und manövrierfähig war. Das Banner sagte: Wir sind bereit, und unser Anführer ist an Ort und Stelle. Der Verlust des Banners deutete darauf hin, dass der Anführer dieser Einheit wahrscheinlich im Kampf gefallen war und daher eine Niederlage zu erwarten war. Je sichtbarer die Banner angebracht waren, desto mehr aktive Kampfregimenter gab es. Daher kommuniziert eine „Armee mit Bannern“ ein sehr starkes und klares Wort über eine siegreiche Armee.

Hohelied 6,10: *„Wer ist sie, die hervorglänzt wie das Morgenrot, schön wie der Mond, klar wie die Sonne, furchtgebietend wie Heerscharen mit Kriegsbannern?“*

Psalm 20,5a AMP (übersetzt): *„Wir wollen mit Freuden über deinen Sieg singen, und im Namen unseres Gottes wollen wir unsere Banner aufstellen.“*

Hohelied 6,13 (KJV übersetzt)[1]: *„Kehre zurück, kehre zurück, o Schulamiterin; kehre zurück, kehre zurück, damit*

1) In deutschen Bibel Übersetzungen (außer Luther) steht der Vers im Hohelied 7,1 und obwohl im Urtext Armee steht, übersetzt das keine deutsche Übersetzung (Anm. des Übersetzers).

wir dich ansehen können. Was wirst du in der Schulamiterin sehen? Sozusagen die Kompanie von zwei Armeen."

In all diesen Schriftstellen wird diese Braut mit einer Armee verglichen, und sie stellt ihre Banner im Namen des Herrn auf. Sie ist fest entschlossen in der Schlacht zu triumphieren und die Majestät und Autorität ihres Königs zu manifestieren. Die gesamte Braut ist eine Armee mit Bannern. Jede von ihnen hat ihr Banner, und Sein Banner über ihnen ist die Liebe. Seine reine Liebe mit feuriger Leidenschaft in Seinen Augen ist Liebe.

Die Wurzelbuchstaben der Schulamiten sind *sh-l-m*, was sich auf shalom oder Frieden bezieht. Diese Frau ist auch ein Gegenstück zu Salomo – auf Hebräisch *Shlomo* – was Frieden bedeutet. So wie Eva das Gegenstück zu Adam war, ist diese Braut ein Gegenstück zu Salomo, der Christus repräsentiert. Diese Kriegerbraut wird in den letzten Tagen eins mit dem Bräutigam, Christus, sein. Johannes sah im Buch der Offenbarung ein großartiges Bild von der letzten Schlacht zwischen dem Herrn und Seinen Armeen und den Armeen, die es wagen würden, gegen den König der Könige und den Herrn der Herren zu kämpfen.

Offenbarung 19,7-8 (KJV übersetzt): *„Lasst uns fröhlich sein und uns freuen und ihm die Ehre geben; denn die Hochzeit des Lammes ist gekommen, und sein Weib hat sich bereitgemacht. Und ihr ist gegeben, dass sie bekleidet sein soll mit feiner Leinwand, rein und weiß; denn die feine Leinwand ist die Gerechtigkeit der Heiligen."*

Offenbarung 19,11-14: *„Und ich sah den Himmel geöffnet, und siehe, ein weißes Pferd, und der darauf saß,* *heißt „Der Treue und der Wahrhaftige"; und in Gerechtigkeit richtet und kämpft er. Seine Augen aber sind wie eine Feuerflamme, und auf seinem Haupt sind viele Kronen, und er trägt einen Namen geschrieben, den niemand kennt als nur er selbst. Und er ist bekleidet mit einem Gewand, das in Blut getaucht ist, und sein Name heißt: „Das Wort Gottes". Und die Heere im Himmel folgten ihm nach auf weißen Pferden, und sie waren bekleidet mit weißer und reiner Leinwand."*

Offenbarung 19,19-20: *„Und ich sah das Tier und die Könige der Erde und ihre Heere versammelt, um Krieg zu führen mit dem, der auf dem Pferd sitzt, und mit seinem Heer. Und das Tier wurde ergriffen und mit diesem der falsche Prophet, der die Zeichen vor ihm tat, durch welche er die verführte, die das Malzeichen des Tieres annahmen, und die sein Bild anbeteten; die beiden wurden lebendig in den Feuersee geworfen, der mit Schwefel brennt."*

All diese Stellen in der Bibel beziehen sich auf eine Braut, die bereit ist ein Heer zu sein und an der Seite ihres Königs zu stehen und alle Herrschaft und jeden Widerstand gegen Seine königliche Herrschaft zu Fall zu bringen. Geliebte, es ist an der Zeit sich auf die kommende Schlacht vorzubereiten, denn unser Herr muss wahrhaftig gewinnen, und Er muss und wird in jeder Schlacht und in jedem Konflikt triumphierend siegen, denn Er ist König aller Könige und Herr aller Herren.

In allen Briefen an die sieben Gemeinden im Buch der Offenbarung schreibt Christus an *diejenigen, die überwinden*. Der Herr versammelt Seine Überwinder aus der ganzen Welt, um sie darauf vorzubereiten Seine ganze Herrlichkeit in diese Welt zu strahlen.

1961 hatte Tommy Hicks, ein Mann, der von Gott in der argentinischen Erweckung der 1950er Jahre sehr gebraucht wurde, eine kraftvolle Vision der Endzeit. Ich werde im Folgenden nur einen Teil dieser Vision weitergeben. Du kannst die gesamte Vision online an vielen Stellen finden.

Vision des Leibes Christi und der endzeitlichen Dienste

> *„Meine Botschaft beginnt am 25. Juli, etwa um 2.30 Uhr morgens in Winnipeg, Kanada. Ich war kaum eingeschlafen, als die Vision und die Offenbarung, die Gott mir gegeben hatte, vor mich kam. Die Vision kam dreimal, genau im Detail, am Morgen des 25. Juli 1961. Ich war so aufgewühlt und so bewegt von der Offenbarung, dass sie meine gesamte Sicht auf den Leib Christi und auf die endzeitlichen Dienste verändert hat. Das Größte, was der Kirche Jesu Christi je gegeben wurde, liegt direkt vor uns. Es ist so schwer, Männern und Frauen dabei zu helfen, diese Sache zu erkennen und zu verstehen, die Gott versucht seinem Volk in der Endzeit zu geben.*
>
> *Als mir die Vision erschien, nachdem ich eingeschlafen war, befand ich mich plötzlich in großer Höhe. Wo ich war, weiß ich nicht. Aber ich blickte auf die Erde hinunter. Plötzlich kam die ganze Erde in meine Sicht. Jede Nation, jeder Stamm, jede Sprache*

kam aus dem Osten und Westen, aus dem Norden und Süden vor meine Augen. Ich erkannte jedes Land und viele Städte, in denen ich gewesen war, und ich war fast in Furcht und Zittern, als ich den großen Anblick vor mir sah; und in dem Augenblick, als die Welt in Sicht kam, begann es zu blitzen und zu donnern.

Als Blitze über das Antlitz der Erde aufleuchteten, wanderten meine Augen nach unten Richtung Norden. Plötzlich erblickte ich etwas, das wie ein massiver Riese aussah und als ich ihn anstarrte und ansah, war ich fast verwirrt von seinem Anblick. Er war so gigantisch und so groß. Seine Füße schienen bis zum Nordpol und sein Kopf bis zum Süden zu reichen. Seine Arme waren von Meer zu Meer ausgestreckt. Ich konnte nicht einmal ansatzweise verstehen, ob dies ein Berg oder ein Riese war, aber als ich zuschaute, sah ich plötzlich einen großen Riesen. Ich konnte sehen, wie sein Kopf um sein Leben kämpfte. Er wollte leben, aber sein Körper war von Kopf bis Fuß mit Trümmern bedeckt, und manchmal bewegte dieser große Riese seinen Körper so, als wolle er sich sogar aufrichten. Und wenn er das tat, schienen Tausende kleiner Kreaturen davonzulaufen. Grässliche Kreaturen liefen vor diesem Riesen davon, und wenn er ruhig wurde, kamen sie zurück. Plötzlich erhob dieser große Riese seine Hand zum Himmel und dann hob er seine andere Hand und als er das tat schienen diese Kreaturen zu Tausenden vor diesem Riesen in die Dunkelheit der Nacht zu fliehen.

Langsam begann sich dieser große Riese zu erheben und während er das tat reichten sein Kopf und seine Hände in die Wolken. Als er sich auf seine Füßen erhob, schien er sich von den Trümmern und dem Schmutz, der auf ihm lag, gereinigt zu haben, und er begann seine Hände in den Himmel zu erheben, als wolle er den Herrn preisen, und als er seine Hände erhob gingen sie sogar durch die Wolken.

Plötzlich wurde jede Wolke zu Silber, dem schönsten Silber, das ich je gekannt habe. Als ich dieses Phänomen beobachtete, war es so großartig – ich konnte nicht einmal anfangen zu verstehen, was das alles bedeutete. Als ich es beobachtete war ich so aufgewühlt und rief zum Herrn: ‚Oh Herr, was hat das alles zu bedeuten', und ich spürte, ich war tatsächlich im Geist und konnte die Gegenwart des Herrn sogar im Schlaf wahrnehmen.

Und aus diesen Wolken regneten plötzlich große Tropfen flüssigen Lichts auf diesen mächtigen Riesen herab, und langsam, ganz langsam begann dieser Riese zu schmelzen und sich in der Erde selbst zu versenken. Als er schmolz, schien sich seine ganze Form auf das Antlitz der Erde zu schmelzen und ein großer Regen fing an zu fallen. Flüssige Lichttropfen begannen die Erde zu überfluten, und während ich diesen scheinbar schmelzenden Riesen beobachtete, wurden daraus plötzlich Millionen von Menschen auf der ganzen Erde. Als ich den Anblick vor mir betrachtete, standen überall auf der Welt

Menschen auf! Sie hoben ihre Hände und lobten den Herrn.

In genau diesem Moment kam ein großer Donner, der vom Himmel zu dröhnen schien. Ich wandte meine Augen zum Himmel und plötzlich sah ich eine Gestalt in Weiß, in schillerndem Weiß – das Herrlichste, was ich in meinem ganzen Leben je gesehen habe. Ich sah das Gesicht nicht, aber irgendwie wusste ich, dass es der Herr Jesus Christus war, und er streckte seine Hand aus und als er das tat, streckte er sie aus zu dem einen und zu einem anderen und zu einem anderen. Und als er seine Hand über die Nationen und die Menschen der Welt – Männer und Frauen – ausstreckte, als er auf sie zeigte, schien dieses flüssige Licht aus seinen Händen in sie zu fließen und eine mächtige Salbung Gottes kam über sie, und diese Menschen begannen im Namen des Herrn hinauszugehen.

Ich weiß nicht, wie lange ich das beobachtet habe. Es schien Tage, Wochen und Monate zu dauern. Und ich sah diesen Christus, als er weiterhin seine Hand ausstreckte; aber es gab eine Tragödie. Es gab viele Menschen, die sich der Salbung Gottes und dem Ruf Gottes verweigerten, als er seine Hand ausstreckte. Ich sah Männer und Frauen, die ich kannte. Menschen, von denen ich spürte, dass sie mit Sicherheit den Ruf Gottes empfangen würden. Aber als er seine Hand nach diesem und jenem ausstreckte, beugten sie einfach ihr Haupt und begannen sich zurückzuziehen. Und jeder von denen, die sich zu verneigen und zurückzuweichen schienen, schien in die Dunkelheit zu gehen. Die Dunkelheit schien sie überall zu verschlingen.

Ich war verwirrt, als ich es sah. Aber die Menschen, die Er gesalbt hatte – Hunderttausende von Menschen auf der ganzen Welt in Afrika, England, Russland, China, Amerika, auf der ganzen Welt – die Salbung Gottes war auf diesen Menschen, als sie im Namen des Herrn vorwärts gingen. Ich sah diese Männer und Frauen, als sie vorwärts gingen. Sie waren Straßenbauarbeiter, sie waren Wäscherinnen, sie waren reiche Männer, sie waren arme Männer. Ich sah Menschen, die mit Lähmung und Krankheit und Blindheit und Taubheit gefesselt waren. Als der Herr sich ausstreckte, um ihnen diese Salbung zu geben, wurden sie gesund, sie wurden geheilt und sie gingen hinaus! Und das ist das Wunder – das ist das herrliche Wunder – diese Menschen streckten ihre Hände aus, genau wie der Herr es tat und es schien, als ob in ihren Händen dasselbe flüssige Feuer wäre. Wenn sie ihre Hände ausstreckten, sagten sie: ‚Gemäß meinen Worten, sei geheilt'.

Als diese Leute in diesem mächtigen Dienst der Endzeit weitermachten, wurde mir nicht ganz klar, was das war und ich schaute auf den Herrn und fragte: ‚Was hat das zu bedeuten?' Und er sagte: ‚Das ist es, was ich in den letzten Tagen tun werde. Ich werde all das wiederherstellen, was der Fresser, der Nager, die Heuschrecke – zerstört haben. Dies, Mein Volk, wird in der Endzeit hervorkommen. Wie eine mächtige Armee werden sie über das Antlitz der Erde fegen.'

Während sie in allem, was sie als Dienst Christi in der Endzeit taten, vorwärts marschierten, dienten diese Menschen den Menschenmassen auf der ganzen Welt. Zehntausende, ja sogar Millionen schienen zum Herrn Jesus Christus zu kommen, als diese Menschen auftraten und in dieser letzten Stunde die Botschaft vom Königreich, vom kommenden Königreich, verkündeten.

Ich sah diese Arbeiter, als sie über das Antlitz der Erde gingen. Wenn einer stolperte und fiel, kam ein anderer und hob ihn auf. Es gab kein ‚großes Ich' und kein ‚kleines Du' sondern jeder Berg wurde niedrig und jedes Tal hoch erhoben, und sie schienen eines gemeinsam zu haben – es gab eine göttliche Liebe – eine göttliche Liebe, die aus diesen Menschen zu fließen schien, während sie zusammenarbeiteten und zusammen lebten. Es war der glorreichste Anblick, den ich je erlebt habe. Jesus Christus war das Thema ihres Lebens. Sie fuhren fort und es schien, dass Tage vergingen, während ich stand und diesen Anblick betrachtete. Ich konnte nur weinen, und manchmal lachte ich. Es war so wunderbar, als diese Menschen durch das Angesicht der ganzen Erde zogen und in dieser letzten Endzeit das hervorbrachten."[2]

Brüder und Schwestern, der Herr kommt zurück für eine reife Braut, die ein vielgliedriger Leib sein wird, der im vollen Maß Christi wandelt.

„bis wir alle zur Einheit des Glaubens und der Erkenntnis des Sohnes Gottes gelangen, zur vollkommenen Mannesreife, zum Maß der vollen Größe des Christus" (Eph. 4,13).

„also sind wir viele ein Leib in Christus, aber untereinander ist einer des andern ***Glied****"* (Röm. 12,5; Betonung von mir).

Jedes Glied hat einen Teil im Leib zu erfüllen, und wenn ein Glied seinen Teil nicht erfüllt, dann wird der ganze Leib (das Ganze) leiden und unvollständig sein.

„Ich freue mich über das Kommen des Stephanas und des Fortunatus und des Achaicus; denn der ***Teil*** *der euch gefehlt hat, den haben sie gebracht"* (1. Kor. 16,17 KJV übersetzt; Betonung von mir).

„Durch ihn ist der Leib fest zusammengefügt, denn er verbindet die Körperteile durch die verschiedenen Gelenke miteinander. Jeder einzelne ***Teil*** *leistet seinen Beitrag. So wächst der Leib und wird aufgebaut durch die Liebe"* (Eph. 4,16 HFA; Betonung von mir).

Ein Bruder in Christus hat eine Funktion, die ebenso wichtig ist wie eine Schwester in Christus. Beide ihrer einzelnen Teile sind für das gesamte Funktionieren des Leibes äußerst wichtig.

Der Leib Jesu Christi kam vor etwa 2.000 Jahren im Fleisch, aber heute ist der Leib Christi im Geist und ineinander hier. Wir, die Ekklesia, sind der Leib Christi – Seine Fülle auf der Erde (Epheser 1,22-23). Liebe Familie Gottes, wenn wir Ihn in Seinem Leib sehen, werden wir unsere Herzen einander mit Leichtigkeit öffnen. Während wir Seine Herrlichkeit ineinander sehen, werden wir gemeinsam verklärt (vgl. 2. Korinther 3,18). Jesus ist der Schatz in unserem irdenen Gefäß (2. Korinther 4,7).

Lasst uns einander als Schätze in Christus ansehen. Sein Schatz aus reinem Gold (Seine göttliche Natur) in unseren Körpern macht uns äußerst wertvoll!

„Denn der Leib ist nicht ein Glied, sondern viele. Nun aber sind es viele Glieder, doch nur ein Leib. Und das Auge kann nicht zu der Hand sagen: Ich brauche dich nicht; und der Kopf wiederum zu den Füßen: Ich brauche dich nicht“ (1. Kor. 12,14+20-21 KJV übersetzt).

Wir brauchen jedes einzelne Mitglied des Leibes und jedes einzelne Mitglied hat eine Funktion innerhalb des Leibes. Der Vater sagte, dass Er Seinen Geist auf alles Fleisch ausgießen werde (Apostelgeschichte 2,17-18). Jeder Mann und jede Frau würde die Ausgießung des Heiligen Geistes empfangen und dann würde Sein heiliger Atem vom Himmel in jedes Glied hineinkommen und sie würden sprechen (Apostelgeschichte 2; Epheser 5,18-20; usw.).

Warum würde der Vater Seine kostbarste Gabe über alle ausgießen, wenn Er dann auch einige der Glieder des Leibes unterdrücken wollte?

Gott hat die Menschen geschaffen, um auf diesem Planeten als Seine Stellvertreter zu herrschen und zu regieren. Sein Königreich ist hier und Er ist der einzig wahre König. Wir sollen dieses Reich regieren und Sein Königreich auf dieser Erde verkünden. Er hat die Erde den Menschenkindern gegeben (Psalm 115,16). Wir sollten diesen Planeten mit einer gottgefälligen, Christus-zentrierten, reinen Liebe zu allen Geschöpfen regieren und niemandem Unrecht tun. Leider ist es jedoch leicht den egozentrischen, gierigen und hochmütigen Lebensstil als normal zu akzeptieren. Er ist aber abnormal und ein Zeichen des inneren Zusammenbruchs der Gesellschaft als Ganzes. Jesus lehrte uns zu beten, dass das Königreich Seines Vaters jetzt kommen möge; dass der Wille Seines Vaters jetzt geschehen möge; dass der Name Seines Vaters jetzt geheiligt werde; und dass die Absichten Seines Vaters täglich auf der Erde wie im Himmel erfüllt würden.

Als unsere Vorväter unter die Macht der Sünde gerieten, kamen auch alle ihre Nachkommen unter die Macht von Selbstsucht. Christus kam, um eine neue Menschenrasse zu gründen und befreite sie zuerst von der Knechtschaft der Sünde. Der Heilige Geist sagt: Wir werden nicht länger unter der Sünde sein (Römer 6,12+14). Nun soll das Leben, das unter der Macht der Sünde steht, durch ein Leben als Überwinder ersetzt werden.

Dank sei unserem Gott, der uns immer wieder durch Jesus Christus überwinden lässt (1. Korinther 15,57; 2. Korinther 2,14; Römer 8,37).

Jeder wiedergeborene Gläubige muss verstehen wohin er oder sie auf diesem Planeten gehört. In kompletter Wahrheit: Ein Gläubiger an Christus zu sein bedeutet, dass man jetzt zur königlichsten, reichsten und elitärsten Familie des ganzen Universums gehört. Wenn wir erst einmal verstanden haben, dass dies die absolute Wahrheit ist, dann wird sich die Art und Weise, wie wir denken, reden und handeln, bei jedem Menschen dramatisch verändern. Außenstehende werden sehen, dass die Art und Weise, wie wir reden und handeln und wie wir andere behandeln sich so sehr von der Welt unterscheidet – fast als wären wir eine neue Art von Menschen oder Außerirdische von einem anderen Planeten.

10 Bereiche zum Überwinden

1. Vergebung

Habe ich allen Menschen vergeben, was sie mir angetan haben, ganz gleich, was das gewesen sein mag? Unversöhnlichkeit führt zu Bitterkeit, die einen Menschen fortwährend mit Gedanken unterdrücken wird – an all das, was ihm andere angetan haben. Diese Gedanken sind mit einem Gefühl verbunden und dieses Gefühl ist oft Groll. Andere Gedanken werden Bitterkeit begleiten, wie: „Er muss fühlen, was er mich fühlen ließ.“ Das ist Rache. Diese Bitterkeit beginnt sich dann nach außen durch Wut, Hass und Gewalt und schließlich durch Mord zu manifestieren; dazu gehört auch die Zunge, die durch ihre Sprache den Tod verursacht.

2. Ablehnung

Jeder Mensch muss lernen mit der Ablehnung umzugehen, die von anderen kommt, denn Jesus wurde und wird auch jetzt noch abgelehnt (Jesaja 53,3). Wir werden auch um Christi willen abgelehnt werden, und wir müssen jede Ablehnung überwinden. Wenn wir Mühe damit haben abgelehnt zu werden, dann werden wir auch mit Ruhm

Mühe haben. Wenn ich mit Ablehnung nicht umgehen kann, dann kann ich wahrscheinlich auch nicht mit Ruhm umgehen. Das kann so oder so zu einer Gefahr werden.

3. Wie behandle ich die Geringsten?

Wie auch immer ich mit den Geringsten umgehe, entscheidet wie bereit ich für eine große Aufgabe oder einen großen Dienst bin (Lukas 16,15). Viele Menschen können richtig nett zu denen sein, zu denen sie aufschauen; gleichzeitig aber kann dieselbe Person sehr hart zu jemandem sein, von dem sie nicht viel hält.

4. Königreichsorientiert

Stelle ich Sein Königreich an die erste Stelle in meinem Leben oder stelle ich meine Wünsche und Bedürfnisse an die erste Stelle (Matthäus 6,33)?

5. Haushalterschaft

Wie verwalte ich, was Gott mir gegeben hat: Finanzen, Haus, Land, Arbeit, Schule, meinen Verstand, meinen Besitz, meine Verantwortung und die Treue zu den Talenten, die Gott mir seit meiner Geburt gegeben hat?

6. Ehre gegenüber anderen

Wenn ich jemandem Ehre erweise, erzeugt das in dieser anderen Person das Gefühl, etwas Besonderes zu sein. Deshalb sollte sich jeder Mann fragen: Fühlen sich Frauen in meiner Gegenwart besonders? Wenn ich ein Ehemann bin, dann sollte die Ehre, die ich meiner Frau entgegenbringe, ihr das Gefühl geben etwas Besonderes zu sein, wann immer sie mit mir zusammen ist. Wenn ich eine Ehefrau bin, dann sollte sich mein Mann besonders fühlen, wenn er mit mir zusammen ist (1. Petrus 2,17).

7. Reaktionen

Wie reagiere ich, wenn etwas nicht so läuft, wie ich denke oder gehofft habe? Bin ich dankbar oder beschwere ich mich oder meckere (Epheser 5,20; 1. Thessalonicher 5,18)?

8. Die Sünde, die mich so leicht verstrickt

Kämpfe ich gegen eine Sünde, die mich so leicht ins Wanken bringt? Wenn ich als Gläubiger wirklich den Wunsch habe als Überwinder zu wandeln, dann werde ich jede sündige Haltung oder Handlung als Feind sehen und werde wie David alle meine Feinde verfolgen und sie über den Haufen rennen, bis sie vernichtet sind. Wir erreichen dies, indem wir geradewegs auf Jesus schauen, besonders während der Versuchungen (Hebräer 12,1; Psalm 18,37).

9. Verwechseln mich Menschen, vor allem meine Familie, mit Jesus?

Sehen andere Jesus, wenn sie mich sehen? Hören sie Jesus, wenn sie mich hören? Verströme ich den Duft von Jesus, wenn ich auf Reisen bin (2. Korinther 2,14-15)?

10. Wem möchte ich in meinem Leben am meisten gefallen?

Bin ich mehr darauf ausgerichtet, was die Menschen über mich denken, oder darauf, was Gott über mich denkt? Lebe ich mein Leben zur Ehre Gottes oder für meinen eigenen Ruf? Ist mir mein Image wichtiger als das Bild Jesu (1. Korinther 10,31; Kolosser 3,23)?

Durch die Kraft und Macht von Jesus Christus in meinem inneren Wesen soll ich in diesem Leben vorwärts gehen und überwinden – aber nur durch Sein auferstandenes Leben in mir und nicht durch mein altes adamisches Leben (Epheser 3,17).

Der Bräutigam und die Braut werden eins. Sein wirkliches Selbst wird in Seiner Braut geformt, und wenn wir in die Dimension Christi eintreten, wird uns Leben eingeflößt; und alles, was Er ist, wird in unserer eigenen Persönlichkeit Wirklichkeit werden. Eines Tages werden wir Ihn in all Seiner Herrlichkeit sehen – dann werden wir voll und ganz verstehen, warum Er allen Lobes und aller Herrlichkeit würdig ist.

Wenn wir Ihn sehen

„Und es kam zu mir einer von den sieben Engeln, die die sieben Schalen voll der sieben letzten Plagen hatten, und redete mit mir und sprach: Komm her, ich will dir die Braut, die Frau des Lammes, zeigen. Und er führte mich im Geist weg auf einen großen und hohen Berg und zeigte mir die große Stadt, das heilige Jerusalem, die von Gott aus dem Himmel herabkam und die Herrlichkeit Gottes hatte; und ihr Licht war wie ein kostbarer Stein, gleich einem Jaspisstein, klar wie Kristall, und ich sah keinen Tempel darin; denn der Herr, der allmächtige Gott, und das Lamm sind sein Tempel" (Offb. 21,9-11+22 KJV übersetzt).

„Und es wird kein Fluch mehr sein; sondern der Thron Gottes und des Lammes wird darin sein, und seine Knechte werden ihm dienen: Und sie werden sein Angesicht sehen, und sein Name wird an ihren Stirnen sein. Und es wird keine Nacht mehr sein, und sie bedürfen keiner Leuchte noch des Lichts der Sonne; denn Gott der Herr gibt ihnen Licht,

und sie werden regieren von Ewigkeit zu Ewigkeit" (Offb. 22,3-5 KJV übersetzt).

Eines Tages werden wir die Gottheit in all Ihrer Herrlichkeit sehen. Wir werden nur die Herrlichkeit des dreieinigen Gottes an diesem Ort sehen, zu dem wir gerufen sind, um dort mit Ihm zu wohnen. Seine majestätische Herrlichkeit wird das Licht des Himmels sein, das über der ganzen Stadt leuchtet, die Seine Braut ist! Nur Sein Licht, Seine Herrlichkeit, Sein Glanz wird alles erleuchten. Keine menschliche Persönlichkeit wird da anerkannt werden, so wie es hier auf Erden ist. Hier unten auf der Erde ist es so einfach zu denken: Schau mal da drüben – ist das nicht so und so ... ist er nicht ein berühmter Schauspieler, Filmstar, Athlet usw? Liebe Brüder und Schwestern, wenn Er klar und deutlich vor unseren Gesichtern steht, wird es nie wieder einen Gedanken über den Ruhm oder das Glück eines Menschen geben.

Ein abschließender Gedanke:

Wenn wir beten sollen, dass die Herrschaft und Regierung (Königreich) des Vaters kommt und Sein göttlicher Wille auf Erden so geschieht wie im Himmel, dann ist die festgesetzte Zeit, als Seine Kinder zu leben und zur ursprünglichen Absicht und zum ursprünglichen Plan unseres Vaters im Himmel zurückzukehren. Jetzt ist diese Zeit gekommen. Jetzt ist es an der Zeit ein Königreich zu sein, das unserem Vater im Himmel entspricht, und auf Erden Seinen vollkommenen Willen zu offenbaren.

Talita Kumi! Meine Kleinen, erhebt euch!

Kapitel 21

Erdbeben und Erd-Seufzen

Warum seufzt die Erde und was bringt sie zum Beben?

„Denn wir wissen, dass die ganze Schöpfung mitseufzt und mit in Wehen liegt bis jetzt“ (Röm. 8,22).

„Ich bin überzeugt, dass jegliches Leid das wir erdulden, weniger als nichts ist, verglichen mit dem Ausmaß der Herrlichkeit, die sich in uns zu offenbaren beginnt. Das ganze Universum steht auf den Zehenspitzen und sehnt sich danach, die Enthüllung der glorreichen Söhne und Töchter Gottes zu sehen“ (Röm. 8,18-19 TPT übersetzt)!

„Wegen drei Dingen zittert die Erde und wegen vier, welche sie nicht ertragen kann“ (Spr. 30,21 ASV übersetzt).

Diese Schriftstellen lehren uns, dass die ganze Erde geseufzt, sich gequält und gebebt hat. Es gibt vier Hauptgründe, die die Erde zum Beben bringen und es gibt eine große Last, die der gesamte erschaffene Planet trägt. Diese Last bringt die Erde dazu, wie eine Mutter bei der Geburt zu stöhnen.

Der Schöpfer der Welt schuf sie, um ein Spiegelbild Seines eigenen Bildes und Charakters zu sein. Der Heilige Geist selbst ist im geschaffenen Universum, weil Er die ganze Erde erfüllt. *„Oder kann sich jemand so heimlich verbergen, dass ich ihn nicht sehe?, spricht der Herr. Erfülle ich nicht den Himmel und die Erde?, spricht der Herr"* (Jer. 23,24). Da Gott alle Dinge erschaffen hat und Sein eigenes Wesen sie jetzt erfüllt, gibt es in der Erde ein Sehnen oder Seufzen, die Manifestation der Söhne Gottes auf Erden zu sehen. Wie es in der Passion Translation heißt, steht die ganze Schöpfung auf den Zehenspitzen und sehnt sich mit großer Erwartung danach, die herrliche Enthüllung der einzigartigen Söhne und Töchter Gottes zu sehen.

Aber genau zur gleichen Zeit, in der diese ungeheuren Wehen und dieses Stöhnen stattfindet, gibt es ein anderes Beben und Zittern, das für die Erde unerträglich ist. Die Heilige Schrift nennt uns den Grund dafür. Es gibt vier Dinge, unter denen die Erde nicht standhalten kann, weil sie unerträglich sind. *„Um drei Dinge ist die Erde beunruhigt, und um vier Dinge, die sie nicht ertragen kann: Wegen einem Knecht, wenn er regiert, und wegen einem Toren, wenn er satt ist; wegen einer widerwärtigen Frau, wenn sie verheiratet ist, und wegen einer Magd, die die Erbin ihrer Herrin ist"* (Spr. 30,21-23 KJV übersetzt). Für den Zweck dieses Buches werden wir uns nur mit der dritten Sache befassen, die für die Erde unerträglich ist. KJV sagt: Eine widerwärtige Frau, wenn sie verheiratet ist.

Zunächst werde ich einige andere Übersetzungen für diesen einen Teil der Heiligen Schrift geben.

BRG Bibel: „Unter einer ungeliebten Frau, wenn sie heiratet."

Common English Bibel: „auf eine verhasste Frau, wenn sie heiratet."

Contemporary English Version: „eine hasserfüllte Frau, die einen Ehemann findet."

Easy-To-Read Version: „eine Frau, deren Mann sie hasste und der sie trotzdem heiratete."

Passion Translation: „wenn eine untreue Frau einen guten Mann heiratet."

Nun, wie man sehen kann, gibt es viele verschiedene Übersetzungen und jede Version würde wahrscheinlich glauben, dass sie die richtige Übersetzung hat. Der Einzige der uns helfen kann die Bedeutung der Heiligen Schrift zu finden, ist genau derjenige, der die Bibel geschrieben hat – der Heilige Geist. Er ist der einzige Lehrer – wie Jesus sagte. Ich ging direkt zu Ihm und fragte Ihn: Was bedeutet die Schriftstelle in Sprüche 30,23 wirklich?

Er erinnerte mich daran, dass der Kontext darin besteht, dass diese vier Dinge die Erde erbeben lassen und sie deshalb nicht in der Lage ist das zu ertragen. Dann sagte Er: „Was machen Menschen mit einer hasserfüllten Frau? Wie verhält man sich mit einer widerwärtigen Frau? Oder mit einer untreuen Frau? Die Antwort ist klar: nichts. Sie ignorieren sie. Die Menschen würden diese Frau einfach ignorieren und sie wegstoßen. Niemand hätte irgendein Problem mit dieser Art von Frau. Sie hätte keinerlei Auswirkungen auf die Erde!"

Dann sagte der Heilige Geist zu mir: „Wie wäre es mit einer ungeliebten Frau, die verheiratet ist?" Sofort wusste ich, dass dies die Antwort war. Ich dachte an die vielen Frauen unter meiner pastoralen Fürsorge, deren Ehemänner sie NICHT liebten und ich erinnerte mich an das unerträgliche Gefühl in mir, das ich für sie empfand. Ich konnte die Hoffnungslosigkeit und die Verzweiflung spüren, die sie empfanden. Was konnte ich einer Frau sagen, deren Mann sie einfach nicht liebt? Es ist ein äußerst hoffnungsloses und unerträgliches Gefühl.

Da die Erde gemacht wurde, um reine Liebe zu erfahren, besonders innerhalb den Banden der Ehe, wusste ich: Das ist es, was die Erde nicht aushalten kann: eine ungeliebte Frau, wenn sie verheiratet ist. Wenn sie eine gottesfürchtige Ehefrau ist, wird sie ihr Bestes versuchen sich zu bessern und eine bessere Mutter und Ehefrau zu sein. Da ihr Mann sie aber nicht liebt, wird nichts, was sie tut, ihn beeinflussen oder ihre Situation ändern.

Die ganze Erde ächzt in Geburtswehen, um die Manifestation der Söhne Gottes zu sehen, und die größte Manifestation des Sohnes ist Sein Herz aus reiner, heiliger Liebe, Mitgefühl und Ehre. Sein Planet kann mit dem Mangel an Liebe eines Mannes, der den Vater selbst vertritt, nicht umgehen. Alle Vaterschaft erhält ihren Namen von Vater Gott selbst (siehe Epheser 3,15 ursprüngliche Bedeutung).

Die Erde seufzt danach, die wahre und reine Liebe des Vaters in Seiner Schöpfung durch Erfahrung zu sehen (Epheser 3,19). Dies war das Gebet des Heiligen Geistes durch den Mund des Apostels Paulus für den ganzen Leib Christi.

Ein weiterer Grund dafür, dass die Erde unter der Last des Hasses zittert, ist, dass das Blut unschuldiger Menschen in die Erde selbst hineinfließt.

„Er aber sprach: Was hast du getan? Horch! Die Stimme des Blutes deines Bruders schreit zu mir von dem Erdboden“ (1. Mose 4,10)!

„Laban aber hatte zwei Töchter; die ältere hieß Lea und die jüngere Rahel. Und Lea hatte matte Augen, Rahel aber hatte eine schöne Gestalt und ein schönes Angesicht. Und Jakob liebte Rahel, und so sprach er: Ich will dir sieben Jahre lang dienen um Rahel, deine jüngere Tochter! Da antwortete Laban: Es ist besser, ich gebe sie dir als einem anderen Mann; bleibe bei mir! So diente Jakob um Rahel sieben Jahre lang, und sie kamen ihm vor wie einzelne Tage, so lieb hatte er sie“ (1. Mose 29,16-20).

Laban hatte zwei Töchter: Leah, die älteste und Rahel, die jüngste. Alles, was wir über diese beiden lesen, ist, dass die eine matte Augen hatte und die andere schön war. Ein schönes Mädchen kann sich so besonders fühlen, besonders wenn alle Männer sie anschauen und ihr Aufmerksamkeit zeigen. Wenn es nur zwei Töchter gibt und die eine offensichtlich geliebt und die andere nicht geliebt wird, ist es für die Ungeliebte so leicht, sich abgelehnt und ungewollt zu fühlen.

Vater Gott sehnt sich danach, dass Seine Töchter spüren, wie sehr Er sich um sie sorgt und sie zutiefst liebt, jede einzelne von ihnen. Jakob machte es sehr deutlich: Ich werde dir sieben Jahre für die Jüngere dienen! Hat Leah gehört, was Jakob zu ihrem Vater sagte? Er liebte Rahel so sehr, dass ihm der Dienst für sieben Jahre wie ein paar Tage schien, weil er seine Augen auf den Preis gerichtet hatte, der Rahel war! In 1. Mose 29,30 lesen wir: *„So ging er auch zu Rahel ein; und er hatte Rahel lieber als Lea. Und er diente ihm noch weitere sieben Jahre lang."* Jakob liebte Rahel mehr als Lea. Das sagt uns etwas über seine Haltung gegenüber Lea; aber was hat Gott über seine Haltung gegenüber Lea gefühlt? *„Und als der HERR sah, dass Lea gehasst war, öffnete er ihren Schoß; Rahel aber war unfruchtbar"* (1. Mose 29,31 KJV übersetzt). Der Herr sah, dass Lea gehasst wurde.

Gott stimmte mit Jakob nicht darin überein, Rahel mehr zu lieben als Lea. Gott sah, dass er Lea hasste. Es gibt Zeiten in denen wir denken: Ich hasse diese Person nicht, ich mag sie nur nicht so sehr wie andere. *„Und Lea empfing und gebar einen Sohn, den hieß sie Ruben. Denn sie sprach: Weil der Herr mein Elend angesehen hat, so wird mich nun mein Mann lieben"* (1. Mose 29,32 SCH1951)! Lea war elend, weil sie wusste, dass sie von ihrem Mann ungeliebt war, und es war nicht auszuhalten.

„Und sie wurde wieder schwanger und gebar einen Sohn und sprach: Weil der HERR gehört hat, dass ich verhasst bin, hat er mir auch diesen Sohn gegeben, und sie nannte seinen Namen Simeon" (1. Mose 29,33 KJV übersetzt). Es ist sehr klar, dass Lea gehasst wurde, und dass sie als ungeliebte Ehefrau große Not litt.

Den Ehemännern ist geboten ihre Frauen genauso zu lieben, wie Christus die Kirche liebt (Epheser 5,25+28+33).

In Kolosser 3,19 heißt es: *„Ihr Männer, liebt eure Frauen und seid nicht bitter gegen sie."* Wenn ein Ehemann seine Frau nicht liebt, so geschieht dies gewöhnlich aufgrund eines Urteils, das er gegen sie gefällt hat, und das wiederum Bitterkeit in seinen Geist eindringen lässt. Nun muss er von ihr und von Gott Vergebung erbitten und darum bitten in seinem Geist von aller Unreinheit gereinigt zu werden (2. Korinther 7,1).

Der Herr bringt zwei Menschen zusammen, um einen göttlichen Samen hervorzubringen, und deshalb sagt Er, dass jedes Paar auf Seinen Geist achten soll. *„Und hat Er sie nicht eins gemacht, ein Überrest des Geistes für Ihn? Und wonach soll das eine trachten? Nach göttlichem Samen! So hütet euch denn in eurem Geist, und niemand werde der Frau seiner Jugend untreu"* (Mal. 2,15)!

In ihrer Übersetzung von Sprüche 30,23 schieben viele Bibelversionen die Schuld auf die Frau. Ich denke, das ist für Gott den Vater sehr schmerzlich. Einige sagen, sie sei abscheulich. Andere sagen, sie sei hasserfüllt oder sie könne nicht geliebt werden, weil sie nicht weiß, wie man Liebe empfängt. Ich habe persönlich miterlebt, wie Hunderte ungeliebter Frauen durch den Empfang der reinen Liebe vom Vater verwandelt wurden, und sie sind auch Jahre später noch verändert! Unsere Botschaft vom Königreich darf bei anderen nicht den Eindruck erwecken, dass der Mangel an Liebe im Leben eines Menschen zu mächtig ist, um ihn zu überwinden. Das ist eine sehr falsche Botschaft und es ist ein Affront gegen die Liebe Gottes. Die Liebe Gottes wird niemals versagen.

Liebe Schwestern, ich entschuldige mich zutiefst dafür, dass man euch die Schuld dafür gegeben hat, dass ihr nicht geliebt wurdet. Vergebt uns Männern, besonders den Ehemännern, die euch nicht die reine Liebe gezeigt haben. Bitte versteht, dass Vater all eure Tränen in der Nacht sieht, und Er möchte euren Schmerz lindern und Öl in eure Wunden gießen.

„Und so wandte ich mich um und sah alle Bedrückungen, die verübt werden unter der Sonne; und siehe, da flossen Tränen von Unterdrückten, die keinen Tröster hatten; und weil die Hand ihrer Unterdrücker so stark war, konnte sie niemand trösten" (Pred. 4,1). Gott sagt, dass Er alle Tränen der Unterdrückten sieht, und dass sie KEINE Tröster haben; und auf der Seite ihrer Unterdrücker ist Macht, aber sie haben KEINE Tröster. Liebe Familie Gottes, wir sind aufgerufen diesen ungeliebten, zerbrochenen bedürftigen und unterdrückten Menschen – insbesondere den schwächeren Gefäßen – Trost zu spenden.

Liebe Schwester, wenn dein Vater kein Gefäß der Liebe Gottes gewesen ist und dein Ehemann kein Gefäß der Liebe Gottes für dich gewesen ist, trifft dich überhaupt keine Schuld. Bitte erhebe dich und nimm deinen Platz als Tochter der Königlichen Familie ein und erlaube deinem himmlischen Bräutigam dich bis zum Äußersten zu lieben! Talita Kumi! Steh auf, kleines Mädchen! Der Tod wird dich nicht länger gefangen halten. Im Namen Jesu Christi breche ich den Geist des Todes von dir ab!

Wie ein Ehemann seiner Frau Liebe zeigen kann

- Eine freundliche Berührung der Zuneigung.
- Ihr Komplimente machen. Es muss kein großes Kompliment sein, es muss nur ein kleines Wort sein, das ihr Wertschätzung zeigt.
- Ihr zeigen, dass du alles, was sie macht, zu schätzen weißt. Frauen sieht man nach 50 oder 60 Jahren ihr Alter an, und wenn sie mehrere Kinder bekommen haben, könnten sie Dehnungsstreifen auf dem Bauch haben, und dann könnte der Ehemann ein jüngeres Mädchen mit flachem Bauch und schöner Haut anfangen wahrzunehmen. Diese Versuchung ist bei Männern weit verbreitet, besonders wenn sie Frauenhass haben. Der Ehemann muss sich entscheiden Mitgefühl zu haben und Dankbarkeit für das kostbare Geschenk, das Gott ihm gegeben hat, sonst wird der Versucher kommen und ihm etwas anbieten was wahrscheinlich seine Sinne anspricht.
- Er schenkt ihr seine Zeit und Aufmerksamkeit und geht manchmal einfach nur mit ihr essen.
- Freundliche Gedanken und nette Worte sind sehr kraftvoll und schaffen eine Atmosphäre der Intimität zwischen einem Paar.
- Bitte den Heiligen Geist dich zu einem einfühlsamen Ehemann für deine Frau zu machen. Viele Ehemänner machen das nicht, und deshalb sind sie überhaupt nicht sensibel.
- Versuche einfach deiner Frau jeden Tag viele kleine

Küsse zu geben.
- Segne sie während des ganzen Tages und besonders in der Nacht.
- Vertraue darauf, dass der Vater durch deine Augen deine Frau anschaut.
- Mache besondere kleine Dinge für sie, die ihr gefallen.
- Hilf ihr bei der Arbeit und lasse sie wissen wie dankbar du für sie bist.
- Sorge dafür, dass sie viel Privatsphäre hat (eigenes Zimmer zum Alleinsein, Büro usw.).
- Bete viel für sie.
- Stelle sicher, dass ihre Kinder ihrer Mutter gegenüber gehorsam sind. Nimm deinen Platz als gottgefälliges Haupt ein.
- Scheue dich nicht, ihr deine Schwächen zu zeigen.
- Entscheidet, dass ihr gemeinsam alt werden wollt und ihr werdet es beide genießen, denn Gott gibt euch alle Dinge zum Genießen!
- Bringe deine Frau niemals, weder privat noch in der Öffentlichkeit, in Verlegenheit!
- Bitten Sie um Verzeihung für harte Worte, von denen du weißt, dass du sie definitiv nicht hättest sagen müssen.

Dies sind ein paar Dinge, die Ehemänner tun können, um ihren Frauen Liebe zu zeigen. Es gibt viele andere Dinge, und ich bin sicher der Herr wird dir einige zeigen, die besonders gut für dich und deine Frau sind.

Nur für Frauen

Ich weiß, dass es viele Schwestern gibt, die dies lesen und die entehrt, missbraucht, verletzt, kontrolliert und von Männern beherrscht worden sind. Es ist sehr wichtig, dass du diesen Männern für das vergibst, was sie dir angetan haben, und dass du sie auch freilässt dafür, wie sie dich als Frau haben fühlen lassen. Es gibt also zwei Dinge: 1. Vergib ihnen für das, was sie dir angetan haben, und 2. lasse sie dafür frei, wie sie dich fühlen ließen, als sie es taten.

Als schwächeres Gefäß hätte man dir das Gefühl geben sollen, dass du geehrt und etwas ganz Besonderes bist. Als Nächstes möchte ich dich ermutigen jedem Urteil, das du über dich selbst oder andere gefällt hast, abzusagen. Urteile sind Rechtsdokumente im Geist, und da wir diejenigen sind, die sie gefällt haben, sind wir auch dafür verantwortlich, dass wir sie vor dem Gericht des Himmels widerrufen.

Ein weiterer wichtiger Bereich von Schmerz sind die vielen Enttäuschungen, die du in deinem Leben erlebt hast. Bitte lasse jeden einzelnen Menschen frei, der dich enttäuscht hat – insbesondere die Menschen, die von Gott in dein Leben gesetzt wurden, um dir ein besonderer Segen zu sein, aber stattdessen eine große Enttäuschung waren. Wenn du harte innere Gefühle gegenüber Gott oder gegenüber Menschen hast, vergib ihnen bitte und lass sie los. Und dann bitte den Vater, diesen Schmerz aus deiner Seele zu nehmen und dich an dieser Stelle mit Frieden und Liebe zu erfüllen.

Wenn dein irdischer Vater dir gegenüber missbräuchlich, dominierend oder kontrollierend war und deine Erinnerungen an seine Anwesenheit nur Gefühle der Angst, der Wut oder des Nicht-Seins/Taubheit sind, dann brauchst du den Segen eines Vaters (s. Buch des Autors *„Den Segen des Vaters verleihen"*). Jeder wahrhaft gottesfürchtige Mann kann dir diesen geben, indem er einfach ein Gefäß für Vater Gott ist und an der Stelle deines irdischen Vaters steht. Wenn dein irdischer Vater noch lebt und dir einen Segen geben möchte, dann bitte ihn darum.

Liebe Schwester, lass nicht zu, dass in deinem Herzen harte Gefühle gegenüber irgendeiner Person fortbestehen. Sie werden dich nur daran hindern deine Berufung und deine Bestimmung in dieser Welt zu erfüllen.

Vater hat große Pläne mit dir. Es ist noch nicht zu spät. Seine Gnade ist reichlich vorhanden, und wenn du mehr Gnade willst, dann musst du mehr Gnade an andere weitergeben.

Ich habe für Tausende von Frauen gebetet, die großen Missbrauch durch Autoritätspersonen erlebt haben, und Jahre später sind sie immer noch nicht in der Lage einer männlichen Autoritätsperson voll zu vertrauen. Bitte den Herrn, durch dich zu lieben und dir zu helfen, gottgefälligen Autoritätspersonen zu vertrauen. Liebe Geliebte, du wurdest als schwächeres Gefäß gemacht, und es ist überhaupt nicht verkehrt ein schwächeres Gefäß zu sein. Es ist eine ganz besondere Ehre, und als Tochter verdienst du größere Ehre von anderen und vom Herrn. Erlaube dem Vater, dich von deinen Wunden zu heilen. Er liebt es, totale Heilung durch

Seinen Sohn Jesus zu bringen! Du brauchst nicht stark zu sein. Und du darfst Fehler machen. An Fehlern ist absolut nichts auszusetzen. Sie offenbaren nur, dass du ein Mensch bist. Wenn du mich jetzt lässt, möchte ich persönlich für dich beten. Bitte Vater Gott, dass Er kommt und jetzt bei dir ist. Dann schau dir langsam jedes Wort an, das ich auf diesen Seiten schreiben werde. Empfange die ganze reine Liebe, die in jedem einzelnen Wort steckt. Stelle dir vor, dass ich genau dort bin und dies im Namen Jesu über dir bete.

Das Gebet:

Lieber Vater, ich komme jetzt mit meiner Schwester in Deine Gegenwart. Danke, dass Du uns in Deiner sehr liebevollen Gegenwart willkommen heißt. Ich danke Dir für meine Schwester, Deine Tochter. Ich danke Dir vielmals. Ich bringe sie in Deine Arme der reinen Liebe. Herr, während ich für Deine Tochter bete, lege bitte Deine Arme ganz sanft und fest um sie. Ich vertrete jeden Mann, besonders wenn er eine Autoritätsperson war oder ist, die Dich sexuell, körperlich, geistig, geistlich oder verbal missbraucht hat. Würdest du, liebe Schwester, mir bitte für sie und für das, was sie dir angetan haben, vergeben? Sie wussten nicht, wie besonders du bist, und sie haben deine Schwäche ausgenutzt. Bitte, wirst du ihnen vergeben für das, was sie getan haben und sie vor allem freilassen für das, was sie dich haben fühlen lassen, als sie dir das angetan haben? Es tut mir leid, dass sie dir das angetan haben. Ich gebe dir jetzt deine Ehre zurück. Bitte nimm deine Ehre zurück. Ich gebe

dir deine Ehre als Mädchen, als Frau, als Tochter, als Mutter und als Ehefrau zurück. Als Autoritätsperson und als Vater, Ehemann, Pastor, Leiter, Bruder heiße ich dich als Frau in der Familie Gottes willkommen. Du wirst im Leib gebraucht, und ich entlasse dich, deine ewige Bestimmung in der Familie des Vaters zu erfüllen.

Lass jeden Menschen frei, der dich jemals in irgendeiner Weise enttäuscht hat – einschließlich dich selbst und sogar Gott. Wir lassen jede Person frei, die dich jemals enttäuscht hat. Ich löse dich von allem Schmerz, Kummer, Leid, Trauer und Tod, und ich bitte dich, Jesus, deine Tochter mit deinem vollkommenen Frieden zu erfüllen.

In diesem Moment nehme ich alle negativen Worte zurück, die ich jemals gegen mich selbst ausgesprochen habe über Dinge, die ich nicht kann; Dinge, die Wort-Flüche in mich als Person bringen. Ich breche mit jedem negativen Wort, das ich jemals über mich, meine Umstände oder meine Beziehungen gesprochen habe und entziehe ihnen meine Zustimmung. Ich bin mit jedem Wort einverstanden, das aus dem Mund Gottes kommt.

Ich lasse dich frei von Angst – vor allem von der Angst, die am Punkt von Trauma hereinkam. Du bist frei. Jeder Gedanke, den du hast, liebe Schwester, ist wichtig und jedes Wort, das du je aussprichst, ist wichtig, weil es von dir kommt und weil du wichtig bist. Du bist kein Missgeschick. Du bist kein Fehler und du bist keine Last. Du bist ein Segen! Vielleicht haben dich deine Eltern nicht gewollt, ABER Gott hat dich gewollt.

Du bist Sein besonderes Geschenk! Ich befreie dich jetzt von aller Schuld, Scham und der Lüge, die besagt, dass du beweisen musst, dass du es verdient hast am Leben zu sein. Ich befreie dich jetzt davon und von all dem Druck, der damit einhergeht. Ich befehle Druck, dich zu verlassen.

Ich entlasse dich in dein Erwachsen-Sein, damit du Entscheidungen treffen kannst, insbesondere in Krisenzeiten. Ich rufe dich in dein wahres Selbst und in deine Bestimmung, damit du deine Aufgabe erfüllen kannst. Ich segne dich im Namen des Vaters und Jesu Christi und des Heiligen Geistes. Ich segne dich, und Vater, ich bitte Dich, Deine reine Ehre und Liebe über Deine kostbare Tochter auszugießen. Ich danke Dir, Vater.

Göttliche Ordnung

In allem, was Gott tut, gibt es eine göttliche Ordnung.

„Alles geschehe anständig und in ***Ordnung****"* (1. Kor. 14,40 KJV übersetzt; Betonung von mir).

„Denn wenn ich auch im Fleisch abwesend bin, so bin ich doch im Geist bei euch und freue mich und sehe eure ***Ordnung*** *und die Standhaftigkeit eures Glaubens an Christus"* (Kol. 2,5 KJV übersetzt; Betonung von mir).

Gott ist ein Gott der Ordnung, und Ordnung ist kein Negativ, sondern ein Positiv. Gott ist ein Geist und in Seinem Sein gibt es Männliches und Weibliches; doch Gott ist weder ein Mann noch eine Frau. Wir finden in der Heiligen Schrift keine Stelle, an der Gott sich selbst als Mutter bezeichnet, aber wir finden Gott, der sich viele, viele Male als Vater bezeichnet. Er sagte ausdrücklich zu Seinen Jüngern, dass sie zu ihrem Vater im Himmel beten sollten. Jesus ist ein Sohn und keine Tochter. Ich glaube fest daran, dass es kein größeres Problem gäbe, sich immer auf unseren Vater im Himmel zu beziehen, wenn die Menschen den Vater so repräsentieren würden, wie Er repräsentiert werden wollte.

In Jesaja 32,2 entdecken wir, dass Männer dazu berufen sind vier verschiedene Segnungen für ihre Familie, Kirche, Arbeit, Stadt und ihre Welt zu sein. *„...und ein Mann wird sein wie ein Bergungsort vor dem Wind und wie ein Schutz vor dem Unwetter, wie Wasserbäche in einer dürren Gegend, wie der Schatten eines mächtigen Felsens in einem erschöpften Land"* (Jes. 32,2). Ein Mann soll sein wie:

1. Ein Bergungsort vor dem Wind.
2. Ein Schutz vor dem Sturm.
3. Flüsse in einem trockenen Land.
4. Der Schatten eines großen Felsens in einer Wüste.

Diese vier Segnungen sprechen von Schutz, Zuflucht, Bedeckung, Erfrischung und Sicherheit. Wenn die Männer leiten, wie Jesus sie leiten lehrte – wie Füße waschen, sich demütigen und in einer Schlacht vorangehen, dann wird diese göttliche Art von Leiter Nachfolger anziehen, anstatt sie abzustoßen. Die Männer müssen aus dem Herzen der Demut heraus zur Leitung zurückkehren, anstatt mit Gewalt und Arroganz zu leiten. Güte macht einen Mann überzeugend und begehrenswert.

„Wer gütig ist, wird von allen geschätzt; man ist besser arm als ein Betrüger“ (Spr. 19,22 HOF).

„Durch Geduld und einen ruhigen Geist kann ein Herrscher überredet werden, und eine weiche und sanfte Zunge bricht den Knochen [des Widerstandes]“ (Spr. 25,15 AMP übersetzt).

Jesus sagte, dass es zwei Haupttugenden gäbe, die alle Menschen von Ihm zu lernen haben, nämlich Sanftmut und Niedrigkeit.

„Nehmt mein Joch auf euch und lernt von mir; denn ich bin sanftmütig und von Herzen demütig, und ihr werdet Ruhe finden für eure Seelen“ (Mt. 11,29 KJV übersetzt).

Wenn ein gottesfürchtiger Leiter in Demut wandelt, wird er Christus in seiner Persönlichkeit manifestieren.

Menschen sind geschaffen, um Leiter zu sein. Daran ist nichts Falsch, und es ist jetzt an der Zeit, dass der gesamte Leib Christi in all seinen Gaben und Fähigkeiten zusammenfließt, so wie der Geist jedes Glied Christi ermächtigt. Lasst uns einige Situationen in der Bibel studieren, die die Wichtigkeit von Ordnung beschreiben.

Barnabas und Saulus

„Als sie nun dem Herrn dienten und fasteten, sprach der Heilige Geist: Sondert mir Barnabas und Saulus aus zu dem Werk, zu dem ich sie berufen habe" (Apg. 13,2)!

Beachte, dass es eine Ordnung in dem gibt, was der Heilige Geist sagte: *„Sondert mir Barnabas und Saulus aus"*. Der Heilige Geist stellte also Barnabas vor Saulus. Wenn wir heute über diese beiden Männer nachdenken, würden die meisten Menschen gerne Paulus und Barnabas sagen. Aber das ist ein Vertauschen der göttlichen Ordnung. Außerdem ist es sehr wahrscheinlich, dass Paulus Erster wurde, weil er der Hauptsprecher war. Aber eine erstaunliche Wahrheit ist: Ich denke nicht, dass Paulus der große Apostel Paulus gewesen wäre, wenn Gott ihm nicht einen Ermutiger namens Barnabas gegeben hätte. Ermutigung ist ein wichtiger Dienst im Leib Christi. Wie Paulus, könnten viele von uns einen Ermutiger wie Barnabas in ihrem Leben sehr nötig haben.

Noah

„Da ging Noah samt seinen Söhnen, seiner Frau und den Frauen seiner Söhne in die Arche vor dem Wasser der Sintflut" (1. Mose 7,7).

Sieh dir die Reihenfolge an: Noah, seine Söhne, seine Frau, die Frauen seiner Söhne.

„An eben diesem Tag war Noah in die Arche gegangen mit Sem, Ham und Japhet, seinen Söhnen, und mit seiner Frau und den drei Frauen seiner Söhne;“ (1. Mose 7,13).

Wir sehen die gleiche Reihenfolge: Noah, seine Söhne, seine Frau und die Frauen seiner Söhne.

„Und im zweiten Monat, am siebenundzwanzigsten Tag des Monats, war die Erde [ganz] trocken geworden. Da redete Gott zu Noah und sprach: Geh aus der Arche, du und deine Frau und deine Söhne und die Frauen deiner Söhne mit dir! Alle Tiere, die bei dir sind, von allem Fleisch: Vögel, Vieh und alles Gewürm, das auf der Erde kriecht, sollen mit dir hinausgehen und sich regen auf der Erde und sollen fruchtbar sein und sich mehren auf der Erde! So ging Noah hinaus samt seinen Söhnen und seiner Frau und den Frauen seiner Söhne. Alle Tiere, alles Gewürm und alle Vögel, alles, was sich regt auf der Erde nach seinen Gattungen, das verließ die Arche“ (1. Mose 8,14-19).

In Vers 16 sagte Gott: „Geh aus der Arche, du und deine Frau und deine Söhne und die Frauen deiner Söhne.“

Dann lesen wir in Vers 18: „So ging Noah hinaus samt seinen Söhnen und seiner Frau und den Frauen seiner Söhne.“

Ist es wichtig, dass wir Gottes Befehl befolgen? Gott sagte Noah in Vers 16, er solle in dieser Reihenfolge aus der Arche gehen: Noah, seine Frau und seine Söhne. Dann sehen wir, dass Noah in einer anderen Reihenfolge aus der Arche kommt: Noah, seine Söhne, seine Frau und die Frauen seiner Söhne. Er kehrte die Reihenfolge Gottes wieder um.

Eine der Bedeutungen von Helfer, oder *ezer*, ist es den Feind zu offenbaren. Gott hat jedem Ehemann eine kostbare Gabe in seiner Frau gegeben, um ihm zu helfen auf dem richtigen Weg zu bleiben und zu erkennen was der Feind tut. Es ist nicht richtig, dass ein Vater seine Söhne über seine Frau stellt. Ich glaube, das ist nicht in Gottes Ordnung. Es gibt eine Ordnung in der Gottheit, und diese göttliche Ordnung war da, weil es bereitwillige Opfer der reinen Liebe gab. Jesus wurde ein Mann und stellte sich selbst bereitwillig unter den Vater. Gott der Sohn wurde ein Menschensohn. Er war und ist immer ganz Gott und ganz Mann. *„denn ein Vorbild habe ich euch gegeben, damit auch ihr so handelt, wie ich an euch gehandelt habe. Wahrlich, wahrlich, ich sage euch: Der Knecht ist nicht größer als sein Herr, noch der Gesandte größer als der ihn gesandt hat. Wenn ihr dies wisst, glückselig seid ihr, wenn ihr es tut*" (Joh. 13,15-17)!

„Ihr habt gehört, dass ich euch sagte: Ich gehe hin, und ich komme zu euch! Wenn ihr mich lieb hättet, so würdet ihr euch freuen, dass ich gesagt habe: Ich gehe zum Vater; denn mein Vater ist ***größer*** *als ich"* (Joh. 14,28; Betonung von mir). Der Sohn hat sich selbst zu nichts gemacht (Phil. 2,7). In anderen Übersetzungen heißt es, dass Jesus Christus Sich selbst entäußerte und Sich „von keinem Ruf" oder zu „gar nichts" machte. Er tat dies freiwillig, aus Unterordnung unter den Vater.

Als Er der Menschensohn wurde, entschied Er sich, obwohl Er göttlich war, Sein ganzes Erdenleben als Mann zu leben und niedriger als Sein Vater zu sein. Deshalb konnte er sagen: Der Vater ist größer als ich. Es ist an der Zeit, dass jeder wiedergeborene Christ diesen Geist in sich sein lässt, der in Christus Jesus war, als Er auf Erden wandelte. Dies ist eine Herzenshaltung von äußerster Demut (siehe mein Buch *Wessen Gesinnung ist in Dir?*).

Dies ist nicht etwas, das uns aufgezwungen wird, sondern etwas, das wir gerne und freudig wählen.

Gott hat sich dafür entschieden, den Vätern einen Platz als Leiter zu geben, und deshalb nannte Sarah ihren Mann Herr. *„Denn so haben sich einst auch die heiligen Frauen geschmückt, die ihre Hoffnung auf Gott setzten und sich ihren Männern unterordneten, wie Sarah dem Abraham gehorchte und ihn „Herr“ nannte. Deren Töchter seid ihr geworden, wenn ihr Gutes tut und euch keinerlei Furcht einjagen lasst“* (1. Petr 3,5.6).

Ein Ehemann kann diese schöne Schriftstelle über Sarahs niedriges Herz nehmen und sie zu seinem Vorteil nutzen, indem er von seiner Frau Unterwerfung verlangt. Das ist eine völlige Verfälschung dieser Wahrheit und an keiner Stelle kann sie in der Bibel bestätigt werden. Stattdessen soll jeder Ehemann, der sich selbst als Haupt und Leiter oder als *„Herr“* wie Abraham sieht, genau das tun, was Jesus Seinen Jüngern aufgetragen hat. *„Ihr nennt mich Meister und Herr und sagt es mit Recht; denn ich bin es auch. Wenn nun ich, der Herr und Meister, euch die Füße gewaschen habe, so sollt auch ihr einander die Füße* *waschen; denn ein Vorbild habe ich euch gegeben, damit auch ihr so handelt, wie ich an euch gehandelt habe"* (Joh. 13,13-15). Möge dieser Ehemann in tiefster Demut als ihr „Herr" bereitwillig und freudig die Füße seiner Frau waschen.

Stolz wird die wahre Bedeutung von Gottes reinem Wort immer beschädigen und verzerren. *„Den Reinen ist alles rein; denen aber, die unrein und ungläubig sind, ist NICHTS rein"* (Titus 1,15 KJV übersetzt). Viele gottesfürchtige Männer haben die Heilige Schrift genommen und sie mit verunreinigten Herzen betrachtet. Ich sage nicht, dass sie die Verunreinigung wollten, aber viele der Übersetzungen waren voreingenommen und sogar frauenfeindlich; und diese unschuldigen Männer Gottes lasen diese Übersetzungen und wurden durch ihre Interpretationen verunreinigt.

Übrigens gibt es viele griechische und hebräische Gelehrte, die ihre eigenen Interpretationen für die Richtigen halten würden. Mit anderen Worten, es gibt viele Meinungsverschiedenheiten über die ursprüngliche und korrekte Bedeutung von Wörtern, so dass wir die ursprüngliche Absicht und Bedeutung eines Wortes nur dann wirklich erkennen können, wenn der Autor (nicht der Gelehrte) uns lehrt. Jesus sagte, der Autor, der Lehrer, der Heilige Geist, wird uns in alle Wahrheit bringen. *„Wenn aber jener kommt, der Geist der Wahrheit, so wird er euch in die ganze Wahrheit leiten; denn er wird nicht aus sich selbst reden, sondern was er hören wird, das wird er reden, und was zukünftig ist, wird er euch verkündigen"* (Joh. 16,13).

Liebe Familie, es ist von äußerster Wichtigkeit, dass die Menschen, die sich selbst mit dem Namen Christi nennen, auch in der gleichen Demut Christi leben. Bitte, lasst uns Gottes Haus wieder in Ordnung bringen! Nun zurück zu Noah.

Offenbar stellte Noah seine Söhne über seine Frau. Schließlich beging sein Sohn Ham eine böse, unmoralische Tat, die dazu führte, dass er und seine Nachkommen verflucht wurden (1. Mose 9,22-25). Ein weiteres Beispiel ist Eli, der seine Söhne über Gott stellte; er verlor beide durch einen frühen Tod, weil sie von Gott gerichtet wurden (1. Sam. 3,13-14). Gott tut die Dinge so, wie Er es will und alles, was Er tut, geschieht in vollkommener Ordnung und zum richtigen Zeitpunkt.

„Wie einen, den seine Mutter tröstet, so will ich euch trösten; ja, in Jerusalem sollt ihr ***getröstet*** *werden"* (Jes. 66,13; Betonung von mir)!

Jehova sagte, so wie eine Mutter ihre Kinder tröstet, so möchte ich euch in Jerusalem trösten. Dies ist eine weitere Demonstration von Gottes Ordnung. Tröstet eine Mutter ihre Kinder genauso wie ein Vater sie tröstet? Nein! Ein kleiner Junge hat sich sein Knie schlimm verletzt, und sein Vater sieht ihn und sagt: „Komm, steh auf, alles gut!" Aber der kleine Junge fällt schlimm hin und rennt sofort weinend zur Mama. Warum? Weil er weiß, dass Mama ihn umarmen, küssen, verwöhnen und lieben wird.

Eine Mutter wird ihre Kinder nie so trösten, wie es ein Vater tut, und ein Vater wird seine Kinder nie so trösten, wie es eine Mutter tut. Der Mann hat eine bestimmte Rolle zu erfüllen und die Frau ebenfalls. Ein Vater wird seine Kinder bestätigen und ins Leben rufen, und nur er kann ihr Geschlecht bestätigen. Eine Mutter wird ihre Kinder trösten, ernähren und ihren Kindern einen Ruheplatz in ihren Armen bieten. Gott hat beide Elternteile verschieden gemacht, damit jeder von ihnen seine einzigartige Rolle, Aufgaben und Verantwortung erfüllen kann.

Die männliche Stimme wird dem Mann gegeben, damit er die Stimme von Vater Gott repräsentieren und seine Kinder in ihre Identität und ihren Lebenszweck rufen kann. Gott will als Vater bekannt sein. Wenn wir verstehen würden, was ein Vater ist, würde dies enorm dabei helfen Gott als Vater zu würdigen.

Der Vater ist das stärkere und die Frau das schwächere Gefäß. Schwächer ist nicht geringer; schwächer ist die Art und Weise, wie sie gemacht wird. Es gibt Dinge, mit denen der Vater etwas besser umgehen kann als die Mutter. Es gibt Dinge, mit denen die Mutter etwas besser umgehen kann als der Vater.

Ein Vater sollte ein Versorger, ein Ratgeber sein, zu dem ein Kind aufschaut, um einen Sinn im Leben zu finden. Er ist derjenige, der die Kinder korrigiert und für ihre Erziehung sorgt. Der Vater nimmt uns auch gerne wieder auf, wenn wir auf Abwege geraten sind, genau wie der Vater des verlorenen Sohnes.

Gott wird gerne Vater genannt – in den Evangelien gibt Jesus über 150 Hinweise auf Gott als Vater. Dies war der Lieblingsname, mit dem Jesus Gott benannte, und offenbar ist es auch der Lieblingsname mit dem Gott Vater genannt werden mag.

Möchte ich, lieber Leser, richtig liegen? Hoffentlich, ja! Ok, was bedeutet es im Recht zu sein? Bedeutet es, dass ich die richtige Lehre habe? Dachten die Pharisäer, dass sie die richtigen Lehren haben? Auf jeden Fall! Aber, hatten sie diese? Was bedeutet es also im Recht zu sein?

Habe ich Recht, weil meine Meinung in einer bestimmten Angelegenheit richtig ist? Wenn ich mir Gedanken darüber mache, was meine Mathematiklehrerin über mich denkt, dann sollte ich mich auf ihre Standards und ihre Anweisungen konzentrieren und ich sollte ihre Methoden kennen. Was aber, wenn ich mir Gedanken um den Herrn des Universums mache? Hat Er andere Maßstäbe und andere Wege als irdische Eltern, Arbeitgeber oder Vorgesetzte? Das ist die wichtigste Frage, die ich mir stellen muss.

Lasst uns Gottes ewige Wege betrachten.

1. **Der Uralte Pfad** ist der ewige Pfad Seines niedrigen Herzens. Dieser Pfad führt direkt in das innere Herz des Vaters. Alles, was ich tue, sollte dieser Demut des Lammes entsprechen (Bitte lies Jeremia 6,16; 18,14-16; Matthäus 11,28-29; und Johannes 1,18).
2. **Mein Leben zur Ehre Gottes leben.** Ich sollte alles, was ich tue, dem Herrn und nicht den Menschen tun. Deshalb sollte meine Herzenseinstellung immer sein: „Vater, gefällt dir das?“ Was immer ich zur Ehre Gottes mache, hat ewige Bedeutung und was ich für mein eigenes

Image und meinen eigenen Ruf tue, hat keinerlei Bedeutung (Bitte lies 1. Korinther 10,31; Kolosser 3,23-24; und Lukas 16,15).

3. **Ein Gefäß für reine Liebe sein.** Alles was ich tue, das nicht aus dem Herzen Gottes in reiner Liebe kommt, hat für Gott keine Bedeutung. *„Lasset alle eure Dinge mit Liebe geschehen"* (1. Kor. 16,14). *„Wenn ich in den Zungen der Menschen und der Engel spreche, aber keine Liebe habe,* ***bin ich ein lauter*** *Gong oder ein klirrendes Becken. Und wenn ich prophetische Kräfte habe und alle Geheimnisse und alles Wissen verstehe und wenn ich allen Glauben habe, so dass ich Berge versetzen kann, aber keine Liebe habe, dann bin ich nichts. Wenn ich alles, was ich habe, weggebe, und wenn ich meinen Leib der Verbrennung übergebe, aber keine Liebe habe, so* **gewinne ich nichts***"* (1. Kor. 13,2-3 ESV übersetzt; Betonung von mir). Der Vater sagt: Mein Leben hat überhaupt keinen Wert, wenn ich der beste, genaueste Theologe, der beste Bibelforscher und Lehrer bin, aber nicht in der Liebe Gottes wandle.

4. **Mein Leben soll ein Segen für die Welt sein.** *„Joram war 32 Jahre alt, als er König wurde, und er regierte 8 Jahre lang in Jerusalem"* (2. Chr. 21,5). *„Mit 32 Jahren war er König geworden, und er regierte 8 Jahre lang in Jerusalem. Und er ging dahin, ohne bedauert zu werden"* (2. Chr. 21,20).

Dieser Mann war acht Jahre lang ein König in der Blüte seines Lebens; er starb im Alter von 40 Jahren, und Gott sagte, dass es niemandem leidtat. Eine andere Version sagt, „zu niemandes Leid“. Eine andere sagt: „Niemand vergoss eine Träne“. Hier ist ein Mann, ein König, der die Möglichkeit hatte Hunderttausende von Leben auf der ganzen Welt zu beeinflussen, indem er ein Segen war – aber er hatte nicht auf einzige Person in der ganzen Welt eine positive Auswirkung. Wie sehr traurig das ist! Interessanterweise wirst du, wenn du sein Leben studierst, entdecken, dass er ein egoistischer Mann war, der nur darüber nachdachte, wie er sein eigenes Königreich voranbringen könnte.

Im Gegensatz dazu haben wir in Apostelgeschichte 9,36-39 eine gewöhnliche Gläubige namens Dorcas oder Tabitha.

> *„Nun gab es in Joppe eine Jüngerin namens Tabitha, was übersetzt Dorcas bedeutet. Sie war voller guter Werke und Taten der Nächstenliebe. In jenen Tagen wurde sie krank und starb, und als sie sie gewaschen hatten, legten sie sie in ein Obergemach. Da Lydda in der Nähe von Joppe war, schickten die Jünger, als sie hörten, dass Petrus dort war, zwei Männer zu ihm und baten ihn: „Bitte komm sofort zu uns.“ Da stand Petrus auf und ging mit ihnen. Und als er ankam, brachten sie ihn in den oberen Raum. Alle Witwen standen weinend neben ihm und zeigten ihm Tuniken und andere Kleidungsstücke, die Dorcas angefertigt hatte, während sie bei ihnen war.“*

Diese liebe Schwester war wahrscheinlich eine gewöhnliche, ältere, sanft aussehende Frau, die nur einen Wunsch hatte, nämlich ein Segen für andere zu sein. Nichts Radikales oder Extremes, nur der Wunsch, ein Segen für die Welt zu sein. In der Geschichte heißt es, dass jede einzelne Witwe weinte, als sie starb, weil Dorcas nicht da sein würde, um das Licht und die Liebe Christi zu scheinen. Diese verwitwete Frau hatte einen solchen Einfluss auf all diese Menschen, einfach nur dadurch, dass sie andere liebte. Ist mein Leben ein Segen für andere oder achte ich nur auf mich selbst?

5. **Setze ich Sein Königreich an die erste Stelle in meinem Leben?** In Matthäus 6,33 heißt es: *„Sucht zuerst sein Reich und seine Gerechtigkeit, und das alles wird euch hinzugefügt werden."* Fälle ich Entscheidungen für die Förderung Seines glorreichen Reiches oder betreffen meine Entscheidungen nur meine Familie und mich selbst? Wenn ein Mensch möchte, dass Gottes Königreich auf Erden so kommt, wie es im Himmel ist, dann wünscht er sich, dass der König in ihm und in seinen Situationen regiert. Das Evangelium vom Königreich bringt die Kraft mit sich, Nationen zu verändern, angefangen bei Einzelpersonen, dann in Familien und dann in der Gesellschaft. Diese fünf Faktoren sind für den Herrn ausschlaggebend dafür, ob eine Person in den Augen Gottes recht ist.

Paulus sagte einmal: *„Ich weiß und bin überzeugt in dem Herrn Jesus, dass nichts an und für sich unrein ist; sondern es ist nur für den unrein, der etwas für unrein hält"* (Röm. 14,14). Paulus wusste, dass nichts von sich aus unrein ist, weil der Herr Jesus ihn selbst davon überzeugt hat, dass dies wahr ist. Auch wenn Paulus in seinem Denken absolut richtig lag und in Gottes Augen Recht hatte, würde Paulus dennoch seinen Bruder zerstören, wenn Paulus dieses „richtige" Ding tut, aber ein Bruder dadurch verunreinigt wird. *„So aber dein Bruder um deiner Speise willen betrübt wird, so wandelst du schon nicht nach der Liebe. Verderbe den nicht mit deiner Speise, um welches willen Christus gestorben ist. Darum schaffet, dass euer Schatz nicht verlästert werde"* (Röm. 14,15-16 LUTH1545). Was macht ein Kind Gottes in den Augen des Vaters recht? Ist es die richtige Theologie? Paulus hatte die richtige Theologie, weil Jesus selbst Paulus davon überzeugt hatte, dass nichts unrein ist. Dennoch wäre Paulus in Gottes Augen sehr verkehrt gewesen, wenn er in dem Wissen gegessen hätte, dass er theologisch recht hatte. Wir sprechen in Paulus Fall von einem Bruder, und Vater ist sehr besorgt darüber, wie Brüder miteinander umgehen. Und Er ist äußerst besorgt darüber, wie Brüder mit Schwestern umgehen.

„Und der HERR sprach zu Kain: Wo ist dein Bruder Abel? Und er sagte: Ich weiß es nicht: Bin ich der Hüter meines Bruders" (1. Mose 4,9 KJV übersetzt)?

Wo ist dein Bruder Kain? Johannes sagte, Kain sei von dem Bösen; und es war Kain, der sagte: „Bin ich der Hüter meines Bruders?"

„Nicht wie Kain, der von dem Bösen war“ (1. Joh. 3,12a KJV übersetzt).

Mein Bruder und meine Schwester, ich glaube, die verborgenen Herzenshaltungen geben eine Antwort auf die Frage: *Habe ich Recht?* Das ist es, worauf der Herr immer schaut, auf das Herz, und so trifft Er Seine Entscheidungen über richtig und falsch.

„Aber der Herr sprach zu Samuel: Schaue nicht auf sein Aussehen, noch auf seinen hohen Wuchs, denn ich habe ihn verworfen! Denn [der Herr] sieht nicht auf das, worauf der Mensch sieht; denn der Mensch sieht auf das, was vor Augen ist, der Herr aber sieht das ***Herz*** *an“* (1. Sam 16,7; Betonung von mir)!

„Und nachdem er ihn abgesetzt hatte, erweckte er ihnen David zum König, von dem er auch Zeugnis gab und sprach: ‚Ich habe David gefunden, den Sohn des Isai, einen Mann nach meinem ***Herzen****, der allen meinen Willen tun wird‘“* (Apg. 13,22 KJV übersetzt; Betonung von mir).

Gott fand in David einen Mann nach Seinem eigenen Herzen, der alles tun würde, was Gott gefiel. Das ist eine erstaunliche Aussage Gottes über David, denn wir wissen von bestimmten Sünden, die David begangen hat, und von denen uns David selbst erzählt, bis zu dem Maß, dass er ein Lied über sein sündiges Herz schrieb und dann den Chorleiter bat, den Menschen sein Lied beizubringen (siehe Psalm 51)! Wie ist es also möglich, dass ein Heiliger Gott so kostbare Gedanken über David denken kann? Ich glaube fest daran, es war Davids Haltung gegenüber all seinen für den Herrn betrüblichen Taten. Wir finden, dass

David immer wieder von seinen „stinkenden Wunden“ spricht, seine Missetat bekennt und seine Sünden bereut (Ps. 38,5+18; 32,2-4).

Ich wiederhole noch einmal, dass die Erde stöhnt und bebt, weil sie in Geburtswehen liegt für die Erfahrung der reinen Liebe und Heiligkeit des Schöpfers in Seiner Schöpfung.

„Und einer rief dem anderen zu und sprach: Heilig, heilig, heilig ist der Herr der Heerscharen; die ganze Erde ist erfüllt von seiner Herrlichkeit“ (Jes. 6,3)! Die ganze Erde ist voll Seiner Herrlichkeit, und während die Seraphime es erblicken, ist ihr einziger Schrei: Heilig! Heilig! Heilig! Aber Gott sagt, wenn Sein Volk, das nach Seinem heiligen Namen gerufen ist, seine stolzen Herzen demütigt und sich von seinen bösen Wegen abwendet, dann wird Er unser Land heilen. Unsere Erde wird durch Demut und Buße wieder zu ihrer ursprünglichen Bestimmung zurückgeführt werden.

Alle Formen des Hasses lassen die Erde nach Gerechtigkeit erbeben und zittern. Das vergossene Blut der Unschuldigen schreit nach Gerechtigkeit. Aber die phänomenale Nachricht von unserem Herrn und Erlöser ist, dass Er Gerechtigkeit auf dieser ganzen Erde aufgerichtet hat, und Seine Gerechtigkeit ist das Gesetz der Barmherzigkeit. Jesus Christus hat Gerechtigkeit auf der Erde aufgerichtet, indem er Sein reines und heiliges Blut vergossen hat, um die Menschheit zu erlösen und die Verlorenen zu ihrem Vater im Himmel zurückzubringen. Jesus sagte, dass Er Seine Ekklesia bauen wird, und dass

Er Seinem Leib die Schlüssel zum Königreich gibt. Einer der größten und mächtigsten Schlüssel, um die Tür zum Königreich zu öffnen, ist die Macht, Menschen von der Gewalt ihrer Sünden zu befreien, indem wir ihre Sünden im Namen Jesu Christi erlassen.

Schlüssel öffnen und schließen Türen, Geliebte. Wir haben die Schlüssel, um die Tür zum Himmel zu öffnen und zu schließen. Es gibt so viele Menschen, die in den Grabbinden des Todes gefesselt sind. Jesus hat das prophetische Wort gegeben: „Bindet sie los!" Lösen wir sie oder entscheiden wir uns dafür, sie in ihren Gewändern des Todes, der Sünde und der Ungerechtigkeit gefesselt zu lassen? Talita Kumi! Erhebt euch, meine Kleinen und geht hinaus in das Königreich. Nehmt euren Platz im Königreich ein. Wenn wir erst einmal von unserem Grabgewändern befreit sind, dann können wir das Wort des Herrn anderen auf der ganzen Welt verkünden: *Talita Kumi*!

„Jesus spricht zu ihr: Habe ich dir nicht gesagt: Wenn du glaubst, wirst du die Herrlichkeit Gottes sehen? Da hoben sie den Stein weg, wo der Verstorbene lag. Jesus aber hob die Augen empor und sprach: Vater, ich danke dir, dass du mich erhört hast. Ich aber weiß, dass du mich allezeit erhörst; doch um der umstehenden Menge willen habe ich es gesagt, damit sie glauben, dass du mich gesandt hast. Und als er dies gesagt hatte, rief er mit lauter Stimme: Lazarus, komm heraus! Und der Verstorbemene kam heraus, an Händen und Füßen mit Grabtüchern umwickelt und sein Angesicht mit einem Schweißtuch umhüllt. Jesus spricht zu ihnen: ***Bindet ihn los und lasst ihn gehen****"*

(Joh. 11,40-44; Betonung von mir)! Binde sie los, Geliebte, lass sie gehen. Ganz gleich, was sie dir angetan haben, lass sie gehen. Sie wussten nicht, was sie taten. Sie waren ein Gefäß des Hasses, und nun **lasst uns ein Gefäß der Liebe sein** im Namen unseres Vaters, der im Himmel ist.

Möge das Herz des Vaters zufrieden sein, wenn Er die Frucht Seiner eigenen vollkommenen Liebe in Seiner Familie sieht.

Zusammenfassung

Diese letzten Seiten werden eine sehr kurze Zusammenfassung des gesamten Buchinhalts sein. Zunächst einmal hatte ich keine Ahnung, wie revolutionär das Schreiben dieses Buches sein würde und wie es mich persönlich treffen würde. Ich war nicht bereit für das, was mir beim Schreiben dieses Buches begegnen würde. Ich bin sehr vertraut mit der Natur geistlicher Kriegsführung, aber was ich während des Schreibens dieses Buches erlebte, ging über jede von mir zuvor erfahrende Form von geistlichem Krieg weit hinaus. Das Dämonenreich wollte nicht, dass dieses Buch geschrieben wird. Durch gewaltiges Gebet von Menschen auf der ganzen Welt und gewaltiges Hineindrängen in den Geist wurde das Buch vollendet.

In diesem Buch geht es in erster Linie um das wahre Ebenbild Gottes und um die Notwendigkeit, dass Sein gesamtes und vollständiges Ebenbild auf Erden wiederhergestellt wird. Während des gesamten Buches haben wir uns mit Bibelübersetzungen befasst, die dazu benutzt wurden viele Menschen zu verwirren und zu verunreinigen, damit sie Dinge über Gott denken, die einfach nicht wahr sind. Das Herz Gottes für das Weibliche ist mit dem Mitgefühl eines fürsorglichen und sanften

Vaters erfüllt. Er hat eine intensive, reine, bedeckende Liebe für alle Seine Töchter. Viele Tausende von Malen habe ich die Liebe und Fürsorge des Vaters für Seine Töchter und ihren Schmerz gespürt. Schmerz aufgrund des Missbrauchs durch Personen, die sie hätten beschützen, bedecken und wertschätzen sollen. Ich ermutige alle sehr, dieses Buch nochmals zu lesen und danach wieder, bis du, liebe Leserin und lieber Leser, die Reinheit der Liebe von Vater Gott zu dir schmecken kannst.

In den über 35 Jahren meines Dienstes bin ich vielen Tausenden von zerstoßenen (Schilf-)Rohren begegnet, die der Vater nicht zerbrechen wollte. *„das **zerstoßene Rohr** wird er nicht zerbrechen, und den glimmenden Docht wird er nicht auslöschen, bis daß er ausführe das Gericht zum Sieg;"* (Mt. 12,20; Betonung von mir). Er wird nicht aufhören, bis Er das ganze Gericht zum Sieg geführt hat. Genau das, was benutzt wurde, um uns zu richten und zu verurteilen, ist jetzt Teil unseres siegreichen Lebens.

Der Sieg, den Jesus am Kreuz errungen hat, besteht darin, die Menschen ganz zu machen. Der Prophet Jesaja sagte, dass wir durch Seine Striemen geheilt wurden. Ein Mensch der ganz (heil) ist, kann seine Berufung erfüllen und in seinem wahren Selbst wandeln. Die Welt ist verwirrt über Männlichkeit und Weiblichkeit, weil es so viele Individuen gibt, die zersplittert und verwundet sind und in ihrem falschen statt in ihrem wahren Selbst wandeln. Das gefallene Männliche und Weibliche wird Menschen verletzen, verwirren und verunreinigen. Die Welt versteht einander nicht, weil verwundete Menschen andere verletzen und weil Angst die Liebe in unseren Gemeinschaften ersetzt hat.

Wenn ich verwundet bin, dann werde ich wahrscheinlich andere verwunden, und wenn ich verunreinigt bin, dann werde ich wahrscheinlich andere verunreinigen, und wenn ich geheilt und ganz bin, dann werde ich anderen Heilung bringen. Nach dem Fall im Garten geriet die Menschheit in einen Zustand der Sünde, der ein Zustand der Selbstsucht ist; und die Liebe, die sich nach außen an alle Geschöpfe wenden sollte, hat sich nun nach innen dem Selbst zugewandt. Mit dieser introvertierten Liebe kam ein großer Bedarf nach einer Umkehr der Menschheit auf, damit sich die Liebe wiederum nach außen auf die Welt richten kann.

Deshalb wird bei der Wiedergeburt eines Menschen der Same Gottes mit Seiner DNA in das menschliche Herz gepflanzt, und reine Liebe ist nun die neue Natur in Christus. Im neuen Reich Christi beginnt nun eine Selbstlosigkeit die Menschen Gott und ihren Mitgeschöpfen zuzuwenden. Ganz am Anfang pflanzte Satan seine Natur des Hasses in Kain ein, der dann seinen Bruder Abel ermordete. Jeder Hass hat seinen Ursprung in dem Bösen. Und alle reine Liebe hat ihren Ursprung in dem Heiligen.

Im Laufe dieses Buches haben wir untersucht, wie Stolz, Hass auf Schwachheit und Frauenhass die Theologie und die Auslegung der Heiligen Schrift verunreinigt haben. Wenn die Verunreinigung nicht aus dem Herzen eines Menschen entfernt worden ist, wird sie die Art und Weise, wie er das Leben, die Menschen und bestimmte

Aussagen interpretiert, beschmutzen. Titus sagte, dass für die Verunreinigten nichts rein ist (Titus 1,15b).

Das Missverstehen wichtiger Wahrheiten, z.B. dessen, was Gott zu Eva sprach, nachdem sie von dem Bösen getäuscht worden war, kann zu einem größeren Missverstehen von Liebe und der lebenswichtigen Notwendigkeit von Ehre und Liebe für alle Menschen führen, insbesondere für die schwächeren Gefäße. Wenn ich als Mann glaube, dass Vater Gott Eva verflucht und allen Frauen verboten hat, in einem Gebäude zu sprechen und ihnen befohlen hat still zu sein, dann würde dies mein Verständnis davon blockieren, wie wichtig es für Gott ist, freundlich, rücksichtsvoll und mitfühlend zu sein. Ich muss zugeben, dass es für mich sehr schwierig war, da ich durch den Geist den verborgenen Frauenhass in vielen der Übersetzungen wahrgenommen habe. Die Vorurteile gegenüber Frauen waren manchmal sehr frustrierend und für mich fast unglaublich. Diese Dinge sind sehr leicht zu beweisen und zu untersuchen. Immer und immer wieder hat der kostbare Heilige Geist zu meinem Herzen und meinem Denken gesprochen, während Er mir die Wahrheit deutlich offenbarte. Zu diesem Zeitpunkt in der Geschichte macht sich die Braut Christi bereit, und sie wird mit ihrem Geliebten eine strahlende Armee von Kriegern sein. Diese Endzeit-Armee/Braut wird die gesamte Ganzheit ihres Herrn offenbar machen, während sie den Feind besiegt.

Eine weitere sehr interessante Beobachtung aus vielen Jahren des Dienstes ist folgende: Väter, die bestimmte

Lehren hervorheben, die sich mit äußerlichen religiösen Handlungen befassen, wie z.B. Kopfbedeckungen, wie nicht sprechen oder lehren, wie bestimmte Arten von Kleidung als die erforderliche Kleidung für alle usw., konzentrieren sich NICHT auf die absolute Notwendigkeit, immer in reiner Liebe zu wandeln. Stelle dir als Beispiel dafür einen Vater vor, der seine Tochter dafür korrigiert, dass sie keine Kopfbedeckung trägt, aber absolut nichts tut, wenn ihr Bruder sie missbraucht, manipuliert und kontrolliert. Wenn wir uns dafür entscheiden, die Betonung auf das Äußere zu legen, dann können und werden wir nicht die absolute Betonung auf das Innere legen. Es ist entweder das eine oder das andere.

In diesem ganzen Schriftstück wird gezeigt, dass viele Frauen und Mädchen Angst haben, in der Gemeinde und zu Hause zu sprechen, und tief in ihrem Inneren fühlen sie sich den Männern in der Welt unterlegen.

Ein Großteil der weltweiten Gesellschaft glaubt, dass Frauen den Männern unterlegen sind, und als Folge dieses Glaubens leiden Frauen unter vielen verschiedenen Formen des Missbrauchs. Gleichzeitig gibt es feministische Bewegungen, die Gott nur sehr ungern mit einem Namen wie Vater bezeichnen. Ich wiederhole noch einmal, dass es an der Zeit ist, ganz (heil) zu werden und als Söhne und Töchter des Allerhöchsten Gottes zu wandeln. Männer müssen das väterliche, männliche Herz Gottes offenbaren, das von aller Güte und Barmherzigkeit erfüllt ist, und Frauen müssen das nährende, tröstende, zärtliche, mütterliche Herz Gottes offenbaren. Möge der ganze Leib

Christi auf Erden Seine Stärke reiner Liebe aufnehmen, um jeden Feind zu besiegen und Sein Königreich auf die Erde zu bringen. Liebe Leserin und lieber Leser, mögest du von der Hoffnung erneuert und vom Licht verwandelt werden. Mögest du dich der Bewegung der **neuen Art** namens Ekklesia anschließen – dem Leib des Sohnes Gottes – um die große Liebe und das Mitgefühl des Vaters zu offenbaren.

Wenn wir in Liebe wandeln, gibt es keinen Grund für uns, zu stolpern (1. Johannes 2,10).

Wenn wir in Liebe wandeln, wird uns die Finsternis niemals überwinden (Johannes 1,5).

Wenn wir in Liebe wandeln, bleibt Gott in uns (1. Johannes 4,12).

Wenn wir in Liebe wandeln, werden wir nie versagen, denn die Liebe versagt niemals (1. Korinther 13,8).

Wenn wir in Liebe wandeln, sind wir der lebendige Beweis dafür, dass wir Seine wahren Jünger sind (Johannes 13,35).

Wenn wir in Liebe wandeln, erfüllen wir all das, was Gott von uns verlangt (Römer 13,8).

Wenn wir in Liebe leben, fühlen wir niemals, dass unser Leben verschwendet wurde.

Seit 1980 trage ich ein Bild von Marie und mir an unserem Hochzeitstag bei mir. Warum habe ich dieses Bild all die Jahre mit mir herumgetragen? Die Antwort auf diese Frage ist das Geheimnis einer fantastischen Ehe, einer fantastischen Kirche, einer fantastischen Familie und einer fantastischen Welt; und nicht zuletzt einer fantastischen Theologie: LIEBE. Ich liebe meine Frau und sie liebt mich. Das ist das ewige Geheimnis, in die Tiefen Gottes einzutreten.

In den Banden der Liebe von Golgatha,
Dein Bruder Greg Violi

1980

2018 – immer noch verliebt!

Endnoten

Kapitel 1

[1] Karl Stern, *The Flight of Woman*, Introduction, Reprint edition, Paragon House, 1985, USA.

Kapitel 2

[1] Bessel van der Kolk, *The Body Keeps The Score: Mind, Brain and Body in the Transformation of Trauma*, Penguin Random House, 2015, UK, pp. 105–108

Kapitel 3

[1] Conrad Baars and Dr. Anna Terruwe, *Healing the Unaffirmed: Recognizing Emotional Deprivation Disorder*, Alba House, 2002 revised updated edition, USA.

[2] Greg Violi, *Finding Father, Finding Wholeness*, Überwinder Verlag, 2016, Germany.

[3] Shared Hope International, *"Why So Young? – Why the average age a child is first exploited through prostitution is 13"*, https://sharedhope.org/2011/03/11/why-so-young-why-the-average-age-a-child-is-first-exploited-through-prostitution-is-13/

[4] Susan Hunter and K.C. Reid, *Speech* at National Coalition against Sexual Assault, 1990.

[5] Melissa Farley, PhD and Emily Butler, *Prostitution and Trafficking - Quick Facts*, Prostitution Research & Education 2012, online article.

[6] Jonathan Welton, *Eyes Of Honor, Training for Purity & Righteousness*, pages 211 and 212, 2012, Destiny Image Publishers, USA.

[7] Charisma News, *"Female Genital Mutilation Now a Stark Reality in America"*, Nov. 2015, https://www.charismanews.com/world/53268-female-genital-mutilation-now-stark-reality-in-america

Kapitel 4
[1] Hugh B. Black, *A Trumpet Call To Women*, page 29, 1988, New Dawn Books, UK.
[2] Loren Cunningham, David Joel Hamilton with Janice Rogers, *WHY NOT WOMEN?* 2000, YWAM Publishing, USA, pp. 73,74, 77.
[3] Bob Edwards, "THE ORIGINS OF SEXISM IN THE CHURCH: JOHN CALVIN (theologian and Bible commentator, 16th century AD), https://juniaproject.com/origins-sexism-church/
[4] Loren Cunningham, David Joel Hamilton with Janice Rogers,, *Why Not Women?* 2000, YWAM Publishing, USA, p. 87.
[5] John Eckhardt, *The Invisible King and His Kingdom*, Charisma House, USA, p. 154.
[6] Loren Cunningham, David Joel Hamilton with Janice Rogers,, *WHY NOT WOMEN?* 2000, YWAM Publishing, USA, pp. 103, 105f.
[7] www.womenpriests.org, *St. Augustine, Questions on the Heptateuch*, Book I, § 153, online article.
[8] Bob Edwards, "THE ORIGINS OF SEXISM IN THE CHURCH: JOHN CALVIN (theologian and Bible commentator, 16th century AD), https://juniaproject.com/origins-sexism-church/

Kapitel 5
[1, 3, 4, 5, 6] Katharine C. Bushnell, *God's Word to Women*, p. 109–113; 116–119, 2016, Crowning Educational, UK.
[2] Paul Isaac Hershon, *Genesis: With A Talmudic Commentary*, 1883, London, Samuel Bagster.

Kapitel 6
[1] John Temple Bristow, *What Paul REALLY Said About Women*, p. 84, 1988, HarperCollins Publishers, USA.

[2] Jessie Penn-Lewis, *The Magna Charta Of Woman*, 1975, Dimension Books, Bethany Fellowship, Inc., USA, p. 36.
[3] Katharine C. Bushnell, *God's Word to Women*, p. 169, 2016, Crowning Educational, UK.
[4] John Temple Bristow, *What Paul REALLY Said About Women*, p. 87, 1988, HarperCollins Publishers, USA.
[5] Bob Edwards, *"Lifting the Veil of Patriarchal Bias in Bible Translation,"* 2018, https://www.egalmag.com/post/lifting-the-veil-of-patriarchal-bias-in-bible-translation-by-bob-edwards.
[6] Katharine C. Bushnell, *God's Word to Women*, p. 172, 2016, Crowning Educational, UK.
[7] Ibid. p. 172.

Kapitel 7

[1] Johann Friedrich Schleusner., *Novum lexicon Graeco-Latinum in Novum Testamentum*, 1972.
[2] Loren Cunningham, David Joel Hamilton with Janice Rogers, *Why Not Women?* 2000, YWAM Publishing, USA, p. 212f.
[3] Ibid. p. 215f.
[4] Ibid. p. 217f.

Kapitel 8

[1] John Temple Bristow, *What Paul REALLY Said About Women*, p. 84, 1988, HarperCollins Publishers, USA, p. 36ff.

Kapitel 10

[1] Dr. Margaret J. Rinck, *Christian Men Who Hate Women*, 1990, Zondervan, USA, p. 22.
[2] Jeff Crippen with Rebecca Davis, *Unholy Charade: Unmasking the Domestic Abuser in the Church*, 2015, Justice Keepers Publishing, USA, p. 11.
[3] Jeff Crippen and Anna Wood, *A Cry For Justice: How the Evil of Domestic Abuse Hides in Your Church!*, 2012, Calvary Press Publishing, USA, p. 11.

Kapitel 11

[1] Greg Violi, *Finding Father, Finding Wholeness*, 2016, Überwinder Verlag, Germany, p. 40ff.

[2] Ibid. p. 46ff.

Kapitel 13

[1] Leonard J. Swidler, *Women in Judaism: The Status of Women in Formative Judaism*, 1976, Scarecrow Press, USA.

Kapitel 14

[1] Ruth A Tucker and Walter Liefeld, *Daughters of the Church*, 1987, Zondervan Publishing House, USA.

[2] Dee Alei, "From Bondage to Blessing," God's Word to Women (website).

[3] Leif Hetland, "God's Redemptive Plan For Women," 2019, https://globalmissionawareness.com/ep-59-sons-and-daughters-of-inheritance/

Kapitel 15

[1] Wijngaards Institute For Catholic Research (WOMEN CAN BE PRIESTS), *"Augustine, 354-430 A.D."* http://www.womenpriests.org/traditio/august.asp

[2] Angela Brown, *When Battered Women Kill*, p.164-65 (1987) and Deborah Epstein, *Effective Intervention in Domestic Violence Cases: Rethinking the Roles of Prosecutors, Judges, and the Court System*, Yale J.L. & Feminism 3 (1999)

[3] Ibid.

[4] Thomas Verny, MD and John Kelly, *The Secret Life of the Unborn Child: How you Can Prepare Your Baby for a Healthy Life*, 1982, Reprint Edition, Dell, USA.

[5] Phyllis Alsdurf, "The Church and the Abuse of Women", The Priscilla Papers, CBE International, https://www.cbeinternational.org/resources/article/priscilla-papers/church-and-abuse-women

[6] Terry Davidson, *Conjugal Crime: Understanding and Changing the Wife Beating Pattern*, 1980, Ballantine Books, USA.

[7] Steven Tracy, *Mending the Soul: Understanding and Healing Abuse*, 2008, Zondervan, USA.

[8] Jeff Crippen with Rebecca Davis, *Unholy Charade: Unmasking the Domestic Abuser in the Church*, 2015, Justice Keepers Publishing, USA, p. 11.

[9] Bernadine Tillman., *A Woman's Place*, 2000, self-published.

[10] HeartMath Institute, https://www.heartmath.org

[11] Phyllis Alsdurf, "The Church and the Abuse of Women", The Priscilla Papers, CBE International, https://www.cbeinternational.org/resources/article/priscilla-papers/church-and-abuse-women

[12] Terry Davidson, *Conjugal Crime: Understanding and Changing the Wife Beating Pattern*, 1980, Ballantine Books, USA.

[13] Women's Aid, *"Domestic abuse is a gendered crime"*, https://www.womensaid.org.uk/information-support/what-is-domestic-abuse/domestic-abuse-is-a-gendered-crime/

Kapitel 16

[1] Dr. Margaret J. Rinck, *Christian Men Who Hate Women*, 1990, Zondervan, USA.

[2] Dr. Susan Forward and Joan Torres, *Men Who Hate Women and the Women Who Love Them*, 2002, Bantam, USA.

[3] Eddie L. Hyatt, *Paul, Women and Church*, first edition 2017, Hyatt Press, USA.

Kapitel 17

[1] John D. Garr PhD., *Coequal and Counterbalanced: God's Blueprint for Women & Men*, 2012, Golden Key Press, USA, p. 81f.

[2] Ibid. p. 45.

[3] Ibid. p. 276f.

[4] Ibid. p. 277 & 278.

Kapitel 18

[1] John D. Garr PhD., *God and Women: Woman in God's Image and Likeness*, 2011, Golden Key Press, USA, p. 1ff.

[2] Dr. Oskar Seyffert, *A Dictionary of Classical Antiquities, Mythology, Religion, Literature and Art From the German of Dr. Oskar Seyffert*, 2011, Nabu Press, USA, p. 202.

[3] Ibid. p. 202.

[4] Ed Silvoso, *Ekklesia: Rediscovering God's Instrument for Global Transformation*, 2017, Chosen Books, USA, p. 24.

[5] Ibid. p. 27.

[6] Susan C. Hyatt, *In The Spirit We're Equal: The Spirit, The Bible, and Women – A Revival Perspective*, 1998, Hyatt International Ministries, USA.

[7] H.W.F Genesius, *Hebrew and Chaldee Lexicon to the O.T. Scriptures*, Bagster and Sons, 1857 (online service).

[8] Skip Moen, D.Phil., *Guardian Angel: What You Must Know about God's Design for Wome*n, 2010, USA, p. 100f.

Kapitel 19

[1] Kenny Ashley, *Unlocking the Mystery of Christ IN You*, 2018, Independently published, USA.

[2] Ole Hallesby, *Why I Am a Christian*, 1953, Inter Varsity, U.K., p. 44.

[3] Robin Schwabe, *Alles ist Neu*, 2019, Überwinder Verlag, Germany.

Kapitel 20

[1] Leanne Payne, *Crisis in Masculinity*, 1995, Baker Books, USA.

[2] Tommy Hicks, *Tommy Hicks' End-Times Vision*, July 1961, https://www.kcm.org/read/prophecies/61-07-1961/tommy-hicks-end-times-vision

Bibliografie

Alsdurf, P., "The Church and the Abuse of Women", The Priscilla Papers, CBE International, https://www.cbeinternational.org/resources/article/priscilla-papers/church-and-abuse-women

Ashley, K. *Unlocking the Mystery of Christ IN You*. Independently published, USA, 2018.

Black, Hugh. B. *A Trumpet Call To Women*. New Dawn Books, UK, 1988.

Bristow, J.T. *What Paul REALLY Said About Women*. 36, 38, 84, HarperCollins Publishers, USA, 1988.

Bushnell, Katharine C., *God's Word to Women*. pages 169, 101, 103, 107, 2016, Crowning Educational, UK, 2016.

Calvin, John, in Oliphant, J. "AQA Religious Ethics for AS and A2." New York, NY: Routledge, 2011. http://blog.logos.com/2012/01/5-things-you-didnt-know-about-john-calvin-and-should/

Crippen, J. and A. Wood. *A Cry For Justice, How the Evil of Domestic Abuse Hides in Your Church!* Calvary Press Publishing, USA, 2012.

Crippen, J., with R. Davis. *Unholy Charade: Unmasking the Domestic Abuser in the Church*. Justice Keepers Publishing, USA, 2015.

Cunningham, L. and D.J. Hamilton, with J. Rogers. *Why Not Women?* YWAM Publishing, USA, 2000.

Davidson, T. *Conjugal Crime: Understanding and Changing the Wife Beating Pattern*. Ballantine Books, USA, 1980.

Dee, A. "From Bondage to Blessing", chapter 7, God's Word to Women (website), online article.

Eckhardt, J. *The Invisible King and His Kingdom*. page 154, Charisma House, USA.

Edwards, B. "THE ORIGINS OF SEXISM IN THE CHURCH: JOHN CALVIN (theologian and Bible commentator, 16th century AD), https://juniaproject.com/origins-sexism-church/, 2014

Edwards, B. "Lifting the Veil of Patriarchal Bias in Bible Translation." Online article, 2018.

Farley, M. PhD and E. Butler, JD. "Prostitution and Trafficking – Quick Facts." Prostitution Research & Education, Online article, 2012.

"Female Genital Mutilation Now a Stark Reality in America." *Charisma News*, online article, Nov. 2015.

Forward, S., and J. Torres. *Men Who Hate Women and the Women Who Love Them*. Bantam, USA, 2002.

Garr, J.D. PhD. *Coequal and Counterbalanced: God's Blueprint for Women & Men*. Golden Key Press, USA, 2012.

Garr, J.D. PhD. *God and Women: Woman in God's Image and Likeness*. Golden Key Press, USA, 2011.

Genesius, F.W. *Hebrew and Chaldee Lexicon to the O.T. Scriptures*. Bagster and Sons (online service), 1857.

Hallesby, O. *Why I Am a Christian*. Inter Varsity, UK, 1953.

HeartMath Institute, website.

Hershon, P.I. *Genesis: With A Talmudic Commentary*, London: Samuel Bagster, 1883.

Hetland, L. *God's Redemptive Plan For Women*. 2019.

Hicks, T. "Tommy Hicks' End-Times Vision," *Kenneth Copeland Ministries*, online article.

Hunter, S.K., and K.C. Reid. *Speech* at National Coalition against Sexual Assault, 1990.

Hyatt, E.L. Paul, *Women and Church*. First ed. Hyatt Press, USA, 2017.

Hyatt, S.C. *In The Spirit We're Equal: The Spirit, The Bible, and Women – A Revival Perspective*. Hyatt International Ministries, USA, 1998.

Moen, S., D. Phil. *Guardian Angel: What You Must Know about God's Design for Women*. USA, 2010.

Payne, L. *Crisis in Masculinity*. Baker Books, USA, 1995.

Penn-Lewis, J. *The Magna Charta Of Woman*. Dimension Books, Bethany Fellowship, Inc., USA, 1975.

Rinck, M.J. Dr. *Christian Men Who Hate Women*. Zondervan, USA, 1990.

Schleusner, J. *Novum lexicon Graeco-Latinum in Novum Testamentum*. 1972.

Schwabe, R. *Alles ist Neu*. Überwinder Verlag, Germany, 2019.

Seyffert, O. Dr. *A Dictionary of Classical Antiquities, Mythology, Religion, Literature and Art From the German of Dr. Oskar Seyffert*. Nabu Press, USA, 2011.

Shared Hope International, *"Why So Young? – Why the average age a child is first exploited through prostitution is 13"*, https://sharedhope.org/2011/03/11/why-so-young-why-the-average-age-a-child-is-first-exploited-through-prostitution-is-13/

Silvoso, E. *Ekklesia: Rediscovering God's Instrument for Global Transformation*. Chosen Books, USA, 2017.

Stern. K. *The Flight of Woman*. Introduction, Reprint ed., Paragon House, USA, 1985.

Swidler, L.J. *Women in Judaism: The Status of Women in Formative Judaism*. Scarecrow Press, USA, 1976.

Terruwe, A. Dr. *Healing the Unaffirmed: Recognizing Emotional Deprivation Disorder*. Revised updated ed., Alba House, 2002.

Tillman, B. *A Woman's Place*. Self-published, 2000.

Tracy, S.R. *Mending the Soul: Understanding and Healing Abuse*. Zondervan, USA, 2008.

Tucker, R.A., and W. Liefeld. *Daughters of the Church*. Zondervan Publishing House, USA, 1987.

Van der Kolk, B. *The Body Keeps The Score: Mind, Brain and Body in the Transformation of Trauma*. Penguin Random House, UK, 2015.

Verny, T. MD., and J. Kelly. *The Secret Life of the Unborn Child: How you Can Prepare Your Baby for a Healthy Life*. Reprint ed., Dell, USA, 1982.

Violi, G. *Finding Father, Finding Wholeness*. Überwinder Verlag, Germany, 2016.

Welton, J. *Eyes Of Honor, Training for Purity & Righteousness*. Destiny Image Publishers, USA, 2012.

The Language of Violence: History, Angela Browne, When Battered Women Kill, 164–65 (1987) and Deborah Epstein, Effective Intervention in Domestic Violence Cases: Rethinking the Roles of Prosecutors, Judges, and the Court System, Yale J.L. & Feminism 3 (1999) https://cyber.harvard.edu/vaw00/History.html, online article.

Wijngaards Institute For Catholic Research (WOMEN CAN BE PRIESTS), *"Augustine, 354-430 A.D."* http://www.womenpriests.org/traditio/august.asp

Women's Aid, *"Domestic abuse is a gendered crime"*, https://www.womensaid.org.uk/information-support/what-is-domestic-abuse/domestic-abuse-is-a-gendered-crime/

Empfohlene Lektüre

Eckhardt, J., Chayil, Release the POWER of a Virtuous Woman

Silvoso, E., Women: GOD'S SECRET WEAPON

Payne, L., THE HEALING PRESENCE, Curing the soul through Union with Christ

Kroeger, C.C. and Beck, J.R., Women, Abuse, and the Bible: How scripture can be used to hurt or to heal

Bodishbaugh, S. with Bodishbaugh, C., Illusions of Intimacy, Unmasking Patterns of Sexual Addiction and Bringing Deep Healing to Those Who Struggle

Rodriguez, M., The Community Life of God

Bilezikian, G., Beyond Sex Roles: What the Bible Says about a Woman's place in Church and Family

Roys, J., Redeeming the Feminine Soul: God's Surprising Vision for Womanhood

Jordan, D., THE FORGOTTEN FEMININE

Violi, G., siehe alle weiteren Bücher des Autors.

Vater finden, Ganzheit finden

Greg Violi

Dieses Buch vermittelt eine Offenbarung der extremen Kraft, Stärke und Frieden, die aus einem Leben kommen, dass im Herzen von Gott dem Vater gelebt wird. Vater Gott möchte, dass seine liebevolle Umarmung von seinen Kindern täglich erfahren wird. Er hatte es so vorgesehen, dass jeder Vater seine Kinder segnet und damit ein tiefes Empfinden ihrer Aufgabe und Identität in sie hineinlegt. Wenn ein Vater seine Kinder nicht segnet und sie verflucht oder missbraucht, dann resultiert das in tiefsten Schmerzen und einer Sehnsucht nach Heilung und Ganzheit. Während wir das Vaterherz kennen lernen, können wir Heilung von diesem tiefen Schmerz erfahren. König David sagte, dass Gottes Herabneigung das Geheimnis zu seiner Größe war. (Psalm 18, 35) Wenn jemand die Güte und Sanftheit Gottes schmeckt, werden Schmerzen geheilt und Hoffnung wiederhergestellt und das Leben erhält neue Bedeutung. Nimm Teil an der verwandelnden Gegenwart und Kraft des Vaters während du dieses Buch liest.

Die Neue Art

Greg Violi

Leses Sie dieses Büchlein und entdecken Sie
die neue Schöpfung und die neue Rasse der Menschheit, von der
Sie als Gläubiger in Christus ein Teil sind!
Beginnen Sie aus der Dimension des lebendigen Wasser
zu trinken, die den auferstandenen Christus erfüllt.
Seien Sie nicht länger an den alten Lebensstil
von Adam gebunden, sondern treten Sie in die neue
Sphäre von Christus ein!